ALFRED HELLER

Dr. Seligmanns Auswanderung

Der schwierige Weg nach Israel

Herausgegeben von
Wolfgang Benz

VERLAG C.H.BECK MÜNCHEN

Mit zwei Abbildungen

CIP-Titelaufnahme der Deutschen Bibliothek

Heller, Alfred
Dr. Seligmanns Auswanderung: Der schwierige Weg nach Israel/Alfred Heller.
Hrsg. von Wolfgang Benz. – Orig.-Ausg. – München: Beck, 1990
  (Beck'sche Reihe; 414)
  ISBN 3 406 34006 7
NE: GT

Originalausgabe
ISBN 3 406 34006 7

Umschlagentwurf: Uwe Göbel, München,
unter Verwendung eines Porträtfotos des Verfassers
© C. H. Beck'sche Verlagsbuchhandlung (Oscar Beck), München 1990
Gesamtherstellung: Georg Appl, Wemding
Printed in Germany

Inhalt

Einleitung	7
Abhauen!	15
Unterschied	37
„Die" Juden	45
Auflösung	59
Warten	65
Abschied von den Bergen	72
Illegal	78
Letzte Vorbereitungen	84
Abschied	100
Reisende	104
Brunnenvergiftung	112
Judentum	119
Die lieben Wiener	129
Abfahrt	143
Slobodarna	148
Sammlung	157
Patronka	182
Das auserwählte Volk	193
Unter Druck	202
Donau	212
Tulcea	220
Die Masse	232
Panama	238
Nach Stambul und weiter	259
Odyssee	276
Kreta	296
„I am sorry"	309
Cypern	324
Die andere Seite	331

Das Ende von Dr. Seligmanns Auswanderung.
Nachwort von Wolfgang Benz 338
Überlieferung und Edition des Textes 347
Anmerkungen 350

Einleitung

Als Hitler zur Macht kam, hatte das Deutsche Reich 66 Millionen Einwohner, unter ihnen etwas mehr als eine halbe Million, die sich zum Judentum, als Anhänger einer religiösen Minderheit also, bekannte. Zwölf Jahre später, als das „Dritte Reich" zusammengebrochen war, gab es in Deutschland keinen jüdischen Bevölkerungsanteil mehr. Denn die Überlebenden der Konzentrations- und Vernichtungslager konnten sich kaum noch als Bürger verstehen, zu lange waren sie Parias, Arbeitssklaven in ständiger Todesnot gewesen, hatten seit 1933 eine Kette von Entrechtung und Demütigung erduldet, die im millionenfachen Völkermord in ganz Europa endete.

Den Ausschreitungen anläßlich der Machtergreifung folgte die Drohgebärde des Boykotts jüdischer Geschäfte und Unternehmungen im April 1933, dann der „Arierparagraph" in einem Gesetz, das die Juden erst aus dem öffentlichen Dienst, dann zunehmend aus dem öffentlichen Leben vertrieb. Die „Nürnberger Gesetze" von 1935 machten die deutschen Juden ganz offiziell zu Bürgern zweiter Klasse mit minderem Recht, die formaljuristisch legal vielerlei Schikanen ausgesetzt waren (sie durften die Reichsflagge nicht zeigen, sie konnten keine weiblichen Dienstboten unter 45 Jahren beschäftigen, sie mußten wegen des absurden Delikts „Rassenschande" willkürliche Denunziation und drakonische Strafe fürchten). Ehe die physische Existenz bedroht war – woran bis zu den zynisch inszenierten Novemberpogromen 1938 kaum jemand glauben mochte –, wurde die ökonomische Existenz des Großteils der deutschen Juden vernichtet. Gesetze und Verordnungen, unterstützt durch Erpressung und Gewalt, verdrängten die Juden aus ihren Berufen, das betraf Ärzte und Rechtsanwälte, Musikkritiker und Schauspieler in der Großstadt genauso wie Viehhändler, Hausierer und andere Landjuden.

Anfang 1938 wurde das Vermögen der Juden registriert, im Juni des Jahres wurden jüdische Gewerbebetriebe gekennzeichnet, ab August waren die Juden gezwungen, den zusätzlichen Vornamen „Sara" beziehungsweise „Israel" zu führen, im Oktober wurden ihre Reisepässe mit der Brandmarke „J" versehen. Im November verzichten die Nazis dann auf den letzten Anschein der Legalität: das Attentat eines siebzehnjährigen Juden in Paris gegen einen Diplomaten der deutschen Botschaft liefert den willkommenen Vorwand zur Entfesselung antisemitischer Roheit auf der Straße. Der vom Reichsminister Goebbels durch die NSDAP organisierte Pogrom vernichtet in einer Nacht alle Errungenschaften von Emanzipation und Zivilisation in Deutschland. Die Synagogen gehen in Flammen auf, der Schaden an jüdischem Eigentum ist ungeheuer groß; viel größer noch, aber auch noch schwerer zu ermessen sind die Folgen der Gewalt: Tote, Mißhandelte, Erniedrigte.

Daß der Pogrom aber nicht zufällig war, daß er geplant wurde als Auftakt zur endgültigen Vernichtung, erwies sich aus der höhnisch verordneten „Sühneleistung", die den geschädigten Juden noch einen Tribut von mehr als einer Milliarde Reichsmark zugunsten der Staatskasse auferlegte. Gleichzeitig war angeordnet (und zwar von Hermann Göring, dem Superminister Hitlers, den man, weil er dick, faul und prunksüchtig war, für weniger gefährlich hielt als die Schergen der SS), daß die Juden aus dem deutschen Wirtschaftsleben endgültig ausgeschaltet werden sollten. Das Zauberwort hieß „Arisierung". In großer Eile wurden jüdische Firmen, Handwerksbetriebe, Geschäfte, Fabriken, Kaufhäuser zu einem Bruchteil ihres Wertes in „arische" Hände überführt. Am jüdischen Besitz bereicherten sich Konkurrenten und frühere Geschäftsfreunde, nationalsozialistische Funktionäre, der Staat, die NSDAP.

Die soziale Diskriminierung der Ausgeplünderten ging weiter. Ab Mitte November 1938 ist jüdischen Schülern der Besuch „deutscher" Schulen nicht mehr erlaubt, im Frühjahr 1939 beginnt das Zusammenpferchen in „Judenwohnungen" (schon eine Vorstufe der Deportation), die schier endlose Kette von ebenso kleinlichen wie bösartigen Reglementierungen wird fortgesetzt: Führerscheine müssen abgegeben werden (Dezember 1938), Ausgangsbeschränkungen und Zuweisung besonderer Lebensmittelgeschäfte (September 1939), dann das Verbot, Radioapparate zu besitzen, Haustiere zu halten, Telefone zu haben. Schließlich, im September 1941, die Einführung des Judensterns, der von allen Personen über sechs Jahren deutlich sichtbar an der Kleidung angenäht zu tragen ist. Die „Endlösung der Judenfrage" ist zu der Zeit schon im Gange, die Vernichtungsmaschinerie im besetzten Polen wird ausprobiert, die „Einsatzgruppen" der SS morden seit Beginn des Polenfeldzugs, die Deportationen erst in die Ghettos, von diesen in die Vernichtungsstätten haben – lange vor der Wannseekonferenz im Januar 1942 – begonnen.

Weniger als die Hälfte der deutschen Juden, 220 000 bis 230 000, entzog sich der staatlich organisierten Ermordung durch die Emigration. Daß es nicht mehr waren, die sich durch die Flucht ins Ausland, solange dies noch erlaubt war, retteten, hat viele – innere und äußere – Gründe. Zu den inneren gehörten die starken Bindungen, die die deutschen Juden an ihre Heimat hatten. Ganz im Gegensatz zum Zerrbild, das die NS-Propaganda von ihnen zeichnete, waren sie in der deutschen Kultur tief verwurzelte patriotische Bürger, denen vor der Vorstellung schauderte, etwa im unwirtlichen Palästina, aber auch im vermeintlich kulturlosen Amerika oder gar im fernen Australien eine neue Existenz zu gründen. Die Mehrzahl der deutschen Juden war dafür schlecht gerüstet, in Palästina, aber auch in Südamerika und anderen Ländern waren gewisse Fertigkeiten und Kenntnisse gefragt, die der normale deutsche Jude nicht hatte, vor allem landwirtschaftliche Ausbildung oder ganz bestimmte handwerkliche Fähigkeiten. Wer darüber nicht verfügte, war in den potentiellen Aufnahmeländern nicht erwünscht.

Die USA litten noch unter den Folgen der Weltwirtschaftskrise und verhielten sich restriktiv. Fast alle Länder der Erde knüpften die Erlaubnis zur Einwanderung für Juden aus Deutschland an Bedingungen, die sie nicht erfüllen konnten, an Voraussetzungen, die sie nicht hatten: Bürgschaften, Kapital (Vorzeigegeld), Beziehungen, mindestens reichlich Zeit zu warten. Die wichtigsten Einwanderungsländer regelten die Immigration nach Quoten, die Vereinigten Staaten nicht anders als das unter britischem Mandat stehende Palästina. Nur ein Bruchteil der Interessenten durfte hoffen, die Wartezeit, bis die Quotennummer aufgerufen würde, zu überstehen.

Bis zum Novemberpogrom 1938, der „Reichskristallnacht", hatten die meisten deutschen Juden nicht glauben können, worauf die antisemitische Politik der Nationalsozialisten zusteuerte. Hatten sie erst mit der Auswanderung gezögert, so suchten viele ab Herbst 1938 das Heil vergeblich in der Flucht: Die Bereitschaft des Auslands, die ausgeplünderten deutschen Juden aufzunehmen, war nicht groß. Die bedrohte Tschechoslowakei hatte sich als weitaus generöser erwiesen als die Schweiz, Großbritannien erbarmte sich jüdischer Kinder, die USA erhöhten offiziell die Quote, aber träge oder antisemitische Konsulatsangestellte behinderten die Wirkung der Maßnahme.

Lange bevor im Oktober 1941 mit dem Verbot der Auswanderung die Falle endgültig zuschnappte, war die Emigration auf legalem Weg kaum mehr möglich. Zunächst sogar mit Unterstützung der Gestapo operierten Organisationen, die die illegale Einwanderung nach Palästina förderten, einige wie die Revisionisten-Zionisten machten das aus idealistischen Motiven. Natürlich gab es Vermittler von Schiffspassagen nach Palästina, die aus der Not der Auswanderer hohen Gewinn zogen, und die Gestapo war auch daran interessiert, die britische Politik zu stören und Zwietracht zwischen Arabern, Briten und Juden in Palästina zu erzeugen.

Seit Sommer 1934 gab es, zunehmend auf abenteuerliche Weise, eine organisierte illegale Einwanderung nach Palästina, die „Alijah Beth". Zwischen Anfang 1939 und August 1940 erreichten sieben Transporte die Küsten von „Erez Israel". Die britische Mandatsregierung wehrte den unerwünschten Zustrom nach Kräften ab, von Oktober 1939 bis April 1940 herrschte absolute Einwanderungssperre, aber auch unabhängig davon mußten die Passagiere der illegalen Transporte mit Abschiebung oder Deportation rechnen. Die deutschen Juden, die Schiffskarten für die illegale Einwanderung erkämpft hatten, konnten jedoch nicht wählerisch sein. Jedes Risiko schien geringer als das Bleiben in Deutschland.

Um Druck zur Auswanderung auszuüben, waren anläßlich des Novemberpogroms etwa 30 000 überwiegend wohlsituierte jüdische Männer in „Schutzhaft" genommen worden, das heißt, man sperrte sie in die drei damals existierenden Konzentrationslager Dachau, Sachsenhausen und Buchenwald und drangsalierte sie so lange, bis die verängstigten Familienmitglieder Auswanderungsgelegenheiten gefunden hatten. Dr. Seligmann befand sich unter ihnen.

Immerhin hatte er Verwandte in der Schweiz und in USA, die hilfsbereit waren. Aber die Hilfe wollte er lange nicht in Anspruch nehmen, schon deshalb nicht, weil auch er glaubte, der Spuk der Hitlerherrschaft müsse bald vorüber sein, zuviel kulturelle und humanistische Tradition stehe in Deutschland der durch Hitler verkörperten Barbarei entgegen. Die verheiratete Tochter lebte seit Frühjahr 1935 in Palästina, Dr. Seligmann hat sie 1937 dort besucht, er hatte also eine Vorstellung davon, was ihn erwartete, wenn die illegale Einwanderung gelänge, um die er sich zu Beginn des Jahres 1939 bemühte.

„Dr. Seligmann", das ist Dr. Alfred Heller, der für seinen Bericht über die Odyssee von München nach Haifa als Pseudonym den Mädchennamen seiner Frau gewählt hat. Der stolz geführte akademische Grad, nuancenreiche Sprache und Belesenheit, vertraute Kenntnis klassischer Stätten am Mittelmeer und die Fähigkeit zum Naturerlebnis, nicht weniger die Lust an distanzierter Reflexion weisen ihn als Angehörigen des deutschen Bildungsbürgertums aus. Vielleicht ein Rechtsanwalt oder auch, weil am Anfang des Berichts Abschied von einem Geschäft genommen werden muß, ein kultivierter Kaufmann – „Dr. Seligmann" verrät nichts über seine Herkunft, seinen Beruf, seine Aktivitäten vor der Jahreswende 1938/1939, als er nach der KZ-Haft in Dachau die Vorbereitungen zur Emigration trifft.

Die Buchdruckerei Heller in der Herzog-Max-Str. 4

Er kam 1885 in München zur Welt, nach dem Besuch des Gymnasiums bis zur „mittleren Reife" tritt er in die Buchdruckerei des Vaters ein. Es ist ein traditionsreiches Unternehmen, 1879 als J. Schaumberg'sche Druckerei von Benno Heller erworben und mühsam in die Höhe gebracht. Von 1883 bis in die zwanziger Jahre befindet sich das Unternehmen in der Herzog-Max-Straße, in unmittelbarer Nachbarschaft der im Herbst 1887 eingeweihten Neuen Synagoge (sie wurde im Juni 1938 als „Verkehrshindernis" abgebrochen) und des 1896/1900 erbauten Künstlerhauses am Lenbachplatz.

1903/1904 besucht Alfred Heller das Buchdruckereitechnikum in Leipzig und studiert anschließend Staatswissenschaften in München und Tübingen, 1911 promoviert er dort magna cum laude mit einer Arbeit „Die wirtschaftliche Bedeutung der technischen Entwicklung im Buchdruckgewerbe".

Das Studium läuft aber eher nebenher, die meiste Zeit gehört der Druckerei, in der er seit 1909 als Partner, ab 1920 als Nachfolger des Vaters arbeitet. Am Ersten Weltkrieg nimmt er, zuletzt als Leutnant, von Anfang bis Ende teil, wie so viele deutsche Juden bringt er Auszeichnungen, das Eiserne Kreuz und anderes, mit.

Alfred Heller ist nicht nur Drucker und kaufmännischer Druckereifachmann, er schreibt auch gern und mit Erfolg. Seine Artikel und Feuilletons werden in Zeitungen und Zeitschriften veröffentlicht, Impressionen einer Radtour durch England und Wales erschienen 1907 im Hamburger Fremdenblatt, aber vor allem als Autor von Fachliteratur macht er sich einen Namen: 1916 erschien ein Buch über die Organisation einer Druckerei, 1919 eine Geschichte des Deutschen Buchdruckervereins. Im selben Jahr verfaßt und druckt er eine Festschrift für seinen Vater.

In wenigen Exemplaren auf Büttenpapier, schön gestaltet und illustriert, ist die Geschichte des Betriebs zum vierzigjährigen Berufs- und Geschäftsjubiläum Benno Hellers beschrieben, als Motto davorgesetzt „und wenn es köstlich gewesen, so ist es Mühe und Arbeit gewesen". Vierundvierzig Mitarbeiter hat der Betrieb zu dieser Zeit. 1938, als die Firma „arisiert" wird, waren fünfundsechzig Arbeiter und Angestellte beschäftigt. Alfred Heller hatte Ende der zwanziger Jahre die Druckerei in größere Räume in die Plinganserstraße verlegt, dort standen zuletzt zehn Druck- und drei Setzmaschinen. Ein mittelständischer Betrieb, der einem fleißigen Besitzer zwar nicht zu Reichtum, aber zum bequemen Auskommen, zum angenehmen Leben half. Damit begnügte sich Alfred Heller freilich nicht. Er war ein Mann, der sich gern engagierte, als Gründungsmitglied der Meisterschule für Deutschlands Buchdrucker in München und dann, von 1928 bis 1933, als Lehrer an dieser Institution, als Gründer der „Arbeitsgemeinschaft für buchgewerbliche Fortbildung", als Verleger, als Vortragsredner, als Familienvater.

Alfred Heller war ein Liberaler. Obwohl er dem „Centralverein deutscher Staatsbürger jüdischen Glaubens" überzeugt angehörte, fungierte er als Verleger der Zeitschrift „Jüdisches Echo", des Blattes der Münchner Zionisten. Dafür verwüsteten die Nazis nach der „Machtergreifung" im Frühjahr 1933 die Setzerei und schleppten ihn für eine Woche ins Gefängnis. Bis zum Besuch bei der Tochter in Palästina stand Heller dem Zionismus fern; um aus der Not das Beste zu machen, sondierte er dann 1937 die Möglichkeiten einer neuen Existenz als Drucker in Haifa, erwog dann auch, den Münchner Betrieb allmählich aufzulösen und, womöglich mit einer Setzmaschine im Gepäck, die Übersiedlung. Diese Pläne waren nicht zu realisieren.

Frau Friedl Heller stammt aus Baden, sie haben 1911 geheiratet, in der Folge eines schweren Autounfalls 1913 bleibt ihre Gesundheit angegriffen. Die Tochter Rose tritt in die Fußstapfen des Vaters, nach dem Abitur studiert sie in München Nationalökonomie und macht gleichzeitig im väterlichen Betrieb eine Buchdruckerlehre, besucht Kurse an der Meisterschule, legt 1934 die Gesellenprüfung ab. Sie wandert, frisch verheiratet, im Februar 1935 nach Palästina aus, arbeitet als Buchdruckerin in Haifa.

Dr. Alfred Heller oder Dr. Seligmann, wie er sich in seinem Bericht nennt, ist vierundfünfzig Jahre alt, als er im Frühjahr 1939 seine bürgerliche Existenz in München aufgeben muß, weil er Jude ist.

Wolfgang Benz

Abhauen!

Die Zeit drängte, man mußte fort.

Seit Dachau klang's ihm in den Ohren: „Abhauen! verstanden?" „Soll sich ja keiner unterstehen ... Wenn wir den schnappen, dann ..." Und die Behörden halfen dem Belfern des Oberscharführers nach durch direkte Erinnerung.

Vorladung in das düster weitläufige Regierungsgebäude. Donnerstag halbzehn Uhr, Zimmer 73.

„Sie sind der Jud Seligmann?"

„Wann wird der Jud Seligmann endlich den deutschen Staub von seinen Füßen geschüttelt haben? Der Doktor Seligmann! Der Doktor! ..."

Dr. Fred Seligmann trug jeden Tag Briefe auf die Post, eingeschriebene Eilbriefe, Flugpost. Es kostete ein Heidengeld. Und immer ins Ausland. Die Palästinabriefe überwogen nicht mehr so wie früher. Jede Woche bekamen die Kinder drüben ihren Brief. Es konnte da im Augenblick nichts weiter unternommen werden. Um das Zertifikat zur Einwanderung nach Erez Israel war längst eingegeben, das Vermögen zum Transfer bereitgestellt, der Transfer des Vorzeigekapitals angemeldet. Es dauert zwei Jahre, bis die Anmeldungsnummer an die Reihe kommt. Das war der normale Vorgang bei der Auswanderung nach Palästina. Wer kann noch die zwei Jahre durchstehen, warten? Wer hat die Nerven dazu, wem bleiben auf so lange Zeit, ohne Einkommen, die Mittel?

Dr. Seligmann schrieb an die Verwandten in der Schweiz, ob er nicht so lange bei ihnen bleiben könnte, bis sein Geld zum Transfer zugelassen wäre. Denn das Zertifikat wird von den englischen Mandatsbehörden erst erteilt, wenn die Vorbedingungen erfüllt sind; ein Vorzeigegeld von 1000 Pfund Sterling war nötig, und diese Devisen wies die Reichsbank zu, gegen Zahlung von derzeit – es war Frühjahr 1939 –

26 000 Reichsmark. Der Betrag schwankte, besonders nach oben. Die Zuweisung erfolgte natürlich nur nach Maßgabe der verfügbaren Devisen. Die Antragsteller bekamen ihre Vormerknummern und wurden in deren Reihenfolge aufgerufen, soweit nicht auf undurchsichtigen Wegen durch wesentlich höhere Einzahlungen die ordentliche Reihenfolge unterbrochen oder aufgehalten wurde. Das dauerte eben zwei Jahre, in rascherem Tempo fielen die Devisen nicht an. Für diesen Zweck.

Beim Schreiben schon kam Dr. Seligmann seine Zumutung an die Verwandten ungeheuerlich vor. Jemandem lästig fallen müssen! Auch wenn man die hauptsächlichsten Kosten des Unterhaltes selbst bestreiten könnte. Womöglich ganze zwei Jahre lang. Und wenn es noch länger dauert? Und wenn das noch vorhandene Geld bis dahin aufgezehrt, entwertet, enteignet wäre? Wo gäbe es eine Möglichkeit der Rückzahlung?

Dr. Seligmann gehörte zu der nicht unbeträchtlichen Zahl von deutschen Juden, die in guten Verhältnissen gelebt, die Vermögen besaßen, nicht so viel, davon arbeitslos leben zu können, aber reichlich so viel, wie die Auswanderung einschließlich der Erwerbung der 1000 £ betragen mochte. Er war gleichweit davon entfernt, auf Kosten von Verwandten leben zu wollen, wie krumme Wege zu gehen und Geld ins Ausland zu verschieben. Er besaß alle Nachteile und Hemmungen des anständigen Menschen.

Allein aus der Schweiz kam eine durchaus ermutigende Antwort: Er solle doch kommen mit seiner Frau, man werde ihm gerne das Nötige vorstrecken und er könne leicht so lange mitleben, bis er sich wieder selbst helfen könne. Es kam eine Garantieleistung, eine Unterhaltszusage, in gehöriger Form beglaubigt, und Dr. Seligmann ging froh damit zum Konsulat.

Dann schrieb er wieder, an die Schweizer Behörden, und stellte Antrag, ihm das Einreisevisum zu gewähren.

Die Beilagen genügten wohl, indes war noch der Nachweis zu liefern, daß die Weiterwanderung gesichert sei.

Er schrieb nochmals, daß er für das Palästina-Zertifikat zwar eingereicht habe, daß die formelle Bewilligung aber erst nach vollzogenem Transfer erteilt würde.

Ein neuer Brief an einflußreiche Freunde, sie möchten beim Fremdenamt in Bern das Gesuch unterstützen. Es handle sich ja gerade darum, die Zwischenzeit zu überbrücken, um möglichst rasch die unerträglich gewordene bisherige Heimat zu verlassen.

Aus der Antwort ging hervor, daß jene Freunde ihn wohl verstanden, daß sie viel Schmeichelhaftes über seine Persönlichkeit vorgebracht, aber den Bescheid erhalten hätten, die neuen Bestimmungen ließen es nicht zu, irgendeine, selbst kurzfristige – jüdische – Einwanderung zu gestatten, wenn der Einwanderer nicht den bündigen Beweis für seine „ernste Weiterwanderungsabsicht" in Händen habe. Solch Beweis sei ausschließlich durch Vorlage der Einreisegenehmigung in ein anderes Land zu erbringen.

Wieder schrieb er; wenn er eine solche Genehmigung im jetzigen Zeitpunkt erhalten könnte, wäre ja sein Gesuch überflüssig. Der Zwischenaufenthalt allein ...

Das sei bedauerlich, aber nicht zu ändern.

Wieder traktierte Dr. Seligmann die Schreibmaschine. Fragte bei dem Gouvernment von Cypern (irgendwo hatte es geheißen: Cypern!) an, unter welchen Bedingungen eine Einreise dorthin möglich sei. Eine Antwort kam nicht. Schrieb nach England an das berühmte Wobourn House, wo das Jewish Aid Committee seinen Sitz hatte; schrieb nach Italien, schrieb nach Griechenland. All das lag sozusagen auf dem Weg, von dort würde man leichter weiter kommen. Ein Schritt näher den Kindern.

Sonst? Von Frankreich hatte man schon lange gehört, daß es die dortigen Emigranten – Frankreich war nach dem „Umbruch" in Deutschland das erste Emigrationsziel und das Asyl für politische Flüchtlinge – sehr schwer hätten, daß neue nicht mehr zugelassen würden. Belgien, Holland, Skandinavien? Hier hatte er nicht die mindesten Anknüpfungspunkte. Die östlichen Länder: Rußland schied von vornherein aus; die anderen, Polen vor allem, lagen nicht nur räumlich, lagen viel mehr noch geistig abseits ...

Nun erinnerte sich Dr. Seligmann an amerikanische Verwandte, mit denen seit Jahrzehnten kaum noch Familienbeziehungen aufrechterhalten waren. Sie konnten – freie Bürger im freien Amerika – vielleicht behilflich sein – eine Wanderung dorthin selbst, nur den Versuch, ein Affidavit zu erhalten, lehnte Dr. Seligmann leidenschaftlich ab. Die Wanderung müßte einen Sinn haben für ihn: Palästina, Aufbauarbeit – das hatte Sinn. Den Kindern bauen helfen, mit ihnen vereint sein, das war sinnvoll. Amerika war kein Durchgangsaufenthalt, da würde man hängenbleiben.

Gut. Er schrieb an die amerikanischen Vettern, zunächst einen allgemeinen Brief in mühsamem Englisch, einen Familienbrief, in dem er versuchte, die eingeschlafenen Beziehungen aufzunehmen, sich und die Familie bekanntzumachen und die Pläne und Absichten, Wiedervereinigung mit den Kindern in Palästina, anzudeuten. Es war nicht leicht, in einer fremden Sprache, mit lange vernachlässigten Schulkenntnissen die allgemeine Lage und die persönliche Bedrängnis so zu schildern, daß die Empfänger den Ernst der Situation erkennen und sich gleichzeitig nicht zu zuweitgehenden Verpflichtungen gedrängt fühlen mochten und – daß der Zensor keinen Anlaß fand, Schwierigkeiten zu erheben.

Dann kam von den Kindern wieder etwas Günstiges. Sie hatten aus eigenen Mitteln und mit Hilfe weiß Gott welcher stiller Helfer das Vorzeigekapital aufgebracht und bei den Einwanderungsbehörden Antrag auf Zulassung der Eltern gestellt.

So. Nun konnte die Auswanderung selbst betrieben werden. Dr. Seligmann begann die Wohnung aufzulösen, das Umzugsgut zusammenzustellen und die Vermögenswerte, die ihm noch verblieben, zu realisieren. Schon seit der „Schutzhaft" in Dachau war er mit nahen Freunden zusammengezogen, die noch eine große eigene Wohnung besaßen. Leer nun, weil auch ihre Kinder nacheinander schon ausgewandert waren, und sie selbst arbeiteten mit allen Kräften daran, ihnen bald nachzufolgen.

Die Gestapo, die Polizei, das Paßamt, die Auswanderungs-Beratungsstelle, das Finanzamt, das Stadtrentamt, die Vermögensverwertungsstelle, das Devisenamt, die Devisenüberwachungsstelle (eine von jener völlig verschiedenen Behörde, deren Zwecke unerfindlich blieben) und das Zollamt – alle diese Ämter beschäftigten sich mit dem Auswanderer, alle sie beschäftigten den Auswanderer wochenlang, monatelang. Und alle sie hatten Neben- und Unterstellen, hatten ihre Stadien und Verfahrensarten. Und hatten Schubfächer, in denen Akten ablagern konnten, und Unterschriftsmappen, in denen die Papiere „gerade eben lagen", und Beamte, die sagen konnten: „Kommen Sie nächste Woche wieder". Und gleich beim Eingang zum Amt solche, die den Anstürmenden um 9 Uhr morgens Nummern gaben, bis zu deren Aufruf um 11 oder 12 Uhr die frommen Klienten auf den Gängen herumstanden.

Da waren Anträge, Gesuche, Listen, Erklärungen zu schreiben, Formulare auszufüllen. Jede Einreichung erforderte Belege, Ausfertigungen der Ämter, die in der Reihenfolge vorausgingen, und Juristen hatten sachkundige Führer und Entwürfe ausgearbeitet, käufliche Ariadnefäden in dem Papierlabyrinth. Wer sich bis zu dem Gewaltigen in einem Büro durchgestoßen und durchgewartet, war in zwei Minuten wieder draußen, unbefriedigt, unwillig abgespeist.

Die Abrechnung machte größte Schwierigkeiten, die Werte schmolzen wie Schnee an der Sonne. Was in Jahrzehnten aufgebaut und zusammengetragen, ging in Augenblicken verloren. Da war die schwere lastende Hand der Vermögensverwertungsstelle – sie ver-wertete natürlich nur jüdische Vermögen –, die jeden freien Vermögensverkehr, jede Behandlung nach normalen kaufmännischen Grundsätzen unterband. Da waren die gesetzlichen Abgaben, die Reichsfluchtsteuer, die sogenannte „Grünspan"-Abgabe (der Name stammte von dem gegen ein Mitglied der Deutschen Botschaft in Paris verübten Attentat, das zum Signal für das akute Aufleben der Judenverfolgung am 10. November 1938 wurde. Zehntausende von Juden wurden über Nacht in die Konzentrationslager verbracht, und der jüdischen Bevölkerung wurde eine Sonderabgabe in Höhe von einer Milliarde Mark auferlegt). Es war eine kaum verhüllte Vermögenskonfiskation, die nur Juden betraf und von der nun ein fünftes „Viertel" erhoben wurde. Alle die Abgaben wurden nach veralteten Grundlagen berechnet, die die inzwischen eingetretenen starken Verminderungen der Substanz nicht berücksichtigten. Einsprüche waren zwecklos. Der Jude war rechtlos.

Dr. Seligmann verkaufte seine Geschäftsanteile. Sie wurden bewertet nach einer ohne sein Beisein aufgestellten Bilanz, die er selbst nie zu Gesicht bekam. Sie ergab als Kaufpreis knapp die Hälfte von dem, was er nach Billigkeit zu erwarten berechtigt war. Der Betrag wurde – ein Vorzug gegenüber vielen ähnlich gelagerten Fällen – sogar bar ausbezahlt, allerdings nicht an ihn, sondern an die Vermögensverwertungsstelle. Diese brachte 10% für eigene Bemühungen in Abzug, überwies einen größeren Betrag an Dritte, für Forderungen, die Dr. Seligmann niemals anerkannt hatte, und den Rest an das Finanzamt. Dieses hinwiederum gab eine Auf- und Abrechnung, derzufolge Dr. Seligmann noch einen Betrag von 300 Mark – daraufzuzahlen hatte, um allen aufgerechneten Verpflichtungen gerecht zu werden. Sonst würde er die steuerliche Unbedenklichkeitserklärung nicht erhalten, und ohne eine solche gab es keine Weiterbehandlung des Umzugsgutes.

Dr. Seligmann zahlte, und zahlte Gebühren auch für die städtische Steuer-Unbedenklichkeitserklärung, und Gebühren für möglicherweise noch nachträglich anfallende Gas- und Elektrizitätsrechnungen, und eine ebensowenig weiter erklärbare Fremdenverkehrsabgabe. Zahlte die Vermögensaufnahme, und die Schätzung des Umzugsgutes, und die nicht genossene Auswandererberatung, und auch die Kosten für die nie gesehene Bilanz.

Er kündigte seine Lebensversicherungen, und der verminderte Rückkaufswert wurde auf Sperrkonto überwiesen. Die verschiedenen Bankkonten waren auf eines zusammenzulegen, die freie Verfügung über dieses Konto wurde gesperrt und ein monatlicher Betrag bewilligt, der für den Lebensunterhalt und die Auswanderungsvorbereitung – von dem eigenen Vermögen – entnommen werden durfte. Auf das Sperrkonto mußten auch alle etwa noch verbliebenen Einkünfte überwiesen werden. Was die völlige Auflösung des bisherigen Bestandes seelisch erleichterte, war, daß alle, alle, Verwandte, Freunde und Bekannte, wenn sie nur Juden waren, das gleiche Schicksal traf, daß alle mit den gleichen „Zaroth"[1] herumliefen und von nichts anderem sprachen als von Listen, Gesuchen und Versuchen, von Entäußerungen, Beschlagnahmungen, Verfügungseinschränkungen . . .

Dr. Seligmann verkaufte das meiste seiner schönen alten Wohnungseinrichtung, die Barockmöbel, die Bilder, die Renaissanceschränke, die Teppiche, die Menge der Staubfänger und Wohnungsfüller, mit denen ihn Aufstiegswille und Pietät umgeben hatten. So vieles gehörte zu dem Begriff des gemütlichen Heims, so viel Unnötiges auch. Und so vieles stammte von Eltern und Großeltern, war eng mit Erinnerung verwoben. Was damit anfangen in Palästina? In der Hitze, dem Staub, der Insektenwelt des Orient; in den kleinen Wohnräumen dort – an mehr als zwei Zimmer drüben durfte man doch nicht denken.

Die Trennung von liebgewordenen Gegenständen führte geradezu zu Gewissenskonflikten. Da waren zum Beispiel jene Familienbilder, von denen jede jüdische Wohnung so voll zu sein pflegte. Die sonst üblichen Photogreuel, übermalte Vergrößerungen, Seifengesichter und Atelierhaltungen, die Gruppenbilder aus Schule, Tanzstunde, von Tagungen, die Militär-, Vereins-, Geschworenen-Gruppenbilder unter Glas und Rahmen gab es bei Dr. Seligmann zwar nicht. Aber da waren doch ein paar gute Portraits von den Eltern, Ölbilder von Großeltern und Urgroßeltern, auch interessante ältere Stücke von jüdischen Familienmalern: man wird die lebensgroßen Leinwände nie mehr aufhängen können, ihr künstlerischer Wert ist nicht eben groß, einen Verkaufswert besitzen jüdische Familienbilder nicht. Eben nur einen Gemütswert. Sie stecken in unförmig großen geschnitzten, in gebrechlichen goldenen Rahmen. Unmöglich, sich damit zu belasten.

Von Tag zu Tag vergrößerte sich die Zahl der von der Mitnahme ausgeschlossenen Dinge, und schließlich zerschnitt und verbrannte Dr. Seligmann die einst so angesehenen Bilder, um sie nicht in unwürdige Behandlung fallen zu lassen. Am schlimmsten war es mit der schweren Marmorbüste der Mutter, eine gute Arbeit eines modernen Künstlers. Der Künstler selbst wollte von seinem Werk nichts mehr wissen. Dr. Seligmann fand einen Steinmetzen bereit, die Büste zu verschlagen und sich für die Arbeit durch das Material des quadratischen Sockels zu entschädigen. Erleichtert, und die tief innere Verwundung unter strengem Eifer bergend, wandte sich Dr. Seligmann wieder seiner Abbauarbeit zu.

Nun drohte ein anderes Gespenst im Hintergrund. Eine Menge Anschaffungen war notwendig. Kleider vor allem, Schuhe, Wäsche, Einrichtungen für den veränderten Lebenszuschnitt, für das tropische Klima: Eisschrank, Kocheinrichtungen, Wirtschaftsbehelfe, zusammenlegbare Kleinmöbel, Schlafsofas und dergleichen. Das Bankkonto, das gesperrte, schmolz trotz der Sperre. Für die verkauften Sachen wurde fast nichts bezahlt. Das Verschleudern so vieler liebgewordener Dinge lohnte der Mühe nicht. Lächerliche Beträge gingen ein für echte Teppiche, für alte Schränke. Silber- und Goldsachen mußten ans Leihhaus abgeliefert werden. Dr. Seligmann bekam eine Quittung und niemals eine Abrechnung. Das Vermögen reichte längst nicht mehr zum Erwerb der 1000 Pfund, wenn sie noch aufgerufen würden. Wie lange noch wird es zum einfachen Leben ausreichen? Jeder Erwerb durch Arbeit war verboten, unmöglich gemacht. Die arischen Bekannten versicherten – ängstliche Blicke vorher rechts und links – ihr größtes Wohlwollen, aber sie trauten sich nicht, eine Verdienstmöglichkeit zu unterstützen. In peinlicher Heimlichkeit spielten sich kleine Verkäufe an arische Gönner – oder Hyänen ab. Verkaufsinserate wurden, wenn sie als jüdischen Ursprunges erkannt, von den Tageszeitungen nicht mehr aufgenommen. Von denselben Zeitungen, die früher von den ganzseitigen Anzeigen der jüdischen Waren- und Kaufhäuser gelebt.

Wie sich Menschen ändern konnten! Früher „tolerant" ohne innere Ehrlichkeit – um der Gewinnsucht willen. Jetzt aufgeplustert als Arier und Antisemiten – aus dem gleichen

Grund und mit der gleichen Unwahrhaftigkeit. Nun hielten es Menschen für anständig, Juden, von denen sie früher Wohltaten angenommen, nicht mehr zu grüßen, ihnen aus dem Wege zu gehen. Das Gedächtnis für Leistung und Guttat war erloschen. Sie stürzten sich auf Werte oder vermeintliche Werte, auf Positionen oder vermeintliche Positionen, die Juden bisher eingenommen, mit einer Gier, die sie blind machte für die wirkliche Bedeutung dieser Werte und Positionen und blind für die eigenen Fähigkeiten. *Weil* der Jude etwas besessen, darum war es begehrenswert. Denn die Juden sind ja bekanntlich ... Bei diesem Erwerb war keine Erpressung verwerflich, keine Drohung, keine Angeberei. Die Geheime Staatspolizei griff rasch zu und untersuchte nicht. Denunziation war gefährlich. Daß der Denunzierte Jude war, genügte, ihn ins Konzentrationslager zu bringen. Dort konnte eine Kleinigkeit, ein Zufall über sein Leben entscheiden.

Es gab Ausnahmen, sicherlich; Menschen, die aus dem Unglück anderer, selbst wenn sie Juden waren, sich nicht bereichern wollten. Sie verurteilten, was überall geschah, und entschuldigten es als ein Überschäumen, als „geschichtsnotwendige Übertreibung eines an sich richtigen Prinzips", das die Auswüchse allzumenschlicher Leidenschaften noch nicht zurückdämmen konnte. Aber schuld auch daran sind, wie an allem, die Juden selbst, die es so weit kommen ließen ...

Dr. Seligmann schämte sich für die anderen wegen ihrer hemmungslosen Gier. Er schämte sich, weil er Menschennatur so sehr verkannt, weil er geglaubt, vertraut hatte.

Es war so merkwürdig, dieser eigene Ausverkauf, der nun schon nicht mehr ein Abstoßen des Überflüssigen, der eine wirkliche Liquidierung der ganzen Vergangenheit, ein Flüssigmachen des noch Vorhandenen war – um daraus das Leben zu erhalten, bis die Ausreise möglich wäre. Immer größer wurde die Leere in der Wohnung, immer geringer die erzielten Preise; immer größer der Unterschied zwischen Wert und Preis und immer dringender die Geldnot. Das Gefühl von Wohlhabenheit schwand und die Sicherheit, die wertvoller Besitz geben kann. Es fror ihn bis ins Mark, wenn er nachrechnete, was er noch verkaufen und wie wenig er dafür noch erlösen könnte. Er war nie ein „guter Kaufmann", das ist ein solcher, der das Vorteilhafteste herausholt und andere übervorteilt. Er sah sich in eine Tätigkeit hineingestoßen, die ihm in die Seele hinein zuwider war; handeln, schachern, heruntersetzen: eine „jüdische" Eigenschaft, die die arischen Käufer ihm gegenüber so meisterhaft handhabten. Er war bedrückt, wenn er sich bei all seiner Klugheit immer wieder von einem Händler betrogen sah, und war traurig, wenn er daran dachte, wie seine schönen Altertümer fremde Wohnungen schmückten und ihre Besitzer mit schlauem Augenzwinkern sich rühmen würden, wie wohlfeil sie die Dinge erworben und wie sie dabei dem armen Teufel von Juden noch eine rechte Gefälligkeit erwiesen hätten.

Wie lange wird es schon reichen – wie lange muß es noch reichen? Ein paar Monate waren verstrichen. Wenn man Reisegeld und letzte Verpflichtungen zusammenstellte und auf die Seite legte, blieb noch ein Betrag, der bei bescheidenem Verbrauch fünf Monate reichen konnte. Bei sorgfältiger Sparsamkeit. Bei Vermeidung jeglicher unvorhergesehener Ausgaben.

Die Freunde, mit denen Dr. Seligmanns zusammen wohnten, hatten ihr Visum nach Amerika. Die lieben Menschen, die sich als echte Freunde erwiesen, jene seltene aufopfernde Art, die geistige Gemeinschaft und warmherziges Eingehen auf den anderen nicht mit dem Rechenstift fortsetzt, fuhren weg. Die Wohnung, Asyl und Zuflucht im schwersten Augenblick, wurde aufgegeben. Dr. Seligmann nahm mit seiner Frau ein Zimmer in einer Pension. Das war eng und die Verpflegung knapp und lieblos. In einem Raum zu zweit hausen, wohnen, schlafen, essen ist hart für den, der Bewegungsfreiheit, Raum, Luft als Lebenselement kennt – wer brauchte sie nicht. Der gewohnt ist, geistig zu arbeiten in Stille und Einsamkeit. Der seinem Lebenskameraden nicht zum Tyrannen werden will. Wirkliche Gemeinschaft verlangt nicht Enge. Enge erzeugt Reibung.

Und auch Mangel erzeugt Reibung. In dem tätigen und fruchtbaren Leben, das Dr. Seligmann mit seiner Frau seit nahezu dreißig Jahren führte, war es Bestimmung, daß jeder seinen Kampf kämpfte, seine eigenen Aufgaben mit aller Hingabe erfüllte, um dann in das Geborgensein der Gemeinsamkeit unterzutauchen wie in den wundertätigen Gesundbrunnen. Wer allezeit im Wasser plätschert, den erfrischt das Bad nicht so sehr. Die beiden hatten gelernt, sich zu ertragen, trotz der Enge. Die Süßigkeit war mit Bedacht genossen und hatte die Zunge nicht stumpf gemacht, den Magen nicht überlastet. Die Bitternisse konnten nicht vollen Besitz nehmen von den beiden Menschen und sie gegeneinander bitter machen. Wenn sie zusammen waren, brachte jeder sein Gutes, fand das Widrige gemeinsame Abwehr. Und so fanden sie sich auch hier in der Enge zurecht mit all den kleinen Problemen des Aufenthalts im einzigen Raum: wann das Fenster zu öffnen, wann Stille nötig war, wann er rauchen, sie sauber machen konnte, wie sich der Ausgleich zwischen Bedürfnissen der einen und Unlustgefühlen der anderen Seite ergab. Gerade die kleinsten unwichtigsten Dinge geben den häufigsten Anlaß zu Differenzen und Reibungen, und die drückendsten Verstimmungen entstehen aus lächerlichem Unbedacht.

Dr. Seligmann erinnerte sich einer Gerichtssitzung, der er einmal als Schöffe beigewohnt. Von zwölf Fällen, die zur Verhandlung standen, Beleidigungen, Verleumdungen, Erpressungen, Schlägereien, Sittlichkeitsdelikten, Diebstählen waren elf durch die Enge des Zusammenlebens, durch Wohnungsnot verursacht. Er empfand jetzt die ungesunde Schwüle, den Gifthauch der engen Wohnung, und er beobachtete objektiv die Steigerung des eigenen Reizzustandes. Wenn das Essen nicht zur festgesetzten Stunde kam, wenn es verdorben, wenn es ungenügend war; wenn sich in Kleinigkeiten zeigte, wie die Pensionsinhaber den Gast übervorteilen wollten, wie sie interessiert und kurzsichtig Nadelstiche versetzten oder gleichgültig waren, wo der Gast Rücksicht glaubte beanspruchen zu können – geriet er in Erregung. Und seine Frau litt unter den kleinen Bosheiten, die eine etwas beschränkte, etwas gewinnsüchtige Pensionsmutter stündlich anbringen mochte. Schon nach vier Wochen war offener Kriegszustand, man grüßte sich nicht mehr. Frau Meier paßte es nicht, wenn Frau Seligmann ihr Geschirr spülte, und Frau Seligmann wollte ins Badezimmer, wenn es Frau Meier besetzt hielt. Frau Seligmann ließ sich von ihren Bekannten telefonisch rufen, und Frau Meier verräumte das Telefonbuch und schloß den Besenschrank ab.

Es war ungemütlich, und Dr. Seligmann sprach seiner Frau zu, es würde ja doch nicht mehr lange dauern, bis sie wegfahren könnten.

Aber es dauerte eben noch. Das sogenannte Umzugsgut, alle bewegliche Habe mit Ausnahme dessen, was hier noch zum Leben und was auf der Reise selbst gebraucht würde, war zum Spediteur geschafft und schließlich glücklich in einem Lift[2] verpackt und fortgeschickt worden, nach Palästina, an die Adresse der Kinder. Die Aufstellungslisten waren von der Devisenstelle genehmigt, nachdem eine Anzahl wertvoller Gegenstände gestrichen und für den Rest eine so hohe Abgabe festgesetzt und bezahlt war, daß alles Vermögen außer dem Lebensunterhalt für die paar Monate aufgezehrt war. Die Aufregungen bei der Abschätzung all der Dinge, bei der Verpackung unter Zollaufsicht – wo dann doch noch vieles in den Lift hineinpraktiziert werden konnte, was die Verzeichnisse nicht enthielten –, bei den verstohlenen Besuchen in der Vorstadtwohnung eines braven Mannes, der „Beziehungen" hatte und eine raschere, eine schonendere Behandlung bei Amt erwirken konnte, all diese besonderen Aufregungen waren vorbei. Selbst die Frachtkosten waren noch vor der abschließenden, abschnürenden letzten Abgabe bezahlt. Gott sei Dank, dies war geschafft.

Und es war höchste Zeit gewesen, den Lift auf den Weg zu bringen; denn die politischen Verhältnisse hatten sich zugespitzt. Schon acht Tage später war der Weg gesperrt, und die Güter blieben in Rotterdam, in Triest liegen. Dann war die Weiterbeförderung nur gegen ausländische Valuta möglich. Niemand besaß Valuten, niemand konnte sie erwerben. Die Liftvans kosteten Unsummen an Lagergeld, verfielen der Beschlagnahme, verdarben, verkamen. Bis der Krieg allen Verfügungen ein Ende setzte.

Die Kinder schrieben wieder aus Erez: neue Bestimmungen erschwerten die Behandlung der Einwanderungsgesuche. Wie lange noch!

Wieder begann Dr. Seligmann zu schreiben, zu laufen. Er lief zum englischen Konsulat, er schrieb an das Generalkonsulat in Berlin, er schrieb um Bestätigungen und Belege, reichte neue Eingaben ein, um sein Zertifikat zu erhalten, versuchte neue Schritte, um einen Zwischenaufenthalt zu erwirken.

Der Unsicherheit der politischen Entwicklung, die plötzlich alle Unternehmungen unterbrechen konnte, stand die Sicherheit gegenüber, daß die Mittel zum Lebensunterhalt unaufhaltsam zu Ende gingen.

Er schrieb wiederholt an den Vetter in Amerika, von dem die Nachricht gekommen war, daß er regen Anteil nehme und bereit sei, tätig mitzuhelfen, um die Ausreise zu ermöglichen. Es fand sich der Weg über das Wobourn House in London, die Genehmigung für einen Zwischenaufenthalt in England zu erhalten. Dazu war Garantieleistung für den Lebensunterhalt für die Dauer des Aufenthaltes in England erforderlich. Der gute Vetter wurde, wiederum in schwerfälligen, englisch geschriebenen Briefen gebeten, die verlangte Summe vorzustrecken. Freunde in England wurden gebeten, sich für Beschleunigung des Verfahrens zu verwenden. Fragebogen wurden ausgefüllt. Aus dem Zusammenwirken aller Faktoren ergaben sich günstige Aussichten. Wobourn gab Antworten von Mal zu Mal: er werde die Sache prüfen; – es beständen Aussichten auf Genehmigung; – das Home Office sei bereit zu genehmigen, sobald die Garantiesumme eingetroffen sei. Telegramme halfen nach. Nach längerem Stillschweigen, Wochen, die wie Blei auf den Hoffnungen Dr. Seligmanns lagen, kam endlich die lakonische Drahtnachricht: „Bin bereit, die Garantiesumme zu hinterlegen." Und wieder nach ein paar Tagen voller Spannung: „Betrag nach London überwiesen."

Auf dem Englischen Konsulat bohrte Dr. Seligmann weiter. In Schlangen standen dort die Menschen an, die irgendeine Auswanderungsmöglichkeit ins britische Imperium verfolgten, erhofften, erbaten, erflehten.

Kein Platz auf dem Erdenrund, an den sich nicht Juden wandten, getrieben von ihrer Angst. Die letzten Schlupflöcher suchten sie auszufinden. Peru, Chile, Ecuador, Haiti, Brasilien, Argentinien, Uruguay; die meisten Staaten hatten sich alsbald nach dem ersten Einwanderungssturm hermetisch abgeschlossen, hatten unerfüllbare Bedingungen gestellt. Nur für Juden.

Als sich Dr. Seligmann wieder einmal nach dem Stand seiner Angelegenheit erkundigte, war er Zeuge eines Gesprächs mit dem Konsularbeamten.

„Wo wollen Sie hin?"

„Nach Trinidad."

„Was haben Sie für Unterlagen?"

„Ich muß fort. Die Gestapo hat mir einen Termin gestellt. Bis Ende des Monats. Sonst komme ich ins Konzentrationslager..."

„Nein, Unterlagen! Vermögen, Garanten, Lebensunterhalt, Fahrkosten."

„Ja, ich habe wohl hier Vermögen..."

„Das nützt nichts. Im Ausland?"

„Leider, nein."

„Verwandte mit Vermögen im Ausland, die Ihnen die Beträge vorstrecken?"

„Leider nein. Das heißt... vielleicht... Aber das dauert ja viel zu lange. Bis Ende des Monats..."

„Tut mir leid; dann kann ich nicht helfen."

„Oder kann ich irgendwo anders hin, innerhalb des Empire?"

„Bedaure, nein."

„Aber es hieß doch, in Trinidad sei die Einreise gestattet."

„Das war bis vor kurzem, ist jetzt aber geändert."

„In Trinidad seien Arbeitskräfte meiner Art gesucht!"

„Tut mir leid. Einwanderung ist nur zulässig, wenn die Garantiesumme hinterlegt ist."

„Aber ich muß doch fort... Trinidad ist meine einzige Rettung..."

Die Hände zittern, der Blick ist verstört; der Beamte zuckt die Achseln.

Der Besucher wendet sich, den Kopf gebeugt, zur Tür. Dann kommt er plötzlich noch mal zurück zu dem Beamten.

„Sagen Sie mir wenigstens: Wo liegt eigentlich Trinidad?"

In der Frage lag das ganze Elend der gehetzten Kreatur. Entfernung hat keinen Schrecken, nicht Klima, nicht Wildheit, nicht Einsamkeit und Gefahr. Es geht ums Letzte.

Eiskalt griff es Dr. Seligmann ans Herz. Ein Mensch geht vor Deinen Augen zugrunde und Du kannst nicht helfen. Im Spiegel siehst Du Dich selbst. Sein Schicksal ist Dein eigenes. Dem Auswanderungsbefehl nicht nachkommen, heißt zwischen die Maschen des herrschenden Systems geraten. Haft, Konzentrationslager. Die Familie zerbrochen, die Frau in Angstkrämpfen, hilflos bis zum Irrsinn. Mit eigenen Augen hatte er es ja in Dachau gesehen („Das war noch gar nichts. Das war nur ein schwacher Aufguß!" sagten alte „Buchenwäldler").

Reih und Glied. Rechtsanwalt Frank, der am Flügel steht, reißt sich allzu eifrig zusammen und springt zum Scharführer, als er glaubt, seinen Namen zu hören. „Verschwind!" und ein paar Fäuste knallen ihm ins Gesicht.

Bei der Aufnahme, Fußtritte und Riemenschläge klatschen und prasseln auf nackte Körper; ein Justizrat fällt in geistige Umnachtung, tobt, wird unter die Wasserbrause gehalten, stirbt an Lungenentzündung. Ein bekannter Arzt, schwer zukkerleidend, ohne Insulin, ohne Behandlung, geht langsam, sehend und erkennend, auf seinem Strohlager zugrunde. Dem leidenden Alten, der sich mühselig zum Appellplatz schleppt, fällt ein Faustschlag ins Genick, der ihm die Wirbelsäule bricht. Ein Kranker auf einer Bahre wird aus Schulterhöhe auf die Erde gekippt wie ein Mehlsack, liegt hilflos und krabbelt, unfähig sich aufzurichten, auch als grobe SS-Stiefel ihn mit Fußtritten traktieren.

Der Scharführer ruft nach gliederzerrendem Straf„hüpfen" dem völlig Erschöpften, der sich am Boden windet, zu: „Meinst, da wird eine Landestrauer sein, wenn Du verreckst?"

Ein Menschenleben ist nicht wichtig. Es gibt keine Ehrfurcht vor dem Tod. Nichts ist heilig – außer der Gewalt.

Abschreckungstheorie war nicht mehr Theorie. Entsetzen lähmte, wen das Geschick in den Gifthauch des übermächtigen Basilisken trieb. Die „Gestapo" hatte nicht nur die Einrichtungen getroffen: sie hatte den Geist erzeugt zu solcher Menschenbehandlung, zu solch souveräner Verachtung alles Menschlichen. Das war kein Dulden von Mißgriffen Untergebener, vielmehr ein Anspornen zu Menschenschinderei, und Chargen und Vorgesetzte erhöhten ihr Ansehen, wenn sie neue Methoden des Quälens erfanden.

Die Verachtung des Individuums fand Ausdruck auch in der Art der Rache. Gleichgültig, wen eine Strafe, eine Vergeltung trifft, nicht etwa der Besserungszweck, der Vollzug ist wichtig. Trotz all der Mauern und elektrisch geladenen Stacheldrahtzäune, der zahlreichen Wachtposten und der Maschinengewehre auf den Türmen rund um das Lager war es Leuten gelungen, auszubrechen. Einer wurde gefangen und erschossen. Die sämtlichen übrigen Lagerinsassen, es mögen immer noch zehntausend gewesen sein, treten am Appellplatz an. Es ist tiefster Winter, starker Frost herrscht. Die Leute haben gestreifte Drillichmonturen an, keine Unterwäsche, nur ein kurzes Hemd. Keine Handschuhe, die meisten keine Mützen. Sie stehen, stehen am gleichen Platz, Stunden um Stunden; die lange Winternacht bricht an, der kalte Nebel legt sich auf die Lungen, sie stehen und stehen die Nacht hindurch und den folgenden Tag und nochmals die Nacht. Viele fallen vor Schwäche, vor Hunger, vor Kälte um; fast alle haben schwere Erfrierungen, fast wahnsinnig sind sie vor Erschöpfung, vor Schmerzen und Qual.

Kann ein gesundes Menschenhirn solche Folterungen ausdenken? Es gab noch schlimmere. Übersteigerung der Bestialität. Systematisches Zu-Tode-Quälen, von Menschen, von Juden, wahllos zusammengetrieben. Ohne Untersuchung. Es ist gleichgültig, wen es trifft. Hunderte, Tausende und Abertausende.

Fort! Auswanderung war einzige Rettung. Wohin nur? Die Welt war verschlossen. Menschlichkeit war durch Gesetze und Bestimmungen abgeriegelt. Mitleid erfaßte nicht die Tiefe der Not; Selbsterhaltung, oder was man dafür hielt, ging vor. Die sogenannte Überfremdung, oder richtiger Überjudung, schien einem Lande Schaden anzutun, den es weniger überstehen konnte, als die Juden – die Hinschlachtung.

Wahllos griffen die Juden zu, wo immer sie eine Möglichkeit sahen, die deutschen Grenzen hinter sich zu bringen und das dürre Todesgespenst mit der schwarzen Uniform und den hohen Tretstiefeln.

So nah war nun die Erlösung für Dr. Seligmann und seine Frau. Indes arbeiteten die Behörden langsam, und das rettende Visum war nur erst in Aussicht gestellt, als sich die politische Lage jäh verfinsterte. Krieg lag in der Luft. Der schwarze Stiefel tappte über den Sudetengau, über die Tschechoslowakei, er zertrat im Sturmschritt die polnische Grenze. England schloß seine Konsulate und versiegelte mit der Konsulatstüre die unerledigten Aktenbündel, in denen vielleicht gerade noch das Zertifikat für Palästina, vielleicht gerade noch das Permit für England eingelaufen sein mochte. Wie ausgeleert fühlte sich Dr. Seligmann. Wie ein Träumender lief er herum, die Tatsache des Kriegsausbruches lag ihm wie eine Zentnerlast drückend, brennend, auf dem Rücken. Indes galt es, sich in die neue Situation einzuordnen und mit verbissener Zähigkeit weiterzusuchen nach dem Ausweg. Noch war Amerika, noch war der Weg nach Süden und Osten frei. Oder vielmehr nicht völlig gesperrt. So viele Freunde waren in der gleichen, in ähnlicher Lage. Neumanns zum Beispiel vertelegrafierten ein Vermögen, um den reichen Verwandten in New York zum aktiven Handeln zu bringen, den Senator, dessen Einfluß so viel versprach und so wenig hielt. Da waren freilich gesundheitliche Schwierigkeiten, die indes durch erhöhte Garantiesummen ausgeglichen werden konnten. Business as usual. Auf dem amerikanischen Konsulat in Stuttgart drängten sich die Hilfesuchenden, die Auskunftheischenden. Die untergeordneten Beamten auch dort fühlten sich als Halbgötter in der ganzen Erhabenheit des Festbesoldeten gegenüber der elenden Masse depossedierter Bürger. Die untersuchenden Ärzte nicht anders. Eine neunzigjährige Frau, deren Kinder ihr die Einwanderungspapiere für USA besorgten, wurde gezwungen, sich mit Kniebeugen zu produzieren, und hingehalten – bis es zu spät war zur Ausreise. Die ehedem Wohlsituierten, Gebildeten, nun entwurzelt, ratlos, verzweifelt, griffen nach Strohhalmen, suchten die Gunst von Schreiberseelen zu erhaschen. Höhere Konsularbeamte trugen ihre Verachtung offen zur Schau, je mehr sich die Petenten über Rang und Lebensart hinweg erniedrigten. Sklavenhalter auf dem Auswandererschiff, Händler mit der Ware Mensch. Kalt, gefühllos. Kein menschliches Wort fand seinen Platz. Eines Tages wurde eine weitverzweigte Bestechungsaffäre aufgedeckt, und damit war auch diese schäbige Hintertür versperrt.

Neumanns sahen kein Auskommen, trotz des reichen Verwandten, trotz bester „Beziehungen". England, USA, Palästina, in drei Erdteile war die Familie auseinandergerissen, die engste Familie; die weitere saß noch in Australien, in San Domingo, in Shanghai und sonstwo an Orten und in Ländern, die man nur in den höheren Klassen in der Geographiestunde lernte, um nie mehr daran erinnert zu werden. Und alle ebenso entwurzelt, ebenso hilflos wie sie selbst. Weniger robust als Dr. Seligmann, pessimistischer, erfüllte sie der Geldschwund auf dem Sperrkonto mit wahnsinniger Angst, und sie liefen jammernd herum und verzehrten sich bei den Fehlschlägen aller bisherigen Bemühungen. Darin war Dr. Seligmann unverwüstlich. Er bewahrte den Gleichmut des Fatalisten und war doch von fatalistischer Einstellung meilenweit entfernt. Er reagierte die Spannungen durch zähe Kleinarbeit ab, tat unbekümmert, als ob er die Gefahren nicht sähe, und oberflächlich, wo es ihm nur darauf ankam, sich die Spannkraft zu erhalten. Die Leute wunderten sich, wenn er trotz allem die gute Laune nicht verlor, und ließen sich gerne über die Drohung des Augenblicks hinwegscherzen.

Die Kriegsvorbereitungen schnitten ins tägliche Leben scharf ein. Die Lebensmittelkarten begannen wieder den Verkehr einzuschränken, vom Ersten Weltkrieg her noch im üblen Andenken. Rascher als damals und gründlicher, über Nacht war das Wirtschaftsleben umgestellt. Erfassung aller Vorräte, Planung überall, großzügig auf weite Sicht.

Auch die besondere Belastung des jüdischen Sektors der Bevölkerung fehlte nicht. Unter dem Gesichtswinkel des Krieges konnten die Erschwerungen des Lebens für Juden noch empfindlicher gemacht werden, noch schwerer erträglich. Mit plausiblen Gründen. Zuckerbrot für das Brot und nutzlos. Quälereien als Selbstzweck. Oder nicht Selbstzweck: als Peitsche, die Auswanderung anzutreiben. Diese Juden, auch wenn sie Frontkämpfer im Weltkrieg waren, auch wenn sie sich noch so offensichtliche Verdienste erworben, waren als Staatsfeinde erklärt. Staatsfeind im eigenen Vaterland, Staatsfeind wider Willen. Wo sie noch an Heimat und Boden hingen, wurden sie mit allen Mitteln der Gewalt heimatlos gemacht. Eingehämmert wurde ihnen: kein Fleck darauf zu stehen, keine noch so geringe Lebensregung, kein noch so verborgenes Dasein ist ihnen hier vergönnt. Die Luft, die Du atmest, der Platz, der Dich trägt, gehört Dir nicht. Ich will ihn haben. Ôte-toi que je m'y mette.

Daß die Synagogen dem Erdboden gleichgemacht wurden, lag schon weit hinten. Parkplätze für Autos wurden an ihrer Stätte angelegt. Nun wurden die Juden auch aus ihren Wohnungen vertrieben. Die Wohnungen wurden für arische Volksgenossen gebraucht. Die meisten mußten oft von einem Tag auf den andern geräumt werden. In „arischen" Häusern durften Juden nicht mehr wohnen. „Jüdische" Häuser wurden dem Zwangsverkaufsverfahren unterstellt. Nur die Wohnhäuser im Besitz von Ausländern waren dem Zugriff noch nicht ausgesetzt. Die Wohnungen wurden registriert, die Zimmer einzeln zugewiesen. Je zwei Personen hatten Anspruch auf ein Zimmer. In den einst so behäbigen Fünf-Zimmer-Wohnungen gab es nun fünf Parteien und zehn Menschen, mit all den Scheußlichkeiten des Zusammengepferchtseins. Mit all den Reibungen überreizter Verfolgter. Menschlicher Wahn war zu Selbstzerstörung aufgerufen.

Man mag über die wissenschaftlichen Leistungen dieser Generation der Marschstiefel denken, wie man will. Eine Disziplin war erforscht oder intuitiv aufs sorgfältigste entwickelt: die Psychologie der asozialen Instinkte. Meister waren die

Führer und Leiter darin, das Tierische im Menschen zu entfesseln. Die Tiere gegeneinander zu hetzen. Gladiatorenspiele zur Volksbelustigung, statt der Schwerter Zungen, und Zähne und Krallen; wenn Du nicht zerfleischst, Dich selbst zu erhalten, wirst Du zerfleischt. Sich selbst sollten sie zerrütten, zerstören, körperlich und geistig.

Dr. Seligmann gab die Pension auf, in der er die Leiden der Enge ausgekostet. Sie war ihm auch zu teuer geworden. Bei Eigenwirtschaft, in einem leeren Zimmer, nach hinten heraus, bewohnbar gemacht mit zusammengeliehenen Möbeln, ließ sich's vielleicht noch zwei Monate länger aushalten. Die zwei Betten waren verschieden an Aussehen und Größe. Um einen großen Bürotisch aus dem alten Betrieb standen ein paar rote Plüschstühle, die die Freunde zurückgelassen. Die Marmorwaschtischplatte der Kommode, verhüllt durch den Oberflügel einer blaßroten Brokatportiere, diente als Speiseschrank. Den Kleiderschrank holte Dr. Seligmann mit einem Handwagen persönlich bei einer Bekannten weit außerhalb der Stadt. Das Korbtischchen mit dem bunten Deckchen und der Blumenvase, mit der Frau Seligmann das greuliche Möbelmagazin immer wieder farbig belebte, wirkte geradezu elegant. Des Abends war Fliegerverdunkelung. Trübselig hingen zwei schmale Vorhangflügel vor dem Schwarzpapier, das das einzige Fenster abdichtete. Die halbverhüllten Glühbirnen warfen eckige Schatten an die kahle Decke, und die zwei Lithographien an den Wänden halfen die öden Linien und Flächen der Wohngruft verdecken.

Ausgehen, das gab es schon lange nicht mehr. Theater, Kaffeehaus, diese fremd geschäftigen, lauernden Menschen, diese fremd gewordenen Bekannten, das interessiert nicht. Das lenkt auch nicht ab von den brennenden Sorgen. Im Gegenteil, macht das Ausgestoßensein noch lebendiger, gab dem Fremdsein noch mehr Rotglut.

Fremd? In der Heimat? Fremd in der Stadt der Geburt, der ersten Jugendeindrücke, der Schulzeit!

Zwei Jahre: eine Menschenmenge flutete, ein Strom von Überschwang und Feierlichkeit. Die berühmte Zentenarfeier.

Über dem alten Stadttor hing eine Sternendecke, funkelnd von tausend Lichtern. Oder waren es Flämmchen in glasdurchsichtigen farbigen Bechern, die so eigentümlich rochen, an jedem Fenster straßauf, straßab. Und die Feuerwehrmänner mit den goldglänzenden Ritterhelmen banden Stricke aneinander und säumten Menscheninseln auf den Straßen ein. Der alte Herr Kirchberger, der Hausherr, der joviale Großbürger, hatte auch einen Helm; sogar einen schwarzen Busch hatte er darauf. Das ist noch vornehmer als ein roter Busch, wie ihn der junge Kirchberger, oder ein weißer, wie ihn der Herr Hausmeister trug. Und der war viel unnahbarer, amtlicher.

Fünf Jahre: der Herr „Präfekt", der mit seinen zwei alten Schwestern im zweiten Stock wohnte, hatte seine Freude, wenn so einmal alle vierzehn Tage der kleine Judenjunge vom ersten Stock zum Spielen heraufkam. Die zwei Turteltauben saßen auf den Holzscheiten unterm Herd und machten würdige Verbeugungen vor den roten Spielknöpfen; der Star im Holzkäfig pickte Mehlwürmer aus der Hand und sagte verständlich und ein wenig heiser sein „Starl magst an Kaffee?" Der Papagei kreischte mit listigen Augen: „Schöne Lora, schöne Lora. Und brraaav." Und der Junge brachte seine Spielsachen hervor, machte mit Bindfaden zwischen zwei Stuhllehnen seinen Zeitungsstand auf und fühlte sich heimisch bei dem lieben Gekicher der alten Fräuleins und dem schmunzelnden Fragen des alten Geistlichen, mit seiner Mischung aus Interesse für den aufgeweckten Jungen und – einer Art von Heidenmission.

Sechs Jahre: „Herr Lehrer, der Urban hat ‚Jud' zu mir gesagt." Und der graue breitschultrige Lehrer Widtmer mit dem quittengelben Gesicht gab dem Urban eine Ohrfeige und sagte zu dem Vater, als er nachfragen kam: „Wissen Sie, Ihr Junge ist keiner von denen, die jede Kleinigkeit angeben. Aber in so einem Falle verlange ich es. Die Unduldsamkeit muß ausgemerzt werden. Sie gehört nicht mehr in unsere Zeit."

Dreizehn Jahre: der Bergmeier Fritzl und der Göltl Gustav und der Lersner Hans waren die Gefährten beim Radfahren und Ballspielen auf den Entdeckungsfahrten durch die Stadt. Die Schulaufgaben wurden gemeinsam gemacht, Bücher gemeinsam gelesen und diskutiert. Beim Hans in der Wohnung passierte es dann auch, daß es nach den Aufgaben und nach dem Scheibenschießen mit dem Luftdruckgewehr schon spät geworden war, und der fremde Junge tat geniert; er müsse heim.

„Ach wir telefonieren, daß Deine Eltern nicht in Sorge sind."

„Ach nein danke, ich muß schon gehen."

Zögernd, behutsam kam es von den Lippen der alten Dame: „Du darfst vielleicht aus – religiösen Gründen nicht essen; ich will Dir ein paar Eier machen lassen, die darfst Du bestimmt essen ..."

Fünfzehn Jahre: im Pennal war Lausbubeneinigkeit. Wenn der lange Reichenbach den Professor foppte und der Winkler Strafzettel-Unterschriften fälschte, las der kleine Seligmann Spottgedichte auf Kameraden und Lehrer vor, Gstanzeln, Parodien; und er galt unter Gleichen als ein „feiner Kerl". Kein Streber, kein Vornehmtuer, auch kein Nachläufer. Im Latein hart am Dreier, in Geschichte auf Einsagen angewiesen, in Mathematik voraus und bereitwilligst die schwierige Hausaufgabe zum Abschreiben hergebend. Und im deutschen Aufsatz unbestritten der Beste. Merkwürdig. In all den Bildern aus der Erinnerung, die seine enge Verflechtung, die unlösbare Verbundenheit mit Heimat und Umwelt zeigten, trat nun gerade ein Moment, eine Nuance, eine Stimmung heraus, die ein Anderssein im Gleichsein, eine Zäsur in der Gleichberechtigung betonte.

Unterschied

Es gab hundert Augenblicke im Leben, in denen ein Unterschied zwischen Juden und Nicht-Juden gar nicht bemerkbar war. Halt, schon wieder: war er *doch* vorhanden? War er nur ihm selbst nicht bemerkbar? Wurde er nur nicht bemerkt, weil die Augen, nicht dafür geschärft, durch andere Blickpunkte stärker angezogen, erst durch Zufall oder Hinleitung eines Unterschiedes gewahr werden mochten?

Nun ja, da war ein dunkler Punkt, die jüdische Religion. Der Punkt war freilich dunkel, als Empfehlung galt es weder bei den wenigen, die den Menschen persönlich verstehen und darüber hinwegsehen mochten, noch bei den vielen, die das wesentlich Unterscheidende nicht sahen, wenn sie nicht mit der Nase darauf gestoßen wurden, denen aber der Begriff Jude fremd war. Und fremd heißt: feindlich, gefährlich auf jeden Fall.

Die Judenemanzipation lag noch gar nicht so weit zurück. Der gelbe Judenfleck, ein Schandmal nach Absicht und Wirkung, war äußerlich abgetan; geistig, gesellschaftlich gab es so etwas noch trotz aller formalen Gleichberechtigung. Als die Wogen des Humanitätsgedankens hochgingen und politisch freiere Formen zur Geltung kamen, als sich der enge Zunftgeist zu lösen begann und das Bürgertum in den Idealen der Freiheit, Gleichberechtigung und Brüderlichkeit schwamm, als Weltbürgertum von jenseits der Sprachgrenzen herüberwirkte, grüßten die Juden mit den ersten die Befreiung aus Zwang und Enge. Sie faßten „Gleichberechtigung" als Recht wie als Pflicht: sie suchten sich gleichzumachen, damit die anderen sie als Gleiche anerkennen konnten.

Sich gleichmachen, mit den Menschen, mit denen man zusammen lebte; sich assimilieren!

Abtun das Anderssein! Kleidung, Benehmen, Redeweise,

Bildung – es war kein Aufgeben einer Eigenart, kein Verrat an etwas Eigenem. Wo lag denn das Eigentliche, der magnetische Pol, nach dem sich das Denken und Fühlen einstellen müßte? Da, wo ihn auch die anderen sahen, in den ewigen Beziehungen, die die Natur dem Menschen eingepflanzt hat: auf dem Boden, darauf du wohnst, auf der Erde, in die du deine Gräber bettest, auf Feld und Wald und Wiesen, auf Mauer, Tor und Brücke, und auf dem Fluß, der drunter fließt, und den blauen Bergen, von denen er daherrauscht, auf Tannenwald und Roggenfeld, Maiglöckchen und Heidekraut; auf all dem, was du Heimat nennst. Was dich erfüllt, nicht weil's so bequem ist, weil du nichts hättest sonst, die innere Leere zu füllen; was dich erfüllt und wuchs, weil du dir's erkämpft, erarbeitet, wahrhaft erworben hast. Den Geist der Landschaft und der Städte, den Geist der Arbeit und des Genießens, den Geist der Sitte und der Sprache hast du von klein auf in dich eingesogen, sie sind Teil geworden von dir, du lebst in ihnen und durch sie, wie sie in dir und durch dich leben. Du nimmst und gibst.

Nicht heute als Neukömmling hast du dich eingeordnet: Eltern, Großeltern taten es bereits, vor Generationen schon begann das Einschmelzen, eben als die künstlichen Zäune fielen, jene äußeren Merkmale, die die vorigen Menschen errichtet hatten, um Angleichung zu verhindern, während die jetzigen in naiver Verwunderung sagten: ihr Juden seid anders. Legt die Fremdheit ab. Werdet wie wir. Für den Zwiespältigen hat der Araber einen bildhaften Ausdruck: abu lisanaini, Vater zweier Zungen. Die eine lispelte: ihr dürft nicht Offiziere werden, nicht Beamter, nicht Briefträger und nicht Ministerialdirektor, ihr dürft nicht ins Kaufmannskasino und nicht in den Herrenklub, ihr könnt nicht Bauern sein und nicht Handwerker. Die andere polterte: ihr fügt euch noch nicht genug ein, ihr seid beruflich einseitig geschichtet, gesellschaftlich abgeschlossen, man sieht noch immer das Anderssein.

„*Sie* hätte ich nie für einen Juden gehalten", wurde eine Schmeichelei, als Anerkennung gemeint, als Anerkennung angenommen. Dr. Seligmann hörte es oft genug in seinen Ohren; und auch er rückte zu Zeiten ab von dem „typisch Jüdischen", wie es gerade die verachteten Ostjuden noch zur Schau trugen.

Das einzige, was nun doch noch als Unterscheidungsmerkmal blieb, was wie der gefederte Teufel aus der Schachtel sprang, wenn eine amtliche Eintragung, eine Personenstandsaufnahme, eine Volkszählung erfolgte, war die Religion.

Religion ist einem Ondit zufolge Privatsache.

Religion ist etwas, was im tiefsten Innern der Menschenseele verborgen, nicht unbedingt als Anhängezettel und Heftschild auf dem Einband eines Menschen kleben müßte. Aber die Behörden stellen nun einmal die Gretchenfrage wegen – der Kirchensteuer. Und immer wieder kommt dann der kleine gelbe Fleck ans Tageslicht, grell beleuchtet durch Vorurteile: israelitisch.

Israelitisch, das war die feinere Bezeichnung. Jüdisch war grob; fast ein Schimpfwort.

Hinter dem Wort, stark genug, eine Einheit nicht wachsen zu lassen, Gegensätze immer wieder aufzureißen, ehe sie völlig verheilen konnten, aber doch nicht stark genug, ein Wesen zu kennzeichnen, quälte sich ein verworrener Tatbestand.

Ein Teil der jüdischen Menschen, ein immer kleiner werdender orthodoxer Teil, hielt an der alten Religion fest, wie sie überliefert ist. Ein anderer Teil versuchte den alten Geist in neue Formen zu kleiden, er nannte sich nicht mit Unrecht liberal und verfuhr demgemäß. Und ein dritter Teil hatte sich von allen Banden und Bindungen freigemacht und sich souverän eine eigene Weltanschauung gebaut. Moderne Menschen gehörten zu dieser Gruppe, denkende und gleichgültige, Buchstabengläubige und Argumentierende. Überzeugte und Indolente, Bewußte und solche, die ihre Frömmigkeit nach Pietät oder nach Gewohnheit ausrichteten; Menschen, deren Leben vom Tefillinlegen[3] des Morgens bis zum Nachtgebet eng erfüllt war mit religiösem Brauchtum, und Dreitagejuden, die nur an den drei großen Feiertagen Zylinder und Gebetbuch hervorholten. Die Orthodoxen schmolzen zusammen an der Sonne der modernen Zivilisation, aber ihre Reihen wurden aufgefüllt aus dem großen östlichen Judenreservoir. Die liberale Auffassung erschien Dr. Seligmann als Halbheit, als Kompromiß zwischen Bequemlichkeit und Unsicherheit. Aber auch bei denen, die sich bewußt von alten Formen freigemacht, kam es selten zum völligen Bruch und Austritt aus der jüdischen Gemeinschaft, noch seltener zur Taufe. Fast immer war es ein äußerer Anlaß: Karriere, Mischehe, Sorge für die Kinder, denen man leichtere Lebenschancen bieten wollte. Kaum irgendwo Überzeugung. Doch häuften sich gerade die Mischehen und verringerten den Bestand an westlich orientierten, assimilatorischen Juden, während der Zuzug vom Osten, die gefürchtete ostjüdische Einwanderung, den Gesamtbestand wieder auffrischte, sehr zum Mißvergnügen der westlichen „Weltbürger".

Andere traten aus, wurden „religionslos" aus wiederum – steuerlichen Gründen.

Ein Wegräumen von Abfallholz, morsch, saftlos – kein Verlust für den Stamm.

Der Stamm blieb, auch innerlich entfremdet, blieb bei der Gemeinschaft, empfand Austritt als Fahnenflucht, als Verrat – als Versuch, über den eigenen Schatten zu springen. Dr. Seligmann empfand sich seinem Wesen nach nicht weniger angeglichen an die Umwelt, nicht weniger verwurzelt mit Heimat und Heimatvolk, wenn er die Wurzeln, die aus der Tiefe der Vergangenheit kamen, nicht abhackte...

Gerade Religion sollte als Trennendes geblieben sein, der Bezirk, da der Mensch Wahrheit sucht. Gab es nicht „eine Religion, in der alle Menschen übereinstimmen"? Als einst ein Freund, ein Christ, zu Dr. Seligmann von dieser „Religion" zu reden begann, hatte er einen starken Eindruck. Die Überwindung der Form, die Vergeistigung der Traditionen und Beziehungen erschien ihm gleich einer messianischen Botschaft, und er fühlte sich magisch in einen Kreis von Männern gezogen, denen solch ein Gedanke Baustein war.

Das war vor mehr als zwanzig Jahren. Jener Freund und manch anderer noch war im Weltkrieg gefallen, der Kreis zerstreut, verschüttet der Tempel eines unsichtbaren Gottes. Die

Menschen gingen andere Wege, rissen neue Wunden auf und alte, suchten Einheit für sich, indem sie Gegensätze zu anderen aufzeigten. Weggewischt, ausgelöscht waren die alten Ideale, der Menschheitsgedanke war Weichlichkeit, Friede war Verrat, Nation war Volk und Volk war Blut. Und der Jude war das Übel schlechthin.

Dr. Seligmann war nicht geneigt, mit der neuen Strömung zu rechten. Er hatte zu nahe zugesehen, wie sie aus der Ohnmacht und Zerrissenheit der Nachkriegszeit langsam hervorgekrochen war, aus dem Druck der Reparationen von außen und dem Aufgewühltsein sozialer Instinkte. Das System mit seiner Rassentheorie, mit seiner wilden faszinierenden Propaganda hatte zu viele grundsätzliche Fehler und zu viele absichtliche Irrtümer, als daß mit Logik und Vernunft dagegen anzukommen wäre. Es wollte nicht wahr sein, sondern wirken. Gerichtsnotorische Fälschungen wurden immer wieder als Tatsachen serviert, auf unwahren Behauptungen falsche Schlüsse aufgebaut, mit einem Geschick des Menschenfangs, das Bewunderung erweckt hätte, wäre es nicht die grinsende Fratze des Teufels gewesen.

Dr. Seligmann nahm die Tatsache an: die Menschen waren umgewandelt worden, waren nun besessen von dem Dogma: der Jude ist an allem Unglück schuld. „Die Juden sind unser Unglück."

Die Juden. Nicht die Israeliten. Die Religion war nicht das eigentliche Angriffsziel. Die Religion, das einzige, was noch zu trennen schien, was der völligen Assimilation im Wege stand oder vielmehr über sie hinausragte, sie war nicht mehr das Wesentliche. Der religionsfreie, der religionslose, selbst der getaufte war immer noch, war wieder der Jude, gehörte zur jüdischen „Rasse".

Wer jüdische Geschichte kennt, die Zerstreuung des alten, biblischen Judentums, die Verfolgungen und Wanderungen der Juden in Jahrhunderten, das Werden des heutigen Judentums, weiß, daß der Begriff „Rasse" auf diese Gemeinschaft ernsthaft nicht anzuwenden ist. Aber es bleibt Tatsache, daß eine Andersartigkeit gesehen wurde.

Bestand sie wirklich? Kann man eine Gruppe von Menschen aus der Umwelt, in die sie hineingewachsen, herausreißen und sagen: du gehörst nicht hierher? Kann man einem Menschen den Boden unter den Füßen wegziehen und sagen: hier hast du kein Recht, hier darfst du kein Gefühl haben? Dein Vaterland ist nicht dein Vaterland. Es verstößt dich wie einen Aussätzigen. Deine Heimat gehört uns, nicht dir. Wenn Heimat nur Boden wäre, nicht Gefühl, nicht Wille ... Facta docent. Man kann. Hemmungen entscheiden nicht, und Rücksicht auf die Kreatur, die ein Schöpfer geschaffen; und nicht Ehrfurcht vor heiligen Gefühlen – nur die Macht entscheidet.

Man hatte die Macht, man war fähig dazu.

Das Dekret galt. Es bestimmte, wer als Jude zu gelten hatte. Es bestimmte, daß kein Jude ein Recht auf deutschen Lebensraum, deutschen Boden, deutsche Kultur habe, kein Recht, zu denken und zu fühlen, wie es seiner Entwicklung in Generationen entsprach. Was bisher Heimat war, gab nicht mehr Hut und Schutz, bei sich selbst war nicht mehr Ruhe und Sicherheit, nicht mehr die Liebe, die am Kleinen hängt, ins Große wirkt. Verschmähte, verspottete Liebe brennt wie Gift. So ist der Zustand des Menschen, wenn er sich selbst ein Fremdling geworden.

Immer noch brennt ihn die Frage: was ist daran? Sicher war nur das eine: die Religion, die jüdische Religion war nur Merkmal und Vorwand, nicht Kern der Frage. Dr. Seligmann kam es zum Bewußtsein, daß sich in allen seinen Erinnerungen immer wieder Momente in den Vordergrund drängten, in denen sein Judesein irgendwie in die Erscheinung trat. Herr Kirchberger, der Hausherr, schätzte, begönnerte den alten Seligmann, weil er ihn von morgens bis abends rechtlich schaffen sah, so gar nicht in der Weise, die man gemeinhin als jüdisch bezeichnete. Der pergamentene Lehrer Widtmer merkte, er müsse den Judenjungen vor den üblichen Vorurteilen schützen, gerade weil er durchaus mittelmäßig und nicht vorlaut war. Die feinfühlende Mutter Lersner wollte mit behutsamem Finger ein verstecktes Anderssein zudecken helfen. Die Kameraden im Pennal fühlten, daß der „feine Kerl" kein Schuft war, daß eine Tüchtigkeit in ihm steckte, ohne ihn aufdringlich oder überheblich zu machen, daß er sich natürlich gab, trotzdem . . ., ja trotzdem er Jude war.

„Seligmann ist Jude, trotzdem ist er der Geeignetste für . . ." stand noch in dem Bericht des Kompaniechefs im Feld.

Trotzdem, trotzdem . . . hieß es immer wieder. Und er überdachte sein Leben. In Leipzig machten ihn die Kollegen zum Wortführer, als es galt, Rechte zu wahren. Und doch gab es daraus wieder Anfeindungen. Nicht ausgesprochen als Jude. Trotzdem . . . Beim Militär als „Einjähriger" wurde er vorgeschickt, wenn ein Urlaub, eine Freiheit zu ergattern war. Er war bei den Vorgesetzten besonders wohl gelitten, wurde aber nicht befördert. Trotzdem . . . In den Berufsvereinen, in den politischen Gruppen, in den Zweckgesellschaften, überall fand er Anhang und Arbeit, überall setzte er sich ein und wurde er zu Leistungen herangezogen; seine Regsamkeit, seine Freude an der Arbeit, seine Unbekümmertheit um eigenen Vorteil und seine Bereitschaft waren gerne angenommen; sein guter Stil und sein guter Wille ließen ihn in der Fachpresse Anklang finden; als die berufliche Spitzenorganisation eine Arbeit über Entstehung und Entwicklung brauchte als Jubiläumsfestschrift, fand man ihn, der diese Aufgabe gut löste. Trotzdem . . .

In zäher Konsequenz sah er sich umgangen, wenn andere ernteten. Nichts war ihm leicht gemacht. Beruflicher Erfolg, persönlicher Erfolg – kein kleinstes Vorteilchen, das er sich nicht hätte selbst erarbeiten, erkämpfen müssen. Und auch der selbst erworbene Erfolg weckte Neid. Gerade dieser. Und Neid sucht Verkleinerung, sucht Schäden. Trotzdem . . .

Rechtlichkeit schafft Feinde, Offenheit beleidigt. Wenn Offenheit und Rechtlichkeit zum Wesen höherer Menschlichkeit gehörten, so fühlte er sich darin assimiliert. Aber die Assimilaten erkannten den Assimilanten nicht. Der Angleicher war übers Ziel hinausgeschossen. Wenn er sich einem höheren Geiste anglich, war er in luftleeren Raum vorgestoßen, war allein. Die er dort vermutete waren noch nicht so weit emporgestiegen, waren vielleicht wieder herabgestiegen. Und sie empfanden ihn wiederum als ungleich, anders, fremd: nur konnten sie nicht mehr herabsehen auf ihn von höherer Warte – aber hinaufsehen wollten sie nicht. Und verargumentierten das Höhere in das Verstiegene, Unreale, Unpassende, in das Gefährliche, in das Schlechte.

Mit viel Behagen konnte der gute Direktor Hierl, der sich den Direktortitel selbst beigelegt hatte, weil solch ein Ornament nun einmal schmeichelt, über den gewöhnlichen „Herrn" Huber erhob und schon fast so gut klang wie „Herr Dr. Meier", über die „anderen" räsonieren, die Fremden, die Bolschewiken. Er traute sich noch nicht, öffentlich „Juden" zu sagen. Aber er meinte so etwa. Und er tat sich wohl in einer Art Bonhomie, die nicht laut, mit den Masseninstinkten übereinstimmte, nein, sie gerecht und schmalzig ablehnte, aber freilich ...

„Sie werden aber doch zugeben, daß viele Juden ... Ich meine ja nicht gerade Sie (wenn alle so wären wie Sie ...), aber die Juden haben doch ..."

„Die" Juden

Ja, da gab es keine Täuschung: die Ablehnung war da. Schon lange. Man hatte sich selbst nicht erlaubt, sie zu sehen. Die Ablehnung war da. Und das Sich-fremd-Sein.

Verkannten sie den Juden jetzt? Jetzt erst? Hat sie der Jude früher verkannt und fuhr fort es zu tun bis zum heutigen Tag? Ist die Täuschung erst heute wahrgeworden, wie wenn ein gewaltiger Umwandlungsprozeß unbeachtet geblieben wäre? War sie schon ehegestern da, war die ganze Assimilation eine Täuschung? War sie eine Täuschung in der Wirkung, eine Täuschung im Tatbestand selbst?

Die äußeren Formen des Lebens waren assimiliert. Auch darin konnte kein Zweifel bestehen. In Kleidung, in Geste und Sprache, in Lebensführung und Gewohnheit war kein Unterschied mehr. Einen Juden als solchen erkennen war schon nicht mehr leicht. Mimikry nannten es die andern verächtlich und suchten dem Fehlen natürlicher Unterscheidungsmale durch künstliche Kennzeichnung zu Hilfe zu kommen, durch Brandmarkung.

Ursache und Wirkung gehen im Kreise. Die alten Familienbilder zeigten Dr. Seligmanns Voreltern in lange Kaftane gekleidet, mit spitzen Hüten und spitzen Bärten und spitzen stechenden Augen, mit Schläfenlocken. Die Kleidung war anders als die der Christen, Haar und Barttracht war anders. Jedes Volk, jede Landschaft bildet eigene Tracht aus, als Rückstrahlung der Landschaft auf den Menschen, der in ihr aufgeht. Wenn der Türke seinen Fez, der Araber den Burnus, der Mohammedaner seinen Turban nach dem Westen brachte, aber auch wenn der schottische Highländer mit Kilt und Sporran, der Bayer in seiner Lederhose, in grünem Gamsbarthut, durch die Großstadtstraßen ging, wurde er bestaunt wie ein unbekanntes Tier im Zoo. Das Bestaunen war nicht Feindseligkeit, war Neugier, war Wundern über das Noch-nie-Gesehene, weniger oder mehr gemischt mit Angst, die alles Unbekannte einflößt. Und aus solcher Angst mochte wohl auch Feindschaft entstehen: Feindschaft als Abwehr gefürchteter Bedrohung, unbekannter Gefahr.

Bei den Juden war die fremdartige Aufmachung Folge ihrer Zuwanderung aus fremden Ländern, sie waren Städtenomaden. Nicht freiwillig, nicht aus innerem Antrieb: vertrieben, verfolgt überall da, wo sie eine Zeitlang seßhaft geworden. Und sie waren dann gezwungen, die fremde Tracht, den spitzen entstellenden Hut beizubehalten, einen gelben Schandfleck zu tragen – als Warnungstafel für das Volk weithin sichtbar, auf daß man die augenscheinliche Gefahr der Berührung mit jener fremden giftigen Artung vermeiden könne.

Haartracht und Sitte aber waren schon nicht so leicht abzulegen, zu verdecken. Sie gründeten auf der Abgeschlossenheit im engen eigenen Bezirk. Im engen Wohnbezirk, dem Ghetto, erzwungen als Sicherungsmaßnahme des Staates gegen den Fremden, Gefährlichen. Aber auch im engen eigenen Gedankenbezirk, der selbst gewachsen war, selbst gewollt, Ausfluß der eigenen besonderen Entwicklung.

Natürlich war auch der enge Bewegungsraum körperlich und geistig wiederum nicht Ausfluß freiwillig auf sich genommener Selbstbeschränkung, vielmehr Folge der mangelnden Freizügigkeit. Die Fürsten, Städte, geistlichen Machthaber, die Inhaber der staatlichen Gewalt duldeten weder freie Betätigung noch freie Ansiedlung. Sie gewährten „Schutz" vor den Verfolgungen, denen jeder Fremde, jeder Schwache ausgesetzt war, und verfuhren mit diesen Schutzbefohlenen so, wie es Zweck und Laune wollte. Die Mauern des Ghetto machten es leichter, sie zu überwachen, sie völlig in der Gewalt zu behalten, als Fremde und Verdächtige, als Zahler, als Sündenböcke.

Die Juden ihrerseits, wie jeder Gefangene, suchten durch die Maschen des Fangnetzes zu schlüpfen, hinaus in die Freiheit. Aber die jahrhundertelange Verfolgung, Vertreibung, Beschränkung hatte sie mürbe gemacht und immun. Sie gewöhnten sich an die Lage, paßten sich an, beharrten. Das Denken kehrte sie völlig nach innen. Jahrhunderte solchen Lebenszwangs schufen Einseitigkeit, Verbildungen, mußten etwa vorhandene Andersartigkeit unterstreichen, verstärken, ja zur Hypertrophie bringen. Die erzwungene Berufsbeschränkung tat ein übriges. Handel und Geldgeschäfte waren jahrhundertelang die einzige zugelassene Erwerbsmöglichkeit.

Und hier wirkte eine Triebkraft, die scheinbar mit der Religion in engem Zusammenhang stand. Die Religionsübung verlangte Beschäftigung mit dem religiösen Schrifttum. Da war die Thora,[4] das Fünfbuch, wie es in den Besitz der ganzen geistigen Welt übergegangen war. Da waren die „Propheten" und die „Schriften", die noch zum heiligen Schrifttum gehörten. Da waren jene Kommentare, die Protokolle über die Diskussionen der Schrifterklärungen durch die alten Schriftgelehrten, wie sie in dem unheimlichen gewaltigen Werk des Talmud[5] zusammengefaßt waren. Die Lehrsätze der Mischnah und die Erläuterungen der Gemarah und die Lehrmeinungen von Generationen von Gelehrten und Weisen. Bunt zusammengewoben mit Gleichnissen und Erzählungen, Geschichten und Rechtssprüchen, mit Anmerkungen und Entscheidungen, Naturbeobachtungen und Schlüssen und Grübeleien, aus allen Gebieten menschlichen Lebens und Wissens. Wie eine Sammlung vom geistigen Niederschlag mehrerer Jahrhunderte nur sein kann.

Die Texte waren so schwierig, daß immer neue Erklärungen, Kommentare, Zusammenfassungen, Auszüge nötig wurden, der berühmte Raschi-Kommentar,[6] der Schulchan-aruch eines Josef Caro.[7] Ein Schrifttum von ungeheurem Umfang.

Die Schwierigkeit der Texte bewirkte zweierlei: sie waren dem Christen, dem Nichteingeweihten, kaum zugänglich, und dies führte zu Mißdeutungen und rief das Gefühl hervor, hier handle es sich um eine geheimgehaltene, eine besonders gefährliche Sache, ja eigentlich um den Schlüssel zu der Verwerflichkeit der Juden.

Zum anderen aber waren sie eine unerhörte geistige Schulung für den Juden, der sich damit beschäftigte, eine Schärfung des Gedächtnisses und eine Beanspruchung des Scharfsinnes, der Denkfähigkeit, die sich Generationen lang kumulierte. Das Studieren der heiligen Schriften begann schon im zartesten Knabenalter, es gab keine Analphabeten unter den Juden, Lesen und Schreiben war Selbstverständlichkeit schon für den sechsjährigen Jungen. Der Abschluß nach außen, die Unmöglichkeit einer geistigen Ablenkung bewirkte, daß sich diese Menschen alle ihre Zeit, tagelang, nächtelang, Jahr um Jahr mit nichts anderem beschäftigten, sich in dem Schrifttum vergruben und hierin einzigen Sinn und einzige Aufgabe ihres Lebens sahen. Kein Wunder, daß sich der Geist überspitzte, daß Übersteigerung des Scharfsinnes zu Auswüchsen, zu Einseitigkeit führte, die wiederum Anlaß zu Angriffen gaben.

Die in Jahrhunderten angezüchtete Geistesschärfe wurde so gleichsam zur „rassischen" Eigenart. Sie war nicht mehr wegzuhalten von anderen Lebensbetätigungen. Sie drang ein in den Erwerb des Lebensunterhaltes, die Tätigkeit im Handel, Geldgeschäft bekam seine Note durch geschultes Denken und scharfsinnige Entscheidung – daraus kam der Erfolg. Und die Peinigungen und Verfolgungen der Jahrhunderte traten hinzu, ein verbissenes Rachegefühl entstehen zu lassen, das Skrupel ausschied. Hier war geistige Überlegenheit, die sich gegen körperliche Unterdrückung mit ihren Mitteln zur Wehr setzte.

Und oft Sieger blieb.

Und jene Eigenschaften erzeugte, die dann als üble „jüdische" Eigenschaften verschrieen waren und die in Wechselwirkung wieder zu gewalttätigen Entladungen führten.

Was als Mittel der Niederhaltung gemeint war, wurde zur Stärkung, ja eigentlich zur Züchtung von Abwehrkräften, die weit stärker, wenn man will, gefährlicher waren als die ursprüngliche, unverstandene Fremdheit. Man darf den Weinstock, den die neidischen Nachbarn im Dunkel der Nacht zuschanden schnitten, nicht schelten, wenn er nachher desto üppiger wuchs.

Dr. Seligmann selbst hatte schon nicht mehr Talmud gelernt. Er hatte wie die meisten Kinder in den Städten, wie die allermeisten, die schon außerhalb der Ghettomauern aufgewachsen waren, in der Religionsstunde nur mehr einen ganz schwachen Begriff von jüdischem Schrifttum und fast gar keinen von jüdischem Brauchtum übermittelt bekommen. Zu seiner Zeit war dieser Unterricht schlecht und oberflächlich, unernst, als notwendiges Übel aufgefaßt und daher ohne überzeugende Kraft.

Aber das geistige Erbe, die Fähigkeit zu denken, die Lust, den Geist zu üben und zu schärfen, die war geblieben. War dies nun zur jüdischen Eigenart geworden? Die Triebkraft, die Religion, war in schmale Zirkel gedrängt, war bei der Masse der westlichen Juden nicht mehr Gemeingut. Die Ursache schwand, die Wirkung blieb. Als etwas Anerzogenes, Ererbtes, durch den Zwang der Verhältnisse im jüdischen Körper als Antitoxin ausgebildet, durch Auslese und natürliche Zuchtwahl seit Generationen akkumuliert.

Es blieb länger, als die Bindung an die Religion, die Verbundenheit mit altem Brauchtum sich erhielt. Blieb, während die betonte jüdische Besonderheit von der Oberfläche der Menschen verschwand. Blieb in der Assimilation und ging noch durch Mischehen und Taufe in den Volkskörper über, mit dem die Verschmelzung erfolgen sollte.

Anerzogen, nicht rassisch.

Und half wiederum die Unterschiede im Benehmen, in Geste und Sprache rascher zu überwinden. Auch diese Unterschiede kamen aus der Enge des Ghettos. Der Gedrücktheit entsprach Entspannung durch die Lebhaftigkeit der Geste. Der Gedrücktheit und Unterdrücktheit entsprach auch eine Mißhandlung der Sprache, eine Achtlosigkeit, ja fast eine Art Ressentiment ihr gegenüber: aus dem Osten kam das „Jiddisch", und „Jiddisch" war eine rechtmäßige Tochter des Mittelhochdeutschen, steckengeblieben in der Vernachlässigung und Abschleifung des Volksgebrauchs, der sein Geistiges nicht in der Umgangssprache ausdrückte, sondern in dem ihm heiligen Hebräisch. Die Verkehrssprache wurde mit Brocken und Begriffen aus dem hebräischen Sprachgut durchsetzt; die Melodie, der eigenartige alte Rhythmus des hebräischen Gebetes entwickelte sich zu einem Singsang, in dem sich die ursprüngliche Kunstform zu Willkür abschliff, und dieser Nigun[8] drang in alles Sprechen ein und wurde, vereint mit der lebhaften Anteilnahme des ganzen Körpers am Sprechen, zum Mauscheln, das so häßlich in westlichen Ohren klang.

Nur starke Beweglichkeit des Geistes, Anpassungsfähigkeit, kann die Lässigkeit des Sprechens überwinden. Die geistige Schulung des Juden förderte naturgemäß ganz besonders Sprachbegabung. Die Folge war eine verhältnismäßig rasche Anpassung an die Sprache und Sprachgewohnheit der Umgebung, auch eine Aufnahme des Dialekts der Landschaft, wenn auch als Übersprache, nicht als Eigenbesitz; eine Überwindung des Mauschelns bei dem Assimilierten, der sich nur gehen ließ, wenn „man unter sich" war. Die weitere Folge war Schärfung des Sprachgefühls und dann sogar besonders kultivierte Beherrschung der Sprache der Umwelt. Und danach wieder eine Hypertrophie, die Neigung zu Wortwitz, zu Spitzfindigkeit, zu jeder Form der Sprachgaukelei, wie sie sich in einer selbstgefälligen Art des Journalismus überscharf gespitzt breitmachte. Die Äußerungen dieser Hypertrophie erhielten später die Zensur „artfremd" und „destruktiv", und waren doch nur Auswüchse aus gesunder Wurzel, herausgetrieben durch unnatürliche Lebensbedingungen.

Überall in der Natur hat Verkürzung auf einer Seite Ausdehnung auf einer anderen zur Folge. Der Forschende beobachtet das Wechselspiel und lernt: wie wunderbar ist das Gleichgewicht in der Natur ausgerichtet; und: wie verhalten sich Ursache und Wirkung, wie muß sich menschliches Handeln einfügen, um Störungen zu vermeiden. Weil Juden „anders" sind, mußten sie unter Zwang gestellt werden. Weil sie unter Zwang gestellt waren, wurden sie anders. Sie wurden bedroht, weil sie sich nicht assimilierten, und sie assimilierten sich nicht, weil man sie daran hinderte. Der Geschlagene wird wegen seiner Striemen angeklagt.

Dr. Seligmann kam aber zu dem Schlusse: die geistige Regsamkeit war zwar keine inhärente physiologische Eigenschaft einer jüdischen Rasse, aber sie war eine erworbene Eigenschaft von merkbarer Allgemeinheit. Geste und Sprechweise waren Folgen des Ghettos und mußten mit seiner Auflösung wieder verschwinden. Sie machten ein Gutteil dessen aus, was man als „jüdisches Aussehen" bezeichnete: eine krumme Haltung, ein verkümmerter, schlecht entwickelter Körper, ein Erzeugnis des Eingesperrtseins in engen Gassen, in enge Berufe. Keine körperliche Arbeit in frischer Luft, nicht in Landwirtschaft, nicht in Handwerk, keine militärische Betätigung, keine bewußte körperliche Ausbildung und Ertüchtigung. Kein Sport, auch keine Raufhändel und keine Gewaltdelikte.

Dem krummen Rücken entsprach die krumme Nase als ältestes und äußerliches Judenmerkmal, gekräuseltes Haar, wulstige Lippen, eine rundliche Schädelbildung. Merkwürdig, selbst diese körperlichen Merkmale wichen zurück in der Zeit der Assimilation, und der aufmerksame Beobachter fand alle diese Formen auch bei anderen Volksangehörigen. Geistige Freiheit richteten Körper auf, Militärdienst, Zulassung zum Sport. Zwei Generationen genügten schon, das üble Aussehen, den gedrückten gequälten Ausdruck verschwinden zu machen. Und noch merkwürdiger, die freien Menschen, die in Erez Israel[9] zur eigenen Scholle zurückgekehrt waren, trugen ihr aufrechtes Haupt umrahmt von blondem Haar, und das Gesicht straffte sich in Lebenslust und Kraft, und die Judennasen waren fein geschwungen, kühn, unternehmend.

Der Gesichts*ausdruck* war es, der das Gesicht des Menschen formte, der gerade oder geschwungene Linien zu einer Einheit verband, der einen Abglanz gab von höherer Geistigkeit oder von tierischer Roheit, von Harmonie der Seele oder von Zerrissenheit und Gier. Den Gesichtsausdruck bestimmte das Auge, und das Auge strahlt von dem geistigen Licht, das von innen her den Menschen bildet.

Wenn erworbene Eigenschaften wandelbar sind nach Zeit und Bedingungen, wenn all das, was die Masse anspricht, Merkmale sind und nicht Gründe, wo steckt der Kern? Der kritische Sinn Dr. Seligmanns konnte sich nicht zufriedengeben mit den negativen Feststellungen, daß Vorwürfe ungerecht, daß Behauptungen unrichtig, daß Werturteile unlogisch seien. So brennend er die verlogene Überheblichkeit verachtete, die Kläger und Richter in einer Person sein möchte, so deutlich fühlte er, daß die Tatsache des Judenschicksals noch einen tieferen Grund haben müsse, daß hinter der Ablehnung des Juden durch die Völker, die „Gojim",[10] hinter der Furcht vor der Andersartigkeit der Juden, vor der unbekannten Gefahr, die hinter ihrer Geistigkeit stecke, noch etwas Unbekanntes, Urgründiges stecken müsse. War nicht das widerspruchsvolle Verhalten gegen Juden und seine noch widerspruchsvollere Motivierung fast ein Beweis dafür, daß der eigentliche unklar erfühlte Grund im Unbewußten schwebt?

Einstmals, und Jahrhunderte hindurch, fanden sich die Hauptargumente auf religiösem Gebiet: „Die Juden haben den Heiland ans Kreuz geschlagen." „Sie glauben nicht an den Messias." Damit kann man Massen aufhetzen und in Bewegung bringen, aber keine Schuld beweisen, keine Verwerflichkeit heutiger Menschen dokumentieren. Es ist keine Begründung für Menschen, die um des Guten willen das Böse bekämpfen und die als obersten Grundsatz allem voranstellen: „Liebet eure Feinde." Noch nicht einmal etwas wie Heidenmission konnte ein Kampf gegen die jüdische Religion sein, wenn die eigene Religion aus jener hervorgegangen, ein Teil der Grundschriften und Grundwahrheiten unverändert übernommen, die Moral auf der Bibel der Juden aufgebaut, die messianische Idee aus den jüdischen Propheten begründet, wenn der Gründer der Religion, die Apostel, die Künder selbst Juden gewesen, die jüdischen Gemeinden rund um das Mittelmeer die ersten Pflanzstätten des neuen Glaubens waren, die zerstreuten Juden als erste die Bedeutung eines reformierten Judentums begriffen, das nur Formen, Auswüchse vielleicht, nicht aber auch nur eine Grundwahrheit änderte – wenn selbst in der täglichen Liturgie wörtlich und immer wieder der „Gott Israels" angerufen wird.

So kann die Religion nur Vorwand sein. Und es zeigte sich überdies, daß die Geistlichkeit von heute ein übriges tat und Duldung predigte. Die Orthodoxen, die als wirklich fromm Anerkannten, wurden gerade von ihr eher in Schutz genommen, wenn sich Angriffe gegen das moderne Judentum, gegen den jüdischen Menschen erhoben – wegen seines Wissens. Und das waren wieder die in Ghetto und Verfolgung gewachsenen Eigenschaften, die sich die Juden nach der Emanzipation abzulegen bemühten und wobei wieder das Etikett „Religion" im Wege stand.

Ein Fangballspiel zwischen Religion, Abstammung, Rasse, Gewöhnung und Sitte, bei dem die Angreifer sich allemal selbst widerlegten und bei dem die Juden selbst wacker mitspielten. Denn sie waren sich ihres eigentlichen Wesens selbst nicht klar, waren zerrissen in den Widersprüchen, die sich aus ihrer Situation ergaben.

Die Juden flüchteten vor den äußeren Bedrückungen, sie suchten auch Ausweg und Flucht vor der inneren Zerrissenheit. Der Einsturz aller Pläne und Aussichten der Achtung, die sie bei anderen eine Zeitlang genossen hatten, der Selbstachtung auch, die sich auf Erfolge gründete, war desto jäher, je stärker sie geglaubt, daß endlich endlich der alte Ahasver[11] zur Ruhe kommen könne auf seiner unsteten Wanderung, die Last der Vorurteile auf dem Rücken.

Viele kehrten zur Religion zurück. Sie begannen wieder Gebräuche und Vorschriften einzuhalten, die sie lange versäumt. Sie kehrten in die Betsäle zurück, hielten die Feiertage, den Schabbat, die Speisegesetze, legten Tefillin, als suchten sie die erzürnte Gottheit zu versöhnen, die solche Prüfungen geschickt – vielleicht zu ihrer Besserung, „wegen unserer Sünden". Ein Vorgang, der sich oft wiederholt hatte in der Geschichte, seit den Tagen des Jeschajahu.[12]

Viele nahmen den Zionismus als Ausweg. In dem Gedanken eines jüdischen Volkes lag Einheit und Ziel. Der Zionismus kam der Einstellung des Angreifers gleichsam entgegen. Ein jüdisches Volk – hier war eine Einheitlichkeit des Wesens, der Abstammung, des Weges, beinahe etwas Ähnliches wie eine Einheitlichkeit der Rasse stipuliert. Gerade deshalb war dieser Zionismus so lange von den Assimilanten aufs heftigste bekämpft: weil er ein völkisches, etwas Blutmäßiges als Urgrund des Andersseins aufzustellen schien, dem nicht zu entfliehen sei; weil er die Möglichkeit einer Assimilation verneinte. Ein

Mensch kann nicht zwei Völkern gleichzeitig angehören. Zionist sein hieß, auf ein Aufgehen in dem Volk, in dem man lebte, bewußt verzichten, verzichten auch ohne Bindung an Religion und Religionsformen. Der Zionismus hatte die Entwicklung vorausgesehen und schon früh erkannt, daß nicht die Religion als seelische Erscheinungsform der Urgrund des Judentums sei. Und er suchte konsequenterweise dem Volk, damit es auch wirklich ein Volk sei, den Raum zuzuweisen, in dem es leben konnte wie andere Völker: das urangestammte heilige Land, mit dem es Geschichte und Erinnerung verband und das in der Religion als Ausgang und als Sehnsuchtsziel lebte, Erez Israel, Palästina.

Den völkischen Gedanken hatte Dr. Seligmann schon immer abgelehnt; bei den Zionisten, wie bei dem Volke, mit dessen Kultur er sich vermählte. Nicht Herkunft, nicht Name entscheidet, sondern Wille und Wesen. Dagegen war er bereit, anzuerkennen, daß aus jüdischen Menschen ein Volk entstehen könne, wenn man ihnen die Grundlage zur Volkwerdung gebe. Nicht aus allen jüdischen Menschen, nur aus den entwurzelten, verstoßenen, denen die zerstörte Heimat durch eine neue Heimat ersetzt werden mußte. Aus denen, die, sei es aus welchen Gründen immer, ihren Willen darauf einstellten. Damals aber war dieser Wille noch frei. Oder schien so.

Für das Ziel, das alte Palästina wiederaufzubauen, ein Land, ein kleines Land nur, aber ein eigenes Land zu gründen, das den Juden, die sich nicht assimilieren wollten oder konnten, zur Heimat werde. Dafür hatte Dr. Seligmann viel Verständnis. Und als er das Fortschreiten des Antisemitismus sah, die Ablehnung alles guten Wollens, *seines* guten Wollens, da zögerte er nicht, die Konsequenzen zu ziehen und sich dem Zionismus anzuschließen. Er war zu stolz, sich aufzudrängen, zu stolz, sein Wesen zu negieren. Er hatte tiefer gesehen: hinweg über die Äußerlichkeiten des Judeseins, hinweg über die religiösen Motive und die Eierschalen des Ghettos. Er verleugnete seine Vergangenheit nicht und sein Bemühen der Assimilation – aber er sah plötzlich, hinter der Religion und hinter dem Volkbindenden, das wirklich jüdische Wesen.

Die Zurückgezogenheit der letzten Jahre hatte Muße zum Lesen gegeben. Er hatte angefangen, Hebräisch zu lernen. Seit der Schulzeit war er allem aus dem Weg gegangen, was ihn an eine unechte Frömmelei erinnerte. Er hatte damals mühsam die Gebete erlernt, deren Übersetzung ihm wie Wortgeklingel, wie Phrasenschwulst erschien. Er hatte damals gerade noch Hebräisch lesen gelernt und übersetzen, Wort für Wort, ohne Zusammenhang, ohne Ahnung von Grammatik und Sprachaufbau. Die Einführung in das moderne Ivrith[13] erschien ihm wie eine Offenbarung. So sauer ihm das Lernen wurde, das Memorieren der schweren Worte, das Einleben in eine völlig fremde Sprachwelt, so sehr freuten ihn der kristallklare Aufbau, die monumentalen Formen, das klassische Ebenmaß der Gliederung, die weltferne Ruhe bei aller lebendigen Verschiedenheit.

Mittelpunkt der hebräischen Sprache ist das Verbum. Es besteht grundsätzlich aus drei Buchstaben, die sich durch Zufügungen, Vorsilben, Nachsilben zu allen Modalitäten eines Begriffes verändern lassen. Ein geistreiches Zusammensetzspiel. Das unveränderliche Element der drei Wurzelkonsonanten belebte sich durch den Wandel der Vokale – bloße Hilfsmittel, Lesestützen, die der Kenner der Sprache völlig entbehren konnte.

Und noch eines machte ihm tiefen Eindruck: das Hebräisch der früheren Schule wurde in aschkenasischer Aussprache[14] gelernt. Diese war verschieden im Süden und im Norden und wich ab, je weiter man nach Osten kam. Hier war die Quelle des so häßlichen Mauschelns – Lautverschiebungen, Umlaute, Zwischenlaute traten an die Stelle der reinen Vokale, ein o wurde ein ou, ein au, ein aou, und das floß ineinander und übertrug sich und verwilderte zu einem unschönen, durch Mund und Nase gewälzten und gequetschten Gegurgel, das nicht anders war als das verdorbene Deutsch, das in jenen Kreisen gesprochen wurde: die ganze Ghettostimmung lag darin, das Unterdrückte, Verbogene, Gekrümmte der gequälten Kreatur. Das neue Ivrith bediente sich der sephardischen Aussprache. Da waren klare stolze helle abgemessene Laute, keine halben Vokale, keine verzogenen und verdorbenen Wortglieder: ein Klang lag darin und ein Rhythmus, ein Gefühl von Stolz und Würde, von Lebendigkeit und Lebensfreude und tiefer beruhigender Weisheit.

Wie ein klarer Quell erschloß sich ihm allmählich die Sprache, und ihre Schwierigkeiten spornten seinen Eifer.

Und es war doch dieselbe alte Sprache, die Sprache der Bibel.

Was Zwang und Verkümmerung aus dem Menschen machen können, drückt sich in seiner Sprache aus.

Dann begann er in der Bibel zu lesen. In der Ursprache nur langsam und wenig. Aber er fühlte, das war ein ungeheures Gebiet, das ihm bisher unzugänglich geblieben war, von Vorurteilen verschlossen. Jenseits religiöser Auffassung, kritisch, neugierig las er, nicht um zu glauben, nicht weil er glaubte, sondern um zu erkennen, um kennenzulernen. Und dies unbelastete, unvoreingenommene Lesen gab neue Ausblicke.

Um besser einzudringen, las er deutsche Übersetzungen, die Luthersche, die Kautzschsche, die Bubersche, und suchte da, wo sich Unterschiede zeigten, das wirklich Gemeinte durch den Vergleich mit dem Urtext zu ermitteln.

Er las Kommentare und bibelkritische Arbeiten, vergrub sich in die Methoden und Ergebnisse der Bibelkritik, und eine neue Welt tat sich ihm auf. Der Rabbiner, der ihm solche Bücher aus der Gemeindebibliothek gab, schüttelte den Kopf mißbilligend und sagte: „Das ist ja alles falsch." Denn Bibelkritik, ein Kompilieren und Analysieren, ein Deuten am Buchstaben war verpönt in den Kreisen der Frommen. Die Bibelkritik stammte fast ausschließlich von nichtjüdischen Theologen, und es wurde ihm bald klar, daß gerade darin eine Fehlerquelle lag; dem jüdischen Gelehrten stünde anderes Rüstzeug, andere Einfühlung zu Gebote. Aber gleichwohl, man müßte ja nicht alle Kombinationen und Konjekturen für wahr nehmen: er kam von der nichtreligiösen Seite, von der Wissenschaft her an die Stoffe hin und sah und fühlte viel Positives, was bisher vom Religiösen her zugedeckt war. Die wissenschaftliche Grundlage machte sein Erkennen positiv, gab ihm Ehrfurcht vor dem Weltbuch. Wer sich kritisch von der Glaubensseite nähert, bleibt leicht im allzu Kritischen stecken.

Dieses Studium ergänzte er durch historische Schriften. Zeitgeschichtliche Darstellungen aus der Zeit der Entstehung der Bibel, historische Arbeiten auf archäologischer Grundlage, die die neuen Funde verwerteten und Tatsachen ans Licht förderten, mit deren Hilfe erst Andeutungen im jüdischen Schrifttum, der Bibel selbst, verständlich wurden, aus mißverstandener Deutung herausgeschält.

Die jüdische Geschichte seit Beginn unserer Zeitrechnung ist Leidensgeschichte und – Literaturgeschichte. Die alte jüdische Geschichte könnte Aufschluß geben über unser Wesen.

Je mehr er sich in die jüdische Geschichte vertiefte, desto deutlicher wurde ihm:

das jüdische Volk hat nur eine verhältnismäßig kurze Zeit staatliche Selbständigkeit besessen, auch in dieser Zeit gespalten, oft bedroht, oft fremder Oberhoheit unterworfen.

Das kleine Volk hat zeitweise Weltreichen widerstanden, den Ägyptern, Assyrern, Babyloniern, den Griechen, selbst den Römern. Ungeheure Reiche entstanden nacheinander ringsum, brausten hinweg über das kleine Land an der Völkerstraße und – vergingen, wie sie gekommen. Kamen, waren übermächtig, fraßen die halbe Welt, und gingen, und nichts blieb übrig von ihnen als Steine, Kuriositäten. Das schwache kleine Volk der Juden aber, das nie Macht ausübte, das nie andere unterjochte, unterdrückte, nicht einmal bekehren wollte, das bestand und besteht heute noch. Lebt zerstückt in seine Glieder, lebt der Staatlichkeit, der Volkheit beraubt, *in seinem Geist.*

Und sein Geist blieb lebendig durch die Jahrtausende. Und gab ab von seinem Überfluß, übte Einfluß weit über sich selbst hinaus. Das Christentum erwuchs aus ihm, der Mohammedanismus erwuchs aus ihm. Und während jene zu drei Viertel aller Menschheit den Glauben an einen einzigen Gott brachten, hielt er sich rein und lebendig in seiner Ursprünglichkeit und in der alten Kraft seines Geistes.

Und nun wurde ihm weiter klar: hier war das Eigentliche,

der Urgrund des Judentums. Der Geist, der die Bibel geschaffen, der tausend Jahre wirkte und wob, bis er aus Wüstensöhnen, aus Kämpfenden mit Naturgewalt, die wie alle anderen Völker der Erde diese Naturgewalten fürchteten und materialisierten, den Sieg über die Körperlichkeit davontrug. Die Einheit und Übersinnlichkeit Gottes war die Einheit der Welt, war das Gesetz. Gesetz war Pflicht, Pflicht gegen Gott, gegen seine Geschöpfe. Pflicht war Sittlichkeit. Sittlichkeit war Verantwortung, wurde Erlösung.

Die Religion war der heilige Schrein, in dem dieser Geist verschlossen, die Unbilden der Zeit überdauern konnte. Sie hütete ihn, brachte ihn unversehrt auf unsere Tage.

Ehrfurcht gebührt ihr für diese Tat. Nicht mehr. Denn sie *ist* nicht der Geist, sie bewahrte ihn nur. Der Geist aber lebt. Er ist lebendig im Judentum. Nicht die Überspitzung des Denkens, nicht die Eigenart, die das Ghetto herangezüchtet: der Antrieb zu einem Leben im Geiste, wo das Äußere drückte und drängte, das ist das Eigentliche, das ursprüngliche Jüdische. Über alle Auswüchse hinweg, über die Mühsalen und Süchte der Lebensnot, über die Flucht in die Frömmigkeit, über die bewußte Assimilation, über die realpolitische Idee der Wiederaufrichtung einer materiellen Heimat – hier war der Kern.

Dieser Geist konnte Gemeingut geworden sein. Er war es nicht. Das Judentum schloß niemanden aus von jenem Geiste. Aber es hing ihm an, allein, und das brachte grundsätzliche Unterscheidung, das bedingte eine Andersartigkeit, die der Außenstehende nicht verzeihen mochte, weil er sie nicht verstand.

Und er wurde zur Aufgabe. Und er erfüllte mit Stolz, mit Bewußtheit, mit Lebensmut.

Auflösung

So saß Dr. Seligmann mit seiner Frau in dem kalten Zimmer, holte die Brötchen, während seine Frau das Frühstück bereitete, nahm die Einkaufstasche und stellte sich beim Metzger an, wenn Frau Friedl den Staublappen schwang und die Vorbereitungen zum Kochen traf. Kurios, wie ein Mann mit Ziel und Aufgaben die Zeit vertat. Noch nicht lange war es her, da war er geschäftig mit Briefen und Eingaben und Listen, Termine einhalten, von Amt zu Amt rennen, reden, reden – und warten, warten. Noch ein wenig länger: geschäftliche Unterhandlungen, Konferenzen, Vorschläge, Vorträge sollten der Liquidierung der bisherigen Lebensarbeit dienen. Aber ein ganzes Leben lang vorher: das war ernste Arbeit, von morgens bis abends, bis tief in die Nacht. Wenn im technischen Betrieb die Anlasser eingeschutzt wurden, war er zur Stelle, sah die Maschinen nach, prüfte Einteilung und Leistung, sprach mit jedem Mann über seine Arbeit, gab Ratschläge und Anweisungen, der immer ruhige, immer feste, immer freundliche Vorgesetzte. Er kannte sein Fach, wußte immer einen Ausweg, sprühte von Ideen. Ließ sich nicht treiben, führte. Und war beliebt als Mensch, der lebte und leben ließ, der auch persönlich jedem half, der seiner Hilfe bedürfte. Da war einer in den Klauen eines Abzahlungsgeschäftes hängengeblieben; und ein anderer in ein unangenehmes Verfahren verwickelt; und ein dritter hatte sich im Rausch zu einer schlimmen Handlung hinreißen lassen; und ein vierter war in Schulden geraten; und ein fünfter war in Ehezwistigkeiten; und ein sechster hatte einen Jungen in die Lehre zu bringen; und ein siebenter hatte einen Verwandten, der ohne Verdienst war; und ein achter brauchte einen Vormund; und ein neunter wollte heiraten. Kaum einer, der nicht einmal einen Vorschuß brauchte, einen Urlaub, eine Empfehlung.

Er setzte sich für sie ein, immer wieder, erntete immer wieder Undank. Als die Zeiten für ihn selbst schlimm wurden, war keiner, der sich der empfangenen Wohltaten erinnerte. Aber nachher merkten sie, daß das Selbstverständliche gar nicht so selbstverständlich war. Als ein neuer Herr kam, war es vorbei mit Anteilnahme und Verständnis, sie nahmen es stumpf auf sich und räsonierten über die vergangenen Zeiten.

Die neue Leitung kam nicht plötzlich. Dr. Seligmann hatte sie selbst langsam vorbereitet. Und seine Idee war, nachdem er eingesehen hatte, daß seine Position für ihn selbst nicht haltbar war, daß sich seinem Betrieb immer mehr und mehr Hindernisse in den Weg stellten, die ausschließlich mit seiner Person als Jude zusammenhingen, sein Werk, das er in langen Jahren aufgebaut hatte, fortleben zu lassen in der Hand tüchtiger Nachfolger, auf daß es noch später, wenn er selbst längst abgetreten, Zeugnis gebe von seinem Menschentum.

Er hatte einen Angestellten dazu ausersehen, der mehr als ein Menschenalter in seinen Diensten gestanden und auf dessen anständige Gesinnung er glaubte sich verlassen zu können. Damals, in den Anfängen der sogenannten Arisierung jüdischer Betriebe, gab es noch einen Schimmer von Hoffnung, nicht gerade, daß die Vertriebenen zurückgerufen würden – daß jemand, der den moralischen Zusammenbruch miterlebt, von einer gnädigen Erlaubnis zur Rückkehr Gebrauch machen würde, kam ihm gar nicht in den Sinn –, aber wenigstens, daß ein Teil des geschehenen Unrechts wiedergutgemacht werden könnte, müßte, wenn einmal aus dem Faustrechtsstaat wieder ein Rechtsstaat würde. Die gewaltsam verdorbenen Werte, der weggenommene Besitz, die durch Zwang und Erpressung zugefügten Verluste konnten ersetzt oder entschädigt werden. Eine stille Reserve an Verbindungen und Leistungsmöglichkeit blieb noch in jedem wohleingeführten Betrieb, auch wenn man an den willkürlich niedrigen Schätzungen und Festsetzungen der Übernahmepreise und an den einseitig annulierten Rechten nicht mehr rütteln wollte. Mit einem anständigen Nachfolger, der sich scheute, sich an dem allgemeinen Diebstahl zu beteiligen und sich aus der Judennot zu bereichern, wäre dann leicht eine Verständigung zu finden.

Indes es kam anders. Schlenker, der Nachfolger, der all die Jahre still und fleißig die Arbeit getan, die ihm übertragen, hatte nicht gesehen, worauf es dabei ankam. Er nahm die Ausführung für das Eigentliche der Arbeit, die von selber floß. Er merkte nicht, daß hinter ihr, über ihr, ein Wille steckte, Geschmack, Einfühlung, eine Persönlichkeit, die erst den Antrieb gab, die schöpferisch gestalten mußte. Wenn Dr. Seligmann am Schreibtisch saß, entwarf, diktierte, rechnete, sah Schlenker nur den Bleistift, der das Werk tat; wenn Dr. Seligmann wegfuhr, Verbindungen aufzunehmen, an Besprechungen, Sitzungen teilzunehmen, Eindrücke zu sammeln, sah Schlenker nur den bequemen Luxus des Autos. Und er sah nicht, wie Dr. Seligmann seit Jugend auf las und las, wie er die Fachliteratur sich zu eigen machte, historische, politische, wirtschaftliche, künstlerische Fragen studierte, an Zeitschriften mitarbeitete, Bücher schrieb, im Vergnügen noch lernte, im Lernen Vergnügen fand.

Als Schlenker, noch an der Seite Dr. Seligmanns, in die Leitung eintreten konnte, war er plötzlich nicht mehr der fleißige, anschmiegsame, beflissene Mitarbeiter, er war plötzlich Herr, Chef, Vorgesetzter, der die neue Würde zur Schau stellte. Vergessen war, was er Dr. Seligmann verdankte, vergessen, was er von ihm gelernt hatte. Nun hatte er das Recht und wollte beweisen, daß es nur auf das Angebendürfen ankäme, nicht auf das Können. Er wußte besser, er hantierte mit dem Bleistift der Befehlsgewalt und setzte seine Meinung gegen Erfahrung und Einfühlungsvermögen. Es gab kleine, dann größere Reibungen, es gab Intrigen. Die Ansprüche wuchsen; warum sollte dieser Dr. Seligmann persönliche Vorteile haben, die ihm, dem Gleichberechtigten, versagt wären? Die Zeit unterstützte solche Ansprüche; Dr. Seligmann, rechtlos, im Rückzug, konnte nicht Widerstand leisten. Seine Versuche, bis in die letzte Zeit hinein, einen Modus zu schaffen, bei dem er dem Betrieb noch hätte Dienste leisten können, Dienste, die auch einen eigenen Lebensunterhalt bis zur schließlichen Auswanderung finanziert hätten, scheiterten. Statt einer wohlwollenden Handhabung verschanzte sich Ängstlichkeit hinter schlecht gespielter Korrektheit, die ohne Warnung, ohne menschliche Aussprache Dr. Seligmann eines Tages den Brief ins Haus schleuderte: „Infolge der bestehenden Bestimmungen müssen wir Sie bitten, ab kommenden Montag unsere Betriebsräume nicht mehr zu betreten."

Der Betrieb bestand noch genau ein halbes Jahr und ging an der ersten größeren Schwierigkeit zugrunde, die aufgetreten war. Er wurde aufgelöst, und gerade als Dr. Seligmann in seinem kalten Zimmer saß und seiner früheren Arbeitsfülle dachte und der tatenlosen Ruhe, die nun eingetreten war, hörte er, daß Maschinen des Betriebes verschrottet, die Einrichtungen verramscht wurden, daß das eingearbeitete Personal, Leute mit dreißig, vierzig Dienstjahren, in alle Winde zerstreut und der Herr „Baron" selbst einen untergeordneten Posten angetreten hätte. So war sein Unternehmen ausgelöscht, genau im sechzigsten Jahre seines Bestehens.

Die Nachricht paßte in den Raum mit den geliehenen Möbeln und den mit Schwarzpapier verhängten Fenstern. Sie flatterte zwischen den einsamen Wänden und fiel wie ein müder Falter auf den polierten Bürotisch, an dem oben Frau Seligmann saß, mit ihrer Näharbeit, und unten Dr. Seligmann im verschossenen Plüschsessel, lesend, vorlesend, Englisch lernend, Ivrith, nun auch ein wenig Arabisch. Und sie betrachteten und besprachen sie fast neugierig, unbeteiligt, wie den todmüden Falter, dem man die Flügel ausspannen sollte auf der Korkplatte, ihn aufzuheben im Glaskasten, ihn den Kindern zu zeigen: seht solche Formen, solche Farben schafft die Natur. Die Welt ist schön. Wir müssen lernen, die Schönheiten zu sehen. Auch wenn die Menschen Krieg führen, auch wenn sie zerstören, was sie ergreifen in ihrer ungesättigten Gier. Unzähmbar ist die Gier. Stärker als Gier ist das Sehnen. Das Jetzt und Hier ist nichts. Es verweht wie der Wind. Der Wind treibt die Mühlen und läßt sie stillestehen. Ob sie mahlen, ist wichtig für *einen.* Es ist unwichtig den ächzenden Steinen, unwichtig dem Wind. Den Wind halten die Berge auf, im Windschatten glättet sich das Meer, das vor den Bergen aufgeregt an die Felsen schlägt. Das Schiff schaukelt mit seiner müden Last, schüttelt die bleichen Menschen. Aber das Sehnen fliegt über die Berge. Im ruhigen Meer treibt das gerettete Boot. Über dem Meer blaut Land. Palmen stehen am Ufer, und im Wirrwarr der Büsche blühen rote Blüten. Hinter den Büschen türmen sich Felsen. Weiße Zinnen streben zum Himmel. Blau ist der Himmel und tief.

„Von den Kindern ist diese Woche wieder nichts gekommen."

„Darauf wirst du dich einstellen müssen, daß der gewohnte Donnerstagbrief ausbleibt. Die Kinder haben uns fast ein bißchen verwöhnt."

„Wir haben aber doch auch jede Woche geschrieben und so ausführlich."

„Wir haben Zeit. Leider zu viel. Aber sie müssen arbeiten. Sie wollen am geistigen Leben Anteil haben, damit sie die körperliche Arbeit tragen können; und sie haben das Kind . . ."

„. . . das ihnen so viel Freude macht. Ach, unser Putzel, könnt' ich's nur erst versorgen, Schoscha die Pflege abnehmen. Daß sie wenigstens ihre Nachtruhe hat. Wenn man den ganzen Tag schwer arbeitet! Um sieben Uhr muß sie schon fort ins Geschäft."

„Dafür ist sie um vier Uhr schon frei und kann noch was anfangen mit ihrem Tag."

„Und der Haushalt! Und das Kochen! Wenn Fritz um sechs Uhr heimkommt, ist er hungrig . . ."

„Siehst du, er hat noch seine Maskiruth[15] nach der Arbeit in der Werkstätte. Und er ist doch auch nicht der Stärkste. Vom Studium weg, ein rechter Bücherwurm, so in die Handarbeit hinein . . ."

„Wenn nur endlich das Zertifikat käme!"

„Und dann darfst du nicht vergessen: seit der direkte Postverkehr gesperrt ist, über die Schweiz dauert's um einige Zeit länger."

„Die Zürcher schicken uns die Briefe schon immer gleich, sie wissen ja, wie wir daran hängen."

„Wir dürfen die Zürcher aber auch nicht so sehr belasten. Unsere Briefe hin, die der Kinder her, das Umadressieren, das Porto allein, immer Luftpost ... Vetter Hans scheint schon fast ein wenig ungeduldig zu werden. Wir müssen abwechseln. Und auch politisch scheint ihm die viele Korrespondenz mit dem Ausland Schwierigkeiten zu machen."

„Die sollen nur froh sein, daß sie selbst im Frieden sitzen. Sie sind freie Menschen, ihnen geschieht nichts, ihr Vermögen ist gesichert. Und wir? Was können wir dafür, daß wir um alles gebracht sind? Hättest du in gleichem Falle nicht ebenso geholfen, hast du nicht allen geholfen, die zu dir kamen ...?"

Warten

Warten, warten. Auf den Ausweg. Auf das Wunder, das geschehen muß, um die Auswanderung jetzt noch möglich zu machen.

„Nur ein Wunder kann uns retten", äußerte Dr. Seligmann. „Aber", setzte er hinzu, „ich glaube an solche Wunder."

Die Einschränkungen, die der Krieg verursachte, waren schwer, aber nicht so drückend, wie man nach den alten Kriegserfahrungen befürchtet hatte. Man spürte kaum die Mobilisierung der Menschen und desto deutlicher die der Sachen: alles war organisiert, vor allem die Lebensmittelversorgung so geordnet, daß, von kleinen Übergangsspannungen abgesehen, das Leben seine gewohnten Geleise ging. Wie lange, freilich, darüber waren die Meinungen geteilt. Indes, die Menschen fügen sich in eine Regelung ein, von der sie sehen, daß sie allgemein ist im besten Sinne.

Über diese Einschränkungen hinaus die gesteigerten Einschränkungen der Juden. ‚Warum sollen diese Fremden, diese Schädlinge, gefüttert werden, wenn wir selbst darben?'

Und nicht nur das. In Kriegszeiten ist der Fremde verdächtig, dem Feinde zu dienen. Die Juden, viele davon Frontkämpfer aus dem Ersten Weltkrieg, ausgezeichnet, befördert, wurden zu Spionen und Verrätern gestempelt. Daraus ergaben sich weitere Bedrückungen. Siehe, sie leisten jetzt weder Kriegsdienst noch sonstige Dienste dem Vaterland, sie streben hinaus aus Deutschlands Grenzen. Sie deklarieren sich selbst als Volksfeinde. Für den Volksfeind gilt weder Rücksicht noch Schutz. Daß sie dem Zwange folgten, der auf sie ausgeübt wurde, war ihr Verbrechen. Sich ihm widersetzen, war Irrsinn und Selbstmord.

Nicht überall wurde es gleichmäßig gehandhabt. In Wien war zuzeiten um vier Uhr nachmittags Sperrstunde, in München um acht Uhr, andernorts um sieben, um neun Uhr. Wieder anderswo war es Gefahr, sich überhaupt auf der Straße sehen zu lassen. Juden wurden angerempelt, geschlagen, die Geschlagenen verhaftet. Die Juden durften ihre Einkäufe nur in bestimmten Geschäften vornehmen. Oder nur zu bestimmten Tageszeiten, an bestimmten Wochentagen. An Geschäften sah man neben den längst verwendeten Schildern „arisches Geschäft" die neuen Schilder auftauchen: „An Juden wird nichts verabreicht." Gaststätten plakatierten „Juden unerwünscht". Nur in ungenügender Zahl waren jüdische Ärzte zugelassen – „Krankenbehandler!", der Ausdruck Arzt war verboten –, die nur jüdische Patienten behandeln durften, nur an bestimmten Plätzen, nicht in Privatpraxis. Für Rechtsgeschäfte, und da waren sehr viele, besonders die gesamte Regelung der Auswanderung und die Beratung der oft unbeholfenen und ungewandten älteren Personen, waren wenige der ehemaligen Rechtsanwälte als „Konsulenten" zugelassen. Zu Winkeladvokaten degradiert. Die Standesehre der früheren arischen Kollegen ließ solche Behandlung zu.

Eines Tages, der Jom Kippur[16] war dazu auserwählt worden, wurden in allen jüdischen Wohnungen die Radioapparate beschlagnahmt. Schon vorher war das Hören fremder Sender bei schweren Strafandrohungen verboten worden.

Die Kultusgemeinde wurde mehr und mehr der Sammelpunkt für alle jüdischen Lebensäußerungen. Dort wurden die Lebensmittelkarten der Juden verteilt, groß mit einem „J" gestempelt, damit ja jeder Krämer gleich erkennen möge, wen er vor sich habe. Dort wurden die Wohnungen zugewiesen. Die Zusammendrängung in jüdische Wohnungen, in jüdische Häuser schritt fort. Niemand durfte die zugewiesene Wohnung aufgeben; niemand sich weigern, die Zugewiesenen in seiner Wohnung aufzunehmen – wenn noch nicht jedes Zimmer mit zwei Personen belegt war. In der Gemeinde versuchten sie die Wohnungsstreitigkeiten zu schlichten, und es war kein Ende darin. Bald wollte der Mieter, an Freiheit und Bequemlichkeit gewohnt, nicht einsehen, daß er sich in die Möglichkeiten einzufügen hätte, wenn andere dieselbe Not drückt.

Bald wollte der Vermieter nicht begreifen, daß er Ansprüche aufgeben müsse, um anderen Platz und Lebensmöglichkeit zu geben. Niemand war Herr im eigenen Hause, niemand konnte *sein* Leben führen. Überall stieß man an die Ansprüche des Nächsten; stieß mit Ellbogen in der Enge, stieß sich unter den höhnischen Augen derer, die in teuflischer Bosheit die Selbstquälerei herbeigeführt.

Die direkt Ausgewiesenen kamen hilfesuchend zur Gemeinde, und die nicht direkt Ausgewiesenen, und die Männer, die zur allgemeinen Arbeitspflicht herangezogen waren, und die Unterstützungsbedürftigen. Überall Not und Elend, überall nur ein Gedanke: wie entrinne ich der Qual ohne Ende.

Auch hier drängten sich die Menschen in den Vorzimmern, wurden die Beratenden zu Beamten. Begierig jeder, den Strohhalm zu greifen, an dem Rettung hängen könnte. Mutlosigkeit mit Zähigkeit gemischt. Der müde Vogel, der den Ausweg nicht findet, flattert an die harte Decke, stößt an die Zimmerdecken, stört verängstigt auf und schwirrt im Kreise. Das letzte Fünkchen Leben ist Angst und hoffnunglose Hoffnung.

Und immer wieder gelang es Menschen, fortzukommen. Nach Nordamerika mit der Garantie von Verwandten, in die Vereinigten Staaten. Nach Chile, nach Cuba, nach Haiti, nach Australien. Viele der überseeischen Länder hatten die ursprünglich leichten Einwanderungsbedingungen erschwert, für Juden erschwert, hatten die Einwanderung verboten. Da und dort taten sich wieder Lücken auf: eine vorübergehende Erleichterung, eine Öffnung für besondere Berufe; eine Schiffahrtsgesellschaft, die, um groß zu verdienen, Landungsmöglichkeiten ausfindig machte; ein Konsul, eine Einwanderungsbehörde, die Vergütungen zugänglich war, gegen entsprechende „Gebühren" ein Auge zudrückte.

Dann kam es wohl, daß ein mit Auswanderern vollbesetztes Schiff nach einer fernen Insel nach Westindien kam, nicht landen durfte, weil der Schwindel entdeckt worden war, mit seiner vollen Ladung zurück mußte und nun in irgendeinem Hafen lag, unfähig, die verzweifelten Menschen wieder loszuwerden.

Alle solchen Dinge erfuhr man auf der Gemeinde, die positiven und die negativen, und viele Gerüchte dazu, und die Aufklärung über die Unsinnigkeit der Gerüchte.

So erfuhr Dr. Seligmann auch von den illegalen Transporten, die nach Palästina gehen sollten. Sie sollten, von privater Seite veranstaltet, die ausgesprochene Duldung, wenn nicht Förderung der deutschen Behörden genießen. Und die einzige Gefahr wäre die Landung in Palästina selbst, die in aller Heimlichkeit erfolgen müsse.

‚Bei Nacht und Nebel vielleicht an Land schwimmen.'

‚Die Engländer müssen schon so tun, als ob sie die illegale Einwanderung nicht zuließen. Aber wenn einer einmal da ist, werden sie ihn wohl nicht zurückschicken.'

‚Und der Jischuv![17] Er bekommt nicht das Menschenmaterial, das ihm eigentlich nötig ist. Er wird sich widersetzen, wenn er nicht prüfen kann.'

‚Auch der Jischuv wird Juden nicht zurückstoßen ...'

‚Aber die Gefahren! Das ist ein Unternehmen für junge Menschen bestenfalls. Wir Älteren ...'.

Dr. Seligmann war nicht geneigt, solch ein Abenteuer auf sich zu nehmen. Ein Wagnis für ihn selbst, noch mehr für eine leicht anfällige Frau, die den Unbequemlichkeiten einer engen, vielleicht längeren Fahrt, nicht ausgesetzt werden konnte.

Er besprach die Möglichkeiten mit Neumanns auf einem der nun häufig gewordenen Spaziergänge, bei denen man eine entlegene Wirtschaft aufsuchen und unbehelligt, sogar im Freien, zu Mittag speisen konnte. Erst sah man im Vorbeischlendern wie zufällig und uninteressiert auf Türe und Fenster, ob nicht das ominöse Schild angebracht sei. Dann sondierte man vorsichtig drinnen, ob nicht etwa Uniformierte, schwarze, braune, sich breitmachten oder eine lärmende Gesellschaft Gefahr böte, in Kontroversen verwickelt zu werden, oder ob gar Bekannte dasäßen, die ...

Unwürdig war das Herumschleichen. Aber man hielt es nicht mehr aus in den Steinmauern, in dem dumpfen Schlupfwinkel.

Der Bedenken wurden mehr. Ein Mensch mit Verantwortung darf sich nicht in Abenteuer stürzen. Und so eine illegale Reise ist und bleibt ein Abenteuer. Man hat schon einiges von solchen Transporten gehört. Es waren Menschen glücklich an ihr Ziel gekommen. Es hatte lange gedauert. Über das „wie" war nichts bekannt. Solche Ankömmlinge sollen drüben eine Zeitlang interniert werden. Das wäre schließlich noch zu ertragen. So schlimm wie in Dachau kann es nicht sein. Nur fort, fort ...

Jedesmal gab es einen Stich, dieses „fort, fort" ... Es war unverhohlen Lebensangst, die es ausstieß, Angst vor Dachau, Angst vor Martern, vor dem Getrenntwerden, vor dem Ungewissen, Unabsehbaren. Eine gräßliche Angst vor der Maschine, die sich dreht, dreht, unbekümmert, ob ein Mensch zwischen die Zahnräder gekommen; dreht, dreht, ob Menschenblut spritzt, ob Menschenhirn an den Speichen klebt; dreht, dreht, ob ein lebloser Körper emporgeschleudert, eine Frau verzweifelt in irrsinnigem Schmerz. Kalt wie die Eisenteile ist die Maschine, sie zermalmt, sie weiß es nicht. Niemand weiß es. Da ist kein Kampf. Da ist kein Fühlen, kein Begründen, kein Wenn und Aber.

Im Feld war es so, im Schützengraben. Man saß und wartete. Hielt Ausschau, tat den knappen Dienst, und wartete auf Befehl und auf Angriff. Trommelfeuer fiel ein, Granaten fuhren in die Erde, Schrappnells pfiffen, Minen heulten, wälzten sich, rollten; Gewehrschüsse hagelten, Maschinengewehre trommelten, spritzten. Die Wache in die Brustwehr geduckt, die Mannschaft im Unterstand, wartete. Trifft's, trifft's – das war die Chance für Gerechte und Ungerechte. Der wertvolle Mensch und der Schuft, der Überflüssige, einzelne, und der Mittelpunkt eines Kreises, der ewig Gebende, und der ewig Nehmende. Die Granate weiß keine Unterscheidung. Aber da war ein Ziel, ein Sinn in der Sinnlosigkeit. Und: was hereinbrach, hatte die Größe einer Naturgewalt, ein ungeheures Weltgeschehen, warf seine Schatten – und du warst dabei.

Auch jetzt schien sich ein Weltgeschehen abzuwickeln. Aber dich geht's nicht an. Dich darf's nicht angehen. Als Jude bist du ausgeschlossen aus der menschlichen Gemeinschaft. Nicht am Unglück darfst du teilhaben. Zum Paria, zum Verbrecher bist du gestempelt. Darfst keine Pflicht tun, darfst dich nicht wehren. Du bist vogelfrei. Jeder Zuhälter darf seinen Spaß mit dir haben, indem er dich leiden macht. Die Lust des Buben, der Fliege die Flügel auszureißen, die Ameise zu zertreten ...

Es näherte sich der Jahrtag der Machtergreifung. Im Vorjahr war an diesem Tage das große Signal gegeben worden. Spontan, wie es hieß, hatte sich das Volk erhoben, spontan an allen Orten gleichzeitig, um Rache zu nehmen, wie es hieß, für das Grünspan-Attentat[18] in Paris.

Die Fensterscheiben der jüdischen Geschäfte wurden zertrümmert, die Läden zerschlagen, zerstört, geplündert, die männlichen Juden, Fünfzehnjährige waren darunter und hohe Siebziger, verhaftet. Das taten Beamtete, die Zerstörung und Plünderung geschah in Zivil. Die Beamten verhafteten auf Befehl, nach festgelegten Listen, und die Menschen wurden ins Konzentrationslager gebracht. Schutzhaft nannte man's. Nach Dachau allein kamen etliche fünfzehntausend.

Dann wurden die Autos beschlagnahmt. Abgelöst sagte man.

„Was hat der Wagen neu gekostet?"
„15 000 Mark."
„Was ist er jetzt wert?"
„5000 Mark."
„Sieh einer die Judensau an. Bestiehlt die Volksgenossen und will noch Geld dafür."
„..."
„500 Mark!"
„Es ... es ist ein neues Modell, noch wenig gefahren ..."
„Lächerlich! 500 Mark!"
„..."
„Sind Sie einverstanden!!? Oder soll ich ... Da, unterschreibt!"

Dann die Immobilien. Die Häuser. Ein Notar gab sich dazu her, jeden „Schutzhaftjuden" einzeln vorzuladen, in einen Raum der Wache, und mit ihm Vollmachten aufzustellen, denen zufolge der Rechtsanwalt Kügle II das Recht hatte, über das gesamte immobile Eigentum zu verfügen. Der sonst unbekannte, junge Rechtsanwalt war nach einigen Monaten nicht mehr vorhanden, der Brigadeführer, der ihm nachfolgte, nach zwei weiteren Monaten. Dann wurde die sogenannte Vermögensverwertungsgesellschaft „umgebildet" und ...

Eine Regierungsstelle wurde eingesetzt, die befohlene Veräußerung der Liegenschaften weiter zu verzögern und die Sondersteuer der Judenvermögensabgabe zu bearbeiten, wobei es sich jetzt zeigte, daß die davon erwartete eine Milliarde Reichsmark um so unvollkommener aufzubringen war, je weiter die Vermögensvernichtung vorher gediehen war.[19]

Abschied von den Bergen

Was war zur diesjährigen Feier des Jahrtages geplant? Gerüchte schwirrten. Die Versammlungstätigkeit lebte auf, die Stadt war überzogen von einem Netz von Gruppen und Untergruppen. In jeder kleinen Wirtschaft fanden sich Menschen zusammen, die einem der wohlgeschulten und mit Material reichlich versehenen Redner lauschten, wenn er den alten Refrain zum tausendsten Male wiederholte: der Jude ist an allem Unglück schuld. Die Stimmung war unheilschwanger. Eine Unruhe wie vor dem Gewitter teilte sich den Menschen mit. Nervös liefen die Juden hierhin, dorthin, um etwas zu erfahren.

Frau Seligmann, die sich ein wenig auf ihr Ahnungsvermögen zugute tat, war besonders nervös geworden und drängte:
„Wir wollen fortgehen über die kritischen Tage."
„Ach Gott, was können sie noch von uns wollen?"
„Ich weiß nicht. Aber man muß Gefahren aus dem Wege gehen."
„Hier in unserem Loch finden sie uns nicht."
„Sag das nicht! Sie haben Ordnung."
„Und wohin sollten wir gehen, wo sind wir wirklich sicher?"
„Meinst du, dein früherer Chauffeur, der sich so anständig und dankbar gezeigt hat, würde uns nicht aufnehmen? Er wohnt doch ganz weit draußen."
„Ich möchte ihn nicht in Gefahr bringen. Da draußen kennt ja jeder den anderen."
„Oder unsere Freunde in Ried am See?"
„Die sind eh' schon verdächtig. Und da ist der Nachbar, der mit ihnen im Krieg lebt!"
„Die Fanny hat seit längerem nicht mehr geschrieben. Bei ihr wär's sicher. Aber ihr Bruder ist Lehrer . . ."

Man lief unschlüssig herum. Setzte sich gerade zum Kaffee, als Besuch kam. Eine christliche Bekannte, die eigentlich erst in der letzten Zeit zutraulich geworden war.

„Gerade reden wir vom Fortgehen . . ."

„Ach kommen Sie doch in mein Landhäusel in den Bergen. Ich hab' Sie schon so oft eingeladen."

„Was fällt Ihnen ein. Die Gefahr für Sie, und die Unbequemlichkeit . . ."

„Papperlapapp. Bei uns gibt's keine Gefahr. Da sind Sie gut aufgehoben und können sich mal ein paar Tage gründlich erholen."

„Aber nein, und die Schwierigkeit mit den Lebensmittelkarten . . . Und . . ."

„Dafür sorg' ich schon. Keinen Einwand mehr. Sie kommen. Das wird fein. Sie werden sehen, es gefällt Ihnen bei mir."

„Davon sind wir überzeugt, aber . . ." Die Stimme zeigt bereits ein Nachgeben an.

„Wann kommen Sie, morgen? Übermorgen? Wann Sie wollen. Je bälder, je lieber!"

„Ja dürfen wir wirklich . . .?" Eine Zentnerlast schien sich wegzuwälzen.

„Ja freilich! Sie dürfen nicht, Sie müssen . . . Und nun auf Wiedersehen."

Und sie erklärte noch Fahrt und Weg. Und Frau Seligmann fiel ihrem Mann um den Hals, der mit gesenktem Kopf wortlos dabeigesessen und nun seine Einwilligung nickte. Aber der Nacken blieb gesenkt.

In der eigenen Heimat sich verstecken zu müssen! Und, wie zum Hohn, hinein in die geliebten Berge!

Am nächsten Tag fuhren sie. Mit Rucksack und Tourengewand, sagten keinem Menschen wohin. Eine Fußwanderung auf einen Tag oder zwei. Aber wenn sie auch länger ausblieben . . . sie wissen noch gar nicht . . . es käme aufs Wetter an . . . Und sie hätten ja nichts zu versäumen. Nur Neumanns hatten sie ins Vertrauen gezogen, um für alle Fälle Verbindung mit der Stadt zu haben.

„Wie gerne wären wir mitgefahren."

„Versucht es doch. Man muß zwar vorsichtig sein. Fragt doch mal unsere Freundin, ob nicht in der Nähe ..."

An der kleinen Bahnstation leuchtete schon von weitem das weiße Schürzchen Frau Lenis, die noch am Abend vorher vorausgefahren war, um ihre Tätigkeit in der Stadt auf ein paar Tage zu unterbrechen und ihre Gäste zu versorgen.

„Denken Sie sich", begrüßte sie Dr. Seligmann, „Herr und Frau Neumann kommen auch heraus! Das wird gemütlich. Wir wollen einmal richtig Urlaub feiern."

Die Herbstsonne schien warm, und die Berge leuchteten im blauen Dunst. Von oben funkelte der ewige Schnee, und die wohlbekannten Felsenstürze und Zacken und Schründe zeichneten tiefblaue Schatten. Um das Tal einwärts zu den Wällen und Kulissen, leicht ansteigend zu den grünen Matten und den dunklen Latschenhängen, flirrten duftige Nebel, und blütenweiße Wölkchen segelten am blauen Himmel. Die Kuhglocken läuteten von den Almen, und ein paar Ziegen sprangen klingelnd über den Weg.

Dr. Seligmann und seine Frau saßen auf der Holzveranda in bequemen Liegestühlen und schauten in die Berge. Da ist der Waxenstein und die Riffelwände, daneben öffnet sich das dunkle Tor des Höllenthals. Links oben die ebenmäßige Pyramide der Alpspitze und daran anschließend die tiefen Hänge des Hochwanner und des Teufelsgrats. Dort oben war vor zwei Jahren Frau Lenis Mann abgestürzt. Er war ein kühner und zäher Kletterer, der nichts Höheres kannte als seine Berge. Bei dem Versuch, eine voraussteigende Dame zu retten, die plötzlicher Schwindel erfaßt hatte, war er selbst in die Tiefe gestürzt. Fünfhundert Meter tief. Und ein junges kräftiges Leben, erfüllt von Liebe zur Natur, hatte geendet: und kein Trommeln und kein Marschschritt störte den Fremden, der die Heimat gefunden, dort, wo er selbst Heimat gesucht.

Er war im Norden aufgewachsen, sprach nordischen Dialekt – Dr. Seligmann war im Lande geboren, im Angesicht seiner Berge. Und durfte nicht Heimat sagen zu dem, was ihm Fels und Tal und Kuhgeläut und Quellenrauschen in den Schlaf sang.

Frau Leni hatte das Häuschen gemietet, wo sie die Schrunden des Teufelsgrates all ihre Zeit vor Augen hatte, und die im Grün versteckte Spitze des Friedhofskirchleins. Und dies war ihre Heimat geworden.

Für Dr. Seligmann war es ein Abschiednehmen, die stumme Zwiesprache mit den Bergen. Und sie flüsterten: „Wir behalten uns lieb."

Am nächsten Tag kamen Neumanns und erzählten von der Gewitterschwüle in der Stadt und von den Ausweglosigkeiten und von der Befreiung, in die man sich hier draußen hineintäuscht. Auf kurze Zeit. Und am Abend saß man beisammen, und die Wirtin kredenzte ein Glas Wein, und man erzählte Berglergeschichten und Anekdoten und lustige Erlebnisse, und lullte sich ein in die alten Zeiten, in Unbekümmertheit und Vergessen. Lachen klang wieder einmal, wo kein Nachbar lauschte, und Frohsinn, wo kein Denunziant lauerte.

Am nächsten Morgen brach die Nachricht in die Stube: habt ihr's gehört. Ein Attentat in der Stadt. Eine Explosion. Alle Großen und Mächtigen versammelt. Tote, Verwundete.

Tropfenweise kam die Nachricht durch. Der Bürgerbräu-Festsaal war in die Luft gesprengt. Unter den Trümmern lagen – wieviele, ist unbekannt. Wer, ist unbekannt. „Wie durch ein Wunder" sind all die Großen gerettet, die, der Führer an der Spitze, eine halbe Stunde vor der Explosion, und zum allgemeinen Erstaunen genau um diese Spanne früher, als angesagt war, und viel früher, als es dem nun schon festgelegten Ritus entsprach, sämtlich und ohne Ausnahmen den Saal verlassen hatten.

Wer ist der Täter?[20] Eine fieberhafte Suche begann, ein rasches, radikales Zugreifen. Hunderte wurden verhaftet, Hunderte Juden wurden verhaftet. Konnten Juden bei dieser Sache überhaupt beteiligt sein? Kein Jude hatte Zutritt zu dem Saal, nicht während des Festes, nicht vorher. Es wurde der Ausnahmezustand erklärt, der Verkehr kontrolliert, die Überwachung verschärft.

Wie gut, fern zu sein. In solchen Zeiten ist ein reines Gewissen kein Schutz. Nicht eines Beweises bedurfte es, nur der Anklage, nur der Vermutung. Nicht einmal das: ein Wort, eine Behauptung genügte, schon der Wille, Schuldige in einer bestimmten Richtung zu finden. Nach dem Grundsatze: die Juden sind an allem schuld, mußten sie, ja sie mußten auch das Attentat auf sich nehmen, wie den Krieg, wie den Regen, der da regnet. Anklage aber ist schon fast gleich Verurteilung. Oder waren nur die Juden so verängstigt, daß sie jeden schiefen Blick eines Vorübergehenden für körperliche Drohung ansahen? So weit war es gekommen.

Dr. Seligmann erzählte ein Felderlebnis. Nach monatelangem schwerem Aushalten im Feuer war die Kompanie in Ruhe gekommen. In Sommepy war es. Die aufgepeitschten Nerven sehnten sich nach Schlaf. Plötzlich kamen ein paar verirrte Granaten, man sah Einschläge zweitausend Meter, tausend Meter, jetzt nur noch fünfhundert Meter vom Lager entfernt. „Verflucht, die kommen näher!" Das ganze Lager war rebellisch. Alles lief, lief hinter die nächste Erdwelle. Noch hörte man Einschläge. Lief hinter die zweite Erdwelle, die dritte, lief, lief, kam plötzlich wieder zu sich und sah sich in völliger Ruhe. Schleppte sich langsam, müde wieder zurück und merkte erst jetzt, daß man über sieben Hügelwellen hinweggelaufen war.

Wie es empfunden wird, ist schließlich der Maßstab, nicht, wie es ist. Man blieb noch einige Tage in der Einsamkeit der Bergwelt und besuchte halb froh, halb wehmütig die Aussichtspunkte in der Umgebung. Zu einer Bergtour fehlte die Kraft. Und dann kam es wieder über Dr. Seligmann. Der lange Aufenthalt könnte jemandem auffallen. Schon kannte man einzelne Dorfbewohner vom Sehen. Wenn jemand nachforschte! Man war auch nicht gemeldet. Und was wird in der Stadt sein? Werden keine Briefe gekommen sein?

Frau Leni fuhr voraus, teilte in einer verabredeten Karte mit, daß keine Gefahr bestünde, und dann machten sich auch die vier späten Sommergäste heimwärts auf den Weg. Sie fuhren beileibe nicht direkt, stiegen unterwegs aus der Eisenbahn, wechselten zur parallelen Autobuslinie herüber, teilten sich noch in zwei Gruppen, die Männer für sich, die beiden Frauen für sich, tasteten sich in die Stadt vorsichtig nach den Wohnungen und traten dort erst ein, nachdem sie durch Telefonanrufe festgestellt, daß sie weder gesucht würden noch vermißt worden waren.

Illegal

Dr. Seligmann lachte bitter.

„Da schleicht man wie der alte Winnetou um sein Haus, wendet alle List und Vorsicht an, heimlich wie der Dieb in der Nacht, warum? Um zu dem bißchen Recht zu kommen, das noch geblieben ist. Zu dem Loch von Wohnung, zu einer unaufgeschreckten Nachtruhe, zu einem Seiltanzen zwischen Verboten und Lebensnotwendigkeiten, zwischen Wollen und Dürfen."

„Wenn man wenigstens zu Hause seine Ruhe hätte. Aber ich halt's schon bald nicht mehr aus. Du glaubst nicht, was mir die Hauswirtin alles antut!"

„Die Alte tat am Anfang so freundlich. Aber mir hat es gleich nicht gefallen, wie sie am ersten Tag schon – sie kannte uns doch gar nicht – über unsere Vorgänger loszog."

„Sie ist die leibhaftige Bosheit. Wenn ich sauber machen will, braucht sie den Waschkübel, wenn ich kochen will, muß sie an den Herd. Wenn ich ins Badezimmer will, huscht sie geschwind hinein. Jetzt will sie mir den Gaskocher verbieten."

„Wir zahlen ja dafür. Und nicht einmal zu wenig."

„Eine besondere Vergütung für die Heizung will sie auch noch."

„... die in der Miete ausdrücklich mit eingeschlossen ist! Daß solche Leute so kleinlich sind; sie hat's doch nicht nötig. Sie kann ihr vieles Geld ja doch nicht mitnehmen. Als ich ihr kürzlich ihre Eingabe auf der Maschine schrieb – für solche Gefälligkeiten ist man schon gut genug – sah ich doch, wieviel sie noch hat."

„Aber sie ist geizig. Siehst du nicht, wie sie ihre Schwester behandelt. Das arme Ding hat den Mann im Gefängnis seit Jahr und Tag."

„Aber die ist genauso bös. Zu uns schimpft sie über die eigene Schwester, die sie als Aschenbrödel hält. Und zur Schwester räsoniert sie über uns. Und wenn sie wieder einen Brief aufgesetzt haben will, kommt sie doch wieder zu uns. Ich kann solche Menschen nicht leiden. Kümmere dich nicht drum."

„Das möcht' ich wohl. Aber sobald sie mich sieht, fängt sie zu keifen an."

„Sie kann sich halt auch nicht daran gewöhnen, daß sie ihre Wohnung nicht mehr allein hat und sich einschränken muß."

„Sie will sich nicht einschränken."

„Ich möchte auch nicht. Wir waren's auch nicht schlechter gewohnt als sie. Und wir müssen. Man muß Rücksicht nehmen, einer auf den anderen. Wir sind alle in der gleichen Not."

„Das hat sie noch nicht gemerkt. Die Menschen sehen nur, was ihnen selbst wohl und wehe tut. Weil wir Rücksicht nehmen, meint sie, es muß so sein, und verlangt desto mehr."

„Hab' Geduld, es wird nicht mehr lange dauern."

„Du mit deinem Optimismus. Ich glaube schon beinahe nimmer daran, daß wir noch wegkommen. Wie sollte es möglich sein!"

Dr. Seligmann ging wieder in die Gemeindestube, hörte, hörte, sprach mit dem Auswanderungsberater und mit dem Palästinareferenten, mit dem Justitiar, mit mehreren Vorstandsmitgliedern – und hörte plötzlich in einem der Büros ein Telefongespräch mit an:

„Wir kennen die Firma nicht" ... „Jawohl, ein privates Unternehmen" ... „In Wien" ..., „die sollen noch frei sein, aber sie müßten bald das Geld einsenden" ... „Das weiß ich nicht, aber natürlich ausländische Valuten. Pfunde oder Dollars" ... „Das tut mir leid. Davon werden sie nicht abgehen. Haben Sie denn keinen Verwandten im Ausland, der für Sie ..." ... „Auf Wiederhören!"

„Ach Gott, die reine Sisyphusarbeit!" sagte der Referent, als er nervös den Hörer weglegte.

„Sagen Sie, ich habe da unfreiwillig zugehört. Kann ich nicht die Adresse dieser Firma erfahren?"

„Haben Sie denn Valuten? Daran scheitert's ja immer."

„Selbstverständlich nein. Aber ich habe reiche Verwandte in der Schweiz."

„Versuchen Sie's. Aber ohne Obligo für mich. Ich weiß nichts Näheres."

„Und das Palästinaamt?"[21]

„... will nichts davon wissen. Es ist illegal. Widerspricht den zionistischen Grundsätzen."

„Geben Sie her. Ich will der Sache nachgehen."

„Gut. Hier: Hanseatisches Reisebüro, Wien, Prinz-Eugen-Straße 16. Wenn Sie etwas erfahren, bitte, setzen Sie uns auch in Kenntnis. Vielleicht, daß doch ..."

„Gewiß. Und vielen Dank."

Im Sturmschritt nach Hause. Schreibmaschine vor. „An das Hanseatische Reisebüro Wien. Ich interessiere mich für Ihr Unternehmen. Bitte teilen Sie mir die Bedingungen mit, unter denen Sie eine Auswanderung nach Palästina unternehmen."

Umgehend kam die Antwort.

„Wir besorgen alles und betonen, daß die Auswanderung durchaus *legal* stattfindet (hm, die Auswanderung ist legal, über die Einwanderung dort schreibt er nichts). Senden Sie uns einen gültigen Paß, 200 Reichsmark und 90 Dollars pro Person. Die nötigen Paßvisa beschaffen wir selbst (die Leute scheinen Beziehungen zu haben), die Reise erfolgt auf normalen Personendampfern, jedoch wird empfohlen, Decken, Eßgeschirr und etwas Proviant für die ersten Tage mitzubringen (Decken, nun ja für den Liegestuhl an Deck während der Überfahrt. Aber Eßgeschirr?). Volle Verpflegung bis ans Ziel ist inbegriffen, jedoch hat der Reisende während des höchstens zwei- bis dreitägigen Aufenthalts in Preßburg, wo der Transport zusammengestellt wird, für sich selbst zu sorgen (dafür also der Proviant. Und 10 Reichsmark darf man ja mitnehmen. Das Leben ist billig da drüben, und wenn man bescheiden ist, da ist keine Schwierigkeit). Zwei Plätze sind noch frei, doch müßten Sie sich rasch entschließen, der Transport geht in vierzehn Tagen ab."

Es lichtet sich! Hier ist ein Loch im Zaun!

„Lieber Hans! Endlich gibt es eine Möglichkeit. Siehe beiliegenden Brief. Und ich habe zwei Fragen an Dich: 1.) kannst Du Dich über die Solidität des Unternehmens erkundigen? 2.) Würdest Du mir das Fahrgeld in Schweizer Franken vorstrecken?"

Und an die Hanseaten:

„Wieviel verlangen Sie, wenn anstelle der Dollars Schweizer Franken gezahlt werden?" Und: „Ist die Reise nicht mit Gefahren und Strapazen verbunden, die für ältere Menschen, insbesondere Frauen nicht tragbar sind?"

Wien antwortete rascher als Zürich, und es mußte nochmals eine hinhaltende Anfrage geschickt werden.

Jene antworteten: wir haben Anmeldungen von Personen über siebzig Jahren. Ohne Garantie übernehmen zu können, glauben wir, daß die Landung glatt erfolgen kann.

„Was meinst du?" fragte Dr. Seligmann seine Frau.

„Annehmen! annehmen! Greif zu, ehe es zu spät ist."

„Aber so ganz einfach scheint die Reise doch nicht zu sein. Sie sind vorsichtig in der Ausdrucksweise. Ein Massentransport. Militärtransporte habe ich ja genug mitgemacht, ist keine Annehmlichkeit."

„Aber Personendampfer! Wie fährt man denn da?"

„Was man so hört, gibt es zwei Wege: für beide ist Preßburg günstig. Bahnfahrt zu einem Hafen der Adria und von dort aus direkte Seefahrt. Oder: ganz auf dem Wasserweg, die Donau hinunter zum Schwarzen Meer, durch Bosporus und Dardanellen ins Ägäische Meer und dann durch die Inseln hinunter bis Skarpanto, weißt du noch die Felseninsel am dritten Tag unserer Fahrt vor drei Jahren. Da erreichen wir die gewöhnliche Route. Landschaftlich schöner fast wäre die Donaufahrt. Aber sie ist auch länger."

„Wenn andere die Reise aushalten können, werden wir sie doch auch aushalten."

„Du wirst lachen, mich macht das Eßgeschirr stutzig."

„Nein, nein, ich will fort, fort! Hier halte ich's nicht mehr aus. Die ständige Angst: was brüten sie wieder Neues aus? Bei jedem Läuten der Hausglocke schrecke ich zusammen. Die fürchterliche Spannung. Zweimal warst du schon verhaftet. Ich habe genug durchgemacht. Wenn sie dich ein drittes Mal holen – ich ... ich ... Nein, nein, nein. Fort, fort, nichts als fort. Lieber hungern, lieber im ärmlichsten Loch sitzen, als in dieser Angst weiterleben."

Er strich der fast Aufgelösten beruhigend über das Haar. „Wenn du's so auffaßt ..."

– und setzte sich wieder hinter die Schreibmaschine: „Ich bitte mir zwei Plätze zu belegen. Ich habe einen Verwandten in der Schweiz beauftragt, Ihnen den Betrag zu überweisen. Sobald ich Antwort von dort habe ..."

Zwei Tage später: „Belegen ist nicht möglich, erst nach Zahlung werden die Plätze gesichert, aber bedenken Sie ..."

Merkwürdig, jeder folgende Brief des Büros ist länger als der vorhergehende.

Telegramm an den Vetter: „Muß abschließen. Kann ich auf Deine Mithilfe rechnen?"

Sofort kam es zurück: „Nicht abschließen. Anderer Vorschlag folgt." Am anderen Tag kam der Expreßbrief. „Die Erkundigungen haben mich davon überzeugt, daß ich Euch dringend abraten muß, mit dem Reisebüro abzuschließen."

Das war deutlich. Bedenklich war ja so manches. Aber was nun? Der letzte Ausweg. Nein nicht der letzte. Nun kam es: „Dagegen habe ich eine andere Gelegenheit ausfindig gemacht, ein Unternehmen ähnlicher Art, indes veranstaltet von einer großen jüdischen Organisation. Keine Geschäfts-, sondern eine Fürsorgeaktion. Unbedingt seriös. Ich habe Euch beide gleich angemeldet und das Fahrgeld hinterlegt. Es wird erst ausbezahlt, wenn Ihr auf dem Schiff seid. Seid Ihr bereit? Ihr müßtet euch sofort entscheiden. Wenn ja, setze Dich mit der Aktion für jüdische Auswanderung (Adresse war angefügt) in Wien unter Berufung auf meinen gleichzeitigen Brief telefonisch in Verbindung. Alles Weitere hörst du dort."

Atemlos las er zu Ende, gab den Brief seiner Frau.

„Siehst du, er läßt uns nicht im Stich. Er ist vorsichtig und gründlich. Er tut was für uns. Er redet nicht lange. Er handelt."

Drei Tage lang hing Dr. Seligmann am Telefon. Welche Papiere gebraucht würden; wie die Ausrüstung zweckmäßig; wann die Ausreise erfolgen könne.

Dann war zu rennen, um alles in Ordnung zu bringen. Acht Tage war schätzungsweise noch Zeit.

Wohnungsabmeldung, Paß-Eintrag, neue Unbedenklichkeits-Bescheinigungen, neue Steuerbestätigungen. Wieder Kosten, wieder Gebühren.

Nun war aber das Geld völlig zu Ende. Ein alter treuer Geschäftsfreund half aus und streckte einen Betrag vor, der später, von drüben, wieder ersetzt werden sollte.

„In zwei Monaten werde ich es schicken können, aber es kann auch länger dauern. Ich weiß nicht, was dazwischenkommen kann, es ist Krieg und . . ."

„Nun, sobald Sie eben können"

Fragte nicht weiter, gab.

Letzte Vorbereitungen

Dann die Ausrüstung. Das meiste war längst vorbereitet. Aber es durfte nur wenig Handgepäck mitgenommen werden, jede Person einen Rucksack, Decken, wenig an der Hand, soviel man eben selbst tragen könne. Es wurde ausgewogen, gewählt, verworfen, ausgewechselt. Jedes kleine Stück wurde geprüft, wie schwer es wiegt, wieviel Raum es einnimmt. Es wurde probegepackt: die Hälfte der hergerichteten Sachen blieb auf dem Tisch liegen, und die kleinen Weltreisenden blickten verzweifelt von den aufgeblähten, überlebensgroßen Rucksäcken auf die noch nicht untergebrachten Gegenstände.

Nochmal von vorne. „Die Wäsche ist unbedingt notwendig: für den Winter jetzt die warmen Sachen, und die Sommersachen für warmes Wetter, wenn wir nach dem Süden kommen."

„Schuhe, ein Paar in Reserve und ein Kleid ist doch nicht zuviel. Und ... und ..."

„Wie steht es mit Büchern?"

„Nun, für die paar Tage ..."

„Es sind doch wenigstens drei Wochen. Und wenn man gar nichts zu tun hat ..."

„Aber was? Lernbücher für Sprachen sind am wichtigsten, einen guten Roman wenigstens ..."

„Die heutige Literatur ist so schal und unbefriedigend. Ist sie wirklich schlechter geworden, oder steht nur mir nicht der Kopf dafür? Tendenz – nicht die meine; Probleme – die mich nicht packen; die Sprache – oberflächlich, liederlich, geschraubt. Und der Humor – ist überhaupt gestorben."

„Heute, im Krieg, im Sturmwind der Weltgeschichte, in den Fluten von Haß und Mißtrauen verlangst du Humor?"

„Da hast du recht, im Haß kann kein Humor wachsen, Humor ist Liebe. Aber wir hungern nach Humor, weil wir auch nach Liebe hungern."

„Haben eigentlich die Juden Humor?"

„Du sagst auch ‚die Juden'; als ob sie eine Einheit wären. Viele sind humorlos. Ihnen ist der Humor getötet worden, ertränkt im Haß. Ertränkt im Materialismus. Auch Materialismus ist Haß. Der Ghettogeist, die ewigen Verfolgungen haben sie zu Krüppeln gemacht. Die Krummen, die Gebeugten blicken zur Erde und sehen nur Gift und Gewürm. Humor ist Sonne. Liebe ist aufrecht."

„Aber in vielen ist noch Liebe, die Liebe zur Familie, die Liebe zum Ewigen. Und viele haben Humor. Die schreiben nicht Humor, sie leben ihn."

„Der jüdische Witz ist Wortwitz, Wortspiel, äußerlich."

„Jeder Witz ist ursprünglich Wortwitz. Wenn du alte deutsche Schwänke liest, Hans Sachs, Till Eulenspiegel, noch ein Geist wie Jean Paul – überall findest du den Wortwitz. Lebensnot verbittert ihn zur Ironie, zur Satire. Und in der Satire erwacht der Wille zum Besseren. Wer die Menschen, die Dinge bessern will, muß sie lieben. Der Rohe, der im Grunde Hassende, findet seinen Spaß am Schaden der anderen.

„Überspitzungen schaden wie überall. Die allzu scharfe Spitze verletzt, bricht ab. Schärfe des Denkens, Gewandtheit im Wort verleiten zu Überspitzungen. Aber nicht *sie* sind die notorischen Eigentümlichkeiten des jüdischen Geistes. Sie sind nur seine Auswüchse, gezüchtet und emporgetrieben durch jene selbst, die die Schärfe verletzt."

„Schön und gut. Aber wir müssen den Jean Paul dalassen, und den Fritz Reuter, und den Dickens, und die Harzreise, und auch den Ludwig Thoma, der den umgekehrten Weg gemacht: sein Humor hat sich nicht zu Weisheit geklärt, seine Satire ist zu fanatischem Haß herabgeglitten."

„Die Bibel hätte ich auch gern mitgenommen, aber es ist unmöglich, den dicken Band unterzubringen. Wir müssen es radikal machen. Bücher sind schwer; wir nehmen das englische Wörterbuch, das hebräische Wörterbuch, die arabische Grammatik – die ist ganz dünn – und ..."

„Und?"

„Den Faust."

„Die schöne Dünndruckausgabe?"
„Ja, die."

Dies noch und das noch mußte geopfert werden. Die Rucksacktaschen waren vollgestopft und ein kleiner Handkoffer zurechtgelegt. Versuchen wir's, den Reiseproviant besonders zu verstauen. Wenn die Sachen verbraucht sind, kann man das Köfferchen über Bord werfen. Und eine Handtasche noch. Und ein Tragnetz. Und eine Schachtel. Und der Plaidriemen mit den Decken, in die man notfalls noch etwas einwickeln könnte.

Noch war eine Menge zu erledigen. Das zurückgebliebene Eigentum füllte vier tüchtige Koffer, die vom Zollbeamten plombiert, dem Spediteur übergeben werden sollten. Eine Freundin versprach, die geliehenen Möbel den rechtmäßigen Besitzern wieder zuzustellen am Tage nach der Abreise.

So viel war zu besorgen und zu bedenken. Wie im Traume flog die Zeit. Es kam kaum zum Bewußtsein, daß es an einen Abschied aufs Leben ging. Ein Abbruch. Das Ende eines bürgerlichen Lebens, das Ende eines Daseins, voll von Beziehungen zu Menschen, zu Dingen, zu dem materiellen Eigentum, das das Milieu, Lebensführung, Arbeit und Genuß ausgemacht, zu dem geistigen Eigentum, das ein Menschenalter an Verflechtungen mit den Bauwerken und Straßen der Stadt, mit den Anlagen und dem schäumenden Fluß, den nahen Wäldern und den fernen Bergen, mit dem Wachsen und Geschehen, dem Denken und Sterben, dem Wollen und Fühlen der Heimat angehäuft.

Noch drei Tage. Ein paar Telegramme waren wieder hin- und hergeflogen.

„Wir wollen von niemandem Abschied nehmen. Das reißt auf. Wir brauchen unsere Nerven."

„Gut. Aber ein paar Besuche sind unerläßlich. Verpflichtungen. Den anderen können wir ja dann von unterwegs schreiben ..."

Das Schlimmste war: der gute Sigl, der Gegenschwiegervater. Herzliche Freundschaft bestand mit ihm, eine Freundschaft, die nicht viel Worte machte. Sie erschöpfte sich nicht in

Besuchen, Einladungen, Gratulationen und den üblichen Geschenken, die man sich gegenseitig mit gleichen Geschenken bezahlt. Hier war wirkliche Hilfsbereitschaft, und er hatte weiß Gott genug selbst zu tragen. Jahrelang war ein Junge von ihm krank, und er bedurfte noch immer seiner Pflege und Führung. Jahrelang war seine Frau leidend, bis sie plötzlich starb. Der älteste Junge war, als er sein Medizinstudium nach dem neunten Semester nicht mehr fortführen konnte, nach Palästina ausgewandert, zusammen mit Dr. Seligmanns Tochter als Lebenskameradin. War Mechaniker geworden. Der dritte Sohn war in Amerika bei Verwandten. Das Nesthäkchen kam, als das Haus verwaiste, in eine Schule nach England. Daß die Kinder in alle Welt zerstreut, war besonders hart für den Vater, dem die Familie alles war. Und da war noch die alte Mutter, noch klar bei Geist und teilnehmend, aber gebrechlich und schwer beweglich, wie es das Alter mit sich brachte. Und da war noch weiter eine Schwägerin, deren Mann todkrank lag, die verarmt war, sich nicht selbst erhalten konnte und von ihm unterstützt wurde. Auch deren Sohn war vor kurzem mit seiner jungen Frau nach Amerika ausgewandert. Kaum angekommen, war das junge Ding plötzlich gestorben. Und die Not des Lebens vermischte sich mit dem Jammern des ungeduldigen Kranken und den Tränen um das Unglück des Kindes in der Ferne.

Familiensinn sagt man den Juden nach. Ist es Weichlichkeit, ist es ein Sich-klein-Machen in der eigenen kleinen Welt, in die das Stoßen und Zerren der Großen nicht mehr dringt? Oder ist es ein Überbleibsel aus jener primitiveren Zeit, da der Mensch sich in seiner Sippe stärker machte, dem fremden „Draußen" gegenüber, da er seinen Stolz in ihr fand, seine Fülle und seine Widerstandskraft? Familiensinn ist etwas Religiöses. Sein Bestehen ist nicht eine Folge der religiösen Vorschrift, des „Ehre Vater und Mutter..." Umgekehrt, es ist Merkmal, Signum für eine Artung des Geistes, des Denkens und des Fühlens, die eigentümlich jüdisch ist. Eine Artung, die – unerhört für alle Zeiten und alle Völker – in das Religionsgrundgesetz, in den Dekalog, einging vor dreitausend Jahren als ein Eckpfeiler, das Tempeldach zu tragen. Eine Artung, bereits erkennbar in der ältesten jüdischen Erinnerung, verbunden untrennbar mit allem, was jüdisch war im Anbeginn. Sie leuchtet aus den Geschichten der Erzväter, noch früher aus der Noahgeschichte, schon aus der von Kain und Abel. Die Geschlechterregister, die die Bibel vom ersten Buch an durchsetzen, sind Ausdruck dafür, wie der Begriff der Familie geradezu das leitende Prinzip war.

Die Familie steht schließlich bei allen Völkern am Beginn jeglicher sozialen Entwicklung. Nirgends blieb sie so Mittelpunkt, blieb sie so lebendig im Gefühl. Auch bei den Chinesen nimmt sie eine überragende, alles bestimmende Stellung ein. Aber hier ist es die Langsamkeit der Entwicklung, die sie bis heute erhielt. Die Chinesen blieben stecken im alten Zustand, äußerlich, wie in allen alten Formen, und der Begriff erstarrte zu einer Fessel, einer leblosen Mauer, das Leben im engen Bezirk überschattend, wie in einer Totenkammer. Dort ist die Familie Medium der Starrheit, und eine neue Zeit löst sie auf, um die Starrheit des Lebens zu lösen. Bei den Juden ist sie das Leben selbst, Leben spendend, Grundhaltung für Auf und Weiter. Das Agens für die Entwicklung. Die chinesische Familie ist ein Korallenriff, Geburt und Sterben rühren nur an den Rand. Das Einzelwesen ist nichts, ist Kalk, der sich einfügt oder abbröckelt. Die jüdische Familie ist ein Baum, dessen Wurzeln weit in die Erde greifen, dessen Äste und Zweige weit ausladen, Knospen treiben und bunte Blüten. Und der Stamm ist durchrieselt von Saft, und der Saft blutet, wenn du die Rinde verletzest.

Die die Früchte schütteln, die die Nester ausnehmen, die den Stamm absägen, um sich Hütten zu bauen, die noch am Abfallholz ihre Suppe wärmen, wissen nichts von der Dryade; ihre Seele seufzt ungehört.

Die die Familie zerreißen, wissen nichts von der Qual, die sie bereiten. Sie haben kein Maß für das Weh, das sie ausstreuen. Sie haben noch Freude, wenn das, was sie für ihren Vorteil tun – und wenn sie den Vorteil Ideal nennen –, dem gefällten Baum Schmerz bereitet. Sie wollen *haben*, aber sie wollen auch zerstören. Zerstören, um immer unangefochten „zu haben". Schmerz bereiten, um für alle Zeiten abzuschrekken, den Gedanken neuen Wachstums auszurotten. Schmerz bereiten aus Rache, weil jener Baum seine Krone so breit und vollblühend zum Himmel reckte und sie im Schatten ließ.

Der ausgesprochene Wille der Machthaber in Deutschland war, daß alle Juden das Land verließen, daß Wirtschaft und Kunst, Politik und Gesellschaft judenrein würden. Dieser Wille wurde begründet durch den Satz: „Die Juden sind unser Unglück", dessen Zweideutigkeit ihnen unbewußt blieb, und er steigerte sich zu der Parole des Nürnberger Hetzblattes „Juda verrecke!"

Diese Parole, zur Schau gestellt an allen Straßenecken, in den Lesekästen, die Stadt und Dorf überzogen, der Bevölkerung die notwendige Gesinnung einzuimpfen, den deutschen Menschen „aufzuwecken" – diese Parole war es, mehr als der direkte Zwang, der den Juden Vermögen und Arbeit nahm. Sie gab umgekehrt in der brennenden Unsicherheit des äußeren Lebens die innere Sicherheit des rechten Weges. Der krassen Roheit stellte sich der eigene Wert gegenüber. Kein Märtyrertum kam auf, nur ein Erkennen von dem, was Kultur eigentlich meint.

Und mit verstärkter Zähigkeit ergriffen die Juden jede Möglichkeit, einer Umwelt, die auf solcher Lebensstufe stand, zu entrinnen.

Familiensinn. Die Kinder zuerst. Die jungen Menschen waren die ersten, die in größeren Massen das Land verließen. Sie konnten am leichtesten irgendwo Unterkommen finden. Kinder, Halbwüchsige, wurden zu Verwandten geschickt, von ausländischen Freunden aufgenommen, in Schulen, in Erziehungsunternehmen im Ausland gegeben. In England förderten die Quäker und andere wohlmeinende christliche Kreise das Kinderhilfswerk. Aber man durfte nicht wählerisch sein: hierhin, dorthin flatterte die Familie auseinander, und die Liebe zu den Kindern brachte blutend das schwere Opfer der Trennung.

Die Menschen, die ein Leben lang im Geschäft vergraben, am Freitagabend im Kreis der versammelten Familie auftauten und ausruhten, die kaum einmal einen Privatbrief schrieben, setzten sich Woche um Woche hin und quälten sich Briefe an die Kinder ab. Schwer war es zu schreiben. Schwer, unmöglich in Worte zu kleiden, was sie lebten und fühlten. Und doch trieb es sie dazu, und doch war der regelmäßige Brief von den Kindern, was sie warm erhielt und ihnen Glück und Zuversicht gab. Und doch riß jeder geschriebene Brief und jeder ankommende die Wunde neu auf, die die Trennung geschlagen. Kam aber der Brief von den Kindern nicht an dem gewohnten Tag, dann wuchs Unruhe und verhaltene Angst, und man suchte bei sich tausend Gründe, die schuld sein mochten und die alle die Sorge um das eigen Fleisch und Blut, um das einzige, was noch Sorge verdiente und Zukunftshoffnung barg, wirklich und lebendig machten.

Freund Sigl hatte nicht nur Familiensinn, er war Familiennarr. Die Familie zuerst und zuletzt. Er fand Kreis und Aufgabe in der Familie, lebte und wuchs in ihr, wuchs in die Rolle eines stillen Dulders hinein – und in die eines stillen Helfers. Half da und dort und überall, und die entferntesten Verwandten klopften nicht vergebens an seine Tür.

Und gerade Freund Sigl war ein Opfer jener Attentatsaffäre geworden, der Dr. Seligmann kürzlich ausgewichen war. Am Morgen nach dem Attentat war er zusammen mit dem noch nicht völlig gesunden Sohn aus den Betten heraus verhaftet worden und saß nun seither mit den hundertfünfzig anderen Juden, die Zufall oder negative Beziehungen auf die Verhaftungslisten gebracht, im Polizeigefängnis. Es sprach sich herum, wer alles „geholt" worden war. Ein Grund, ein System war nirgends erkennbar. Sigl war so wenig wie die anderen in irgendeine politische Sache verwickelt; er hatte keinen Streit, er war nicht hervorgetreten, er hatte völlig zurückgezogen der Familie gelebt – und saß gefangen. Man konnte zu seiner Freilassung nichts tun, kaum brieflich mit ihm in Verbindung treten, wichtige Dinge für ihn ordnen. Ein paar Tage lief Dr. Seligmann zu Ämtern und Amtsstellen, dann wurde ihm bedeutet, daß seine Bemühungen mehr schaden als nützen könnten. Jeden Tag konnte die Entlassung kommen. Es lag ja nichts gegen ihn vor. Er war nicht angeklagt, nicht vernommen; selbst die Attentatsangelegenheit ging scheinbar einer Klärung entgegen, die in keinen Zusammenhang mit ihm oder mit anderen Juden gebracht werden konnte.

Wird er noch zurückkommen, vor dem Tag, an dem nun die Abreise Dr. Seligmanns endlich festgelegt war? Er kam nicht. Dr. Seligmann hinterließ ihm einen wehmütigen Brief, und es lag ihm wie Zentnerlast auf dem Herzen, daß er abreisen sollte, vielleicht auf Nimmerwiedersehen, ohne ihm noch einmal die Hand gedrückt zu haben. Wie ein Im-Stich-Lassen kam es ihm vor, wenn er sich auch zehnmal sagte, daß er nichts helfen könne, daß er nichts nütze, wenn er die eigene einmalige Chance aufgebe.

Bei einem alten treuen Geschäftsfreund sprach er noch vor.

„Ja ist das alles möglich? Seit dreißig Jahren kennen wir uns, und ich muß sagen, ich habe besonders gern mit Ihnen gearbeitet. Ich weiß ja, was erzählt wird. Aber daß man nicht wenigstens Sie ..."

„Ich würde auch nicht mehr dableiben, wenn man mir's gnädig erlaubte."

„Nein, bei mir gilt nur der Mensch, wie er ist. Aber glauben Sie mir, manche Ihrer Herren Berufskollegen haben mir's schon zu verstehen gegeben, daß man es höheren Orts nicht verstünde, daß ich immer noch mit einem Juden in Verbindung stehe. Nun, die wollten eben meine Aufträge für sich haben ..."

Bei einem anderen Geschäftsfreund war noch eine geschäftliche Angelegenheit zu ordnen. Es war ein Eventualanspruch auf ein Honorar; aber der Eventualfall war noch nicht eingetreten. Würde jener zu einem billigen Ausgleich bereit sein? Jedes kleine Entgegenkommen würde Dr. Seligmann in seiner jetzigen Lage wohl tun. Aber freilich, ein juristischer Anspruch war nicht gegeben.

Der Geschäftsfreund war nicht nur Arier, sondern Parteimitglied, ja sogar höherer Funktionär. Er war ausgesprochen liebenswürdig und erkundigte sich nach den Erlebnissen, die Dr. Seligmann zu seinem Entschluß geführt. Ruhig und ohne

Vorwürfe zu erheben, erzählte Dr. Seligmann von seiner wiederholten Verhaftung, von all den engen und quälenden Bestimmungen, von dem, was er selbst empfand.

„Wissen Sie", sagte der Geschäftsfreund, „ich stehe voll und ganz hinter dem Führer. Er hat uns aus der Schmach von Versailles herausgerissen, aus dem Sumpf der inneren Zerrissenheit. Aber keiner von den anständigen Menschen billigt das Vorgehen gegen die Juden. Das hat er auch selbst nicht gewollt. Das sind Auswüchse, die vielleicht nicht zu vermeiden sind, wenn eine ganze Nation zu neuem Leben erwacht. Wo man Holz fällt, fliegen Späne. Das Los des einzelnen muß außer Betracht bleiben, wenn es ums Ganze, ums Große geht. So traurig es für den Betreffenden ist, der dabei unter die Räder kommt."

Dr. Seligmann wendete ein: „Kann man Recht durch Unrecht befestigen? Haben Sie nicht Angst, daß das, was an Größe des Reiches, an Macht gewonnen wird, an inneren Werten der Jugend vor allem, verlorengeht?"

„Wir denken anders über innere Werte. Die Macht gibt uns die Freiheit der Entfaltung. Falsche Weichheit hindert uns. Ein hartes, aber freies Geschlecht wird sich die Freiheit, wieder menschlich sein zu dürfen, zurückerobern. Sehen Sie, wir müssen Eigene werden, um nicht im Fremden zu ersticken. Uns selbst war schon nicht mehr bewußt, was eigen, was fremd. Wir sind nicht fest genug, um Fremdes zu absorbieren. Wir laufen dem Fremden nach, beten das Fremde an, vertun unser Eigenes. Und Sie, die Juden, sind doch auch Eigene, geben nichts auf von ihrem Eigenen. Halten fest, halten zusammen – das wäre für uns ein Vorbild."

„Sollten wir uns aufgeben? Es ginge nicht einmal."

„Nein, das sollten Sie nicht. Leute wie Sie würden keinen Schaden tun. Aber Sie wissen, die Ostjuden..."

„... die die Politik eines Ludendorff an Deutschland gefesselt. Kennen Sie den Aufruf aus dem Großen Krieg: ‚An die lieben Jiden in Poilen'?"

„Sie machen durch ihre unsauberen Geschäfte hundertmal schlecht, was einer wie Sie je gutmachen konnte."

„Und warum sind sie so?"

„Sie sind's, sind Händler und Schacherer und leben von Betrug."

„Die Wirkung des Ghettos. Durften sie denn anständige Berufe ausüben? Suchen Sie einmal eine Handwerkerlehre für einen Juden; kann einer in der Landwirtschaft tätig sein? Sich irgendwie ansiedeln? Zwischen den deutschen Bauern etwa?"

„Nun sagen Sie, was versprechen Sie sich von Palästina?"

„Eine Heimat, einen Beweis der wirklichen Kraft, die im Juden steckt. Der körperlichen, der organisatorischen, der geistigen Kraft."

„Und die Araber?"

„Werden entwickelt. Heraufgezogen. Man wird, man muß sich mit ihnen verständigen."

„Wie?"

„Indem sie uns arbeiten sehen und gedeihen und selbst Vorteil daraus ziehen. Wir machen das Land gesund, das sie seit Jahrhunderten geschunden, abgeholzt, versumpfen ließen. Lesen Sie, was schon jetzt alles geleistet ist. Wir wollen nicht unterdrücken. Wir wollen leben und arbeiten."

„Gerade da fürchte ich: sie werden eine Herrenschicht sein wollen, die gewandt die moderne Technik benützt, um die unentwickelten Araber zu Kulis und Lohnsklaven herabzudrücken und sie auszusaugen."

„Das ist dem, was die Juden jetzt drüben tun, genau entgegengesetzt."

„Vielleicht jetzt. Wie wird's später werden!"

„Auch die Juden werden, wenn sie sich einmal nach Jahrhunderten in Freiheit entwickeln können, die Verkrümmungen und Verzerrungen des Ghettogeistes ablegen, in die sie die politische Weisheit Europas eingesperrt, um sie gewaltsam zu verkrüppeln. ‚Als freier Mensch auf freiem Boden stehen' – das ist unsere Sehnsucht, die wir nicht erst von Goethe gelernt. Sie ist jahrtausendealt."

„Nun, ich wünsche Ihnen, daß Sie das Glück finden, das Sie suchen. Aber wir haben noch etwas Geschäftliches zu erledigen. Um es kurz zu machen. Wenn Sie einverstanden sind, zahle ich Ihnen, ohne eine Verpflichtung anzuerkennen, einen Betrag aus, der Sie für alle Eventualitäten entschädigen soll. Ich habe den Betrag aufgerundet, damit Sie den Eindruck mit fortnehmen, es gibt noch Menschen, die sich an der Not der Juden weder weiden noch bereichern wollen."

Ehe Dr. Seligmann recht zur Besinnung kam und Worte des Dankes stammeln konnte, war er allein mit der Sekretärin, die ihm eine Summe in die Hand drückte, weit höher als er sich zu erwarten getraut.

„Sie sagen immer zu uns: wenn alle Juden wären wie Sie ... Ich möchte einmal den Satz umdrehen", meinte er zu Hause zu seiner Frau.

„Das war wirklich nobel."

„Er ist reich. Für ihn ist das eine Kleinigkeit."

„Es ist nicht der Betrag, die Gesinnung, die daraus spricht. Er fühlt das Unrecht, das uns getan wird. Er will es für seinen Teil gutmachen. Und er fühlt sich nicht ganz wohl in seiner Gesellschaft."

„Das ist nicht der Geist, der Deutschland beherrscht."

„Aber auch das, was die Masse tut, was die Machthaber veranlassen, ist nicht der deutsche Geist. Mein Goethe, mein Beethoven ist mein Besitz, ehe er der ihrige war, ehe er es wird. Wie arm sind sie in all ihrer Macht. Genug, wenn auch irgendwo die Ahnung bleibt, was deutsch ist, was deutsch war. Du weißt: und wenn nur zehn Gerechte ..."

„Natürlich, Loths Gebet für Sodom und Gomorrha. Und da heißt es: aber es fand sich auch nicht einer."

Kein Mensch ahnt, wie viele Wurzeln und Würzelchen, verästelt und verzweigt er in den Mutterboden gesenkt hat. Verzeihung Mutterboden. Darf er das Wort noch denken? Es ist gegenständlicher geworden als jenes andere, das einen Willen einschloß und ein Bekenntnis: Vaterland. Es war politisch im besten Sinne, Einsatz für die Polis, für die Gemeinschaft, die als solche empfunden war. Es ist politisch geworden im schlechtesten Sinne, Parteifahne, Nährkrippe. Ubi bene ibi patria, sagte man einst ehrlicher und materieller. Kann man dem Baum den Boden abstreiten, auf dem er steht – ein Naturrecht. Den Boden, in dem er Halt sucht „mit klammernden Organen" – das Recht auf Mitleid der Kreatur, die verdammt ist oder erwählt, mit ihm zu leiden. Den Boden, aus dem er die Lebenssäfte gezogen, die sein Inneres ausfüllen. Saft von ihrem Saft, Leben von ihrem Leben – ein Recht auf das Erbe. Wer kann das Recht verneinen, ohne sich selbst aufzugeben?

Dort das Geburtshaus. Vierundzwanzig Jahre wuchs und lebte Dr. Seligmann darin. Am Mauervorsprung ist unter der Tünche noch das alte Firmenschild zu lesen. Wie hatte er den Entwurf dieses Schildes damals ernstgenommen! Am Erker oben war die junge Frau gestanden, die Verlobte, winkend, wenn er am Straßenende um die Ecke kam. An jenem Fenster hatte die Mutter gelehnt, hatte die Blumen betrachtet am Nachbarfenster und die kleinen Begebenheiten der Gasse beobachtet. Dort hatte er am Randstein gespielt und im Hof drüben, wo der Glasermeister farbige Gläser den Kindern schenkte. Einmal war hier ein Eingang zum Geschäft, dann war er dorthin verlegt worden. In jenem Winkel stand das Schreibpult des Vaters. Fremde Schilder decken die Türen, ein Frisiersalon hat sich eingenistet, seifig „unpersönlich". Fremde Menschen gehen ein und aus, kaum einer noch übrig von denen, die da waren vor zehn Jahren, ehe der Betrieb in die Vorstadt verlegt worden war. Und da grüßte einer herüber und kam auf die andere Straßenseite, winkend, voll Freude.

„Guten Morgen, Herr Rittmeister, wie geht's?"

„Ach fragen Sie nicht. Ich muß so viel an Sie denken. Können Sie denn leben in diesen Zuständen?"

„Ich gehe fort."

„Sie auch fort? Nicht möglich. Sie gehören doch hierher. Ich sehe Sie noch vor Augen, wie Sie als Junge im Hof spielten. Ihr Vater war ein so prächtiger Mann, so aufrecht und gerade. Und eine so liebenswürdige Frau, Ihre Frau Mutter, jeder im Haus hatte sie gern. Sie hatte noch Herzensgüte. Wie lange ist sie jetzt tot?"

„Gerade dreißig Jahre. Und beim Vater werden's schon zwanzig."

„Seien Sie froh, daß Ihr Vater die heutige Zeit nicht erlebt hat. Aber glauben Sie mir, das muß sich rächen. Ich wollte, ich könnte auch fort."

„Das sagen Sie so. Ein ganzes Leben abbrechen, ein neues beginnen. Wenn man schon älter ist. Ohne Vermögen . . ."

„Na, na, Sie haben ja doch . . ."

„Gehabt!"

„Und Sie haben sicher schon im Ausland . . ."

„Keinen Pfenning. Wie sollte ich denn . . .?"

„Nun freilich, die Überwachung . . . und die Bestimmungen werden immer strenger und enger. Aber Ihr schönes Geschäft . . .?"

„Verkauft."

„Unglaublich, so ein altes solides Geschäft. Aber der Erlös . . ."

„. . . ist in Steuern und Abgaben aufgegangen."

„Und daneben hatten Sie doch auch Besitz, der . . ."

„. . . verkauft, versteigert, verramscht – von was haben wir gelebt all die Zeit, seit ich nicht mehr arbeiten darf? Von was die Auswanderungskosten bestritten, Ausrüstung, Transport?"

„Ja, und die Reise selbst."

„Dazu hat es schon nicht mehr gelangt."

Kopfschütteln. „Sie hatten doch eine so schöne Einrichtung, die wundervollen alten Schränke, wie ich mich noch erinnere. Ihre Einrichtung können Sie doch mitnehmen. Da stecken doch auch große Werte drin. Wenn Sie im Ausland etwas davon verkaufen . . . Allein das Tafelsilber. Und der Familienschmuck. Aber den will man freilich nicht weggeben."

„Mein lieber Herr Rittmeister, Ihre gute Meinung tut mir wohl. Aber Sie haben nur die Oberfläche gesehen. Das Silber mußte ans städtische Leihamt abgeliefert werden, und von dem Schmuck haben wir beide, meine Frau und ich, gerade noch die Eheringe. Die goldene Uhr, die mein Großvater und dann mein Vater getragen, ist auch im Leihamt. Und die ausländischen Wertpapiere sind von der Reichsbank beschlagnahmt und die inländischen sind unverkäuflich und liegen auf Sperrkonto. Und die schönen Schränke wurden verhökert um anderen. Besitz aber kann nur sein, was man erworben hat, worum man wirklich warb, von innen her. Besitz ist nicht Unrecht. Ob ein anderer Unrecht hat, muß dir verschlossen bleiben. Ob du selber Unrecht hast, fühlst du mit allen deinen Fasern. Ein anderes, dies fühlen, ein anderes, sich's eingestehen, noch ein anderes, es offenbaren. Das Wissen um das eigene Unrecht wird versteckt unter der Behauptung eines Anspruches.

Ob er die hier und jetzt so wertvollen Decken wird wirklich zurückgeben können? Werden sie auch nicht Schaden leiden? Die paar Tage im Eisenbahnwagen, auf Deck während der Seereise!

Er nahm sie als echte Liebesgabe, und es war ihm, als ob er ein Stück Gemeinschaft mitnähme, ein Stück Freundschaft, ein Mitbeteiligtsein der guten Liesl am Schicksal des Heimatlosen, der wie immer in ein dunkles unbekanntes Erleben hinauszog. Ein Mit-beitragen-Wollen zu einem unausgesprochenen Ziel, das heißen möge: Erlösung.

Abschied

Noch spät am Abend kam das Telegramm: „Eintreffet Wien Montag vormittag!"

„Das ist übermorgen. Ich meine, wir fahren schon morgen."

„Einverstanden! Solange wir hier sind, bringe ich die Angst nicht los, es könnte noch etwas dazwischenkommen."

„Endlich, endlich so weit. Ich glaube wir hätten die Spannung nicht mehr lange ertragen."

„Gott sei Dank", kam es tief aus einem Mutterherz. „Und wann können wir rechnen, nun wirklich bei den Kindern zu sein?"

„Nun, ich rechne so: in Wien wird es sofort weitergehen; sonst hätten sie nicht telegraphiert. Da ist alles fertig. In Preßburg werden wir ein paar Tage . . ."

„Ein paar Tage gleich?"

„Zwei oder drei Tage, sagen wir, Aufenthalt haben. Bis die Teilnehmer aus den verschiedenen Landesteilen beisammen sind, eingeteilt, verladen."

„Dann kommt es darauf an, welche Route der Transport einschlägt. Es ist Mitte Dezember, die Donau ist noch eisfrei. Sie friert erst im Januar ein, und auch da nur streckenweise. Wir müßten also gerade noch so weit offene Fahrt haben, bis die Eisgefahr hinter uns liegt."

„Das wäre schlimm, wenn wir unterwegs einfrieren würden."

„Keine Sorge. Die Leute kennen doch die Verhältnisse genau. Ja ich nehme fast an, daß die Route donauabwärts – Schwarzes Meer – Konstantinopel gewählt wird. Denn die Donau ist ein neutrales Gewässer, da darf jedes Schiff passieren, da gibt es keine Grenzen und daher weder Einreise- noch Durchreisevisa. Es gibt aber doch noch den anderen Weg, mit der Bahn an die Adria, nach – wie heißt doch der Hafen gleich unterhalb Triest, aber schon in Jugoslawien – richtig: Sušak.[22] Und von da aus wäre der Weg genau derselbe wie der von Triest, den wir vor drei Jahren gefahren sind. Das wären gerade fünf Tage. Für die Bahnfahrt dorthin wäre allerdings Durchreiseerlaubnis durch Ungarn und durch Jugoslawien notwendig. Die Bahnfahrt kann höchstens mit allen Aufenthalten drei Tage dauern. Somit kämen im ganzen zehn, sagen wir zwölf Tage heraus. Aber gesetzt den Fall, es wäre doch schwierig, die Durchreisevisa zu erhalten, dann würde die Fahrt auf dem Flußdampfer die Donau hinunter höchstens vier bis sechs Tage in Anspruch nehmen. Es könnte sein, daß wir höchstens am Eisernen Tor auf den Lotsen oder auf entgegenkommende Schiffe warten müßten, einen, vielleicht zwei Tage. Und von der Mündung ins Schwarze Meer aus, von Constanţa oder Sulina fährt man schätzungsweise in acht bis längstens zehn Tagen hinunter nach Palästina. Wir müßten der kleinasiatischen Küste entlang nach Cypern fahren, dann hinüber nach Beirut, und von da der Küste entlang nach Süden dampfen, um schließlich in einem günstigen Moment in Erez an Land zu gehen. Vielleicht in einer versteckten Bucht, vielleicht bei Nacht; möglich, daß wir ausgebootet würden. Dabei wäre es hinderlich, viel Gepäck zu haben."

„Wenn uns aber die Engländer nicht landen lassen?"

„Daran haben sie doch gar kein Interesse. Für die Engländer ist es vorteilhaft, je stärker sich Palästina entwickelt. Dazu braucht es Menschen aus der deutschen Schule, die hier arbeiten und Ordnung gelernt! Der Widerstand und die Drosselung der Einwanderung von Juden ist doch gegen das wirtschaftliche und auch gegen das militärische Interesse Englands, lediglich ein Entgegenkommen gegen die Araber, die man beschwichtigen will. Wenn die Araber nicht durch Verstärkung der offenen Einwanderung gereizt werden, ist der Zweck erfüllt, und ich rechne deshalb mit stillschweigender Duldung der illegalen Einwanderung."

„Wenn du nur recht behältst!"

„Auf diesen weiteren Wegen wäre also mit einem Zeitverbrauch von insgesamt drei Wochen zu rechnen. Und, geben wir noch eine Woche für unvorhergesehene Aufenthalte zu, so kannst du annehmen, daß wir von heute ab in vier, in fünf Wochen, das wäre also Mitte Januar, bei den Kindern wären."

„Wolle Gott, es wäre so!"

„Wir wollen den Kindern jedenfalls noch vor der Abfahrt schreiben, damit sie von unserem Kommen unterrichtet sind und sich nicht ängstigen, wenn sie ein paar Wochen keine Nachricht haben. Hans wird sie zwar schon verständigt haben. Aber bei den jetzigen Postverhältnissen sind wir vielleicht früher drunten als unser Brief."

Ei, war das Gepäck schwer. Die dick geschwollenen Rucksäcke ließen einen Spalt offen, die Seitentaschen waren aufgebläht. Gerade noch, daß man die unförmigen Dinger auf den Rücken brachte. Das Köfferchen mit den Eßvorräten rechts, der Plaidriemen mit den vier Decken links, die Frau trug noch eine Handtasche und die Schirme, und einen Seidenbeutel mit Obst, und ein Netz mit Brot und offenem Mundvorrat. Dazu die dicken Winterkleider, die dicken Wintermäntel vor allem.

Kaum kamen sie durch die Wohnungstür, das Haus schlief noch, die Milchflaschen standen auf dem Treppenabsatz, und die Morgenzeitung steckte im Spalt.

Fort, fort. Kein Blick blieb an dem unfreundlichen Zimmer hängen, sie verließen es, wie man den Wartesaal verläßt, wenn der Zug schon gepfiffen hat. Ein Wartesaal vierter Klasse, weiß Gott.

Auf den Straßen lag noch Dämmerung. Es war glatt gefroren, und hohe Schneehaufen säumten den ausgetretenen Weg. Ein kalter dicker Nebel verhüllte die nächsten Häuser, und der Atem gefror fast in der Nase. Langsam balancierten die zwei Schwerbeladenen zur nächsten Straßenecke, alle paar Schritte mußten sie stehenbleiben und ausrasten. An der Ecke trudelte ein leeres Taxi vorbei.

„Halloh, halloh!"

Der Kutscher drehte bei, verstaute kopfschüttelnd das viele Gepäck und versuchte abzuschätzen, wie hoch das Trinkgeld sein könne.

„Sieh noch hinaus! Du wirst all das so bald nicht wiedersehen!"

Die Umrisse der Häuser verschwammen im Nebel, und das trübe Grau ließ die Welt da draußen fremd und unpersönlich erscheinen.

„Zum Abschiednehmen just das rechte Wetter ...", zitierte Dr. Seligmann. Stumpfe Abspannung lag auf den Gesichtern der zwei Reisenden. Müde Gleichgültigkeit hielt den Blick umschleiert. Da war das neue Gebäude des Pfandhauses, eine blutrote riesige Fahne mit einem Hakenkreuz hing über dem Balkon.

Fort, fort!

An der Ecke stand ein SS-Mann, knallte die hohen schwarzen Stiefel zusammen, las an der breiten Anschlagstafel, groß, oben, unten: die ... Juden ... sind ... unser ... Unglück.

An der Türe zum Café nebenan ein sauberes Glasschild „Juden unerwünscht". „Zu vermieten", riesig, quer über die Spiegelscheiben einer Schaufensterflucht. Das Warenhaus Mendelsohn. Durch einige Scheiben liefen Holzleisten, Risse und Sprünge zu decken, und links oben an der Ecke ein frisches Splitterloch, ein Steinwurf.

Fort, fort.

Da war der Bahnhof. Der Chauffeur half, der Packträger half. Vor Gott und dem Trinkgeld sind alle Menschen gleich. Der Zugführer tat, als ob die Rucksackgebirge, die sich in der Wagentüre klemmten, eine Selbstverständlichkeit wären. Niemand nahm Notiz, nicht Mitreisende, nicht Wartende, kein Schutzmann, kein SS-Mann. Niemand verlangte Ausweise, niemand griff nach dem Gepäck, niemand befahl oder verbot. Das Alpgespenst zog die Krallen ein. Unter den Menschen, die ihren nahen oder fernen Geschäften oder Vergnügungen nachgingen, waren sie, die Auswanderer, wie gewöhnliche Reisende.

Reisende

Wie gewöhnliche Reisende! Waren sie es denn nicht?
Dr. Seligmann ertappte sich dabei, wie er, in die Wagenecke zurückgelehnt und die Augen geschlossen, den Satz Wort für Wort zerspaltete und analysierte.

Wie, als ob (Vaihinger!),[23] der Jude „*ist*" nicht, er hat kein Recht, er darf nicht „sein"; er weiß, er fühlt seine Ohnmacht, seine Rechtlosigkeit, sein Losgelöstsein – sein Losgelöstwordensein –, von allem, was ihn umgibt. Abgebrochen ist, was Halt gab, was Festigkeit, Sicherheit meinte. Er darf nicht zeigen, was er wirklich „ist".

Eine von den vielen Verlogenheiten, die im eigenen Rausch ersticken: er darf nicht Jude sein, nicht da *sein* als Jude, er darf die Andersartigkeit nicht zeigen – das ist Verletzung des Gastrechtes, des Taktes. Der Fremde hat sich einzufügen, unterzuordnen. Er hat sein Fremdes wegzutun, zu verdecken, daß es die Augen des Wirtsvolkes nicht beleidige, nicht störe, nicht vergifte. Aber nein, er darf das Fremde *nicht* verdecken, das ist Schwindel, ist Betrug. Er muß sich zeigen, als was er ist. Kennzeichen her, damit es niemand übersehe, der gelbe Fleck, der Schandfleck. Der moderne Judenfleck ist kein gelbes Stück Stoff, an die Ärmel genäht. Es ist ein großes „J", in den Paß über die erste Seite gestempelt, auf die Lebensmittelkarten gestempelt, auf die Außenseite der Kennkarte groß aufgedruckt.

Auch der tapferste Soldat geht nicht immer aufrecht durch beschossenes Gelände, ein sinnloses Opfer ohne Nutzen für irgend etwas. Er bleibt in Deckung, bis es nötig ist zu kämpfen. Bis sein Kämpfen wirksam ist.

Für die abgekämpften jüdischen Nerven ist Deckung Ruhepause, Erholung, um neue Angriffe auszuhalten. Der Jude muß sich ducken, auch wenn ihm der Nachsatz verbietet, was der Vordersatz fordert. Gegensätze schließen sich aus. Er fügt sich ein, er tut „als ob" ..., er tut, als ob er wie jeder andere, wie jeder andere Reisende wäre. Er *ist* nicht so, er weiß es. Er wollte so sein, er darf nicht. Er ist ausgeschlossen, gebrandmarkt. Er will nicht auffallen – aus Takt ..., aus Angst ... Und immer, wo er ist, was er tut, mit wem er sich trifft, immer weiß er: er darf es nicht zeigen – und darf es nicht verdecken. Er darf nicht Jude sein – er darf sein Judesein nicht abtun. Er darf nicht – er kann nicht. Er wird irre an seinem Sein, an seinem Wollen. Was soll er wollen, was kann er wollen, was darf er wollen?

Seine Unsicherheit möchte sich entschuldigen, daß er anders ist. Entschuldigen, daß er es nicht ändern kann. Aber seine Unsicherheit wächst noch, wenn er, gekleidet wie die andern, sich benehmend wie die andern, sprechend wie die andern, zu gleichem Ziel, gleicher Aufgabe, gleichen Vergnügen oder gleicher Last in der Reihe steht. Ein Kainsmal ist auf seiner Stirne. Er wundert sich, wenn die andern nicht vor ihm zurückweichen, ihn stoßen, ihn jagen. Aussätzig! Müßte er die Klapper schwingen? Ist sein „Aussatz" ansteckend?

Er lechzt nach der Ruhepause, duckt sich, verschnauft. Und tut, „als ob". Wie ein Bürger, wie ein Soldat, wie einer, der mit der Landschaft verbunden, wie ein Reisender, und er weiß schließlich selbst nicht mehr, was er ist und was er scheint.

Und Dr. Seligmann spintisiert weiter. Ein *gewöhnlicher* Reisender! Gewöhnlich, das heißt, was man hierzulande, zu dieser Zeit gewohnt ist, zu sehen gewohnt, zu tun gewohnt. Was den Rahmen alltäglichen Erlebens nicht sprengt. Der gewöhnliche Reisende setzt sich ins Abteil, verstaut sein Gepäck, fängt mit seinem Gegenüber ein Gespräch an, das mit dem Wetter beginnt, über die Lebensmittelversorgung zu den Kriegsereignissen und von da über die allgemeine Politik, auf die Ursache von allem kommt, was uneben ist, auf die Juden. Er legt den „Völkischen Beobachter" auf sein Klapptischchen oder den „Stürmer". Er ist gekleidet, wie es der Jahreszeit entspricht und wie es angenehm ist zum Reisen. Er ist ärmlich oder reichlich ausstaffiert, mit feinem Lederkoffer oder mit einer

Schachtel, um die ein Strick gewunden, und all das ist ein Ausschnitt aus seinem sonstigen Sein, ein Ausschnitt, hinter dem ein Ganzes steht. Dieses Ganze ist daheim, hier oder in der Ferne, wohin er reist, und es ist bescheiden oder üppig – ein Ganzes. Familie, Bekanntenkreis, Wohnung, Geschäft, Beruf: viel oder wenig, wichtig oder nicht, er sitzt in seinem Recht, zufrieden, daß er es kann, und sein selbstbewußtes Recht, aus dem ihn niemand vertreiben kann, ist durch die Fahrkarte genügend dokumentiert. Auf nichts anderes kommt es an als auf diese Fahrkarte. Ein weiser Mensch oder ein ungebildeter, ein guter Mensch oder ein Verbrecher, gleichmäßig und unverrückbar schützt ihn das Gesetz.

Dr. Seligmann sieht aus wie ein gewöhnlicher Reisender. Aber er hütet sich, ein Gespräch anzuknüpfen; kann es nicht vermeiden, ohne unhöflich zu sein – und wieder aufzufallen. Und er bangt vor Aufregung, ob . . ., wann der Punkt erreicht wird, wo das Gespräch endgültig abgebrochen werden muß, weil das Gegenüber hemmungslos wird oder Propaganda treibt. Verletzend gegen Unbekannt. Und unbelehrbar – wer möchte auch hier und jetzt Debatten führen gegen abgestempelte Ansichten und Gemeinplätze.

Er könnte seine eigene Zeitung lesen oder ein Buch: er darf es nicht wagen, denn Lektüre unterscheidet ihn, deutlich sogar, macht ihn verdächtig. Die anderen sind die Mehrheit. Sie haben und fühlen die Macht, lassen sie fühlen, wenn sie den Juden spüren. Es ist ein so billiges Vergnügen. Es ist so befriedigend, den Schwächeren zu demütigen, der sich nicht wehren kann.

Da ist das viele Gepäck. Der übergepackte Rucksack will nicht zur großen Reise vornehmen Stils passen. Der Koffer, das Handzeug nicht zu Ausflug und Zweckfahrt. Der dicke Wintermantel, das städtische Habit sind nicht angenehm für lange Bahnfahrt. Die Taschen sind voll. Omnia mea mecum porto. Die ganze eigene Welt ist im Rollen, nichts Festes blieb . . .

„Meinen Rasierpinsel hab' ich vergessen. Er muß noch am Fenstergriff hängen, wo er zum Trocknen war."

„Macht nichts. Kaufst dir unterwegs einen neuen."
Pause.
„Aber viel schlimmer. Meine Uhr ist weg. Ich besinne mich die ganze Zeit, wo ich sie liegengelassen haben könnte. Wenn wir der Liesl telegraphieren, ob sie sie findet und nachschicken kann."
„So so, die Uhr ..."
„Du, das ist mir sehr arg ..."
„Ich will dir was sagen: nimm die da inzwischen", und er griff in die Westentasche.
„Da ist sie ja! Oh, bin ich aber froh. Wie kommst du dazu?"
„Du hast sie mir doch gegeben, wie du dir rasch noch die Hände gewaschen hast!"
„Man weiß ja selbst nicht mehr, was man tut."
Wieder fiel Schweigen ein. Weiterdösen. Wie war das?
„Wie ein gewöhnlicher *Reisender*". Waren sie denn Reisende, so einfach „Reisende"? Ein fester Ausgang, ein festes Ziel. Kein allzufernes. Und danach eine Rückkehr, wenn die Reise nicht schon Rückkehr war, ein Daheim steht vorne, eine Aufgabe, ein Ziel, eine Absicht, vielleicht auch nur – warum ‚nur', es ist wichtig – ein Vergnügen steht in der Mitte. Am Höhepunkt sozusagen. Und ein Wiederdaheim steht am Ende.

Solche Reisende waren sie nicht, Menschen, die dahin gehörten oder dorthin. Keine Reisenden, Auswanderer.

„Die Auswanderer" – von Seume: „ich kann den Blick nicht von euch wenden ..."

Ungewißheit. Schicksal. Abenteuer. Grobe knochige Männer mit groben Bündeln, aus denen Betten und Handwerkszeug hervorlugt; Frauen, ein Kopftuch umgebunden, ein kleines Kind in den Schal gewickelt, der hoch um die Schultern geht; Buben mit Kanonenstiefeln, Mädchen mit langen Zöpfen, rundgesichtig, braun, grob und unsauber, auf den Bündeln sich herumwälzend; Massentransport, Abspeisung, Zwischendeck – Agenten, die frische Menschenware leiten, in Empfang nehmen, verfrachten.

Auswanderer. Unglück, Mißwachs, Verfolgung im Rücken. Vor sich ein Blendschein: wer sein Glück gemacht! Glück.

Was ist Glück? In das Tal kommen, wo der Boden besät ist mit den Edelsteinen, von denen Sindbad, der Seefahrer, berichtet. Die Goldkörner auflesen, auswaschen aus dem Sand, der sie vor anderer Augen verborgen. Oder eine Petroleumquelle. Oder im rechten Augenblick den richtigen Gedanken an die richtigen Leute bringen. Und das muß kein eigener Gedanke sein, einer, der da liegt und ergriffen wird wie der graue ungeschliffene Edelstein oder der goldhaltige Staub.

Das Glück blendet, das Abenteuer lockt, aber das Ungewisse ängstet. Wer zu bauen gewohnt ist auf festem Grund, schreckt vor der schwankenden Schiffsplanke, die der Sturm an Felsenriffen zerschlägt, die die Wogen hierhin, dorthin schleudern; schreckt vor dem rinnenden, wehenden Wüstensand, der die Lungen brennt und das Hirn austrocknet. Seefahrer und Wüstenreiter mögen dahinjagen am Rande des Lebens. Bauen muß, wer Dauer will und Zukunft. Sie bauen Häuser, behaglich zu wohnen. Sie bauen Burgen, das Land zu schützen und die behaglichen Wohnstätten. Sie bauen Tempel, den Geist zu heiligen, der in Burgen und Häusern wächst, der den einzelnen zur Gemeinschaft führt und die Gemeinschaft zu dem *einen*.

Gerade bauen! Das Bauen war unterbrochen durch – Krieg, Pestilenz, reißende Tiere ... Nicht durch den eigenen Willen. Vor den Willen legte sich das Verbot wie die Eisenbahnschranke vor den Weg. Wird sie der Bahnwärter emporziehen, wenn der Zug vorübergebraust ist? Niemand kennt den Fahrplan. In den Kriegszeiten verkehren die Züge unregelmäßig. Vielleicht passieren mehrere Züge, vielleicht ein größerer Kriegstransport, wer kann warten?

Wer wahrhaft baut, gibt das Bauen nicht auf. Er wandert, nicht um zu wandern, ein anderer Sindbad. Er wandert, um anderswo zu bauen.

Und der Tempel wäre nun an der Reihe.

Auswanderer. Er sucht den neuen Baugrund, fest genug, daß ihn kein Beben erschüttert. Er wird eine kleine bescheidene Hütte bauen, drin zu wohnen; dann folgen Mauern und Gräben; stolze Türme werden Zeugnis geben von dem starken

Willen, der das Ziel faßt; und dann wird er die weißen Marmorblöcke zusammenfügen, hoch auf dem Felsen, weithin leuchtend über das Land, ein strahlender Tempel.

> „In Weisheit sinne und betrachte!
> Stärke schafft das Wohldurchdachte!
> Schönheit ziere das Vollbrachte!"

Er sucht. Ein Suchender ist der Auswanderer. Aus dem Dunkel tritt er, mit verbundenen Augen. Die mit ihm schaffen, sieht er und sieht sie nicht.

Hinter ihm ist Dunkel. Das Tor ist zugeschlagen. Noch klingt der Schlag, als das Tor ins Schloß fiel, dumpf in seinem Ohr. Erinnert ihn jeden Augenblick: etwas ist anders geworden. Etwas ist abgeschlossen, liegt weit hinten. Du entfernst dich von ihm, mehr und mehr. Ein Neues hat begonnen. Ein Neues wird beginnen. Aber du bist noch auf dem Wege dazu. Du schwebst zwischen den Zeiten. Du bist losgerissen von deinem Ankergrund, du bist auf offenem Meer, du bist noch nicht im Hafen, in den du segeln möchtest.

Losgerissen, abgebrochen sind die Bindungen, die Verbindungen hinter dir. Eine Einbuße an Stetigkeit, aber auch eine Befreiung von festgelegtem Zwang. Bedenken, Entschlüsse, Verpflichtungen sind gelöst. Die Lawine rollt. Nichts hält sie auf. Frei bist du, frei, und vorwärtsgetrieben in vorbestimmte Richtung.

Der Auswanderer hebt sich ab von den anderen Reisenden. Hier ist es wieder, das Anderssein. In anderer Form, verborgen. Aber es ist da. Da ist die Herde, die trottet dahin im Staub des Hohlweges. Der Hirt schwingt den Stab, der Hund umkreist sie bellend. Das schwarze Schaf sondert sich von den weißen. Es trägt die gleiche Wolle, es frißt die gleichen Grasstoppeln, und seine Losung ist die gleiche. Aber die weißen Schafe stecken die Köpfe zusammen. Seht den schwarzen Teufel. Der schwarze Teufel kommt sich wichtig vor. Er ist ein einzelner, er ist nicht wie die Masse, die ununterschiedene, er ist – eine Individualität. Einzeln gehen hat zwei Seiten: die stolze, freudhafte – ich gehe den eigenen Weg; die leidvolle –

ich bin außerhalb der Gemeinschaft. Die schwarzen Schafe und die weißen haben ihre besondere Ideologie. Ich bin ausgezeichnet durch meine Farbe – es ist gezeichnet durch seine Farbe. Ich bin besser als sie – er ist schlechter als wir. Doch die Überhebung ist unsicher, belastet mit Zweifel und mit der Verpflichtung des Beweises. Und die Schmähung ist unsicher, unterhöhlt von Minderwertigkeitskomplexen und Neid.

Und der Hund springt den Einzelgänger an, daß er in der Herde verschwinde, und die Herde drängt ihn wieder an den Rand des Weges. Der Hirt aber lächelt über das schwarze und weiße und greift eines, kommt ihm am nächsten. Es ist ja gleichgültig, welches zuerst drankommt. Es ist das nächste, es hat den Blick am stärksten angezogen. Oder war es doch Absicht, oder nur Laune, eine Einheitlichkeit herzustellen? Wie das Kind aus dem Kirschenteller die dunkeln Kirschen zuerst herauspickt ...

Der Zug war schon eine Strecke gefahren, als Dr. Seligmann aus seinen Träumereien aufwachte. Die Frau schlief noch. Die Erschöpfung aus der Anspannung der letzten Tage schien sich auszuwirken. Gnädiger Schlaf zog die Augen ab vor der zurückfliegenden Heimat. Frau Seligmann war nicht in dieser Gegend geboren. Die Landschaft ihrer Heimat, der blaue, spiegelnde, spielende Bodensee, die grünen Rebenhügel, und hinten die weißen Häupter der Schweizer Berge und das Montafon, saß ihr tief im Blut. Aber sie hatte vor dreißig Jahren, als sie ihrem Manne in eine rauhere Landschaft folgte, die Bilder der Jugend in den Erinnerungsschrein gelegt, befriedigt und abgeschlossen, wie man ein gutes Buch in den Schrank stellt, um es einmal ums andere wieder in die Hand zu nehmen, besonders eindruckreiche Stellen nachzulesen und sich zu freuen des gesicherten geistigen Besitzes. Jene Trennung hatte nicht weh getan, die schöne Erinnerung war ein Ganzes, das die Heirat, der Beginn eines Neuen zum Guten, zum vollendeten Abschluß brachte. Aber sie war nun in der langen Zeit gemeinsamen Erlebens, mit ihren Wanderungen in die Berge, mit ihren Fahrten kreuz und quer durch die Auen, hineingewachsen in die zweite Heimat. Die Ortschaften, die

Seen, die Täler, waren lebendig von Erlebnissen, wie junge Liebe blühte, wie das Kind die ersten Schritte tat, wie es aufwuchs in die eigene Welt hinein, wie Freundschaft keimte, Glück und Genießen, und wie Leid aufbrach und Sorge und Angst. Bis das dunkle Gespenst sich übermächtig erhob und tiefe Schatten warf auf die Wege, in Dunkel und Nebel hüllend das Gewordene und Werdende.

Das Abschiednehmen war kein gerundeter, effektvoller Bühnenschluß, wo der Vorhang sich langsam senkt, wenn die Akteure noch auf dem Gipfel verharren. Diesmal war es jäher Abbruch. Mitten in der Szene Panik. Eiserner Vorhang. Enttäuscht, beleidigt, wendet sich der Zuschauer, unbefriedigt, betrachtet das Billet, das für ein ganzes Stück, ungekürzt, abgeschlossen, gut war. Fühlt sich geprellt um das schwer bezahlte Eintrittsgeld und geht aus dem Theater. Ein Ende – kein Abschluß. Ein Konflikt, keine Lösung. Nie mehr kommt die Lösung. Wenn man von neuem anfängt zu spielen, wird eine Lösung kommen, aber es ist eine Lösung des neuen Spieles, nicht die des alten Abbruchs, der roh und splitterig bleibt.

So war die Trennung von der Wahlheimat schmerzhafter. Sie brach das Selbstgewählte, das einmal mit allen Fasern, mit allem Sehnen Gewählte, Gewünschte entzwei. Und so war es gut, daß der Schlaf das Zurücklassen leichter machte.

Dann schlug auch Frau Seligmann die Augen auf, verstört zuerst und sich langsam in die Wirklichkeit zurückfindend.

Brunnenvergiftung

Man aß eine Kleinigkeit, musterte unvermerkt die Mitreisenden, tauschte kleine Bemerkungen aus und zwinkerte sich „aufgepaßt" zu, als man hörte, daß dort ein Gespräch im Gange war, das wiederum das alte Thema abwandelte. Wie ein Feuerwerk mit Zeitzündung fing es an und lief es weiter. Und wenn jeder sein Eigenes wußte, dies und jenes Unbekannte gehört hatte, sich guttat mit dieser überlegenen Kenntnis der Dinge und deshalb auch genau wußte, was falsch war und was anders gemacht werden müßte; und wenn er mit Kritik und Besserwissen nicht zurückhielt – das Bierbankgespräch plätscherte über die Gemeinplätze und die halben Wahrheiten, die sich immer wieder als ganze Unwahrheiten erwiesen, unfehlbar zu dem gemeinsamen Punkt, wo es keinen Widerspruch gab – zur Judenfrage. Es gab keinen Widerspruch und konnte keinen geben, denn wer wollte sich auch verdächtig machen? Die Juden sind an allem Unglück schuld. Es gibt keine Aufklärung, es gilt kein Beweis. Die Juden haben die Brunnen vergiftet. Das war schon im Mittelalter den Beflissenen gewiß, wenn eine Seuche wütete. Denn auch jeder Nachfolger des Pontius Pilatus zuckt die Achseln, wäscht sich die Hände und frägt: was ist Wahrheit?

„Wie war's schon im Weltkrieg: die Juden haben verdient und verdient!"

„Und die Großindustrie?"

„Lauter Juden!"

„Stinnes, Hugenberg, Thyssen, Krupp..."

„Sie haben das Volk ausgesogen und ausgeplündert, Deutschland hätte nicht so lange der Übermacht standgehalten, wenn nicht..."

„Sie meinen, wenn nicht Rathenau die Rohstoffversorgung organisiert hätte."

„Da hat sich wieder der Jude vorgedrängt. Geschäfte machen, eine Rolle spielen! Kein Jude hat etwas geleistet. An der Front ..."

„... sind zehntausend Juden gefallen."

„In der Etappe vielleicht. Und in der Heimat haben sie gegen den Krieg gewühlt. Die deutsche Wissenschaft und deutsche Technik haben unerhört Neues geschaffen ..."

„... zum Beispiel Stickstoff aus der Luft. Geheimrat Haber ..."

„Der ist übrigens getauft!"

„Ach so, und Willstädter, und ..."

„In die Ämter haben sie sich hineingeschoben und die ganze Maschinerie des Staates beherrscht."

„Bethmann Hollweg? Graf Hertling? Prinz Max von Baden?"

„Das waren nur Figuren, dahinter stand ..."

„Der Kaiser?"

„Der Jude."

„Merkwürdig!"

„Was ist merkwürdig?"

„Daß die Juden eine solche ungeheure Macht ausüben können. Alles machen sie. Im Wirtschaftsleben ..."

„... alle führenden Positionen. Die Leiter der großen Konzerne, der Banken."

„Schacht?"

„Der gerade nicht, dürfte aber einer sein."

„An den Universitäten ..."

„... machen sie sich unglaublich breit."

„Und ihre Leistungen ..."

„Niemand kommt gegen sie auf. Die Ärzte, die Juristen, die Naturwissenschaftler ..."

„Aber gerade die Juristen müssen doch ihre Examina ..."

„Das ist's ja eben. Sie belegen die besten Plätze. Diese talmudische Spitzfindigkeit, dieser Intellektualismus."

„Ja, intelligent sind sie ... und fleißig!"

„Streber sind sie. Wenn sich's um den Vorteil handelt, scheuen sie keine Mühe."

„Mir hat neulich ein Krankenkassenkontrolleur etwas Sonderbares erzählt. Wir sprachen so von alten Bräuchen und Gewohnheiten, vom Frühschoppen und vom Kaffeehausbesuch und da meinte er: ‚ich kenne ja alle die Geschäftsleute hier, weil ich sie regelmäßig kontrollieren muß. Damit ich rasch durchkomme und keine Zeit verliere, mache ich mir meine Einteilung. In der Frühe, wenn ich zu arbeiten beginne, suche ich mir immer eine oder zwei jüdische Firmen heraus, die ich zuerst besuche. Denn so früh trifft man die meisten christlichen Chefs noch nicht im Geschäft. Und als letzte Besuche gegen Abend lege ich mir wieder zwei jüdische Firmen zurecht. Denn um diese Zeit sind die anderen schon nicht mehr zu sprechen.'"

„Ja, sie bekommen nie genug. Sie saugen die Volksgenossen aus. Sie leben vom Schweiß der anderen. Sie sind nicht produktiv. Sie wollen nicht selber arbeiten."

„Ja so, hm, ja gewiß. Freilich."

„Die minderwertige Rasse. Parasiten sind sie. Reine Materialisten, sie haben das Kapital und sie haben deshalb alle Macht."

„Dann müßten sie eigentlich die schlimmsten Gegner der Sozialisten sein."

„Da sehen Sie es wieder, das sind sie nicht. Sie sind selber Sozialisten, oder vielmehr Bolschewisten. Sie wühlen und unterwühlen den Staat, sie unterhöhlen die Gesellschaft. Sie fordern den Umsturz."

„Das verstehe ich nicht. Der Sozialismus, gar der Kommunismus will doch den Eigenbesitz am Kapital beseitigen. Da schaufeln sie sich doch selber das Grab."

„Falsch! Im Zusammenbruch der Gesellschaftsordnung reißen sie vollständig die Macht an sich."

„Die haben sie doch schon, sagten Sie nicht so? Was aber dann, wenn aller Besitz enteignet wird?"

„... dann haben sie ihr Geld längst im Ausland."

„Und die Lehre von der Weltrevolution?"

„Überall sitzen sie an der Kasse, haben die Zügel in der Hand, im geheimen. Aber wir reißen ihnen die Maske vom Gesicht. In Rußland die Oberbolschewiken – alles Juden."

„Auch Stalin?"
„Der hat eine jüdische Frau."
„Und in England, in Frankreich, in Amerika?"
„Hore Belischa, Leon Blum, der saubere Herr Rosenfeld, sprich Roosevelt. Überall die Juden und die Freimaurer."
„Die Freimaurer?"
„Ja. Das sind sozusagen künstliche Juden. Das hat Ludendorff entdeckt."
„Was Sie sagen!"
„Ganz wenige geheime Obere, die niemand kennt, sitzen im verborgenen und leiten die Welt. Kennen Sie denn nicht die Protokolle der Weisen von Zion?"
„Ich erinnere mich. Es gab da einmal einen großen Prozeß. Aber wenn mich meine Erinnerung nicht täuscht, ist damals, ich glaube vor einem Schweizer Gericht, der Beweis geführt worden, daß diese Protokolle gar nicht echt sind, sondern von dem französischen Schriftsteller Retcliffe de la Bretonne verfaßt wurden."
„Nun ja. Sie könnten aber echt sein. Sir John Retcliffe kannte die ungeheure Macht des Judentums und hat sie so dargestellt, wie sie sich tatsächlich auswirkt. Und wenn kein Wort wahr wäre in den ‚Protokollen', es liegt ihnen eine höhere Wahrheit zugrunde, die wichtiger ist als das wirklich gesprochene Wort."
„Ist diese höhere Wahrheit auch die Grundlage Ihrer übrigen Beweisführung?"
„Die Juden sind zu schlau. Es ist ihnen direkt nicht beizukommen. Es dürfte Ihnen bekannt sein, wie schwer es ist, auch nur einen Ritualmord wirklich schlüssig nachzuweisen."
„Ritualmord?"
„Sie wissen doch. Die Juden verwendeten das Blut von Christenkindern zur Bereitung der Osterbrote."
„Pfui Teufel!"
„Ja, es ist grauenhaft."
„Und das machen sie noch heute? Unter den Augen der Behörden, die die Herstellung dieser Mazzen – heißt man sie wohl – vollständig überwachen können?"

„Das weiß ich nicht. Man hat sie noch nie auf frischer Tat ertappt. Sie sind zu gerissen, und sie halten zusammen und verraten sich nicht."

„Sollte man unter einem so minderwertigen Volk keine Verräter finden können?"

„Hierin ist einer wie der andere. Sie reden sich darauf hinaus, daß ihnen der Genuß von Blut verboten sei. Aber wer hält schon die Gebote, wenn es ums Tiefste geht."

„Um die Religion ..."

„Wie Sie es nennen wollen! Ich sage um die blutdürstige Grausamkeit ihres Jahwe. Kurzum, man erwischt sie nicht, aber jedermann weiß es doch ..."

„Ja, und woher weiß man's?"

„Durch die vielen Prozesse ..."

„... in denen man nichts beweisen konnte."

„Und in den Riten des Schächtens finden sie den gleichen Blutdurst."

„Sonst ist Gewalttätigkeit und Blutvergießen nicht gerade die Stärke des Juden."

„Im Gegenteil. Ein feiges Gesindel. Kein Heldenmut, keine Tapferkeit."

„Stimmt, stimmt. Aber nun sagen Sie mir eins, lieber Herr. Die Juden sind eine minderwertige Rasse; wie ist es möglich, daß eine so kleine Menschenschicht einen so ungeheuren Einfluß auf allen Gebieten des menschlichen Handelns und Tuns, in allen Ländern und Erdteilen ausüben kann? Wie kann eine kleine minderwertige Rasse die ganze Welt beherrschen?"

„Das will ich Ihnen mit drei Worten erklären: sie haben den Verstand, der alles durchdringt; sie haben den zähen Willen, der alles überwindet; und sie haben ein Gefühl, das sie aneinanderschweißt zu einer Einheit, der wir alle unterlegen sind."

Hier brach das Gespräch ab. Der eine Reisende ging zum Speisewagen. Der andere stieg aus, als der Zug wieder hielt. Es kamen neue Reisende, die wieder Gespräche begannen, wieder Platz wechselten, wieder ausstiegen. Stumpf und verbraucht die Luft in dem Abteil, wie etwas Schweres, das die Köpfe niederdrückt, als wären sie eingespannt unterm Joch.

Draußen huschte die graue braune Landschaft vorbei. In der Ebene lag noch nicht viel Schnee, aber die Berghänge schimmerten weiß, und die schwarzen Tannen hoben sich nackt und hart ab von der Schneedecke. Die Nebel wälzten sich wie Rauch über die Erdschollen, krochen die Hänge hinauf, verwischten die Konturen der Rücken und Matten, machten die Zacken weich und die Schründe geschmeidig. Milchig grau wälzte sich's über die Dorfschaften und Häuser und Kirchen und Burgruinen, betupfte die Büsche und Bäume, die wie plumpe, verhüllte Riesen die Faust auf die zusammengeduckten Häuschen drückten. Unbestimmt, unbestimmbar die Welt hinter dem Nebelvorhang. Das ewige stumme Gespenst, dessen Stummheit lauter brüllt als das stöhnende, dröhnende Stoßen und Tosen des Eisenbahnzugs, das wehende, drehend schwebende quälende Ratschen und Rattern, das unaufhörliche. Die Menschensinne fassen es nicht mehr. Es rollt und grollt ins Leere, es rauscht in den Nebel hinaus, Kälte verschlingt es, die Unendlichkeit saugt es auf. Rad rollt und Eisen klingt, Stahl auf Stahl, Kurbeln schwingen, Kolben stampfen. Die Maschine wälzt und walzt sich den eisernen Weg, den vorgezeichneten, fort, fort und weiter, weiter. Drehen, wälzen, rollen, und die ächzenden Schienen nehmen kein Ende. Und die Telegraphenstangen schlagen den Takt wie ein Metronom, im Rhythmus der rasenden Bewegung. Das Leben braust vorwärts, eine Giftschlange schießt es durch's Land, wenn sie aufgescheucht, wild faucht nach Beute, nach Verderben. Es brennt die Enge, es zwängt die Trübnis. Nah ist die Nebelwand, dichter schließt sie das Feld, die Hügel, die Berge. Das Nichts ist dahinter – das All. Die Stummheit des Alls schreit, schreit. Körperhaft schlägt das Schreien des Alls hinter dem Vorhang in das Auge. Du siehst das Schreien, und es ist gewaltig, übermächtig, unendlich.

Du wirst aussteigen aus dem Rattern und Treiben, du wirst die Fahrkarte abgeben dem Aufpasser am Bahnsteig, und dann fühlst du noch den Sturmlauf nachzittern, wäschst dir den Ruß von den Händen und bist wieder du. Aber das Gewaltige hinten, hinter dir, vor dir, das Drängende, Schreiende, das hat Besitz ergriffen, füllt dich aus, läßt dich nicht. Drückt, erdrückt schier. Nebel, hinter dem sich ein farbiger Bogen spannt, eine Jakobsleiter vielleicht. Vielleicht ...

Judentum

Nun war das Coupé wieder leer. Dr. Seligmann konnte die Füße strecken, sich dehnen und recken, das Fenster ein wenig öffnen und frische Luft hereinlassen. Und aufatmen.

„In hundert und hundert Variationen kannst du solche Gespräche hören. Man meint, man müsse die Seitenzahlen angeben, wo all die Fragen und Antworten in den Instruktionsbroschüren stehen. Mit mehr, auch mit weniger falschen Angaben, Denkfehlern, logischen Sprüngen und offenen Böswilligkeiten kehrt all das immer wieder. Man könnte jede einzelne Behauptung in ihrem Bestand oder in ihrer Deutung widerlegen. Man könnte die Entstehungsgründe der wirklichen Tatsachen aufzeigen und dadurch klarstellen, wo Ursache und wo Schuld liegt. Aber es ist schade um jedes Wort."

„Vielleicht hätte es doch einen Sinn, die Menschen aufzuklären, wie sie belogen werden?"

„Nein. Eine Propaganda kann man nur durch Propaganda bekämpfen. Und auch das hat keinen Sinn: den Menschen Schlagworte einzuhämmern, die sie nachplappern, heute so, morgen so, ohne innerliche Anteilnahme, ohne wirkliche Überzeugung. Menschen, die nicht reif genug sind, eine Überzeugung zu haben. Wir können nur bestehen, dem Menschen gegenüber, der selber denkt und – der die Wahrheit will. Diese Leute, die Masse will – leben vor allem, existieren, will Auskommen und Vergnügen, und will nicht denken, wenn es dies hat. Dünn ist die Schicht der Aufsteigenden, der Fragenden, derer, die zum eigentlichen Menschsein hinausdrängen. Die Leidenschaften treiben hierhin, dorthin und schaffen Spannungen, bringen Liebe und Haß. Aber sie wachsen nicht hinaus über den persönlichen Umkreis und finden ihre persönlichen Lösungen. Solange der Mensch allein ist in seinen Gefühlen und Meinungen, auch in seinen Vorurteilen, wird er nicht gefährlich. Denn die Kräfte sind annähernd gleich. Keiner kann sich ganz erheben, keiner den andern ganz unterdrücken. Und der einzelne muß immer den einzelnen, der ihm gegenübersteht, persönlich werten. Er mag seinen Maßstab anlegen, wie immer er will – er muß messen. Und er mag sein Urteil noch so selbstisch einstellen, nach eignem Nutzen, nach eignem Leisten – der andere muß beurteilt werden, so wie er wirklich ist oder wie er erscheint. Im Widerstreit des Menschlichen gibt's eine Gleichgewichtslage, wo sich die Gegensätze auf einen gemeinsamen Nenner bringen lassen. Ein Ausgleich, ein endlicher Friede."

„Auch bei dem einzelnen kommt immer wieder der Antisemitismus zum Durchbruch."

„Den einzelnen kannst du auf seine Widersinnigkeit und Inkonsequenz hinweisen. Aber was empfinden wir denn so eigentlich als Antisemitismus? Doch nicht den Hinweis auf offensichtliche Schäden. Wir wissen doch selbst, daß auch die Juden keine Engel sind, fehl- und makellos. Wir kennen viele ihrer Fehler nur zu gut. Und lehnen sie ab und bekämpfen sie, soweit wir sie sehen. Und vielleicht sehen wir viele noch zu wenig. Und vor allem, wir haben eine Idee, was diese Fehler verursacht hat, und wissen, daß man Wirkungen nicht beseitigen kann, wenn man die Ursachen nicht beseitigt. Eine Entwicklung, eine Erziehung, eine Knechtung und Verstümmelung des natürlichen Wachstums in Jahrhunderten läßt sich nicht in einer, nicht in zwei Generationen unwirksam machen. Nein, die Sache liegt anders. Antisemitismus heißt Verallgemeinerung. Dies heißt, daß man alle Juden verantwortlich macht, für das, was einzelne tun. Mehr noch: daß man jene, die sich in zähem Kampf gegen sich selbst und gegen ihr Milieu von dem Ghettogeist befreit haben, zurückstößt in die Enge, deretwegen man sie verfolgt.

Dies bedeutet, daß man den einzelnen jüdischen Menschen nicht beurteilt nach dem, was er ist und leistet, nicht nach Charakter und Willen, sondern nach – dem Geburtsregister. Und genau von dem Augenblick an, in dem man von der Tatsache des Judeseins Kenntnis erhalten hat. Denn ohne einen direkten Hinweis hätte man nicht einmal die äußeren Merkzeichen erkannt, geschweige denn die wirkliche Geistesart, und überhaupt nicht das, was wirklich zutiefst das jüdische Wesen ausmacht."

„Was wissen sie denn überhaupt vom Judentum?"

„Nichts, gar nichts! Da ist eine andere Religion, mit deren Inhalt man sich schon deshalb nicht ernsthaft zu beschäftigen braucht, weil ein wesentlicher Teil ihres Inhalts in die christliche Religion übergegangen ist. Eine Auseinandersetzung zwischen den Religionen ist sinnlos. Die sittlichen Grundprinzipien sind die gleichen. Wem es um echte Erkenntnis zu tun ist, der erkennt zuerst, daß Glauben das Verhältnis der Einzelseele zur höchsten Idee bedeutet. Das Verhältnis kann nicht richtig sein und nicht falsch: es ist. Es kann mehr oder weniger bewußt sein; es kann sich zu Äußerung drängen, es kann Ausdruck suchen, und dieser Ausdruck kann anderen Menschen zugänglich sein oder verschlossen. Das Beste, was sie können, ist, herausfühlen, wie dies Verhältnis beschaffen sein mag. Denn niemand vermag sein Innerstes im Reagenzglas vorzuzeigen. Aber es ist wie die Blüte und der Schmetterling. Oder der Regenbogen. Das verwunderte Auge sieht den „farbigen Abglanz", in dem sich das Leben spiegelt. Oder die Ewigkeit. Es gibt kein Richtig, kein Falsch. Es steht kein Urteil zu. Und der Erkennende weiß, daß gerade ihm nicht gegeben ist zu urteilen, sondern zu erkennen und – Ehrfurcht zu haben.

Was sonst bleibt, ist Form, ist Deutung. Aber die Formen sind unendlich an Zahl und Mannigfaltigkeit. Und wer über sie streiten will, müßte ihren Ursprung erforschen. Und müßte sehen, wie sich eins vom anderen entwickelt, wie die Fädchen und Würzelchen zurückleiten zur dicken lebendigen Hauptwurzel, die aus dem einen Stamme hervorquillt. Oder bricht der Stamm aus der Wurzel auf? Es endet wieder im Anschauen, in dem großen Wundern; in Ehrfurcht.

Überdies eines: viele nehmen Formen nicht ernst. Weil sie – nur Formen sind, leer, wie sie selbst. Und viele nehmen Formen nicht mehr verbindlich, weil sie über die Form zum Inhalt gelangten. Zum Inhalt – den sie aus der Form herausnahmen *oder in sie hineinlegten!*"

„Meinst du die Juden oder die Christen?"

„Die *Menschen* meine ich. Die Formen zerreißen den Sinn am wenigsten. Der Religiöse sucht ihren Inhalt, und dem Nichtreligiösen sind sie nur Vorwand. Die gebildeten Christen, die sich weitgehend von den Formen freigemacht, wissen genau, daß sich eine breite Schicht der gebildeten Juden genauso freigemacht hat. Sie haben glaubensmäßig und prinzipiell keine Unterscheidung mehr. Dieselbe Bildung, dieselbe Sittlichkeit, derselbe Begriff von Wahrheit und von Recht. Sie greifen auch die Religion als solche nicht an. Ja oft erscheint es, daß sie vor dem frommen Juden, der, durch so viele Gesetze und Vorschriften bestimmt, sein ganzes Sein dem religiösen Gesetz unterordnet, einen besonderen Respekt haben. Eine Anerkennung der Hingabe und der Selbstentäußerung. Das ist auch oft der Standpunkt des christlichen Geistlichen, merkwürdigerweise häufiger des katholischen, der selbst mehr Sonderformen und Symbole kennt und bei dem das Gefühl, die Sinnlichkeit, die Stimmung den Ausschlag gibt, als des protestantischen, der in seiner größeren Nüchternheit doch eigentlich auf Formen und Riten weniger Wert legen müßte und der wie die Juden sich am stärksten auf die Bibel stützt, die gleiche Bibel, aus der die Juden ihre Thora erkennen."

„Wie mag das kommen?"

„Das ist oft so: das Verwandte bekämpft sich, das Naheliegende stößt sich ab.

Wie gesagt, die Religion ist nicht der tiefe Grund. Nur der Primitive empfindet das Anderssein. Und er empfindet es, weil er so belehrt ist. Ihm alles einfach machen, heißt, grobe äußere Unterscheidungen aufzeigen. Inneren Unterscheidungen könnte er nicht folgen. Das klingt dann so: die Juden haben Christus gekreuzigt. Folgerichtig beseitigt dann die Taufe die Zugehörigkeit zur Partei des Widersachers. Der Primitive empfindet, daß einer Verurteilung die Schuld vorausgehen müsse und daß Schuld nicht sein kann ohne den Willen zur

Schuld. Nur die willentliche Sünde ist volle Sünde. Er unterscheidet schon ausdrücklich davon die läßliche Sünde."

„Sehen denn nicht auch die Gebildeten die jüdische Religion als etwas Verderbliches an?"

„Nicht so eigentlich die Religion als ihre Auslegung und Entwicklung. Das Ursprüngliche, die Bibel mit dem Dekalog als symbolischem Grundpfeiler, haben sie ja selbst übernommen. Das können sie nicht verdammen. Wollen sie auch nicht. Aber der Talmud ist es und noch mehr der Schulchan Aruch, an den sie sich mit Vorurteilen klammern. Das ist ein schweres Studium, in diese Schriften einzudringen. Sie sind schon sprachlich unendlich schwer, weit schwerer zu entziffern, als es die hebräische und die aramäische Sprache allein schon sind, die man beide braucht und die weiß Gott an sich schon Schwierigkeiten genug aufgeben. Wir erfahren es ja, wenn wir selbst lernen. Aber das ist noch nichts. Der Talmud bedient sich einer Art Stenographie, einer Satzkürzungsmethode, bei der oft ein Wort für einen ganzen Satz, ein Zitat, eine Fragestellung, eine Auslegungsbeziehung steht. Der Dialog ist oft nur angedeutet. Aber die ganze Abhandlung ist vielfach dialogisch, und es ist nicht eine geschlossene Darlegung, sondern eine Sammlung von Gesprächen zwischen Gelehrten über den Gegenstand, eine Sammlung von Lehrmeinungen und von Einwänden dagegen. Viele Einwände haben keinen anderen Sinn als darzutun, daß auch der letzte haarspalterische Einwand das Erkannte nicht zu erschüttern vermag. Viele Lehrmeinungen sind einander entgegengesetzt, viele sind deutlich sichtbar zeitbedingt und zeitgebunden und müssen als dies verstanden werden. Auch stofflich ergibt sich, daß der Talmud eine Sammlung ist, in die die heterogensten Dinge, das gesamte Wissen der damaligen Zeit, aufgenommen und eingeschaltet ist."

„Und der Schulchan Aruch?"

„Der sollte eine praktische Zusammenfassung der Folgerungen sein, die sich aus der Thora und dem Talmud ergeben, und der Bräuche und Sitten, die daraus flossen. Ein Handbuch fürs praktische Leben. Es ist so bezeichnend für die Art dieses

Buches: schon ehe es im Druck erschien, wurde ein mehrbändiger Kommentar dazu geschrieben, der wiederum der Kommentierung bedurfte. Je weiter Kommentare von der Quelle entfernt sind, desto unklarer und zeitgebundener werden sie, desto unheiliger, desto bestreitbarer, desto weniger beweiskräftig und verbindlich.

Und nun gehen die Gegner ans Werk, reißen einen unverstandenen Satz aus dem unverstandenen Zusammenhang und sagen: seht, das steht im Schulchan Aruch, das steht im Talmud. Die bekanntesten dieser Fälschungen sind längst entlarvt und richtiggestellt – aber das ist dasselbe wie mit den Protokollen der Weisen von Zion. Sie werden munter weiter verbreitet."

„Aber es gibt doch auch christliche Gelehrte, die diese Schriften richtig wort- und sinngetreu übersetzen könnten."

„Natürlich gibt es die. Aber warum sollten sich diese Gelehrten gerade so intensiv mit jüdischen Dingen beschäftigen. Es gibt Bücher über Bücher, Berge von wissenschaftlichen Arbeiten über die Bibel selbst, ihre Entstehung, ihre Teile, die kanonischen und die nichtkanonischen Schriften. Diese Gebiete sind als allgemein wichtig, als Grundlage auch der christlichen Religion, als Grundlage unserer Kultur anerkannt. Die Forschungen, die Ausgrabungen, die gesamten archäologischen Arbeiten gehen nach dieser Richtung.

Der Talmud ist etwas nur Jüdisches. Das studieren die Juden, wenn auch auf ihre besondere Weise, so wie die Priester und Schriftgelehrten anderer Religionen die Herkunft, die Quellen und die Bedeutung *ihrer* Heilswahrheiten zu erforschen, klarzulegen oder auszubreiten trachten.

Die Erforschung oder Durchforschung einer Sache, die „die anderen" angeht, muß ein starkes Motiv haben, sonst schreckt die Unzugänglichkeit dieses Schrifttums ab. Es gibt nur zwei solcher Motive, die stark genug sind: die Liebe und der Haß. Nur eine glühende Liebe, ein heiliges Feuer der göttlichen Begeisterung kann einem Menschen die Ausdauer geben, die nötig ist, um sich in dieses Schrifttum zu versenken. Eine Lebensarbeit. Jüdische Menschen, besonders Juden des

Ostens, die von jeder anderen geistigen Beschäftigung ausgeschlossen sind oder waren, widmen sich ihr von frühester Jugend auf. Mit drei und vier Jahren schon werden Kinder in den Cheder[24] geschickt, mit zwölf, dreizehn Jahren gehen sie in die Jeschiwah. In einer altmodischen, auf Gedächtnis und systematischer Schulung des Gedächtnisses beruhenden Lernmethode werden sie vertraut mit den Texten, rezeptiv geschärft für Unterscheidungen, aber nicht kritisch. „Das Wort sie sollen lassen stahn" – was Luther fordert, ist längst vor ihm schlechtweg „das" Prinzip des jüdischen Lernens und Forschens. Wer, der nicht von Jugend auf in diesen Geist hineinerzogen ist, ausschließlich und ohne Ausweg, wer von denen, die sich die Anfangsgründe erst später durch Gedankenarbeit, nicht durch Lebensgewohnheit, erwerben müssen, soll diese Liebe zur Sache aufbringen? Und warum sollte er? Er müßte vielleicht sogar für sein Seelenheil fürchten. Können diese Schriften wissenschaftliche Quellen für allgemeine Erkenntnisse sein? Denn die speziell jüdischen Erkenntnisse können es nicht sein, die gerade *er* sucht. Er muß es fast verneinen, denn das allgemeine Vorurteil nähme keinen Beweis hin, der sich nur auf solche Quellen stützte. Und es ist undankbar, er macht sich verdächtig. Judensöldling! Solchen Anschuldigungen geht der Bürger aus dem Weg. Gar der Wissenschaftler, der die Berührung mit der rohen Welt scheut. Und das Problem: was ist im tiefsten „jüdisch" – ist dies ein Problem, das vom Nichtjuden gelöst oder auch nur angegriffen werden muß? In diese Bezirke reicht die brennende Judenfrage nicht. Sie diktiert eine andere Fragestellung. Und damit ist die Liebe zur Wahrheit, der Fanatismus des wirklich tiefen Forschens in all ihrer Vorurteilsfreiheit auf die Seite gestellt. An ihre Stelle tritt die Absicht, die Tendenz.

Und welche? Die Juden verteidigen? Das sollen sie ruhig selbst machen. Was geht's den Forscher an? Liebt er denn die Juden? Er ist im günstigsten Falle „tolerant". Er liebt nicht, er erträgt es, daß Juden sind, daß sie anders sind, daß sie hier sind. Auf der weiten Welt ist kein Mensch, der aus Wahrheitsdrang sich selbst in dieser Frage einsetzen wollte. Derselbe

Stamm von Gelehrten, der sich für die Erforschung der sublimsten chemischen, physikalischen Vorgänge und Beziehungen einsetzt bis zur Selbstaufopferung, der mit bewundernswerter Gründlichkeit und mit genialem Weitblick in die Geheimnisse der belebten und unbelebten Welt eindringt, findet, daß die Beschäftigung mit dem jüdischen Problem – nicht unwissenschaftlich, sondern unpopulär ist. Die Gefahr, die mit dieser Beschäftigung verbunden ist, steht in keinem Verhältnis zur Mühe und zum möglichen Erfolg, der doch nur einer verachteten, unwichtigen kleinen Menschenschicht zugute kommt und offensichtlich gar nicht der Menschheit im Ganzen. Denn sie sehen nicht, daß der Erreger der Haßpest ein Bazillus sein könnte, der das Rückenmark frißt, infektiös wie irgendeiner, verheerend, vernichtend. Die Mikrobenjäger haben noch nicht gefunden, daß diese Pest durch Mikroben verursacht sein könnte, sie haben die Gefährlichkeit dieser Pest noch nicht erkannt."

„Viele meinen wohl, die Juden selber sind eine Pest."

„Gewiß meinen sie das. Sie sehen Auswüchse, sie sehen Schlechtes. Sie sehen ein Fieber, das die Menschen schüttelt, und halten das Fieber für die Krankheit selbst, nicht für das Symptom einer tieferliegenden Krankheit. Ihnen ist im Unterbewußtsein noch immer Krankheit ein Verbrechen, eine Schuld, wie der Aussatz im Mittelalter. Sie bekämpfen das Fieber und verbreiten die Bazillen. Infiziert mit Vorurteil, mit Haß, suchen sie nach Belegen, die die festgelegte Lehrmeinung stützen sollen. Und finden allerhand. Falsche Übersetzung, Verallgemeinerung des Speziellen, Herausreißen aus dem Zusammenhang, der den wirklich gemeinten Sinn erklären würde. Oft ist es nicht einmal böser Wille von Anfang an, sondern nur die Unfähigkeit oder eben die mangelnde Liebe, sich in die Materie in aller Offenheit mit allem Ernst einzuarbeiten. Es ist viel einfacher, an der Oberfläche zu bleiben. Aber der Haß hilft noch, gewollte Ergebnisse zu erzielen. Und diese Forschung geht genau so weit, bis sie etwas findet, was man den allzu vielen, die nicht nachprüfen können, als plausibel verkaufen kann. Und was ist nicht alles plausibel, wenn man überzeugt sein will. Die Wiederholung verstärkt. Auch das Unwahrscheinlichste gewinnt an Wahrscheinlichkeit, verliert seine abstruse Unglaublichkeit, wenn es oft genug wiederholt wird. Der Hinweis auf eine gemeinhin unzugängliche Quelle gibt den Nimbus wirklichen Wissens."

„Bleibt aber noch zu erklären, woher der Haß kommt, wenn schon die Liebe zur Wahrheit sich nicht entwickeln kann. Und wir selber müßten doch die Irrtümer und Fälschungen an der Hand von Tatsachen aufklären können!"

„Dazu fehlt uns die Bewegungsfreiheit, der Propagandaapparat, der notwendig wäre, eine wirkliche Aufklärung durchzuführen. Ja, wir hatten ihn in gewissem Sinne schon – Einfluß auf die Presse. Wir haben es nicht verstanden, auf diesem Instrument zu spielen. Wir haben die Gelegenheit immer wieder versäumt: wir waren beschäftigt mit allem und jedem, nur nicht mit unserer eigenen Sache. Wir sahen die Dinge nicht, weil sie schlummerten, und fürchteten, das Schlummernde zu wecken. Gibt es einen besseren Beweis für die Unsinnigkeit der Behauptung, daß die jüdische Presse die Welt beherrsche – als den, daß wir sie niemals dazu benützten, den Sinn des Judentums klarzumachen? Noch mehr: wir waren uns selbst seiner nicht bewußt und schwammen in der Welle der Zivilisation, die uns ebenso trug wie alle anderen. Nur nicht auffallen! Nur keine Unterschiede aufzeigen. Denn sie, die Unterschiede, sind schließlich das Trennende zwischen den Menschen.

Die primitiven Instinkte klammern sich an das Anderssein. Die Instinkte werden wach, erregt, wild – wenn die Not angreift. In den vierundvierzig Jahren des Friedens und der Wohlfahrt war ein Antisemitismus in Deutschland nicht sehr spürbar. Von Bismarck stammt wohl das Wort: „Der Antisemitismus ist der Sozialismus der dummen Kerle." Und Bismarck war gewiß kein Judenfreund. Als der Zusammenbruch kam, setzte es ein. Wo Not ist und wo sich einzelne Juden widerstandsfähiger gegen die Not zeigten, wo sie etwas erreicht, Vermögen erworben, regt sich Neid und Mißgunst. Niemand sagt: sie sind fleißig, geschickt, zäh, gewohnt, Widerstände zu überwinden, sparsam, nüchtern. Obwohl sie es alle sehen. Aber sie sagen: sie sind reich, wir sind es nicht, also müssen sie ihr Vermögen unrechtmäßig erworben haben. Hier ist ein Schwindler – alle sind sie Schwindler. Die Not, die auch unter den Juden herrscht, die beobachtet niemand, nur die Reichen stechen hervor. Und die Reichen sind fremd, sind anders als wir – ihr Reichtum ist Raub an uns. Besitz ist Raub, der Besitz des andern nämlich, nicht der eigene.

Überall, wo Not ist und Hilflosigkeit, sucht der primitive Verstand – nicht nach den Ursachen, sondern nach der Schuld. Sie leuchtet desto mehr ein, setzt sich desto stärker in ihm fest, je simpler man sie bezeichnen, je enger man sie auf einen Punkt zusammendrängen kann. Und je gefahrloser es ist, desto weniger kann sich der Beschuldigte gegen die Beschuldigungen wehren.

Der Jud! Die wenigen, die Besonderen, die Andersgearteten, Fremden. Wer möchte den Fremden verteidigen? Er würde sich außerhalb der eigenen Reihe stellen. Wer tritt überhaupt für einen anderen ein? Niemand! Und das Schlimmste: sie merken es nicht einmal. Merken nicht, daß Eintreten für eigene Meinung, daß Achtung der Meinung eines anderen, daß die Achtung vor dem Menschentum überhaupt verlorengegangen ist.

Ach, und sie finden immer wieder die kleinen Wahrscheinlichkeiten, die die große Wahrheit verdecken. Müssen sie finden.

Und verkommen im Kreislauf des Leidens und Hassens, das wieder Leid und wieder Haß erzeugt."

Die lieben Wiener

Der Zug fuhr in Wien ein. Auf dem Bahnsteig sah Dr. Seligmann bald den steifen Hut Direktor Spiegels aus der Gruppe der Wartenden ragen, des guten alten Freundes, den er von seiner Ankunft verständigt hatte.

„Ach, wie beneide ich Euch, daß Ihr fort könnt. Wir haben Euch Zimmer besorgt. Habt Ihr noch ein bißchen Geld? Wir müssen sehen, daß wir bald in der Pension sind. Natürlich ist hier auch Verdunkelung. Aber es sind bis jetzt noch keine Flieger hierhergekommen. Um sechs Uhr ist Polizeistunde, ich will unbedingt vorher zu Hause sein. Fremde? Das gilt für jeden Juden. Man sieht's Euch zwar nicht an. Aber man weiß nicht, in welche Situation man kommen kann. Seid lieber vorsichtig. So kurz vor der Erlösung wollt Ihr doch nicht noch in ein Schlamassel kommen und alles in Frage stellen."

„Oh die schweren Rucksäcke. Wie bringen wir die nur weiter? In die Trambahn kommt man kaum hinein damit. Und das wird auch sehr auffallen."

„Ein Auto? Das wäre natürlich das Einfachste. Wenn das Geld dazu noch reicht."

„Reisekasse ist gut. Aber Ihr wißt ja nicht, wie lange es reichen muß."

„So, morgen schon! Wollen wir hoffen, es wäre so. Je rascher je besser. Aber verlaßt Euch nicht drauf. Es geht jetzt hier nicht alles so genau. Ihr seid nicht im Altreich."

„Mit dem Auskommen ist's schrecklich. Wenn man anständig zu leben gewohnt ist. Pensioniert haben sie mich mit der Hälfte meines Direktorengehaltes. Dann hat die Gesellschaft zu kürzen angefangen. Und jetzt muß ich froh sein, daß ich noch die Hälfte der Pension bekomme. Wie lange, weiß ich nicht. Es kann plötzlich zu Ende sein."

„Nun ja, die Gesellschaft ist im ganzen von der ‚Arbeitsfront' übernommen worden. Der ganze Aufbau, die Ausbreitung über ganz Deutschland, die Filialen, die große Produktion – meine Lebensarbeit ist umsonst gewesen. Umsonst die ganze Solidität. Die Sparsamkeit, die großen Reserven. Umsonst all die guten Ideen, die Organisation, die Reklame. Umsonst der sorgfältige Aufbau, der in den dreißig Jahren, seit ich daran arbeite, Ruf und Ansehen geschaffen und Verdienst für etliche tausend Menschen. Das alles wird nicht mehr gebraucht. Ein reiner Verwaltungsapparat ist draus geworden. Und wenn sie erst gemerkt haben, daß sie damit nichts andres erreichen als das, was die anderen Gesellschaften auch tun, dann werden sie den Betrieb ganz eingehen lassen oder verschmelzen. Der Stamm hat das meiste Holz, wozu Äste und Zweige!"

Das Auto hielt nicht vor der Pension selbst, sondern in einer Nebenstraße. Damit es nicht so auffällt. Marianne Spiegel war in dem Zimmer, um es ein wenig wohnlich herzurichten und nach dem Feuer zu sehen. Der eiserne Ofen war reichlich klein für das riesige Zimmer mit den zwei hohen breiten Fenstern, die jetzt mit Schwarzpapier verklebt waren. Verloren stachen die unbeschirmten Glühbirnen in die Augen und verstärkten den Eindruck von Kälte und Leere in dem saalähnlichen Raum. Altes, verstaubtes Möbel stand herum, vernachlässigt, abgebraucht.

„Ihr könnt hier schon auch zu essen haben. Ihr müßt halt mit der Hausdame reden. Eierspeisen vielleicht, und etwas Wurst. Habt Ihr Fleischmarken? Aber die werden wohl hier nicht gelten. Und da ist ja auch das ‚J' draufgestempelt. Da ist's schon besser, Ihr geht in kein Restaurant."

„Schade, daß wir Euch von Wien nicht viel zeigen können. Morgen bei Tag vielleicht. Wir müssen jetzt auch heim. Um Gotteswillen in nichts hineinkommen! Nicht kontrolliert werden. Die machen hier kurzen Prozeß!"

Und dann waren Dr. Seligmanns allein in dem traurigen Saal, aßen ein wenig von schlecht gereinigten Tellern, schlangen die mitgebrachten Decken um die Knie, um nicht zu frieren, und warteten, daß der Abend vorüberginge.

„Das sind so die Unbequemlichkeiten der Reise."

„Die kurze Zeit ist's zu ertragen. Dafür: in drei Wochen sind wir vielleicht schon bei den Kindern."

„Du Optimist."

„Und wenn es vier Wochen dauert, fünf – es geht vorwärts, aufwärts wieder! Wenn erst einmal der Druck gewichen ist. All das Verstecken, die Heimlichkeit, die Unsicherheit. Die Atmosphäre der Räuberhöhle."

Um acht Uhr gingen sie schon ins Bett. Und es war eine unruhsame Nacht, voll von Fremdheit und verborgener Spannung.

Der Morgen war grau und nebelig, das Frühstück frostig und leer. Das offene Fenster zeigte draußen einen trüben verschleierten Donauarm und ließ das helle Läuten und Klingen der Pflasterarbeiter herein, die geschäftig auf den Granitwürfeln den Takt schlugen. Das Tageslicht machte den Raum noch größer, noch nüchterner.

Zeitig kamen Spiegels, um die Auswanderer zu dem Büro zu führen, bei dem sie sich melden sollten. Es erwies sich, daß die „Aktion für Auswanderung" ein Unternehmen war, das mit der jüdischen Kultusgemeinde in engem Zusammenhang stand. Der Form nach zwar unabhängig, hatte ein gewisser Kommerzialrat Storffer die unter dem Namen „Organisation Storffer" bekannte Unternehmung geschaffen, ganz offiziell, nicht nur geduldet, nein ausdrücklich bestätigt durch die Geheime Staatspolizei. Sie begünstigte ein Unternehmen, das es sich zur Aufgabe gemacht hatte, Juden fortzuschaffen, Juden die Auswanderung zu ermöglichen, die man doch so gerne vollständig los sein wollte. Und hierhin drängten sich die vielen, die, des Landes verwiesen, nicht wußten, wo sie hingehen könnten, und diejenigen, die den langsamen Verfall nicht mehr ertragen konnten und selbst strebten, in die Freiheit zu gelangen. Und dazu gesellten sich jene, die als Zionisten oder als Angehörige von früher Eingewanderten nach Palästina wollten, aber kein Zertifikat bekommen konnten und nun mit Hilfe der „Aktion" ins Ausland und auf illegalem Weg nach Erez Israel zu gelangen hofften.

„Die Auswanderung ist völlig legal", war versprochen worden. Und das war richtig: die Geheime Staatspolizei gab Brief und Siegel dazu. Daß die Einwanderung in Palästina nicht ebenso legal sei, lag in etwa in der Luft. Aber man rechnete, der große Storffer habe seine mächtigen Beziehungen zu den einschlägigen Behörden, und der wird die Sache schon in Ordnung bringen. Er hat schon so viele hinuntergebracht. Besser nicht davon reden, wie er es macht. Schließlich müssen die Engländer zwar die Fiktion aufrechterhalten, daß die Einwanderung geordnet und nach den getroffenen engen Bestimmungen erfolge. Da aber infolge des Krieges die bewilligte Quote ohnedies nicht ausgenutzt werden konnte, dürfte es keinen Unterschied machen, auf welchem Wege die Einwanderer kamen. Bei wohlwollender Auslegung und als Flüchtlinge hätten sie innerhalb der amtlich bewilligten „Schedule"[25] Platz. Und immer wieder: den Engländern mußte eine stärkere Besiedlung durch eine Bevölkerung, die das Land bisher schon zu solch rapider Entwicklung gebracht, durch tüchtige und arbeitsame Menschen, ausgerüstet mit Bildung, mit Erfahrung, auch mit Kapital zum Teil, nur willkommen sein.

Das Haus hatte Zugang von zwei Straßenseiten, ein altes dunkles Wohnhaus aus der schlechtesten Bauzeit, mit unnützen Hohlräumen, Winkeln und ineinandergehenden Zimmerchen. Flüchtig adaptiert, primitiv, lässig. In dem dunklen Parterrevorraum stauten sich Menschen, schreiend, keifend, gestikulierend. Ein rücksichtsloses Gedränge: ich will der erste sein. Ein gewalttätiger Absperrdienst: nichts da! Nur der Berechtigte hat Zutritt.

Dr. Seligmann, der sein Telegramm vorwies, wurde unwirsch eingelassen, fragte sich nach dem dritten Stock, nach dem Namen durch, der auf den Schriftstücken unterschrieben stand.

Kleppner? Nächstes Zimmer.

Ein Durchgangsraum, in dem in jeder Ecke ein Tisch stand, mit verhandelnden Personen daran.

Nochmals: nächstes Zimmer. Ineinandergeschachtelt.

„Herr Kleppner ist nicht da. Was wollen Sie?"

„Ich bin telegraphisch um diese Zeit herbestellt. Hier."

„Ach so! Ja, Sie müssen warten."

Ein Aus und Ein. Ein Verhandeln und Telephonieren. Ein nervöses Zigarettenrauchen, Aufspringen, Wiederkommen, Schreien, Schimpfen, Jammern, Schluchzen.

„Aber wir müssen doch fort bis zum 28."

„Er hat mir geschrieben, daß er entlassen wird, wenn er auswandern kann."

„Ja, in Buchenwald."

„Ich hab so Angst, daß ihm etwas passiert. Er ist so krank."

„Aus der Wohnung muß ich am 1. heraus."

„Woher soll ich das Geld nehmen?"

Und: „Ich hab Ihnen schon einmal gesagt: es geht nicht. Diesmal nicht. Das nächstemal."

„In vierzehn Tagen vielleicht."

„Gut, ich merke Sie vor. Kommen Sie in vierzehn Tagen wieder."

„Das müssen Sie selbst erledigen. Schreiben Sie ein Gesuch . . ."

„Gut, gut! Der nächste."

Ein kleiner beweglicher Mann trat rasch ein.

„Da ist Herr Kleppner."

„Dr. Seligmann. Ich habe Ihr Telegramm . . ."

„Ach, ja, gewiß. Nehmen Sie Platz. Ja, ich kann Ihnen noch nichts Bestimmtes sagen."

„Wie, bitte?"

„Da sind immer Schwierigkeiten mit den Pässen . . ."

„Die haben Sie doch von mir! Komplett und in Ordnung."

„Ja freilich. Aber wir brauchen noch Visa. Eben war ich auf dem Konsulat. Wir bekommen sie vielleicht heute nachmittag, vielleicht morgen. Die Herren lassen sich Zeit. Wir können keinen Druck ausüben, wir müssen froh sein . . . Sie verstehen."

„Wann soll ich wiederkommen?"

„Sehen Sie heut' nachmittag um zwei Uhr wieder her. Oder besser morgen früh um neun. Heute werden Sie doch nicht mehr fortkommen."

„Bestimmt nicht? Ich möchte mich danach einrichten. Ich will natürlich nichts versäumen."

„Bestimmt nicht. Bis morgen denn!"

Er war ans Telefon gerufen, rief hinein: „... natürlich Sie müssen sofort kommen, sonst geht der Transport ohne Sie ab ...", und winkte Dr. Seligmann mit der linken Hand zur Verabschiedung.

Dr. Seligmann wand sich durch die Schar der Petenten und Fordernden und war dann auf der Straße. Wie anders wirkte die große und fremde Stadt auf ihn als vor Dezennien, als er sie zum erstenmal als neugieriger Tourist mit offenen Augen durchforschte. Eine Spur von Bekanntsein war in ihm geblieben trotz der langen Zeit, und ein Sattsein war nun da, ein Sattsein an dem Getriebe und an dem, was hier ebenso war wie in der alten verlassenen Heimat; was hierher nachgefolgt war und nicht aufhören, nicht weichen würde, bis die Grenzen des Reiches hinter ihm wären: die Uniformen, die Hakenkreuze, die Türschilder: Juden Zutritt verboten. Juden nur von zwei bis vier Uhr. Juden unerwünscht.

Dasselbe überall mit kleinen Nuancen.

Zu einem Nachmittagskaffee trafen sie sich mit Spiegels in deren Wohnung.

„Wir haben natürlich nur ein Zimmer. In dem Bett schläft mein Mann, seit er leidend ist, auf der Couch schlafe ich", erklärte Frau Marianne.

„Fünfmal mußten wir umziehen im letzten Jahr. Die Gegend hier ist trist. Kein Ausblick, nirgends Anlagen, nirgends Grünes. Im Haus wohnen etliche fünfundvierzig Parteien."

„Ja, es ist schon sehr eng. Aber wir müssen die Möbel unterkriegen. Was Ihr hier seht, ist ohnedies alles, was von unserer schönen Sechszimmereinrichtung noch übrig ist."

„Verkauft, aufgefressen. Die Pension ist furchtbar knapp. Wir müssen sehr sehr rechnen."

„Das Auto? Längst verkauft! Wir haben keine Freude mehr dran gehabt. Man konnte ja auch nirgends mehr hin. Überall die Schilder."

„Verkehr? Der frühere Kollege meines Mannes stiehlt sich

manchmal in der Dämmerung zu uns. Wenn es niemand sieht. Er ist auch pensioniert, aber mit vollem Gehalt natürlich, als Arier. Und er schimpft gräßlich. Sonst? Wir halten uns zurück. Für Geselligkeit ist kein Raum. Und keine Stimmung."

„Denkt Euch, im Sommer war unser früherer Chauffeur da. Auf der Urlaubsreise. Mit dem Rad ist er die weite Strecke gefahren, nur um uns wiederzusehen. Und wenn es jemand erfährt, verliert er noch seine Stellung."

„Zweihunderttausend Juden haben hier gewohnt. Jetzt sind es noch sechzigtausend. Was Ihr in fünf Jahren erlebt habt, hat sich bei uns in drei Monaten abgespielt. Die Hölle war losgelassen. Aber es war nicht die Massenhaftigkeit der Fälle, nicht die Zusammendrängung in solch kurzem Zeitraum – es war die besondere Roheit, die den ‚gemütlichen' Wiener wie ausgewechselt hat. Eine Lust, leiden zu sehen. Und desto viehischer, je weiter die Menschen, die nach Rassenreinheit brüllen, selbst von irgendeiner Rassenreinheit entfernt sind. Das Slawische, das Romanische, das Germanische stoßen in Wien zusammen. Die Einflüsse haben sich gerade hier seit den ältesten Zeiten am stärksten gemischt. Die Hunnen, die Türken, Ungarn und Zigeuner, die verschiedensten Völkerschaften, die die alte Donaustraße heraufgewandert kamen, die slawischen Stämme der unterschiedlichsten Entwicklungsschichten, die sich mit den Deutschen mischten, wie es nur in einer Völkermark, an der Wurzel des wirklichen Balkan geschehen kann – sie haben gewiß nicht zu einer Reinhaltung des Blutes beigetragen. Auf diese Mischung sind nicht einmal die deutschen Rassentheoretiker stolz.

In der Reinrassigkeit sind die Juden diesem ausgesprochenen Mischvolk etwas voraus; an Geistigkeit sind sie ihnen im Volksdurchschnitt weit überlegen. An Charakter und Moral sind sie durch jene verdorben. Jawohl, die Juden durch den slawisch-wendisch-galizisch-bukowinisch-ukrainisch-ruthenischen Mischmasch. Durch die Behandlung, die sie erfuhren und durch das Beispiel, das sie sahen. Die Grausamkeit des Stärkeren wird paralysiert durch die Gewissenlosigkeit des Schlaueren. Unrecht ist in Raffsucht pervertiert, ohnmächtige Rachegefühle in Skrupellosigkeit."

„Ihr habt keine Ahnung im ‚Altreich', welches Menschenmaterial hier in Wien zusammenströmt. Und das Schlimmste ist, nach dem Etikett wird alles zusammengeworfen: als anständig gilt der sogenannte Arier, auch wenn er keine Spur von Ariertum in sich trägt; auch wenn er die minderwertigste Kreatur ist. Der Unanständige, der Schädling ist der Jude, auch wenn er sich niemals etwas zuschulden kommen ließ, auch wenn ihm edelste Gesinnung eigen ist. Und sie machen keinen Unterschied zwischen denen, die ohne eigenes Zutun eine fremde Staatlichkeit gewonnen oder staatenlos geworden sind; und sie deportieren und weisen Alteingesessene aus, deren Voreltern schon die österreichische, ja auch die deutsche Staatsangehörigkeit besessen.

Man muß wissen, was hier Deportierung bedeutet. Die Menschen werden in das Gebiet um Lodz gebracht. Sie dürfen fünfhundert Mark an Geld mitnehmen und fünfzig Kilo Gepäck. Sie werden in Züge gestopft und fortgefahren. An der Grenze nimmt man ihnen das Geld und das Gepäck ab. Ein Bruchteil kommt noch am Bestimmungsort an. Die übrigen sterben an Krankheiten, werden ‚auf der Flucht' erschossen, werden totgeprügelt. Totgeprügelt! Welches Hirn kann das heute noch fassen, was es meint, buchstäblich und sachlich tot-geprügelt! Entblößt von allen Mitteln, entkräftet. Zu Tode entmutigt, flieht über die russische Grenze, wer noch kann. In Lodz werden sie in ein Ghetto gesperrt. Nach den Zeitungsberichten werden sie mit Nahrungsmitteln versorgt, soweit solche verfügbar sind. Was das heißt, kann man sich ausmalen. Es ist schlimmer als Hinrichtung. Ein Jammer, der nicht enden will. Männer und Frauen, Junge und Alte und Älteste, unterdrückte Östler und gebildete sensitive Westler – es ist fürchterlich."

„Reden wir von was anderem! Unsere Älteste ist in Amerika. Seit drei Monaten. Wir haben noch keine Nachricht. Die zweite ist in Basel. Will auch hinüber. Kann nicht. Von was soll sie leben? Wir können ihr nichts schicken. Sie darf nicht arbeiten. Wir haben Angst, daß sie zurückkäme. Sie sorgt sich um uns. Wir sorgen uns um sie. Und wie unglücklich waren wir, als unser Junge starb. Zehn Jahre sind es nun her. Siebenundzwanzig wäre er jetzt. Heute müssen wir froh sein, daß ihm all das Unglück erspart geblieben ist. Wie weit ist es gekommen, daß man die Toten beneidet.

Wir können nicht fort. Kein Geld, keine Verwandten, nirgendwo im Ausland eine Zuflucht ..."

Dr. Seligmann versuchte gegen die Verzweiflungsstimmung anzukämpfen. Er tat es mit halber Überzeugung. Der Fähige kann vielleicht von dem dürftigen Halm sich zum Grasbüschel tasten und vom Grasbüschel zum Strauchgeäst, und zum Stämmchen, das schon einen Handgriff erlaubt. Und dann zum Stamm aufschwingen, an dem er sich festbinden kann. Vielleicht findet sich ein Stück Tau. Und dann kann man schon weitersehen. Der Passive beugt den Nacken, und wenn ihm schier übermenschliche Kraft innewohnt, erkennt er das Weltgeschehen in der Philosophie des Leidens.

Durch den frühen Abendnebel tasteten sich die Fremden in die Pension zurück, fremd und kalt blinzelten die abgeschirmten Straßenlichter, fremd Häuser und Bäume und Menschen und der eisige Flußlauf. Und in der Fremdheit noch eine Geborgenheit. Denn wenn die Fremdheit zerbricht, grinst die Grausamkeit der Verfolgung.

Fort, fort. Rette sich wer kann. Das Schiff geht unter.

Der Abend verlief einsilbig in dem überlebensgroßen Pensionszimmer. Das Unbehagen der Verwahrlosung war müder Gleichgültigkeit gewichen. Die Gleichgültigkeit des Wartesaals. Die schäbige Raumhöhle war nur Umsteigstation. Die Schienen gehen hier auseinander. Die Ortschaft mit Menschen in Wohnungen, und vielleicht mit Wärme darin, liegt draußen in der Nacht der Fremdheit. Sie hat keine Bedeutung. Hat sie überhaupt einen Namen?

Plochingen! Ein altes Bild wacht aus dem Erinnerungsschlaf auf. Vor neunundzwanzig Jahren. Um ein Uhr nachts stieg der Student aus dem Stuttgarter Nachtzug, und um fünf Uhr morgens ging der Zug nach Tübingen weiter. Die Arbeit im Geschäft ließ die kleinen Urlaube zu, die nötig waren, um die Immatrikulation an der Universität Tübingen aufrechtzuerhalten. Sonst waren das Studium und die Vorbereitung zum Doktorexamen zu Hause in die Nachtstunden verlegt.

Der Student! Nur in der kurzen Tübinger Zeit war er eigentlich frei, losgelöst – und doch nicht so frei wie die anderen, überschattet noch vom frühen Tod der Mutter, der gebildeten; belastet von den Gedanken an den väterlichen Betrieb, in dessen Teilhaberschaft er bereits eingetreten war; gebunden auch schon für die Zukunft durch zarte Bande, zu dem kleinen lieben Menschenkind, das dort drüben, gar nicht weit, in Untertürkheim bei Verwandten weilte. Sonst, seit Jahren, war er im Beruf eingespannt, nutzte die Freizeit zum Studium seiner wissenschaftlichen Arbeit. Und las und war hinter Büchern her. Indes, er war kein Streber. Bergtouren und Wanderungen gaben regelmäßig Erholung, und im kleinen Kreis war er immer aufgelegt zu lustigen Streichen.

Plochingen war die Umsteigestation. Er setzte sich in den leeren Wartesaal, in dem noch der Pfeifengeruch des Tages lag, duselte auf der Bank ein wenig ein, ging hin und her, um die steifen Glieder zu strecken. Nie verließ er das Stationsgebäude. Plochingen bestand aus Wartesaal, Ankunftsperron und Abfahrtsperron und der Unterführung, die unter den Geleisen durchging. Plochingen hatte einen Zeitungsstand mit geschlossenen Rolläden, einen verschlafenen Schanktisch, rot gewürfelte Decken auf den zwei vorderen Tischen und manchmal darauf einen blechernen Brotkorb mit einer übriggelassenen Brezel, jenen großen, braunknusprigen mit der appetitlichen, weiß aufgesprungenen Kruste, die er so gerne aß. Manchmal gab es dazu auch eine Tasse aufgewärmten Kaffee, der den eindringlichen Duft des nicht sehr fernen Ludwigsburg ausströmte, der Heimat des „aechten Franck".

Tiefe, tiefe Stille. Manchmal fiel ein Wort. Schlug eine Türe. Das Glas glirrte in den Drahtgittern, wenn sich allmählich ein paar Menschen zugesellten, ein Student und noch einer; Leute mit Couleurbändern und bunten Mützen oder weißen Stürmern, Mappen unter dem Arm. Selbstbewußt und zugleich ein wenig verschlafen; Einzelgänger. Steif wie Zündhölzer, nebeneinander in der Schachtel. Aber es ist die gleiche

Schachtel, in der sie liegen, und ihre Köpfe reiben sich an der gleichen Reibfläche, rechts oder links, ohne Bevorzugung der Fakultät.

Endlos lange zogen sich die vier Wartestunden hin, endlos der fahle Tabaksgeruch und der fade Malzkaffeegeschmack. Arbeit lag hinten in der Heimat, Arbeit lag vorne im Hörsaal, in der billigen schmucklosen Bude. Wird die Arbeit zu einem guten Ziel führen? Examen steht am Schlusse, Tentamina auf dem Wege, mit Sachfragen und Professoreneigenheiten ist der akademische Bürgersteig gepflastert. Die Festigkeit des Zieles schwankt in der Unsicherheit des Einsatzes. Die Vorbereitung ist Zweckvorbereitung. An die Stelle des Wissens ist das Pensum getreten. Das Kollegheft enthält das Pensum. Lange Listen mit möglichen Examensfragen gehen von Hand zu Hand. Selbständiges Denken überrascht. Das Pensum muß sitzen. Noch weit ist's, bis der Referent erklärt: „Ich habe mich entschlossen, Ihre Arbeit anzunehmen und der Fakultät vorzulegen." Dann setzt konzentriertes Ochsen ein. Keine Zersplitterung, kein Abirren: nur die Examensfragen und die geforderten Antworten.

Und was wird dann sein? Im dunkeln Rock, einen Zylinder auf dem Kopfe, wird er in das Dekanat gehen. Im Vorzimmer sitzen noch mehr unsichere Jünglinge, die versuchen unbekümmert dreinzuschauen. Hinter der Doppeltür hört man den Dekan zugespitzt dozieren: „nistwahr, in meinem Fach ffehlt ess ann derr nötigen Gründlichkeit, aber da die Herren Kollegen, nistwahr, bessere Eindrücke gewonnen, können wir ja ... Der Nächste."

Ein wenig Glück, ein wenig Wohlwollen.

„Also der Wilbrand ist wirklich ein feiner Kerl. Prima. Er hat mich nur bekannte Sachen gefragt. Die ältesten Ladenhüter, über die Konsumvereine und über die Bauernbefreiung. Das habe ich natürlich heruntergeschnarrt."

Die Beratung dauert fast zu lange. Aber die Stimme des Dekans dringt wieder einmal durch die Doppeltüre: „nistwahr, derr Herr Kollege Fuchs käme eichentlich erst lange nach mir an den Geheimrat, nistwahr ..."

Und dann, aber nun muß er sich hinsetzen: „Die Fakultät hat beschlossen, mehr noch im Hinblick auf Ihre schriftliche Arbeit als auf die mündliche, Sie mit dem Prädikat ‚magna cum laude' zu promovieren."

Nun steht die Welt offen! Wenn das Mutter noch erlebt hätte!

Freilich, im sogenannten bürgerlichen Leben, in Beruf und Arbeit wird sich nichts ändern. Aber da sind neue Möglichkeiten ... und Ausblicke ... Zunächst wird Vater nichts mehr einzuwenden haben gegen die offizielle Verlobung. Und die Hochzeit muß bald folgen.

Dr. Seligmann, wie das klingt! Das wird manche Türe öffnen, die dem gewöhnlichen Herrn Seligmann verschlossen blieb. Man wird die Leistung respektieren müssen. Es war schon eine Leistung: neben der werktätigen Arbeit das Studium durchzuführen, bis zu der unabhängigen, unbestechlichen und unveränderlichen Bestätigung, daß die Bemühung Erfolg hatte.

„Plochingen! Plochingen! Nach Tübingen umsteigen!"

Rufe des Schaffners. Türenschlagen. Ein Karren rollt, rattert quer über die Schienen. Die Stille des werdenden Morgens und die Leere des Bahnsteigs verstärken die Geräusche. Der Zug rauscht weiter. Die Bahnsteige sinken in die lautlose Verlassenheit zurück. Dann Kettenklirren, einzelne Rufe „Hooo ho", Pfeifen, leichtes Zusammenklingen von Wagenpuffern, klapp, klapp klapp, sich fortpflanzend, nachklappernd, stotternd. Ein Personenwagen, zwei Güterwagen, schieben sich langsam unter das Schutzdach. Plötzlich ist wieder alles in Bewegung. Eine Lokomotive faucht, als wäre sie ganz außer Atem gekommen. Ein paar Menschen eilen, der Vorstand mit der roten Kappe hält den Kommandostab. Die Nacht ist um, der Zug rollt weiter nach Tübingen. Hinein in den werdenden Tag, hinein in die goldene Freiheit der akademischen Enge, hinein in die drängende Enge der geistigen Freiheit ...

Wie lange ist das alles her. Wie viele Erfüllungen liegen dazwischen, und wie viele, die schließlich keine Erfüllungen waren, bestenfalls zu neuen Wünschen wurden. Wer durfte „zufrieden je sich auf ein Faulbett legen, zum Augenblick sagen: verweile doch, du bist zu schön."

Fort, fort! Glück ist Bewegung aufs Ziel. Wenn du die Bewegung erfühlst, wenn du das Ziel erahnst. Nicht das Ziel, an dem du schließlich anlangst, müde und abgehetzt, vielmehr das Ziel, das dein Wille besetzt. Das du nie erreichst und das doch Ziel bleibt oder magnetischer Pol, nachdem sich alle Fasern deines Seins ausrichten wie die Eisenfeilspäne in den Faradayschen Linien.

Auch der Abend in der Pension ging vorüber, und die schlecht durchschlafene Nacht und das Dämmern des Morgens, das Aufwachen des Straßenlärmes und Klapperns, das unerfreuliche Frühstück.

Um neun Uhr wand sich Dr. Seligmann durch die wartende, quengelnde, gestikulierende Masse der Anstehenden in der „Rotgasse", die drei Treppen hinauf, durch die Vorzimmermenge, in das Büro im zweiten Hinterzimmer.

„Die Pässe sind noch nicht da, kommen Sie um zwölf Uhr wieder."

Um zwölf Uhr benutzte er den verbotenen Vordereingang und erfuhr, daß Herr Kleppner eben weggegangen sei, die Pässe zu holen. Aufgeregtes Gehen und Kommen: Menschen, die einem Amt, einer Verpflichtung nachgingen, Angestellte, Beamte, scheinbar; unnahbar die einen, abweisend von oben herab, wenn sie angesprochen wurden. Und jeden Augenblick griff einer der Wartenden, Herumstehenden nach dem Rockzipfel, nach dem Westenknopf, nach dem Ärmel des schnell sich Losmachenden. Andere, die sich sprechen ließen, die belehrend, abweisend, ungeduldig den heftig gestikulierenden Gesuchstellern zuhörten, sie hierhin, dorthin wiesen, zum Warten mahnten, mit anderen persönliche Erörterungen anfingen, Zigarettenstummel auf den Boden warfen und wichtig taten. Einer der besser gekleideten, steifen Hut auf dem Kopf, öfter zu Entscheidungen angerufen, befehlend, verweilte einen Augenblick, und Dr. Seligmann wandte sich an ihn. Stellt sich vor, sagt seinen Spruch.

„Ja gewiß, Sie werden heute bestimmt reisen, aber wir können nichts machen. Wir können den Herren nicht befehlen, wie sie arbeiten sollen. Wir müssen froh sein, wenn sie uns keine Schwierigkeiten machen. Bestimmt noch heute. Passen Sie auf: aus gewissen Gründen fahren wir immer mit dem Abendzug. Um sieben Uhr dreißig. Südbahnhof. Sie können sich darauf verlassen. Kommen Sie her, sagen wir, um vier Uhr. Richten Sie Ihr Gepäck – Sie haben es in der Nähe? Gut. Um vier Uhr bekommen Sie die Papiere. Haben Sie noch viel Geld? Dann bestellen Sie sich auf halb sieben Uhr einen Wagen, der Sie und das Gepäck an die Bahn führt." Dr. Seligmanns hatten wieder ein paar Stunden für sich. Spiegels zeigten ihnen den Ring und die prominenten Gebäude. Wie eine Pflicht klangen: dies *war* früher . . ., und dort *war* einmal . . . Der alte Radetzki staunte trübsinnig auf seinem Sockel. Das Dreimäderlhaus spiegelte ein wenig Himmel in den gewölbten, glitzernden Fensterscheiben, und der alte Steffel sah steinern und grau auf die Läden herunter, in denen man noch etwas Mundvorrat einkaufte.

Fort.

Um vier Uhr war alles bereit. Ausgenommen die Pässe. Dr. Seligmann wartete mit seiner Frau im Vorzimmer. Die eigentlichen Amtsstunden waren vorüber. Es sammelten sich einige Menschen, die anscheinend dem gleichen Ziele zustrebten. Man wartete. Man taxierte die Schicksalsgenossen. Viel konnte man aus den abgekämpften Gestalten, ihrer nachlässigen Reisekleidung, ihrem reduzierten Gepäck, Rucksäcke, Koffer, Schachteln, mit Stricken zusammengebunden, nicht entnehmen. Ein kahlköpfiger Mann mit tiefen Augenhöhlen tat süß mit einem mädchenhaften hübschen Geschöpf, das aber schrecklich schielte und das zuerst wie seine Tochter aussah, aber seine Frau war. Andere hatten die Hüte weit auf den Hinterkopf gerückt, als ob eine Tefillinkapsel auf der Stirn störte, wackelten und gestikulierten und sprachen in einem häßlichen Singsang und in östlichen Lauten, die wie aus einer anderen Welt herüberklangen. Dazwischen hörte man plötzlich den schwäbischen Tonfall eines Stuttgarters, der einem besseren Geschäftsreisenden gleichsah.

Abfahrt

Die Reise beginnt. Mit wem wird dich das Schicksal zusammenwerfen? Reisekameradschaft hat ein Gutes. Das gleiche Vorhaben richtet die Interessen gleich, nähert Menschen, sich gegenseitig zu helfen. Bringt sie aber nur mit einer knappen äußerlichen Seite zusammen – alles andere interessiert nicht. Muß nicht interessieren, muß nicht ertragen werden. Denn in kurzem ist es vorüber. Man sagt sich Lebewohl, hat ein paar schöne oder langweilige Stunden zusammen zugebracht und geht auseinander, hierhin, dorthin. Es besteht keine Verbindlichkeit. Und es bleibt kein Groll. In ein paar Wochen wird alles vorüber sein. Endlich, endlich, hetzt Herr Kleppner herein, mit einem Stoß von Pässen. Großer drängender Betrieb im Konferenzzimmer. Ein langer grüner Tisch mit umständlichen Herren. Man wird von einem zum anderen gereicht. Steht wieder am Ausgang und verstaut den kostbaren Paß mit dem heißbegehrten Visum und die Schiffskarten in der Brieftasche und englische Pfund, das je Person umgewechselt wurde, als einzig erlaubtes Reisegeld, mit der Eisenbahnkarte im Portemonnaie. Und dann los. Die Erstarrung ist gelöst.

Wagen zur Bahn. Gepäck an der Hand. Rasches Abendessen. Der Zug steht bereit.

Unsaubere alte Wagen. Arbeiter, Bauern, Marktweiber; und immer mehr Reisende mit dicken Rucksäcken, Bündeln und Packen, wie man sie nicht auf eine gewöhnliche Fahrt im Lokalzug mitnimmt. Überall tauchen diese Gestalten auf. Etwas wie ein Ordnungsdienst macht sich bemerkbar. Schon findet man sich zusammen. Erkennt den Schicksalsgenossen. Drängt sich zusammen. Der Kontakt ist gefunden.

Allgemeine Unterhaltung beginnt. „Sie auch?" „Sie auch natürlich!" Wohin geht der Weg? Heute nur knapp über die Grenze nach Preßburg. Morgen, vielleicht erst übermorgen weiter. Wahrscheinlich auf der Donau. Was weiß man? Aber ganz gleich, wenn man nur erst die Grenze hinter sich hat, den Bereich der Gestapo.

Woher Sie? Woher Sie?

Aus Wien. Auch aus Wien, aber kein gebürtiger Wiener. Seit ein paar Jahren ... Seit vielen Jahren ... Ich war neunzehn Monate im KZ.

In Dachau?

Auch zuerst, dann in Buchenwald ...

Wenige waren aus dem „Altreich", wie man hier sagte. Das verliebte Ehepaar kam aus Berlin. Es sprach mit leicht sächsischem Einschlag, sie hausbacken badensisch; der Geschäftsreisende war Stuttgarter. Ein blonder, natürlich aussehender Bursch war um seine schwerfällig dickliche Mutter besorgt, er sprach breites Wienerisch, die Alte zaghaft verschleiertes östlicheres Idiom. Ein Bruder ist in Palästina, ein anderer in Amerika, der Vater in Schanghai. Noch nicht lange. Fünfzig Jahre alt ist er. Er hatte rasch weggemußt. Seit einem halben Jahr ist keine Nachricht von ihm da – daneben saß so etwas wie ein Kolonialwarenhändler, der allzu höfliche Typ, weich, unterwürfig in Sprechweise und Gebärde. Bittesehr. Entschuldigen schon.

Die Unterhaltung beherrschte ein untersetzter Mensch mit breiten Zügen, der ausgesprochen jüdelte. Mit Handbewegungen und Singsang und Gaumenlauten und eingestreuten halbhebräischen und ganz jiddischen Worten. Der mauschelnde Mischmasch, der in den Ohren des Westlers so besonders unangenehm klingt. Und doch war Witz und Schlagfertigkeit in seinem Schwadronieren, und er amüsierte die ganze Reisegesellschaft und zog schließlich auch Dr. Seligmann ins Gespräch, der sich anfangs indigniert abgewandt hatte.

Wo Juden zusammenkommen, finden sie Beziehungen, Verwandtschaften. Der Schwadroneur war der Bruder eines Wiener Verlegers, den Dr. Seligmann gekannt hatte. Und es ergab sich weiter, daß Dr. Seligmanns letzte Mietgeberin die Schwiegermuter des Bruders des Thüringers war. Der Thüringer aus Berlin mit der sächsischen Aussprache stammte eigentlich aus dem Fränkischen. Großeltern: Güterhandel in einem unterfränkischen Nest. Eltern: Geschäftsleute in Nürnberg, vermögend geworden. Der jüngere Sohn, kleinere Fabrik in der Nähe von Weimar übernommen, großgebracht, Geld verdient. Erst zuletzt nach Berlin übersiedelt. Betrieb arisiert – umorganisiert – zusammengelegt – wird bald eingehen.

Noch mehr des Zufalls – oder der Bestimmung – oder nur Symbol der gesellschaftlichen Struktur: mit einem dritten Bruder des Thüringers hatte Dr. Seligmann auf seiner ersten Palästinareise am gleichen Tisch gespeist. Die große Welt ist klein.

Der Zug war luftschutzmäßig verdunkelt. Aber draußen waren plötzlich Geleise beleuchtet, aus Häusern strahlte unbekümmert Licht, der Zug hielt in der Grenzstation Marchegg.

Alles aussteigen. Die fremden Arbeiter waren verschwunden. Nur mehr Auswanderer waren da, gleich Dr. Seligmann, die ihre Sachen in die Stationsgebäude schleppten, wo die Zollrevision stattfand. Eingehend und doch ziellos wurde der Inhalt der Gepäckstücke durchwühlt; wenig beanstandet. Das Durchwühlen, das Durcheinanderwerfen schien Hauptsache. Einzelne wurden in einen Nebenraum genommen, mußten sich ausziehen, Schuhe wurden untersucht, Einlagsohlen herausgenommen, der Körper selbst abgegriffen. Auch Frau Seligmann traf das Los. Als Dr. Seligmann bei der untersuchenden Beamtin wieder einpackte, sorgfältig, wieder ein wenig Ordnung herzustellen, meinte die Frau, wienerisch: „Da erkennt man halt gleich die Leut' aus dem Altreich; die ham' a Ordnung."

Es war zehn Uhr nachts geworden, und ein leichter Regen rieselte und wehte, ein Regen, der sich noch besann, ob er nicht lieber Schnee werden wolle. Fröstelnd stieg die Gesellschaft wieder in den Zug, nun ganz unter sich. Die Fahrgäste waren hinaus in die fremde Stadt gegangen, die Auswanderer zogen ihre dunkle Straße weiter.

Der Zug blieb beleuchtet. Hier gab es keine Fliegerangriffe mehr, auch keine Fliegerbereitschaft. Die Grenze war überschritten.

Aber die Umwelt, das Zusammengepreßtsein in dem

schmutzigen Eisenbahnwagen ließ das Gefühl der Freiheit noch nicht wachsen. Noch nicht, noch zu nahe ist das dunkle Gefängnistor, das sich endlich, endlich aufgetan.

Noch ...

Nach kurzer Fahrt, während der die kleine Lokomotive ein Feuerwerk von Funken in den Nachthimmel sandte und dikker weißer Rauch die Fenster entlang quoll, war das Ziel erreicht. Ein beleuchteter Bahnhof fünfter Größe, das normale Leben einer kleinen Station: „Bratislava" stand angeschrieben.

„Das ist dasselbe wie Preßburg", sagte einer. Slowakei! Jetzt ein selbständiger Staat von Hitlers Gnaden. Vorher mit der Tschechoslowakei zusammen ein staatliches Gebilde. „Uniformierte gibt es hier auch."

Noch ehe Dr. Seligmann Zeit hatte, sich zu überlegen, wie nun wohl für die Übernachtung gesorgt sein möge, hatte der lange schwarze Kerl, rote Spiegel am Kragen, ein fremdaussehendes Käppi leicht schief auf dem Schädel, ein abgenütztes blechernes Seitengewehr am Koppel, etwas zu brüllen. Dr. Seligmann verstand von den konsonantenreichen Worten nur das merkwürdig anmutende: Gemma! Und überzeugte sich, daß dies kein slowakisches Wort, sondern ein aufgeschnapptes Deutsch des Grenzers war und „gehen wir, vorwärts" bedeuten sollte.

Der Lange war offenbar der Führer der Unterkunft. Zum Hotel? Es sei nicht weit, eine Fahrgelegenheit nicht nötig. Und das Gepäck? Muß man eben selbst tragen.

Das war nun eine arge Plage. Die riesigen Rucksäcke auf dem dicken Wintermantel, der kleine Handkoffer, in dem die Konservenbüchsen herunterzogen, die verschiedenen Handtaschen und Beutel und die Riesenrolle mit den vier Decken. Und dazu die zarte Frau, die keinen Rucksack, kein Tragen überhaupt gewohnt, froh war, wenn sie sonst unbeschwert sich fortbringen konnte. Nun, die Hände reichten schließlich für die Gepäckstücke aus, und man setzte alle hundert Schritte ab, um auszurasten und die steifen Hände zu reiben. Der Zug der Auswanderer, der sonderbaren Reisenden, zog sich weiter und weiter in die Länge. Der Thüringer und seine Frau hatten ein paar große Koffer und für den konkreten Fall nicht genug Hände. Der Sohn mit der Mutter schleppte ein riesiges Federbett in einem Bündel, wie die Katze ihr Junges. Jüngere Menschen mit weniger Gepäck halfen da und dort. Der zerflatterte Zug erinnerte wieder stark an die Auswandererszenen zu Hause am Bahnhof, und die Kavalkade hielt einen nicht sehr prunkvollen Einzug in die schlafende Stadt.

Nach einer Ewigkeit rechts um, links um die Ecke, in einer schmalen Gasse, vielleicht einen halben Kilometer vom Bahnhof entfernt, staute sich's an einem hellerleuchteten hotelähnlichen Entree.

Frauen und Männer wurden getrennt untergebracht. Dr. Seligmann teilte in aller Eile mit seiner Frau das Deckenbündel und ließ ihr den kleinen Rucksack, in dem sie das Nacht- und Waschzeug hatte, und folgte dann dem Strom nach rechts in einen großen Saal, in dem staubfarbige Matratzen in Reihen auf dem Boden lagen. Ein Schwarm von Menschen bewegte sich daneben und darüber. Die Frau wurde treppenaufwärts geführt. Man legte in einem Winkel das Gepäck ab und kam wieder zurück zusammen, in eine Art Kneipenvorraum mit einem Schanktisch und der Küche am Ende des Ganges. Das Eßgeschirr war mitzubringen; es gab heißen Tee.

Das tat gut nach dem Überstandenen.

Nachtquartiere. Das war der Eindruck. Daß man jetzt schon das Aluminiumeßgeschirr brauchen würde, war verwunderlich. Aber schließlich, es war ja vorgesehen für die Notfälle. Ein alter Tourist und ein gedienter Soldat hilft sich mit dem, was er hat, und grübelt nicht. Morgen auf der Weiterreise würde man ja sehen ...

Auch die Trennung von der Frau war nicht angenehm, der Frau wegen, die keineswegs auf solche Umwelt trainiert war.

„Ich habe ein Bett bekommen. Aber es steht im Gang vor den Zimmern. Und ich soll mit jemandem zusammen schlafen. Es ist fürchterlich eng dort oben. Und so zugig. Was tu' ich nur?"

„Für die eine Nacht wird's gehen. Muß es gehen. Füg dich ein – wir sind in Sicherheit dafür."

Slobodarna

Es war schwierig, in dem Saal noch einen Platz zu finden, wo man sich ausstrecken könnte. Schließlich ergatterte eine Gruppe der Neuankömmlinge im Souterrain in einem Vorraum zu den Toiletten einen Platz, auf dem man noch einige Matratzen nebeneinander ausbreiten konnte. In dem Raum waren sechs Türen. Die Kellertreppen und gegenüber eine Tür, die zum Heizkessel und weiter in die Unterwelt führte; zwei Klosettüren, und noch zwei Türen, zu kleinen Kellergelassen, in denen auf Holzgestellen, doppelt übereinander, je etwa zwanzig Mann hausten. Ein hochangebrachtes Kellerfenster, das gerade noch über dem Boden des Hofes mündete, gab die Luftzufuhr. Die Rohre der Dampfheizung liefen unter dem Fenster, und dicke Leitungsrohre krochen über die Decke des Raumes. Zwischen den Klosettüren war noch eine Wasserleitung, Hahn und Ausguß, wie in altmodischen Küchen.

Die Stimmung war auf Galgenhumor eingestellt, und Scherzworte flogen. Bei den Leuten, die schon länger da waren, war die Stimmung um einige Grade unfroher, und es gab neugierige Fragen über Wer und Woher und die ersten Aufklärungen über Wo und Wie.

„Wir sind schon vierzehn Tage, einige schon drei Wochen lang hier."

„Nicht möglich. Dies hier ist doch nur Sammelplatz für die Einschiffung."

„Was, Einschiffung! Wer weiß, wie lange wir hier bleiben müssen. Der Transport ist ein Schwindel!"

„Nun, nun. Uns ist gesagt worden, daß hier der Transport zusammengestellt wird, und in ein paar Tagen geht's weiter. Da sind begreiflicherweise Schwierigkeiten ..."

„Gewiß Schwierigkeiten. In kurzem friert die Donau zu. Dann ist's aus mit der Einschiffung."

„Dann werden sie uns wohl per Bahn weiterbefördern."

„Glauben Sie daran? Wir nicht! Sie haben uns schon so viel erzählt, seit wir hier sind."

„Da waren doch schon viele Transporte!"

„Der letzte ging vor drei Wochen. Den Leuten, die nicht mehr mitfahren konnten, weil das Schiff zu voll war, wurde gesagt, sie müßten sich nur ganz kurz gedulden. Drei Wochen ist es her. In diesem Loch untergebracht. Und nichts rührt sich."

„Wo sind wir denn hier eigentlich?"

„Dies hier ist eine Art Hotel. Ein Junggesellenheim eigentlich. Heißt Slobodarna. Sloboda heißt Freiheit auf Slowakisch. Schöne Freiheit."

„Zweifellos zu stark überfüllt. Gibt es denn nicht andere Hotels, in die wir übersiedeln können? Ich will so bald als möglich telegrafieren und mir Geld schicken lassen. Man konnte ja keines mitnehmen. Außer dem englischen Pfund. Und das will man natürlich nicht wechseln lassen. Das braucht man auf der Weiterreise."

„Nein, mein Freund, hier kommen Sie nicht heraus. Wir sind Gefangene. Haben Sie die Garde nicht gesehen?"

„Die schwarz Uniformierten? Einer holte uns an der Bahn ab."

„Das ist Hlinka-Garde.[26] Entspricht der SS im Reich. Wir haben eine komplette Wache da. Gleich beim Eingang. Ständige Posten. Kein eigener Schritt ist erlaubt. Zu den Frauen dürfen Sie auch nicht. Nur zu den Essenszeiten können wir mit den Frauen zusammen und vormittags und nachmittags je eine Stunde im Hof. Vorn und hinten bewacht. Das ist unsere ganze Bewegungsfreiheit. Alles, was wir an frischer Luft haben. Schauen Sie sich die Gardisten selber an, und machen Sie sich Ihr Bild. Der große Stefan, der Sie abholte, ist der Zweitoberste. Den Oberbefehl führt ein sogenannter Oberst."

„Aber man kann doch ..."

„Nichts können Sie. Oben im Treppenhaus hängt ein Beschwerdekasten. Der wird sicherlich jedes Jahr am 1. April ausgeleert. Der Inhalt gibt dann einen kapitalen Aprilscherz.

Mit Slivowitz und Zigaretten ist einiges erreichbar."

„Ja, und die Transportleitung?"

„Das sind ein paar Chawerim[27] aus unserer Mitte, die die Ordnung, was man hier Ordnung heißt, aufrechterhalten. Sie wissen im übrigen so wenig wie wir, vermögen so wenig wie wir. Einige dürfen auf Stunden in die Stadt. Draußen in der Stadt sitzen Vertrauensleute der eigentlichen Transportunternehmer. Sie lassen sich sogar manchmal bei uns sehen. Vertrösten. Kein Wort von dem, was sie sagen, ist wahr. Das sind übrigens mehrere Transporte hier, durcheinander."

„Wieso das?"

„Nun hier in der Slobodarna sitzt als Hauptstock ein Prager Transport. Lauter Leute aus der Tschechoslowakei, aus Prag selbst, Ostrau, Bodenbach, Brünn und anderen böhmischen Dörfern, und mährischen natürlich, meist junge Leute, viele davon echte Chaluzim. Viele sind nur auf Chaluz[28] auffrisiert. Ein paar Wiener, ein paar Reichsdeutsche auch darunter, die irgendwie in Prag Anschluß gefunden. Dieser Prager Transport hat seine eigene Organisation, seine Einteilung in Gruppen oder Kwuzoth, Plugoth, Gdudim;[29] und seine sogenannten Führer, die die Geschäfte besorgen. Im ganzen etwa dreihundert Köpfe. Daneben, etwa hundertzwanzig Köpfe, Euch neue eingerechnet, ist eine Gruppe, die zur ‚Rotgasse' gehört. Das ist die Organisation Storffer, an der Spitze der allgewaltige Wiener Kommerzialrat, der angebliche Vertraute der Geheimen Staatspolizei. Dieser Storffer ist sozusagen der Reiseunternehmer. Sein Vertreter in der Stadt ist ein gewisser Goldenbaum. Der hat wieder eine Art Adjutanten, der auch in der Stadt wohnt, namens Raff. Außerdem kommt von Zeit zu Zeit ein Verwandter und ebenfalls führender Mann in der Gemeinde von Wien herüber, ein Herr Goldner. Er fungiert ebenfalls als Beschwichtigungsrat. Dieser Rotgassentransport umfaßt wiederum zwei Gruppen, die eigentlichen Rotgassenleute wie Sie und andere, die ihren Transportpreis mehr oder weniger hoch bezahlt haben."

„Ist denn da kein fester Preis?"

„Oh durchaus nicht. Die Zahlungen pro Kopf schwanken

zwischen tausendzweihundert Mark und zweitausend Mark, und es gibt auch welche dabei, die weniger bezahlt haben. Und andere, die weit mehr, und in Valuten, bezahlen mußten."

„Das ist mein Fall."

„Sehen Sie. Aber die andere Gruppe ist ursprünglich vom ‚Hechaluz'[30] abgefertigt und nur aus technischen Gründen, heißt es, der Rotgasse angeschlossen. Da sind sogar ein paar wirkliche Chaluzim dabei. Die meisten aber sind ältere Menschen. Ein großer Teil von ihnen hat überhaupt nichts bezahlt oder so viel, als sie gerade noch aufbringen konnten. Andere allerdings auch wieder größere Beträge. Die Hechaluzleute werden aber hier mit den anderen in den gleichen Topf geworfen. So etwa, gezahlt oder nicht, die Menschen sollen froh sein, daß man sie überhaupt mitgenommen hat."

„Der Betrag sei deshalb etwas erhöht gewesen, weil mittellose, aber besonders bedrängte Chawerim mitgenommen werden sollten."

„Wohl so. Ist ihnen zu gönnen. Nur ist eben aus der ursprünglichen Wohlfahrtseinrichtung ein lukratives Geschäft geworden, das der Herr Kommerzialrat da unter den Augen und mit Bewilligung der Gestapo betreibt. Vergessen Sie nicht: Wien, Balkan. Und überdies: alle diese Leute, auch alle Maßgebenden in der Wiener Gemeinde, sind Polen, Galizier, Bukowiner. Sie lassen keinen Juden aus Deutschland aufkommen. Sie haben allen Einfluß an sich gerissen und die Deutschen hinausgeekelt. Und ihre Geschäftsgebarung ist dementsprechend. Nichts ist solid. Nichts ist zuverlässig."

„Dieser Rotgassentransport hat im Haus hier ebenfalls eine sogenannte Transportleitung. Man weiß nicht, wie sie zu der Ehre kam. Der eine ‚Leiter' ist ein kleiner Beamter aus der Gemeinde, der sich dem Transport angeschlossen hat. Der andere ein Prager Ingenieur, dem sich der erstere in seiner Hilflosigkeit verschrieben hat, und weil er der hiesigen Sprache nicht mächtig ist."

„Slowakisch?"

„Ja, das ist ganz ähnlich dem Tschechischen. Sozusagen ein Dialekt. Die Leute sprechen hier meist tschechisch, können aber alle Deutsch, auch Jiddisch haben einige als Muttersprache, Leute aus Karpatho-Rußland, ein besonderer Menschenschlag. Aber heut' ist's spät. Morgen werden Sie mehr sehen. Gute Nacht."

So hatte sich Dr. Seligmann die erste Nacht in der „Freiheit" nicht eigentlich vorgestellt. Er machte sich mit Decken und Mantel ein notdürftiges Lager auf der staubigen, zerschlissenen, übel aussehenden Matratze zurecht und schlief bald ein.

Eine glückliche Natur – oder war es heilsame Müdigkeit: Dr. Seligmann hörte die zahlreichen Frequentanten der beiden Klosettüren nicht und das Treppenstolpern und das Türenschlagen und wachte auf in dem Halbdämmerlicht, das die eine niedrigkerzige elektrische Birne in der verglasten Deckenfassung verbreitete.

Fünf Uhr erst. Die anderen schliefen noch. Gleich neben Dr. Seligmann der Thüringer, zusammengerollt, die Decke über den Kopf gezogen. Daneben der Geschäftsreisende. Er hatte die Oberhose ausgezogen und sie sorgfältig nach der Bügelfalte zusammengelegt, ein Luftkissen unter dem Kopf. Dann kam Karl, der kraftstrotzende Junge, der mit der Mutter im Coupé gesessen war. Er lag in einem unentwirrbaren Knäuel mit einem roten Federbett, Tuchent sagen sie hierzulande, zusammengeknüllt. Irgendwo ragte ein nacktes langes kräftiges Bein heraus, irgendwo der Kopf mit dem wildwaldigen blonden Wuschelhaar, der Mund weit offen; und er lag da, bescheiden zusammengedrückt, als wolle er sich noch im Schlaf entschuldigen, daß er überhaupt die Eigenschaft eines Platz ausfüllenden Körpers beanspruchte.

Vor dieser Schläferreihe stand eine hölzerne Bank, umgedreht mit der Lehne zum linoleumbezogenen Eßtisch, und auf dem lag der sechste, der Schwadroneur.

Decken, Mäntel, Kleidungsstücke um sich, unter sich, neben sich, den aufgedunsenen Körper eingesunken, hemmungslos schnarchend. Unwillkürlich im Schlaf immer wieder einen Fetzen über den Kopf ziehend vor der kühlen Zugluft, die durch das Kellerfenster hereinstrich.

Noch hatte Dr. Seligmann das ganze Feld für sich, und seine Regelmäßigkeit liebte das so. Dann kramte er das Waschzeug aus dem Rucksack, der als Kopfkissen gedient hatte, wusch und rasierte sich an dem Brunnen in aller Gemütsruhe und war gerade fertig, als der Schwall begann. Die Frühaufsteher kamen von oben, vom Saale herunter, aus den anschließenden Räumen erschienen einzelne, mit der Badehose oder nur mit einem Handtuch bekleidet. Bald standen sie am Brunnen, an den Klosettüren an, und das Wasser lief auf den asphaltierten Boden und quoll aus dem einen Toilettenraum heraus. Die Schläfer erwachten von dem Lärm, nur Karl schlief fest weiter, als ginge ihn dies alles nichts an. Die Gewohnheiten, die Angewohnheiten des aufwachenden Menschen, noch außer der Kontrolle angepaßter Gesittung, zeichnen ihn deutlich, natürlicher in seiner Urnatur als die Fassade der Kleider und des Benehmens, das das gewollte Milieu widerspiegeln möchte. Zwischen Unbekümmertheit und Hemmungslosigkeit ist die lange Skala der Nuancen, verstärkt, unterstrichen durch die Ungleichartigkeit der Menschen, wie sie hier und da zusammengekommen waren. Beim Militär war es auch so, äußerlich, und doch ganz anders. Alles gleich junge Menschen, frisch, körperlich und seelisch. Im Konzentrationslager ein Grad stumpfer: ein gleicher Zwang, ein gleicher Druck lag über allem, und man schloß gleichsam die Augen vor dem, was man sehen mußte. Hier waren die Augen überwach, auf das gerichtet, was werden sollte. Auf ein Ziel, das weit hinten heraufstieg und das „Volk" hieß. Und das Volk sollte aus diesen Menschen bestehen.

Plötzlich war der Raum gedrängt voll. Der Schwadroneur war von seinem Tisch heruntergerollt, und um den Tisch drängten sich Männer, Tallesim wie Mäntel um die ganze Gestalt geschlungen, einige hatten ihr Tallith[31] noch über den Kopf geworfen, andere trugen es säuberlich zusammengelegt um die Schultern, silbergestickt, bunt. Hut und Mütze weit auf den Hinterkopf geschoben, auf der Stirn die Tefillinkapsel mit den Gebetriemen, unter den Hemdärmeln die Tefillin hervorquellend. Der Minjan[32] war beisammen, auch die Unbeteiligten setzten die Mützen auf, und der Oberkantor Alt begann das Morgengebet vorzutragen. Eine ungewohnte östliche Aussprache, so schnell, daß man kein Wort verstehen konnte, in dem alten Nigun leiernd. Die Mitbetenden respondierten, immer wieder begann einer seine Stimme laut vorzuschieben, um dann wieder ebenso abrupt in ein Brummen und Schnarren und Murmeln zurückzufallen. Die Oberkörper schaukelten vorwärts, rückwärts, vorwärts, rückwärts, beugten sich, machten Verrenkungen. Die schwarzen Kapseln auf den Stirnen glänzten, wie mit Glanzpapier überzogen, einige klein, fast zierlich, die meisten überlebensgroß, vierschrötig, grob als wollten sie rufen: Überseht mich ja nicht! Die Augen der Beter wandern von dem kleinen Gebetbuch weg, durch den Raum, während von den Lippen der Wasserfall weiter sprudelt. Und bleiben da haften und dort, und mitten in der Andacht fallen ein paar profane Worte, von dem Nigun abstechend, ernüchternd banal.

Das Pensum ist abgebetet. Der Singsang bricht jäh ab. Laute Unterhaltung, Streiten, Sticheln beginnt unvermittelt. Und während die Nachzügler noch die Gebetsriemen ausziehen und sorgfältig in das bestickte Samtsäckchen einrollen, verschwinden die Beter und eilen zu den Frühstücksschalen.

„Haben Sie kein Eßgeschirr? Das müssen Sie jetzt mitnehmen, und Ihr Besteck. Es gibt kein Geschirr oben bei der Essensausgabe. Das Essen wird im eigenen Geschirr gefaßt. Sie können es hernach hier am Brunnen reinigen. Manchmal gibt es sogar warmes Wasser dazu."

Die Saaltüren waren noch geschlossen, die Menschen standen in langer Reihe an, bis der Gardist sie gruppenweise über die Entreehalle zum Speiseraum durchließ. Dort stand man wieder in langer Schlange an. Da kamen auch Leute von den oberen Stockwerken. Im fünften Stock sind noch weitere Räume von Männern belegt. Und die Frauen sind im ersten, dritten und vierten Stock untergebracht.

Die standen gleichfalls in der Reihe an, und Dr. Seligmann fand bald seine Frau, die ihm rasch um den Hals fiel und heftig zu weinen begann.

„Ja, was ist denn?"

„Jetzt ist's schon wieder besser, weil du da bist. Ach, mein Schatzl, wo sind wir hingeraten! Ich hab' kein Aug' zugebracht, die ganze Nacht. Die Menschen! Und gezogen hat es so. Ich glaub', ich hab' mich schon erkältet."

„Wir müssen's hinnehmen, wie es ist. Sieh nur zu, daß du gesund bleibst. Alles andere läßt sich ertragen. Das ist nun so ein Übergang. Eine Nacht kann man's ertragen. Denk daran, wir haben alles Ungemach bald hinter uns. Und vor allem: wir sind in der Freiheit. Oder sagen wir: auf dem Weg zur Freiheit. Die schlimmste Gefahr liegt hinter uns."

„Freiheit? Hast du gesehen, wie roh die Gardisten sind? Und ‚eine Nacht'! Die Bedauernswerten da sind schon vierzehn Tage hier. Noch so eine Nacht, ich glaub' ..."

„Was liegt daran. Jetzt sind wir wohl vollzählig, und es wird weitergehen. Ein paar Tage länger, das darf keine Rolle spielen. Die Hauptsache ..."

„Können wir denn gar nichts unternehmen, um hier herauszukommen?"

„Nein, nichts. Ich hab' mich schon erkundigt. Wir sind eben doch auf einer ‚illegalen Auswanderung'. Hinter uns sind die Brücken abgebrochen. Wir wollten ja auch um keinen Preis mehr zurück. Geheime Staatspolizei! Dachau!"

„Nein, um Gotteswillen! Lieber noch ..."

„Trockenes Brot essen – hast du früher einmal gesagt. Dieser Aufenthalt hier ist so eine Art trockenes Brot. Du wirst sehen, es wird nicht einmal so trocken sein, wie es aufs erste den Anschein hat. Wir werden's aushalten. Wir müssen's aushalten. Hab Geduld. Füg dich ein. Die anderen nehmen es auch so hin. Sehen ganz gut aus dabei. Sind ganz fidel."

„Aber diese Menschen!"

„Freilich. Viel Ausschuß. Flüchtlinge. Der Rest. Aber es sind auch recht respektable darunter. Anständige, Gebildete, Menschen mit Verstand und mit Gefühl. Tüchtige, Bewußte. Man darf nicht nach den ersten Eindrücken urteilen."

„Freilich, schon. Die Damen oben waren zu mir recht entgegenkommend und sogar fürsorglich. Aber die . . . Unsauberkeit überall."

„Sag ruhig: Dreck. Das ist ja wirklich arg. Die sogenannten ‚Betten', die Räume überhaupt starren vor Schmutz, die Toiletten, hier auch der Eßraum. Und die mangelhaften Reinigungsgelegenheiten dazu. Aber da muß man die Augen zudrücken. Wir sind auf einer Reise. Zu Hause werden wir's wieder haben, wie wir's gewöhnt sind. Hier, es ist ja wirklich nicht erfreulich – aber der Dreck wird uns auch nicht umbringen.

Und noch eins. Schau auf die anderen Menschen. Wie viele haben viel Schlimmeres noch erlebt als wir. Wie viele mußten die Familie, die Frau in Deutschland zurücklassen. Wir sind beisammen, die Kinder in Sicherheit. Zu zweit werden wir und wollen wir tragen, was auch kommt."

„Ja, ja, zu zweit! Daß wir nur beisammen sind. Das heißt, wir Frauen müssen gleich nach dem Frühstück wieder hinauf und ihr wieder da hinüber. Wie ist es denn da überhaupt?"

„Es geht schon. Mir macht es nichts aus. Ich nehm's mit Humor. Wenn wir auch nicht den ganzen Tag beisammen sein können: wie war's denn, während ich in Dachau war?"

„Ja, ja, du hast recht. Ich will ja schon zufrieden sein. Wenn nur alles bald gut wird!"

Sammlung

Die Slobodarna war ein modernes Bauwerk, fünf Stock hoch, mit flachen Dächern und Terrassen, Wasch- und Duschräumen. Diese waren allerdings in den oberen Stockwerken, daher nur den Frauen und den Leuten im fünften Stock zugänglich. Die in den Massenquartieren im Saal und im Souterrain und in noch ein paar Nebenräumen mußten sich mit den primitiven Gelegenheiten behelfen. Eng, behelfsmäßig war alles. In den Stockwerken gab es Bettgestelle in den Sälen, jedes Bett war mit zwei Pesonen belegt. Aber auch die Korridore, Durchgänge, Vorplätze wurden als Wohn- und Schlafräume verwendet. Im großen Männersaal war es am engsten. Und am staubigsten. Eine Masarykbüste an der Wand des Saales war mit einem Tuch zugedeckt. Hinter dem Haus war ein Hof, wie Großstadthöfe sind. Eine Steingruft mit Abfalltonnen und einem Bretterzaun auf der Seite, wo er an leere Bauplätze angrenzte.

Um neun Uhr ertönten, sich fortpflanzend, Rufe, die klangen wie „nawichasku prochaska". Das sollte bedeuten „Vorbereitungen zum Ausgang"! Dann wurden alle in den Hof hinausgelassen, wie Schafe in den Pferch, und die Hirten standen vorne und hinten und trieben an. Im Hof traf man die Frauen wieder, ging den kleinen Kreis aus, stand herum, machte Bekanntschaften und plauderte von Erfahrungen und Aussichten. Dann stellte sich ein jüngerer Mensch auf den Treppenabsatz und las Diensteinteilungen und Bekanntgaben für die innere Ordnung vor, auch Post wurde verteilt.

Und dann pfiff der lange Stefan oder schrie vom ersten Stock herunter „Won!" und die dickbemäntelten frierenden Paare verschwanden wieder langsam im Innern des Hauses.

Fidelio. Der Gefängnishof. Die Gefangenen, die das Licht begrüßen, die, gebeugt und alt geworden, wieder in die steinerne Nacht hinabsteigen.

Daheim wieder, im Souterrain sammelten sich junge Leute um den Tisch zu einem Ivrith-Kurs. Einer von den Karpatho-Russen, etwa achtundzwanzigjährig, robust, der das hebräische Gymnasium absolviert und längere Zeit als Lehrer gewirkt hatte und der selbst fließend Ivrith sprach, gab den Unterricht. Täglich um die gleiche Stunde für Anfänger, für Mittlere, für Fortgeschrittene.

Gerne wurde Dr. Seligmann gestattet zuzuhören, und er nahm in der Folge regelmäßig teil. Solche Arbeit war ihm willkommen, schien ihm angemessen und gab Befriedigung.

Das Mittagessen gab es wieder in das Blechgeschirr hinein – „wer niemals aus dem Blechnapf fraß..." –, aber es war reichlich und ordentlich. Eine dicke Suppe. Ein ordentliches Stück Fleisch, meist gesottenes Schweinefleisch, Kraut, Knödel, Sauce, Brot. Slowakisch, nicht gerade jüdisch. Reichlich, aber viel schärfer gewürzt, als es reichsdeutschen Mägen und vor allem empfindlichen Frauen zuträglich erscheint. Es gab lauter Speisen, die Frau Seligmann zu Hause ängstlich vermied, Blähendes, Scharfes, Fettes. Aber da half nichts.

Nach Tisch ein Ruhestündchen. Dann wieder „Spaziergang" im Hof, dann Unterhalten und Schachspielen in den früh sinkenden Abend hinein.

Von Aufbruch war keine Rede.

Um sechs Uhr saß ein merkwürdiger schwarzhaariger kurzsichtiger Dr. Michels im Durchgang neben dem Saal und verteilte Transportnummern. Morgen mittag um ein Uhr muß das Gepäck gerichtet und alles abmarschbereit sein. Das betraf nur die Rotgassenleute, nicht die Prager.

Also doch. Die eine Nacht noch. Wie viel leichter trug sich mit einer Aussicht das Leben. Es war ja auch an der Zeit. Man schrieb den 21. Dezember. In ein paar Tagen Weihnachten. Dann Neujahr. Und wenn der Winter plötzlich heftiger einsetzt, könnte die Donau unschiffbar werden, ehe der Unterlauf erreicht wäre.

Die Prager taten, wie wenn sie von der Aussicht einer raschen Abfahrt der „Konkurrenz" nicht beeindruckt wären. Sie schienen selbstsicher, eine in sich geschlossenere einheitlichere

Menschengruppe. Indes gingen Stimmen von Unzufriedenen hin und her, und einzelne ließen sich über Mängel und Umtriebe aus, die von größerer Vertrautheit mit den Hintergründen der Transportorganisation zu zeugen schienen.

Am Abend, nach dem Essen, verkündete ein hochaufgeschossener Chawer, dem die Brille ein etwas lehrhaftes Aussehen gab, daß im Saale eine allgemeine „Sicha"[33] stattfinde. Ein anderer, ein etwas älterer, hielt einen kurzen Vortrag über die Geographie Palästinas, und es schloß sich daran ein reger Gedankenaustausch. Es machte den Eindruck, daß innerhalb der Prager Gruppe eine Menge gebildeter Leute war, Leute aus gutem Hause, mit abgeschlossener Schulbildung, mit Universitätsreife; viele hatten ihr Studium unterbrechen müssen, viele aber hatten auch schon promoviert, waren Rechtsanwälte, Ingenieure geworden, Kaufleute, Beamte, Ärzte. Und die allermeisten waren jung, zwischen zwanzig und dreißig zumindest, wenige bis vierzig und nur vereinzelte darüber.

Ganz anders die Rotgassenleute. Da war überhaupt nur eine kleine Gruppe, etwa ein Dutzend junger Menschen, um die zwanzig. Und die waren aus kleinen abhängigen Berufen, kaum ein paar mit fertiger Mittelschulbildung. Der Hauptteil bestand aus Kaufleuten, Händlern, Geschäftemachern, wenige aus gehobeneren Berufen. Viele gaben sich, als wenn sie vermögend gewesen, selbst reich. Aber nun waren sie in der Verfassung des Flüchtlings, dessen, der sich gerade noch gerettet, mit dem Allernötigsten; der ein Vermögen, Haus, oft auch Familie zurückgelassen, vor der drängenden persönlichen Gefahr. Äußerer Reichtum, selbst Wohlhabenheit nur vermag einige Zeit über innere Armut hinwegtäuschen. Um so abstoßender wirkte plötzliche Enthüllung der Disharmonie. Der Älteste war über siebzig und das Gros zwischen vierzig und sechzig Jahre alt. Hier gab es keine geistigen Interessen mehr und eine zionistische Einstellung nur bei wenigen, die sich ihr Palästinagefühl in der alten Heimat ersessen hatten, in Vereinen, Ämtern, Organisationen. Ihnen war Palästina der letzte Zufluchtsort, während nur einige von den Jungen von etwas wie einer Aufgabe erfüllt erschienen. Es war das letzte

Aufgebot. Und die Prager waren, wenn nicht geradezu Vortruppe, so doch bei den ersten ihres Landes, die sich voll bewußt nach Erez Israel wandten, mit innerer Verpflichtung, mit idealer Begeisterung, mit jugendlicher Stoßkraft und der ganzen Frische des seines Judentums Bewußten. Die allermeisten waren aus der Jugendbewegung hervorgegangen, viele hatten eine Hachscharah[34] hinter sich, standen noch darin sogar. Und der chaluzische Geist verband die Chawerim, die die innere Verbundenheit lebendig werden ließen.

So schien es Dr. Seligmann, der sich sofort von der Art der Prager angezogen fühlte, und er versuchte sich in die Gruppe geistig einzugliedern. Er war der einzige der Rotgassenleute, wie er dann sah, der versuchte mit der Jugend jung zu sein.

Unter den Frauen war die Schichtung mit Modalitäten ähnlich. Die Altersgrenze lag niedriger, die Gruppe der Chaluzoth war kleiner, unter den übrigen keine so starken Gegensätze, wie es Beruf und Bildung der Männer mit sich brachte. Doch an den Frauen spiegelt sich das Milieu, aus dem sie stammen, fast noch deutlicher. Und es gab neben ehemaligen Studentinnen und geistig Lebendigen, unter der Hauptmasse von Mädchen, Jungverheirateten, Geschäftsfrauen nur wenige, auf die das Prädikat „Dame" anwendbar war. Dame sein, schien fast Spott und Schimpf. Viele waren verheiratet, hatten ihre Männer unten im Saal, viele waren es erst ganz kurz, hatten auch oft nur „jüdisch" geheiratet, unter dem Segen eines Rabbiners, jedoch ohne standesamtliche Verbriefung, so daß ihre Pässe noch auf die Mädchennamen lauteten. Und so gut wie alle Unverheirateten hatten ihre festen Freunde unter den jungen Männern, mit denen sie nach der Sitte der Jugendbewegten ungeniert verkehrten, als wären sie fest verbunden. In der Folge entstanden aus solchen Verhältnissen, auch nach manchen Irrungen, Ehepaare, die dann freilich auch nur wieder nach „jüdischem Ritus" getraut werden konnten. Und – es gab auch Schwangere unter den jungen Frauen, ein Umstand, über den sich Dr. Seligmann nicht genug wundern konnte. Freilich, bis sie erst drüben sind . . .

Und es gab Kinder in allen Lebensaltern. Es war ein Mitleid

mit den armen Geschöpfen und mit den geplagten Eltern, die bei all der Schwere der eigenen Situation noch für die unbeholfenen Wesen mitzusorgen hatten, und dies oft noch unbeholfener taten.

Der nächste Vormittag, es war der 22. Dezember 1940, verging in Spannung. Gepackt war rasch, und ein paar Schachpartien brachten die Zeit um. Nach dem Mittagessen das Geschirr rasch gespült, verpackt, verschnürt. Warten.

Die Zeit verrann. Nichts rührte sich. Ein kleiner Nachtischschlummer verlief ungestört. Der Nachmittag schwand. Dämmerung. Die Lichter gingen an. Nichts.

Erkundigung. Nachfragen. Niemand weiß etwas. Nacht. Dr. Seligmann traut sich kaum die Decken wiederaufzurollen. Der nächste Morgen. Nichts.

Gruppen standen herum, hemmungsloses Schimpfen, Gerüchtemachen, Miesmachen.

„Wir kommen überhaupt nie fort. Man hat uns hierhergelockt. Unser Geld wollen sie haben. Hier in diesem Gefängnis! Kein Bett. Keine Luft. Der Hundefraß. Ich kann das Zeug nicht essen. Und so wenig, man wird nicht satt. Für unser schweres Geld. Ich fühle mich überhaupt krank. Kein Wunder in diesem Staub. Ich habe Fieber. Magenschmerzen. Für nichts ist gesorgt. Das sind doch auch keine Ärzte. Und Medikamente geben sie auch nicht her.

Dr. Seligmann suchte sich die Transportleiter in dem Schwall. Der kleine schmale Gernegroß stand in einer Gruppe von Menschen, machte große Bewegungen mit den Händen ins Leere und zuckte mit den Schultern: „ja *ich* weiß nichts. Keine Ahnung. No, die wer'n scho'..."

Mit dem anderen, dem Ingenieur Sahm war eher zu reden.

„... Ja, wir sind völlig uninformiert. Die Herren draußen in der Stadt halten es nicht für nötig, uns Aufklärungen zu geben. Aber ich kann mich mit dem Oberst verständigen. Ich spreche tschechisch. Ich bin eigentlich von Prag, kam aber durch einen Zufall zur Rotgasse. Das ist eine ganze Geschichte. Uns haben sie beim Versuch, über die Grenze zu kommen, geschnappt und ins Gefängnis nach Wien gebracht. Eine ganze Gesellschaft. Der Anschluß an den Rotgassentransport allein hat uns frei gemacht. Aber was ich sagen wollte: ich spreche mit dem Oberst. Er muß mich in die Stadt hinauslassen. Ich suche das Reisebüro auf."

„Reisebüro?"

„Ja, ein hiesiges Reisebüro, eine Firma, die auch in Wien und Prag Niederlassungen hat, führt hier die Geschäfte. Und dieser Goldenbaum ..."

„Goldenbaum? Wenn ich so vertrauenerweckende Namen schon höre!"

„Goldenbaum, das ist der Vertreter des Hechaluz, der auch gleichzeitig die Geschäfte der Rotgasse führt. Der muß her und uns endlich sagen, was los ist. Er zieht uns schon vierzehn Tage an der Nase herum."

Sahm zog tatsächlich, mit einer Aktentasche unter dem Arm, bald darauf ab. Ein großgewachsener Mann, mit einem spitzen scharfen Gesicht, dessen Hauptbestandteil eine stark gerötete Nase bildete. Sie sah gar nicht jüdisch, sah wie eine rechte Trinkernase aus, und das war es anscheinend, was den Mann der Garde und besonders dem Oberst so vertrauenerweckend erscheinen ließ.

Er kam mittags wieder und berichtete, daß das Donauschiff von Wien her noch nicht nach Preßburg beordert sei, weil das Seeschiff, das den Transport von Sulina aus weiterbringen sollte, noch nicht eingetroffen wäre. Die Verzögerung hänge offenbar mit den heftigen Stürmen zusammen, die nach Zeitungsberichten gegenwärtig im Schwarzen Meer wüteten. Und es wurde sogar berichtet, daß einige Schiffe untergegangen seien. Am nächsten Tag wurde es dann offenbar, daß eines der untergegangenen Schiffe die „Astrea" gewesen, eben jenes Schiff, das für die Reisegesellschaft gechartert war.

„Um Gottes willen! Was sind denn das für Kähne, denen wir uns da anvertrauen sollen?"

„Nun, diese Schiffe sind schon gar nicht so klein. Sie sollen sechshundert bis siebenhundert Personen fassen."

„Passagierschiffe?"

„Das eben gerade nicht. Adaptierte Frachtdampfer. Aber eben entsprechend ausgerüstet."

„Wir sind aber doch nur hundertzwanzig Mann etwa, ohne die Prager."

„Nun da sind ja noch die Leute von der ‚Patronka'."

„Patronka? Was ist denn das?"

„Patronka heißt auf deutsch Patronenfabrik. Ein alter leerer Fabrikkomplex, der als quasi Flüchtlingslager benützt wird. Gerade so wie hier die Slobodarna. Nur eben mit Selbstbewirtschaftung. Dort sind noch etwa fünfhundert Leute untergebracht. Mit diesen zusammen gibt es erst den vollen Transport. Man hat dort viel mehr Bewegungsfreiheit, aber die Einrichtungen sind dafür auch primitiver."

„Noch primitiver?"

„Es sind eben nur leere Fabrikgebäude da. Man liegt auf Stroh, hat eine Küche eingerichtet und hat einen großen Garten zur Verfügung, in dem man frei herumgehen kann. Auch mit den Frauen kann man den ganzen Tag beisammen sein; sie schlafen nur in getrennten Räumen."

„Nun auf die Hauptsache zu kommen: was wird aber nun mit uns?"

„Da muß eben nun ein neues Schiff beschafft werden."

„Und von woher?"

„Von Griechenland wahrscheinlich. Vielleicht auch von Rumänien. Das dauert natürlich einige Zeit. Aber seien wir froh, daß die ‚Astrea' untergegangen ist, bevor wir sie bestiegen."

„Natürlich, das muß schon ein recht wackeliger Kasten gewesen sein. Aber was heißt ‚einige Zeit'?"

„Ein paar Tage, vielleicht aber auch Wochen. Sie werden natürlich sofort Schritte tun. Ich höre sogar, daß ein Abgesandter Storffers bereits hinuntergefahren sei, um neue Schiffe zu chartern. Übrigens, der letzte Transport steckt auch noch in Sulina und kann von dort nicht weiter. Schon seit Wochen. Mir unerklärlich, warum."

„Vielleicht warten sie besseres Wetter ab."

„Freilich. Das ist auch für uns gut, wenn wir nicht mehr in die Dezemberstürme kommen."

„Das allerdings. Nun, hoffen wir das Beste."

Dr. Seligmann überlegte, ob er etwas unternehmen könne. Auf jeden Fall einmal den Vetter Hans verständigen. Der kann vielleicht von außen etwas bewirken. Denn er hat nicht nur die freie Beweglichkeit, sondern auch Geld. Glücklicherweise ist das Fahrgeld nur deponiert, aber nicht ausgehändigt. Außerdem ist etwas Reisekasse nötig. So ganz ohne Pfennig dasitzen, ist schlimm. Man kann doch Kleinigkeiten kaufen. Einmal eine Tasse Kaffee, etwas Gebäck, ein Ei für die Frau, Schokolade. Auch Tabak natürlich. Ein Glas Bier, eine Briefmarke.

Es gab mancherlei Gelegenheit, Geld loszuwerden und sich Erleichterungen zu verschaffen. Und ein paar Tage ist ja nun mindestens Zeit. Die Devisen – nicht angreifen.

Es klappte. Die Kosten für ein Telefongespräch pumpte ihm der gutmütige Sahm. Die Verständigung war schlecht, aber es ging. Es gab Aufklärung und Taschengeld.

Aber Dr. Seligmann war sich doch im stillen klar, daß die Lage gar nicht allzu rosig sei. Die Weihnachtsfeiertage standen vor der Tür. Wenn die Reise morgen am 23. nicht weiterging – und dafür bestand nicht die mindeste Aussicht –, am Vorabend des Festes ging es sicher nicht. Dann kamen die zwei Hauptfeiertage. Da waren alle Ämter geschlossen, da gab es bestimmt keine Abfertigung. In der Woche zwischen Weihnachten und Neujahr – da herrscht wohl auch kein besonderer Arbeitsgeist. Gar hier auf dem Balkan. Behörden, denen diese Juden, wenn nicht geradezu lästig, so doch wenigstens unwichtig erschienen. Gäste, unerwünscht, was haben sie zu fordern? Müssen sie nicht bescheiden warten, bis man Muße hat und Laune, sie abzufertigen? Sie sollen froh sein, daß sie hier sind ...

Das wäre also Neujahr. Der 2. Januar ist ein Dienstag. Allsogleich ... Am 6., am Samstag ist Dreikönigstag, schon wieder ein Feiertag. Dann wieder ein Sonntag. Mit Montag, dem 8. Januar konnte man, wenn man vorsichtig war, immerhin rechnen.

Und es fing an Winter zu werden. Es schneite. Es war kalt.

Und Frau Seligmann war erkältet. Ein Glück im Unglück, daß man im Augenblick nicht fortmußte. Frau Seligmann lag im Bett, hatte Fieber, glühte, hustete und fühlte sich elend. In dieser Umgebung noch krank sein!

Dr. Seligmann konnte es nur mit List und Schläue durchsetzen, daß er einmal am Tage auf zehn Minuten hinauf durfte, die Frau besuchen, trösten, zureden. Da waren wohl Leidensgenossinnen, die sich der Kranken annahmen, ihr das Essen brachten, Handreichungen gaben, Gesellschaft leisteten; und es war ein junger Arzt da, ein Prager, der sich drum kümmerte. Immerhin, es war eine Geduldsprobe, eine Nervenprobe. Es wurde besser, es gab wieder Rückfälle. Und Aufregungen. Und ungeeignete Kost, und mangelnde Behelfe, und staubige trockene Luft, wenn die Fenster geschlossen, und Zugluft, wenn sie offen. Und der Arzt konnte im Grunde auch nichts verbessern, und die andern Damen nahmen auch nicht immer, und nicht alle, die gleiche Rücksicht. Frau Seligmann übersiedelte nach einer Reihe von Tagen aus dem nicht mehr erträglichen Gang in ein Zimmer, das als Krankenstube geführt wurde, und brauchte lange lange, bis sie sich gänzlich erholt hatte. Und die Erholung war nicht unterbrochen und nicht belastet durch irgendeinen Umstand, der mit der Weiterreise zusammenhing.

Dr. Seligmann vertrieb sich die Zeit, die er nicht bei seiner Frau zubringen durfte. Bald kam Regelmäßigkeit in seine Tageseinteilung, deren Gerüst durch die Essenszeit und die Ausgänge in den Hof bestimmt war.

Die Vormittagsstunden wurden dem Sprachstudium gewidmet, er war der regelmäßigste Besucher der Kurse. Am Nachmittag wurde das Gelernte verarbeitet, er wagte sich auch an Übersetzungen, versuchte sie in Verse zu bringen, schrieb Kleinigkeiten für einen gelegentlichen Vortragsabend. Neschef,[35] führte Gespräche und Diskussionen und spielte Schach. Gern und viel Schach. Nicht so viel freilich wie der Thüringer neben ihm, der überhaupt nichts anderes tat und von morgens bis abends hinter dem Brett saß.

Die Abende waren geteilt. Oft waren Veranstaltungen, einfache Sichoth, größere Neschafim, literarische Gerichte mit gestellten Diskussionen über zionistische Themen, Vorträge. Dr. Seligmann tat überall mit Eifer mit, sprach in den Diskussionen und hielt dann auch selbst eine Reihe von Vorträgen über seine Eindrücke in Palästina, die sich stets fernhielten von zionistischer Politik und stets ausklangen in ein begeistertes Werben um Sinn und Aufgabe, die Erez Israel den Juden bedeuten.

Der Weihnachtsabend brachte noch eine besondere Überraschung. Zum Nachtmahl hatte es Kakao gegeben. Und der Abend begann wie jeder andre da unten in dem Kellerloch. Und doch lag eine gewisse Nervosität in der Luft: in der allgemeinen Unruhe wurde es kaum bemerkt, daß mehr Leute als sonst herunterkamen, mehr Leute als sonst hinter den Kloserttüren verschwanden. Aber man legte sich wie sonst müde von endlosen Diskussionen auf die Matratzen zum Schlafen, und die Gedanken wanderten zurück, zu solchen Abenden im alten Heim. Dr. Seligmann hatte Gefühle aus zweiter Hand nie geschätzt. Ein Christbaum im jüdischen Hause erschien ihm absurd, gedankenlos, taktlos. Meist war er vor dem Fest in ein verschneites Gebirgsdorf gefahren und hatte ein paar Tage in der klaren schönen Winterluft mit Rodeln, Skifahren, Wandern verbracht, hatte gesellige Abende mit heißen auffrischenden Getränken im kleinen Freundeskreis gefeiert. Es war lustig und frei und angeregt und eine wirkliche Erfrischung nach den harten Wochen der Arbeit und der Sorgen. Er erinnerte sich an manchen gelungenen Scherz, an zugenähte Hemdärmel, angenagelte Hausschuhe, an Kuhglocken, heimlich unters Bett gehängt. Und mit solchen Gedanken, die die unwahrscheinliche, fast unwirkliche Gegenwart verschwinden machten, schlief er ein.

Entgegen seiner Gewohnheit wachte er mitten in der Nacht auf. Eine Menge Menschen waren da, dürftig bekleidet, in Nachtgewändern, jammerten, standen um die Klosettüren. Hüpften, hasteten umher. Klopften vor Ungeduld an den Türen, rauften sich um die Nachfolgerschaft und stritten um Reihenfolge. Und immer mehr Leute kamen, und immer heftiger wurden die Bewegung und die Verzweiflung der Bedrängten, Drängenden. Ein Arzt kam im weißen Mantel, verteilte Tierkohle an die Leidenden und an die, die im Augenblick noch nicht von dem Leiden ergriffen waren. Denn noch wuchs der Andrang, und immer neue Opfer wankten herbei. Hohläugig, bleich, angstvoll, schleppten sie sich. „Schon siebenmal", hörte man. „Bei mir ist's schon das elfte Mal." Einer brach plötzlich ein, „Platz, macht mir Platz, um Gotteswillen", und, als niemand wich, ergriff er eiligst den Papierkorb und drückte sich damit in eine Ecke.

Eine Epidemie? War's der Kakao? Verdorbene Milch vielleicht? Eine Massenvergiftung. Die Stimmung schwankte zwischen dem Ernst der Verzweiflung und der Komik der Situation. Und es währte an mit Treppentappen und Türenklappen, Stunden um Stunden, und erst gegen vier Uhr trat etwas mehr Ruhe ein, wie wenn nun „der Seuche Ziel gesetzt" wäre.

Abgekämpft, zerschlagen, übernächtigt wankten am Morgen die Schlafanzuggestalten herum, und eine kalte Wintersonne lugte vorsichtig durchs Kellerfenster: der Weihnachtsmorgen. Die unheilige Nacht war überstanden.

Die Tage gingen dahin, Tag um Tag. Wieder ein Morgendawnen, wieder ein Spaziergang in Fidelios Hof, wieder Ivrith-Kurs und Lernen; wieder ein Mittagessen und dämmernder Nachmittag und Schachspielen und Abendsicha. Und wieder ein heftiger Schneefall und Schneeballschlachten im Hof; und Frost, zwölf Grad, fünfzehn Grad, achtzehn Grad draußen und klopfende, tropfende Dampfheizung drinnen in dem Hotelunterstand, in dem Unterstandshotel.

Einmal kam der famose Goldenbaum und sprach von den guten Aussichten und von dem, was alles zur Erleichterung der Wartezeit für die Chawerim begonnen wurde. Und war verschwunden, ehe man Fragen an ihn richten konnte. Dann ging das Gerücht, die gesamte Belegschaft der Slobodarna sollte nach der Patronka übersiedeln. Wieder nach acht Tagen stumpfen Wartens erschien Herr Raff, im Gegensatz zu dem smarten kleinen Lebejüngling Goldenbaum ein hochaufgeschossener Bursche, der Anstrengung machte, sich als Chaluz zu tragen, als Salonchaluz sozusagen. Auch er wohnte in einem Hotel in der Stadt und tat wichtig überlegen und geheimnisvoll. Und er sprach schon deutlicher von einer Übersiedlung nach der Patronka. Dr. Seligmann nahm das Wort und stellte dem hilflosen Adjutanten seiner Impertinenz des Herrn Transportleiters peinliche Fragen, auf die er mit nervösen Ausflüchten und halben Versprechungen reagierte. Und, da sich ergab, daß die Einrichtungen der Patronka vor allem in hygienischer Beziehung völlig unzureichend seien, verlangte Dr. Seligmann, daß von einer Übersiedlung nicht die Rede sein dürfe, solange nicht die primitivsten Anforderungen an Lebensmöglichkeiten, wie ausreichende Waschgelegenheit, Klosetteinrichtungen, Schlafstellen, Schutz gegen Kälte und Feuchtigkeit, erfüllt seien.

Die Umstehenden stimmten begeistert zu und äußerten sich in scharfen Worten. Und baten schließlich Dr. Seligmann, die Interessen des gesamten Rotgassentransportes der Leitung gegenüber zu vertreten.

Dadurch kam nun Dr. Seligmann in näheren Konnex mit Sahm und Gerngroß, den bisherigen sogenannten Lagerleitern, und mit einzelnen Persönlichkeiten, die gelegentlich aus dem städtischen Hilfskomitee und auch von der eigentlichen Leitung von Wien kamen, um – sich umzusehen, beruhigend zu wirken und Versprechungen zu machen.

Offensichtlich war die Möglichkeit einer Weiterreise für den Augenblick verpaßt.

Einzelne Leute hatten bereits Möglichkeiten herausgefunden, mit der Stadt, mit der Außenwelt überhaupt in Fühlung zu kommen. Einiges an Nahrungsmitteln und an Genußmitteln konnte man sich besorgen lassen. Sogar Ausgangserlaubnisse wurden erteilt. Sahm hatte größere Bewegungsfreiheit, und er erwirkte auch beim Oberst die Erlaubnis, Dr. Seligmann einmal auf ein paar Stunden in die Stadt mitzunehmen.

Eine neue Welt. Vierzehn Tage war man schon hier und wußte nicht, wo man sich eigentlich befand. Mit offenen Augen sah Dr. Seligmann, wie sich ihm das Bild einer reizvollen Mittelstadt auftat. Die Slobodarna lag in einem meist von

Eisenbahnbeamten bewohnten Außenviertel mit einzelnen Gebäuden, hochgeschlossen mit großen Fenstern, flachen Dächern und abgestuften Terrassen, zwischen älteren lieblos kleinbürgerlichen Wohnhäusern. Das Uneinheitliche einer werdenden, vielleicht unterbrochenen Entwicklung überwog, und überall wurde es besonders stark betont durch die offensichtlich ganz neuen, gut proportionierten Zweckbauten, die zwischen altem Plunder, Baulücken und Abbruchstellen lagen, und einer ganzen Menge kleiner baulicher Kostbarkeiten gotischer und barocker Herkunft und anderer, in denen ein entzückendes Rokoko überwog.

Dr. Seligmann ging durch breite Hauptstraßen zu dem weit ausladenden Hauptplatz, sah feine Kirchenfassaden, ein mächtiges turmartiges Hochhaus, reich gegliederte köstliche Türme und in den engeren Gassen der Altstadt prächtige gediegene Patrizierhäuser und verschwiegene vielhöfige Paläste. Eine heitere frohe Baukunst war ausgebreitet über die Zeiten hinweg, und die Stile sammelten sich hier wie die bunten Strahlen der Sonne in der Linse. Hoch oben, breit ausladend auf einem steilen Hügelrücken die Burg, und zu ihren Füßen das eng verwinkelte Judenviertel, ein Ghetto ohne Mauern. Zunächst schien es offen wie ein Armenquartier, und es war, wie wenn die abgesonderten Ghettomauern im Innern der Höfe und Häuser verborgen wären. Eng waren die Häuser, ineinandergeduckt, mit Gitterfenstern und Holzläden, ärmlich ungepflegt, verstoßen; unfrei wie die Menschen der großen orthodoxen Gemeinde, die zum Teil noch mit Kaftan und Peijot[36] gingen, und breiten, langen Bärten und verwunderten wehmütigen Augen, als wollten sie fragen: nu? Wieso sind wir noch hier? Wieso ist die Welt anders geworden? Wieso sollte sie anders geworden sein?

Weithin über Hügel erstreckt sich die Stadt, von den Höhen gegenüber des Burgberges blinken moderne Wohnhäuser, prächtige Villen kriechen die Abhänge hinauf, in Täler und Mulden, zwischen Gartenland und Baumbestand.

Hinten im Judenviertel, neben einer Schmuckschachtel von Patrizierhaus in reinstem Rokoko, das mitten in der Straße steht, geht eine Steige den Burgberg hinauf, von gedrängten Vasallenhäusern eingesäumt, zu dem gotischen Burgtor und zu einer Promenade, die einen Blick weithin über die Donau gewährt. Und drunten zieht sich der breite Donaukai, von vornehmen Palästen gerahmt, hinunter bis zu der eisernen Brücke, die Preßburg mit dem anderen Ufer verbindet. Dort drüben – das ist schon deutsch.

Und die Donau ist grau und träge, und auf ihr treiben einzelne Eisschollen, und die Ufer sind voll Schnee.

Der Wind bläst, und es ist grimmig kalt geworden. Dr. Seligmann besorgt einige Einkäufe und wandert wieder nachdenklich nach Hause. Nach Hause? Wie lange wird es ein „Zuhause" sein müssen? Die trüben Donauwasser haben vernehmlich geflüstert: zu spät! In wenigen Tagen kann die Donau zufrieren. Irgendwo. Nur ein Teil. Der Frost macht die Reise im jetzigen Zeitpunkt unmöglich: das ist einzusehen.

Mußte das geschehen? Wo lagen die wirklichen Gründe der verschobenen, der nicht genügend vorbereiteten Abreise? Oder die Hintergründe? Wichtiger: was nun? Ist eine Bahnfahrt nach einem Adriahafen möglich? Anders: wann wird die Donau eisfrei, wieder schiffbar?

Die Bahnfahrt nach Sušak[37] war theoretisch wohl möglich. Aber sie kostet Geld, vermutlich viel Geld, Landfracht ist immer teurer als Wasserfracht. Und, was wichtiger ist, sie müßte über ungarisches und jugoslawisches Gebiet führen, wenn die nähere Verbindung über einen Zipfel deutschen Gebietes auf alle Fälle umgangen werden wollte. Für die Durchfahrt über Land sind Genehmigungen, Durchgangsvisa nötig, dies gleich bei zwei verschiedenen Landeshoheiten. Wenig wahrscheinlich, daß sie zu erhalten sind, beide auch gegen große Geldopfer.

Darum war ja die Donauroute gewählt. Die Donau ist neutrales Gewässer. Dr. Seligmann erinnerte sich noch, wie Professor Thoma im Völkerrechtskolleg in Tübingen von der Donaukonvention gesprochen und der Wirksamkeit internationaler Rechtsbindungen, die anstelle der Anarchie und Willkür „für alle Zeiten" Normen setzten, die höhere Gesittung und ewigen Frieden „garantieren". Jedes Schiff kann die Donau hinabfahren, durch Ungarn, Jugoslawien, Bulgarien, Rumänien, Rußland oder an all diesen Uferstaaten vorbei, ohne einer Erlaubnis zu bedürfen, ohne Visa, freilich, ohne das Recht an einem Ufer anzulegen. Aber gleichviel, der Weg der Auswanderer war auf dem Wasser völlig frei, und erst die Landung dort in Erez konnte Schwierigkeiten bringen. Nun aber war die Donau nicht mehr schiffbar, sie fror in kurzem ganz zu, so daß man sie zu Fuß bequem hätte überschreiten können, und sie würde, wie die Leute sagen, frühestens Ende Februar eisfrei werden. Und schiffbar – ja, das währt dann noch etwa, sagen wir bis Mitte März. Oder besser Ende März.

Dieselbe Ungenauigkeit, Unbestimmtheit, wie in allem. Sicher war nur das eine: das „Nicht". Es galt, sich für die Überwinterung einzurichten; auf der Wacht zu sein, wenn sich irgendwo Möglichkeiten auftäten, und zugreifen, wenn sich eine Masche in dem vertrackten Fangnetz lockerte, um hindurchzuschlüpfen: die Veranstalter des Transportes zur Verantwortung ziehen; und Hilfe von außen zu suchen, da man eigentlich hilflos in der Gefangenschaft saß, ohne genügend Mittel, ohne Paß, ohne Visum und damit ohne Möglichkeit, die Grenze zu überschreiten, irgendwohin, nur nicht nach Deutschland zurück. Davor schauderte es jeden und auch vor der Gefahr, zwangsweise zurückbefördert, ausgeliefert zu werden, wenn man heimlich in ein anderes Land gelangte und dort durch einen Zufall aufgegriffen würde. In einem solchen Falle war auch die Slowakei wieder verschlossen. Überall Abenteuer! Und mit Frauen! Und im Krieg!

Hilfe von außen: die Schweizer Verwandten aufklären und sie veranlassen, der Transportunternehmung kräftige Fragen zu stellen, und wenn es sein muß, mit Hilfe der Gerichte von ihr Rechenschaft verlangen; das Palästinaamt, die internationalen Hilfsorganisationen, den „Joint"[38] in Genf mobilzumachen, daß diese sich nicht allein um das Einzelschicksal des Dr. Seligmann kümmerten, sondern die Hunderte von Menschen retten könnten, die anscheinend in die Fänge eines gewaltigen Menschenhandels geraten waren. Der Bericht, den

Dr. Seligmann nach der Schweiz sandte, ließ an Deutlichkeit nichts zu wünschen übrig; oder ließ er doch? Die Antwort, die innerhalb von vierzehn Tagen kam, lautete, man habe sich erkundigt und befriedigende Versicherungen und Auskünfte erhalten. Ein Unternehmen, abhängig von Gnade und Willkür der deutschen Behörden, könne nicht wie im Frieden, könne nicht wie eine vollberechtigte Amtsstelle handeln. Sie müsse den Augenblick nützen und das verhältnismäßig Günstige zu erreichen suchen. Das Unglück mit dem untergegangenen Schiff, der frühe und besonders strenge Winter, die Unnahbarkeit der Nachbarländer, die Schwierigkeit der Verhandlungen über neue Schiffe und vor allem über deren Flaggenführung – eine neutrale Flagge war notwendig, und es müßte die eines Staates sein, der in keinen Abhängigkeitsbeziehungen zu Deutschland oder Italien stünde –, all das wirke zusammen. Und zuletzt auch gewisse Meinungsverschiedenheiten mit dem „Joint", der bei der Finanzierung irgendwie mitzuhelfen habe. Man versuche das Bestmögliche zu erreichen. Aber die Hauptsache sei, die Teilnehmer seien aus der unmittelbaren Gefahr, die ihnen in Deutschland gedroht hatte, befreit; seien im Auslande in Sicherheit, und dies bedeute an sich einmal die Rettung. Alles andere ist lediglich Zeitverlust. Denn für die Verpflegung in Bratislava würde ja auskömmlich gesorgt.

Dies letztere war gewiß der Fall. Ausreichend? Dr. Seligmann war sich dessen bewußt, daß es sich dabei nüchtern und nett um Lebenserhaltung, nicht um Annehmlichkeit oder gar Luxus handeln könne. Und er war leicht bereit, das Einfachste als das Notwendige und Mögliche hinzunehmen und alle Ansprüche zurückzustellen, die er sonst in seiner Lebenshaltung zu stellen gewohnt war. Es war unwesentlich, ob man viermal in der Woche Knödel und sechsmal Sauerkraut oder Kartoffeln zum Essen bekam, ob das Fleisch von dritter Qualität war – meist war es Schweinefleisch, lieblos abgesotten –, ob Gemüse nahezu völlig fehlten. Man konnte sattwerden – und es war Krieg. Er sah mit Widerwillen, wie jene Leute am lautesten über das Essen zeterten, denen man ansah, daß sie in ihrem früheren Leben mit weit Geringerem vorlieb genommen.

Sie, die für die Reise selbst nicht bezahlt, stellen unvernünftige Ansprüche, wenn sie glauben, daß andere für sie zu bezahlen haben. Der Schnorrer wird frech. Dr. Seligmann konnte seinen Unwillen kaum unterdrücken, als ihm folgendes berichtet wurde: am Schabbath durfte eine Gruppe von vielleicht fünfundzwanzig Mann in die Stadt zum Tempelbesuch. Der eskortierende Gardist war gutmütig, rauchte auch gerne Zigaretten, verschwand vor dem Tempel und bestellte die Leute für zwei Stunden später zu einem Sammelplatz, von dem aus wieder gemeinschaftlich nach Hause marschiert wurde. Gut, die Leute waren bei der Schabbathandacht, und einer aus der Gemeinde lud sie hernach zu einem „Frühstück" ein; sie wollten in eine benachbarte jüdische Wirtschaft gehen und bekämen dort ihre Labung. Da gab es allerdings „nur" Kaffee und „Barches".[39] Aber immerhin: eine tüchtige Schale heißen Kaffee an einem eiskalten Wintervormittag und so ein rundes, untertassengroßes, geflochtenes knuspriges Weißbrot ist eine recht angenehme Beigabe und eine lang entbehrte noch dazu. Man saß und wärmte sich in der Stube und stritt. Ein alter Mann war darunter, ein besonders Frommer und einer, der besonders Schweres mitgemacht und besonders gebrechlich war. Er verhielt sich ruhig und bescheiden, aber sein Nachbar, ein Fünfziger etwa, machte sich wichtig.

„Herr Wirt, heut' am Schabbes[40] haben Sie doch sicher ein Stückl Fisch für den alten Mann."

„Was fällt Ihnen ein, woher sollte ich Fisch haben, in der jetzigen Jahreszeit!"

„Sie haben schon. Sie wollen's nur nicht hergeben..."

„Ich will nicht gesund sein, wenn ich hab'..."

„Ich möcht' wetten, er hat..." wandte sich der Sprecher an seine Tafelgenossen, und er, der Eingeladene, erging sich in vierschrötigen Verwünschungen über den Gastwirt, der kein Herz habe für Arme...

Der unbedeutende Vorgang tat eine tiefe Wirkung auf Dr. Seligmann. Er erzählte ihn entrüstet weiter und staunte über die Antworten, die er erhielt: „Vielleicht hat er wirklich Fisch gehabt." Diesen Menschen war es keine Ungeheuerlichkeit, als Gast, als einer, dem man Wohltaten erweist, nein wichtiger, der Wohltaten annimmt, überhaupt ein Verlangen zu stellen. Eine Forderung, wo eine Bitte schon unerwünscht war.

Menschenwürde. Sie zankten sich, nannten sich Verbrecher, Betrüger, Dieb – das ärgste Schimpfwort war: du Niemand. Motiv für eine psychologische Studie über Geltungstrieb und Bewußtseinslage in Notzuständen. Aber sie nahmen sich solche Beschimpfungen nicht weiter übel, verkehrten nach wie vor miteinander, sprachen, spielten Karten und stritten wieder. Das Schimpfwort „Lügner", merkwürdig, wurde nie gehört, desto häufiger Schwüre „So wahr mir Gott soll...", „Ich will nicht gesund..." Was waren das für Menschen! War das Wien? Waren das *„die Juden"*? Wenn man fragte, waren sie fast alle aus Wien, fast alle aus ordentlichen Berufen, aus Vermögen und bürgerlicher Behäbigkeit. Wenn man aber näher zusah, war kaum einer mehr aus Wien oder den altöstreichischen Orten, oder auch den reichsdeutschen, die sie als Herkunft angaben. Der Frankfurter sprach wie ein Litauer, und der Düsseldorfer war vor Jahren aus Polen gekommen, und die Wiener waren allermeist selbst noch zugewandert, in wenigeren Fällen schon ihre Eltern – über die Eltern hinaus gab es keine Bodenständigen. Woher? Aus der Bukowina, aus den galizischen Judenzentren, aus Polen, aus Rumänien. Sie waren zugewandert als Flüchtlinge vor den Wirkungen des Weltkrieges, vor den Judenverfolgungen, die in den östlichen Gebieten immer wieder seit Jahrhunderten losbrachen, die noch in den letzten Jahrzehnten in Rumänien, im Russischen und Polnischen in unvorstellbarer Wucht und Roheit wüteten. In den tschechischen Gebieten hatten die Juden seit Masaryk Ruhe und eine Art von Gleichberechtigung gefunden – in zwanzig Jahren war eine unerhörte Assimilation ans Tschechische vorgegangen, und die Menschen waren bis zu einem gewissen Grade wie umgeformt.

Echte Freiheit läßt auch seelische Heilprozesse rascher fortschreiten. Aber sonst überall war es nur Zuflucht, äußerliche Ordnung und Duldung. Man kroch unter, scharrte und kratzte, um das Leben zu gewinnen. Nicht das Leben, nur den Lebensunterhalt. Und alle Instinkte des Raffens und Scharrens wurden lebendig und die Gewöhnung an krumme Wege, die allein bisher das Atmen ermöglichten, bekamen Spielraum und Betätigungsfeld. Das Häßliche und Gemeine gedieh und ging auf wie im Treibhaus.

Das Ghetto stand hinter den Menschen wie ein riesiger Schatten, heimtückisch – gierig wie ein Gespenst. Seit Jahrhunderten waren sie zusammengedrängt in dumpfe Gassen, in überfüllte Häuserhöhlen, denen Licht und Sauberkeit fern war. Nur immer am Freitagabend flammte ein Lichtschein auf, ein seelischer Lichtschein, stark genug, in dem leidenverzerrten Körper immer wieder den Lebensgeist anzufachen, den Hoffnungshauch endlicher Erlösung. Aber nicht stark genug, die dicken Mauern zu durchdringen, die eisernen Klammern zu lösen, die verschlossenen Tore aus den Angeln zu heben. Und Inzucht verhärtete die Triebe; die guten, gerichtet auf das zähe Festhalten an einem Glauben, der die Welt umspannt vom Anfang des „Bereschit Barah Elohim" („Am Anfang schuf Gott Himmel und Erde") bis zum Ende der Tage, wenn der Moschiach, der Gesalbte Gottes, kommt; die schlechten, geweckt durch den immerwährenden Kampf um die Existenz, den Kampf, für den es keine freie offene Arena gab, der ausgefochten werden mußte in den engen dunklen Gassen, auf Schleichwegen, mit geborgtem Licht, in gestohlener Luft; ein Kampf des Waffenlosen gegen den Eisengepanzerten. Die leere Faust vermag nichts gegen den starren Harnisch dessen, der das Schwert hatte und das Recht, es zu brauchen. Und wie sollte die gefesselte Hand ein Schwert gewinnen, ein Schwert führen können. Die äußere Ohnmacht schlug nach innen. Der brutalen Gewalt setzt sich die Waffe der List, der Schläue entgegen. Und wie jene stumpf ward, schärfte sich diese. Gesetz war Unrecht, Unwürde, Unterdrückung; der Unterdrückte, zu Tode Geplagte konnte nur leben, wenn er dies Gesetz umging; die Mächtigen, mit Gewalt und Hohn, nahmen, saugten und preßten; die Gepreßten konnten sich nur retten, wenn sie ihren Witz, ihren beweglichen Verstand entgegensetzten und betrogen. War es Unrecht, war es Betrug, den zu täuschen, der Menschenrecht mit Füßen trat? In den Ghettomauern brütete es und schwelte. Die Enge verstärkte, glich aus, tötete das Gewissen. Das Unbedingte schwand, Gott, Welt, Natur – was blieb davon dem Ghettomenschen? Ein Wunder, daß der Geist nicht völlig verlorenging, daß in dem Volk der Geknechteten der Funke Gottes weiterglomm. In aller Einseitigkeit und Enge verdichtete er sich, erstarrte zu Formen, die den Kern mit sieben undurchdringlichen Häuten umgaben, kaum mehr erkennbar, nicht mehr verwundbar. Das Wunder rettete eine Idee, ein Volk. Aber desto haltloser sank und versumpfte, was außerhalb der sieben Häute war. Die Seele war eingezwängt in die innerste Kammer, das Außen blieb seelenlos. Und die wilden Triebe spielten ihr Spiel.

Und nun stieß das Tier an die Türe der Menschlichkeit. Die feudalen und zünftlerischen Fesseln waren gefallen, wenigstens größtenteils, so schien es. Die Menschen im Westen hatten seit der Französischen Revolution einige Freiheit erlangt, schrittweise und allmählich; fünf Generationen waren dahingegangen, in ihnen war die innere Befreiung vollzogen, und sie hielt Schritt mit der Entwicklung der Zeit. Im Osten war diese Entwicklung nur in einer dünnen Oberschicht der Bevölkerung vor sich gegangen. Neben deren überspitzter Zivilisation lauerte in der rohen Masse noch der Aberglaube, gemildert oder langsam abgewandelt durch die Technik. Aber die Juden waren zurückgehalten in ihrem Mittelalter. Und wenn sie jetzt plötzlich nach dem Westen geschwemmt wurden, übersprangen sie jene fünf Generationen und sahen sich mit ihrer Ghettogesinnung dem befreiten Rechtsmenschen gegenüber. Nein, sahen sich nicht – die andern sahen sie. Ihnen selbst war der Begriff der Freiheit mit deren anderem Selbst, der Pflicht, noch nicht aufgegangen. Und die Wirkung mußte unheilvoll sein. Denn da die äußeren Fesseln gefallen waren, sah man die inneren nicht. Man hat den Gefangenen zum Krüppel geschlossen, und als man plötzlich die Ketten entfernte, schrien die Gassenbuben: „Seht den krummen Hund." Und die Scheinheiligen sagten indigniert: „Wie schmutzig und gemein. Nun haben sie doch die begehrte Freiheit, aber sie sind und bleiben eine Gefahr und eine Seuche. Man muß sie exemplarisch strafen. Ihrer ist die Schuld."

Niemals hatte Dr. Seligmann solche Menschen gesehen: nie hatte er geglaubt, daß es sie außerhalb der antisemitischen Hetzblätter gab. Nun erkannte er mit Schrecken, daß den üblen Verzerrungen Modelle zugrunde lagen, die tatsächlich herumliefen und sich widerwärtig breitmachten. Aber er empfand gleichzeitig die ungeheuerliche Lüge doppeltbrennend, die darin lag, daß man jenen künstlich gezüchteten Abschaum „*die Juden*" nannte. Sie waren ihm, sie mußten jedem wirklichen Juden genauso widerwärtig erscheinen wie jedem aufrechten freien Menschen der Anblick des seelischen Krüppels. Sie waren, eben sichtlich, das ureigenste Produkt ihrer Verfolger und Unterdrücker. Sie waren verdorben, aber die Schuld lag bei den Verderbern.

Es ist hart, das verteidigen zu sollen, was man aufs schärfste verurteilt. Ekel kam ihn an, und ein Gefühl von Reinlichkeit verlangte, sich von dem Ekelhaften zurückzuziehen. Nicht von dem Jüdischen – von dem lügenhaft als typisch jüdisch Gebrandmarkten. Aber gleichzeitig erwuchs die brennende Aufgabe, das positiv Jüdische herauszuarbeiten und jene dunklen Ehrenmänner zu dem wirklich jüdischen Geist emporzuziehen, das Positive aus der Verzerrung, Verkrampfung, Verschüttung herauszulösen. Eine unmögliche Aufgabe, eine Aufgabe für Generationen. Die Alten, die Hartgesottenen, Eingefleischten waren einer Veränderung wahrscheinlich gar nicht mehr fähig. Da war etwas verkümmert, was sich nicht wieder lebendig machen ließ. Vielleicht die Kinder. Die jungen Menschen. Vielleicht, vielleicht, hoffentlich formt Erez Israel die jungen Menschen um, gewinnt sie für ein neues Leben.

Was eine Beeinflussung erschwerte, war die Tatsache, daß diese Menschen sich gaben, wie wenn gerade sie die eigentlichen Juden wären. Nur vom Jüdischen her war überhaupt an sie heranzukommen. Für Kultur im allgemeinen Sinne kamen sie schon nicht mehr in Betracht. Da war völliges Unverständnis, da war Haß, Feindschaft, geboren aus dem tiefen Wissen um die äußeren Formen der Unterdrücker in Jahrhunderten. Ihr Jüdisches war in ihnen erstarrt. Sie gingen auf in den alten Formen und hielten, oft mit fanatischem Eifer, die traditionellen Vorschriften. Verdächtig war jeder, der sie nicht ebenso hielt. Das Jüdische war ihnen nur oder fast nur als Religionssache bewußt. War ihnen Tradition: in den Formen und Formeln des religiösen Brauchtums und in den Äußerlichkeiten des alten Ghettomilieus. Gewohnheit, nicht innere Anschauung. Nur eigentlich wenigen war der zionistische Gedanke aufgegangen, und manchen auch dieser nur als eine Mode, etwas, was sich nun eben aus den Umständen der Verfolgung, der Umständigkeit ergab. Daß sich weder im einen noch im anderen der Sinn des Jüdischen erschöpfe, daß noch etwas Tieferes hinter diesen Erscheinungen vorhanden sein müsse, kam ihnen nicht ein. Jüdischer Geist war Denkgewohnheit, Lebensgewohnheit, Betgewohnheit. Deshalb verstanden sie nicht, wenn man vom positiv Jüdischen sprach, hörten vorbei, blieben wie gelähmt auf ihren Formalismus eingestellt.

Aber das ist das menschliche Problem überhaupt: sie zu freiem Denken zu bringen. Gewiß nicht jeder besitzt die Fähigkeit, Gedanken klar auseinanderzuhalten und logische Schlüsse zu ziehen. Jeder hat schreiben gelernt, aber nicht jeder versteht Rhythmus und Symbolik der Zeichen, derer er sich beim Schreiben bedient, getrieben von dem allgemeinen Lebensdrange. Das zivilisatorische Schulungswesen hat ungeheure Fortschritte gemacht, und dennoch steckt es noch in den Anfängen. Weit mehr als die mangelnde Schulung, das Gehirn frei zu gebrauchen, hemmt das andere: das Festgefahrensein in Vorurteilen, die Gewohnheit. Die nicht lesen können, sehen es nicht, ob der richtig schreiben kann, der ihnen mit lauten Gesten große Zeichen vormacht. Die Menschen produzieren fertige Urteilsschemata, wie wenn sie Gedanken wären. Auf die billigste Weise werden von den häufigsten, gebräuchlichsten, bequemsten Vorurteilen Bleiabgüsse gemacht, Stereotypen, die sich auf jedes Blatt Papier abdrücken lassen, immer wieder, bis sie ganz abgenützt sind, ohne Kanten und charakteristische Schärfen, einen ungewissen, unklaren, ungreifbaren und zuletzt unverständlichen Dunst vorgaukeln, der schon nichts mehr ist als – ein Klischee schlechthin. Das Klischee ersetzt das eigene Denken, es ist das billige Surrogat, wo das Echte unerreichbar. Und es ist das einzige erschwingliche Besitztum. Das kann man dem Menschen nicht nehmen.

Du sollst nicht nehmen. Gib!

Die wenigen wollen nicht nehmen, was ihnen gegeben wird, sie wollen selbst erwerben. Aber die vielen, die zur Unnatur zivilisierte Masse nimmt nicht – weil sie schon hat.

Kleines Gespräch: „Was soll ich meinem Neffen nur zum Geburtstag schenken?"

„Schenken Sie ihm doch ein gutes Buch."

„Ach nein, ein Buch hat er schon."

Die Masse hat – das Vorurteil, das Klischee; viele Klischees, passend für alle Lebenslagen. Denken gibt Zweifel, Unsicherheit. Denken ist verdächtig. Und unbequem. Und es gibt Menschen, die ein Interesse daran haben, daß andere nicht denken. Weil es ihren Einfluß, und damit ihren Vorteil, beeinträchtigt. Weil es die Möglichkeit, die anderen zu eigenem Vorteil zu leiten, einschränkt. Und oft auch haben sie berechtigte Angst, daß halbes Denken zu neuen, gefährlicheren Vorurteilen führen möchte. Denn auch das ist sicher: je höher ein handfestes Vorurteil auf der Stufenleiter der eigenen Untermauerung steht, desto gefährlicher ist es. Desto fester wurzelt es. Desto schwerer ist es zu entlarven. Vorurteile sind Windmühlenflügel.

In der Rolle des edlen Ritters von La Mancha sah sich Dr. Seligmann alsbald, als er nur leise Versuche machte, gegen Vorurteile, gegen die ererbten Gewohnheiten anzugehen. Er meinte, als Mensch von Kultur, jüdischer und westlicher, als Mann von Recht und Gewissenhaftigkeit, als einer, der von der zionistischen Grundidee ebenso erfaßt war wie von der Pflicht zum jüdischen Gedanken, müsse sein Wort imstande sein, den Menschen etwas zu sagen. Er merkte bald, daß all das, was ihm Stärke schien und Vorzug, von den merkwürdigen Menschen, die jetzt um ihn waren, beargwöhnt – und abgelehnt wurde. Dem einen war er „der Assimilant", dem anderen „der Gottlose", diesen „der Deutsche" schlechthin, jenen der Überlegene, der „Bessere". Man darf sich schließlich geben, wie wenn man mehr wäre als die anderen. Hochmut, Dünkel imponiert oder wird paralysiert durch üble Nachrede. Aber wirklich besser sein – das geht zu weit. Wenn gar noch der Hochmut fehlt, wenn eine ruhige Festigkeit und Natürlichkeit in aller unbekümmerten Offenheit ausspricht, was sie denkt, woran soll sich das so unsanft geweckte Minderwertigkeitsgefühl abreagieren? Nur kleinlicher Klatsch kann helfen, Verleumdung, bare Ehrabschneiderei. Auch die lernte Dr. Seligmann kennen, und er wunderte sich noch mehr, daß auch die gehobene Schicht der Prager gerade das Deutschtümliche in ihm mit tiefem Ressentiment ablehnte. Dem Tschechen war alles Reichsdeutsche an sich verdächtig. Aber in ihrer verständlichen Einstellung gegen jene, die die große Enttäuschung plötzlich in ihr Leben getragen, verschlossen sie sich bewußt und stur gegen das Positive, das nun einmal aus dem deutschen Kulturkreis kam; mit dem Nationalsozialismus schüttelten sie auch die alten vornazistischen – und das heißt antinazistischen – Werte aus. Ja selbst das, was Dr. Seligmann Ordnung, Zuverlässigkeit, Pflichtgefühl, Tüchtigkeit, Aufrichtigkeit nennen mochte, verbog sich in ihren Augen zu einem bizarren Schutzmann mit der Pickelhaube. Diese merkwürdigen Menschen, die selbst SS-Stiefel trugen und braune Hitlerhemden, Abgeschmacktheiten nach Dr. Seligmanns Begriff, waren zäh und undurchdringlich, meist nach außen freundlich, nach innen kalt und selbst unaufrichtig. Fast noch deutlicher zeigten sich bei diesen die Minderwertigkeitsgefühle und deren Überkompensierungen als bei jenen.

Und Dr. Seligmann zog die Folgerungen. Er arbeitete an sich, lernte Sprachen, las viel, hörte sich alle Veranstaltungen an, beteiligte sich an den sachlichen Diskussionen und unterhielt sich im kleinen Kreis auch mal über Weltanschauungsfragen. Und spann sich ein in sein Ziel. Es war ein langsames, langsames Abklären, ein Sichzurückziehen und doch Wachbleiben; ein Erkennen, daß sein Weltbild nur ihm selbst ansteht, daß es alte liberalistische Methode sein mag, bessern, lehren, predigen zu wollen, und daß all das ein Herumdrehen im engeren Kreise ist. Aufnehmen, Schauen und Vertiefen; sich vorbereiten für eine echte Alijah;[41] dem Sinn des Jüdischen nachforschen, sich selbst bereit machen für Verstehen, und dann vielleicht für ein Erfüllen.

Patronka

Der strenge Winter hatte jede Möglichkeit einer Weiterreise bis wenigstens April verschoben. Der Eisstoß auf der Donau war ein vielbestauntes Naturschauspiel: wie der schmale Spalt in der vollkommenen Eisdecke sich in Stunden vergrößerte, aufbrach und dann die Eisschollen und Berge den Fluß langsam hinabsegelten. Dann schienen finanzielle Schwierigkeiten zu bestehen: Transferschwierigkeiten eigentlich; denn das Geld, das in Deutschland in Reichsmark lag, konnte nicht in Devisen umgewechselt und transferiert werden. Und die Verhandlungen mit dem „Joint" als nächstliegendem Geldgeber kamen nicht vorwärts. Diese Behörde schien überhaupt gegen eine illegale Wanderung zu sein, und andererseits waren die Leute in Bratislava doch einmal wenigstens vor dem Schlimmsten gerettet. Sie saßen im toten Winkel sozusagen, anderwärts war die unmittelbare Gefahr drohender, die Hilfe dringender nötig. Und die politische Lage veränderte sich plötzlich gewaltig. Der Krieg begann Krieg zu werden. Es kam die Überrumpelung von Dänemark, von Norwegen. Es kamen der Vormarsch im Westen und die ungeheure Wucht des Angriffs auf die Maginotlinie. Belgien, Holland waren in wenigen Tagen überrannt, die französisch-englische Linie durchbrochen. Bekannte Ortsnamen aus dem Vormarsch in Belgien anno 1914 tauchten in den Zeitungen auf. Der neuartige Einsatz der Luftwaffe, Sturzkampfflieger und Fallschirmjäger, die die Stoßkraft der Tanks und Panzerwagen unterstützten, brachte zuwege, was kein Gegner vorausgesehen. Und als der ängstliche Zeitungsleser, dort in dem toten Winkel noch den Atem anhielt vor den Aufregungen der unerhörten Berichte, als die englischen Truppen sich auf die Schiffe begaben und der französische Widerstand am Zusammenbrechen war, platzte die italienische Kriegserklärung hinein.

Nun schien die Zeit endgültig verpaßt. Denn auch das Mittelmeer war nun Kriegsgebiet geworden. Die Linie über Sušak und die Adria schied von selbst aus für die Fortsetzung des Transportes. Der Weg über den Balkan freilich war frei, ebenso die Ägäis. Aber drunten war der Dodekanes in italienischem Besitz, und diese Inselgruppe lag gefährlich nahe an jeder möglichen Route nach Erez. Dr. Seligmann erklärte, wie damals zu Hause, es wäre ein Wunder, wenn die Reise noch fortgesetzt werden könnte. Und er glaube noch immer an Wunder.

Die Geldschwierigkeiten, von denen nur gerüchtweise einiges durchsickerte, wirkten sich auch in Bratislava selbst aus. Denn wer sollte die Kosten einer Verpflegung so vieler Menschen tragen, auf so lange, schier unbegrenzte Zeit. Das Schlimmste war, man saß dazwischen, Objekt, unfähig, nur das geringste zu unternehmen. Konnte man den Unternehmern des Transportes bis dahin vorwerfen, daß sie in geradezu sträflicher Verantwortungslosigkeit tausend Menschen in die Fremde gesetzt, ohne die Weiterreise wirklich gesichert zu haben – die neuen Hindernisse hatten sie nicht mehr zu verantworten. Die ungeheure Schuld, den letzten möglichen Zeitpunkt, unmittelbar nach der Schneeschmelze, verpaßt zu haben, konnten auch die geflissentlich lanzierten Nachrichten nicht wegwischen, daß es nicht gelungen sei, die Frage der Flaggenführung der Transportschiffe zu lösen. Denn gerade dies war eben festzulegen, bevor man Menschen ins Ungewisse schickt und sie der ungeheuren Nervenanspannung dieser Unsicherheit aussetzt. Dazu kam nun, daß die Gemeinde und die jüdischen Organisationen in Bratislava die Mittel für die Verpflegung nicht mehr wie bis dahin vorstrecken wollten oder konnten, daß beträchtliche Schulden bei den Trägern der Verpflegung aufgelaufen waren, bei dem Reisebüro sowohl, das die technischen Dinge erledigte, wie auch bei den Inhabern der Slobodarna und der Patronka, die die Verpflegung zu stellen hatten. Es traten Stockungen ein, Interventionen der Gläubiger bei der Regierung, Drohungen, den ganzen Transport der Rotgasse – die Prager waren vermöge des leichteren

Transfers aus dem Protektorat nicht in der gleichen Geldklemme – an die deutsche Grenze zurückzustellen. Schließlich übernahm doch der Joint die Finanzierung, aber die Schwierigkeiten hatten zu stärksten Einschränkungen geführt. Eine Folge davon war, daß die Rotgassenleute aus der Slobodarna sämtlich in die Patronka übersiedelten, eine aufs heftigste bekämpfte Maßnahme, die von den sich verraten fühlenden Insassen infolge der Proteste wenigstens so lange hinausgeschoben ward, bis die Adaptierung der verwahrlosten Ruinen etwas fortgeschritten war und das mildere Frühlingswetter den Aufenthalt dort erträglicher machte.

Der Winter war besonders streng gewesen. Andauernde grimmige Kälte, bis 20 Grad, herrschte. In der Slobodarna mit ihrer Dampfheizung, in dem festen Steinhaus, war es gerade auszuhalten, wenn auch dort Erkältungen und andere Krankheiten dazu zwangen, die Krankenstuben ständig zu vergrößern und damit wieder den Raum der anderen einzuengen. In der Patronka lag man bei zerbrochenen Fenstern auf feuchtem offenem Stroh. Sägespäne-Öfen waren die Heizung. Im Hof hinten gab es Latrinen primitivster Art. Und eine einzige Wasserstelle war im ganzen Lager. Dazu die ungeheuren Schneemassen, die vom Dezember bis Anfang März an russische Steppen erinnerten. Jetzt waren mehrere ehemalige Fabriksäle mit Fenstern versehen, es waren Holzpritschen aufgestellt, eine Art Kasten, die, mit Stroh gefüllt, ein halbwegs benutzbares Lager abgaben. Die Dächer waren noch immer undicht, die Latrinen etwas verbessert, und in den nächsten Wochen wurden auch noch die alten Fabrikklosetts instandgesetzt und eine Art Waschraum mit einer genügenden Anzahl von Wasserhähnen gebaut. Nun waren hier sechshundert Menschen vereinigt. Und die Natur hatte ein Einsehen; ein Frühling zog in das Tal, wie er lieblicher nicht gedacht werden konnte. Die Patronka lag dreiviertel Stunden außerhalb der Stadt, in einem von Waldhügeln umsäumten Längstal, und die Landschaft war so still und freundlich, daß die Menschen wieder froh wurden.

Das Essen wurde in eigener Regie von den eigenen Leuten

gekocht, es war keineswegs gut zu nennen, indes gerade noch ausreichend, sofern man sich Butter, Eier, Wurst und ähnliches für die Zwischenmahlzeit zukaufen konnte.

Dazu kamen persönliche Erleichterungen. Die Absperrung des Lagers durch die Hlinkagarde, mit ihrem Obersten an der Spitze, war scharf und streng und zeitweise unwürdig. Die Willkür dieser Halbwilden deprimierte. Aber einzelne waren doch im Grunde ihres Wesens gutmütig, und das heißt nicht nur, kleinen Geschenken zugänglich, sondern von sich aus abgeneigt, zu quälen um des Quälens oder um der Reputation willen. In der Slobodarna residierte der Oberst, der Plukownik, dem auch die Abteilung in der Patronka unterstellt war. Der Oberst war schwer zugänglich, launisch, aber im Grunde anständig, despotisch und leicht gekränkt, doch wieder auch gerecht und menschlich fühlend. Seinen eigentlichen Beruf verriet das Schild an seiner Privatwohnungstür: Demownik, Hausmeister, oder sagen wir Hausverwalter. Er fühlte sich als pflichteifriger Offizier. Er war Slowak, offenbar bewußter Nationalist und wahrscheinlich Revolutionär. Ein Führer vielleicht in einem Städtchen, dessen Existenz erst im Weltkrieg entdeckt wurde, das in der Tschechoslowakischen Republik die führenden Tschechen verkehrstechnisch und zivilisatorisch entwickelt hatten und das erst seit einem Jahr eine Art von Unabhängigkeit besaß, freilich mit deutscher Bevormundung, die damals noch in den Anfängen stand und sich nur auf die Außenpolitik bezog. In Bratislava war von den Tschechen außerordentlich viel, modern und gut, gebaut worden, das Schulwesen war in hervorragender Weise entwickelt worden, eine herrliche Universität, ein prächtiges Technikum standen da, riesige medizinische Institute, ein Hochhaus von Finanzministerium, Messegelände, Quai- und Hafenanlagen.

Die Slowaken, wie immer, als echte Parvenüs, plusterten sich und machten sich stark, das auszufüllen mit Würde und Anstand, was andere für sie gebaut. Die Erziehung hatte angeschlagen, sie war aber noch nicht beendet. Der Geist der meist jungen Beamten, Politiker, Führer, Künstler war frisch, unverdorben und gutwollend. Aber die alte Schule fehlte, der innere Gehalt. Und dem guten Willen konnte nur bäuerliche Verschlagenheit und Unbekümmertheit nachhelfen.

In einem Kaffeehaus fand Dr. Seligmann slowakische Zeitungen. Die slowakische Sprache herrschte ängstlich, aber die Leute alle sprachen und verstanden deutsch. Eine Zeitschrift kam in seine Hand, die einzige, in der er auch deutschen Text fand, eine Propagandanummer offenbar, in der die Entwicklung der slowakischen Kultur, der Literatur und der bildenden Kunst, dargestellt war. Kindergarten der Kultur. Gute Ansätze, viel Eifer, aufwachende Begabung, aber ein blutiger Anfang. Guter Wille vertan am untauglichen Objekt: der harten Sprache, die doch nur ein slawischer Dialekt ist; der dünneren Schicht von jungen Menschen, denen ein Zugang zu modernerer Bildung eröffnet war. Im Hintergrund die deutsche Macht, die das kulturelle Eigenleben hinnahm, wie man die kindlichen Spiele der Minderjährigen hinnimmt, innerlich lächelnd über den nutzlosen Eifer und alle ernsten Ansprüche überheblich zurückweisend. Und noch weiter im Hintergrund, verankert in dem Bewußtsein alten Patriziertums: die ungarische Vergangenheit, versetzt mit echter deutscher Gotik, österreichischem Barock – das alte Römische Reich deutscher Nation.

Die Slowaken waren keine Antisemiten. Erst die deutsche Propaganda machte sie schrittweise dazu, ohne zu merken, daß diese jungen Nationalisten den bolschewistischen Gedankengängen zwar nicht so verschlossen waren, wie man es gerne annehmen wollte. Weit eher waren die Juden ein retardierendes Element gegenüber russischen Einflüssen. Seit altersher hatten sie eine zahlreiche jüdische Bevölkerung zwischen sich wohnen, und sie waren, Minderheit wie jene, ohne eigenes politisches Leben. Die wirtschaftliche und geistige Entwicklung war vornehmlich von den Juden getragen. Sie kamen gut aus miteinander, und die Slowaken profitierten gerne von der größeren Agilität der Juden, die in allen Berufen zu Hause waren, im Handwerk so gut wie etwa im Gastwirtsgewerbe. Und im Handel riefen sie eine Blüte hervor, die Bratislava als wichtige Donauhafenstadt heraushob.

Auch die Garde, auch der Oberst waren weit entfernt davon, die Juden als minderwertig zu verachten oder sie auch nur als gefährlich für die Entwicklung des eigenen Volkes anzusehen. Alle die oft primitiven, „balkanesken" Anordnungen entbehrten durchaus der antisemitischen Spitze, selbst da, wo Dr. Seligmann das Ghettomäßige im Gehabe seiner Leidensgenossen sah und wo er eine derartige Rückwirkung gefürchtet oder verständlich gefunden hätte. Der Plukownik zeigte es durch eine Art knapp soldatischen, fast scheuen Gebarens, das sich immer gemessen, nie leutselig zeigte und nur unter dem allerdings nicht gerade seltenen Einfluß von Alkohol eine zweite dem Leben zugewandte Natur enthüllte, die sich zu stundenlangem begeistertem Singen, selbst zu weidlich rohen Späßen, aus dem Geiste der Puszta oder der Waldkarpathen steigerte. So, wenn er am Osterfeiertag – die Damen mit Wasser anspritzte und dann Bonbons anbot. Im Trinken und auch sonst assistierte ihm der lange Stefan, der unheimlich und nicht nur heimlich soff und seine Freude hatte, anderen, zum Beispiel dem Sahm, einen Rausch anzuhängen. Sonst war gerade er noch launischer, noch roher, noch verschlagener, und ohne den Versuch, etwas anderes aus sich zu zeigen, als etwa seine Riesenkraft.

Schon in der Slobodarna hatte es angefangen mit freien Ausgängen. Ja, Leute, die irgendwelche persönlichen Beziehungen in der Stadt hatten, durften schließlich draußen wohnen, sofern sie die Kosten dafür selbst aufbringen konnten. Das ging im Turnus und auf acht bis vierzehn Tage, mit der Möglichkeit der Verlängerung; aber jeder der Erlaubnisscheine kostete Geld, Gebühren, von denen es dunkel blieb, in wessen Taschen sie letztlich flossen. Tatsache war, daß die Polizei selbst, die die Erlaubnisscheine auf Antrag des Obersten, aber auch auf Antrag von Ortsansässigen ausstellte, Gebühren verlangte, die in der Höhe außerordentlich schwankten.

Dr. Seligmann hatte für seine Frau, als sie sich allmählich von ihrer langwierigen Erkältung erholt hatte, Rekonvaleszenzurlaub erbeten und durfte nun, eine gewisse Vorzugsstellung, die beneidet und angefeindet wurde, häufiger ausgehen, erst kleine, dann größere Spaziergänge machen, und diese kleinen gemächlichen Wanderungen in der vorzüglichen Luft und der sich allmählich wiederbelebenden Natur trugen viel zur gänzlichen Wiederherstellung der Gesundheit und auch der guten Stimmung bei. Die Wege führten die Hügel hinan, oft mit herrlichen Ausblicken auf Stadt und Burg und Donau verbunden, führten durch die idyllischen alten Stadtteile und zu den interessanten Neubauten und endeten dann oft in einem Café oder in einer kleinen Konditorei, wo man das Gefühl wiedergewann, Mensch unter Menschen zu sein. Wenn man tagaus tagein aus den eigenen Blechgefäßen essen muß, anstehen zum Essenempfang, Geschirr spülen nachher mit kaltem Wasser, ist es Erholung besonderer Art, am gedeckten Tisch zu sitzen und die Verfeinerungen des kleinen Lebens, lang entbehrt, auf sich wirken zu lassen. In der Patronka setzten sich diese Ausgangsmöglichkeiten fort, des weiten Weges zur Stadt halber jeweils für den ganzen Tag, mit der Möglichkeit, das zustehende Essen in einem jüdischen Speiselokal in der Stadt einzunehmen. So kam Dr. Seligmann zu Heimowiczsch, zu Heller, in ein Milieu, das wiederum stark an Ghetto erinnerte. Das erstemal bei Heimowiczsch, in dem dunklen verräucherten Loch von Auskochgeschäft, schauderte Frau Friedl zurück und wollte den eigenen Blechnapf den schmutzigen Tischtüchern in der drangvollen Enge vorziehen. Bei Heller war es besser. Da waren die Fenster nicht mit Pappdeckel verklebt und die Tischtücher um einige Grade sauberer. Und man konnte sich durch eine mäßige Aufzahlung langentbehrte Genüsse verschaffen.

In der Stadt besorgte man Einkäufe, stattete sich allmählich mit dem aus, was bei den engen Vorschriften für die Ausreise, die Dr. Seligmann natürlich ebenso sorgfältig wie unnötig und sehr zu seinem Schaden eingehalten, hatte zurückbleiben müssen. Vor allem kaufte sich Dr. Seligmann einen Koffer und noch einen kleineren anstelle des schadhaft gewordenen Suitcase. Kaufte das Allernötigste an Wäsche, an Kleidung, Trainingsanzüge und ähnliches, und weiter ergänzende Lebensmittel, Butter, Konserven, Wurst, Obst; und Wäscheklammern und Kerzen und bessere Eßgeschirre. Und fühlte sich gestärkter für das monatelange Durchhalten, wo die ursprüngliche Ausrüstung für ein paar Wochen berechnet war.

Dann aber zog es das Ehepaar vor, statt immer wieder in die Stadt zu gehen, die Natur draußen zu genießen, und es gab herrliche Wanderungen durch die Wälder, die Hügel auf und ab, die engen Täler entlang. Diese Gegend gehörte schon zu den Ausläufern der Waldkarpathen. Und es waren eine Unberührtheit und eine Stimmung von Abgeschiedenheit und Frieden auf diesen Wegen, als führten sie am Rande der Welt dahin. Das langsame Aufwachen der Natur aus ihrem Winterschlaf, der feine rötliche Duft über den Bäumen, der sich dann in zartestes Grün wandelte, die Frühlingsblumen und die bald mit Blüten übersäten Obstbäume, die überall in den Gärten und an den Straßen standen, war wie eine Rückkehr zum Mensch-Sein. Und weit hinten lag die Heimat und noch weiter hinten der Krieg. Dann blühten die Akazien, Wälder von Akazien; dann kam der Flieder, Wildnisse von süßem Flieder, dann wachten die Maiglöckchen auf und verstohlen im dichten Unterholz der Aronstab. Dann wiegten sich die großen blauen Glockenblumen und der verzauberte gelbe Fingerhut. Und Kröten schleppten ihre Jungen über den Weg, und große bunte Schmetterlinge flatterten. Und Basilisken en miniature, grün und blau schillernde Baumeidechsen kletterten über Stämme, huschten über Steine. Und schließlich kamen die Hirschkäfer mit ihren zackigen riesigen Zangen, krochen mit glänzenden Kugelaugen gemächlich am Boden, zeichneten im Fluge noch ihr groteskes Profil vom Abendhimmel ab. Man lag manchmal in Gesellschaft, meist allein, am Waldrand auf der Höhe, badete in der Sonne, dann auch im Wiesenbach, hatte die Handarbeit mit und die Lernbücher, hielt die Mahlzeiten aus den mitgebrachten Vorräten und war weit weit weg – von einem Flüchtlingslager, dessen Bewohner seit Monaten, und wie lange noch, auf eine Möglichkeit warteten, in Freiheit und Arbeit zurückzukehren, zur neuen echten Heimat.

Dr. Seligmann arbeitete in den Zwischenzeiten. Er hielt wieder einmal einen Vortrag über Palästina; die Unterhaltungsveranstaltungen und Vorträge waren in der Patronka seltener, die Menschen noch weniger homogen als in der Slobodarna. Nicht einmal das Kurswesen kam recht in Gang. In kleinen Zirkeln nur ging ein Lernbetrieb vor sich, und es waren die allermeisten, die nichts dergleichen unternahmen, viele ständig unterwegs, viele auch bei Lagerarbeiten, im Garten, in der Schmiede, eingereiht und erpicht auf einen geringen Verdienst, der dafür von dem Direktor der Patronka bezahlt wurde, froh, billige Arbeitskräfte ausnützen zu können.

Doch war für die ziemlich zahlreichen Kinder und Halbwüchsigen zwischen acht und sechzehn Jahren eine Schule eingerichtet worden, an der die Elementarfächer und Englisch und Ivrith unterrichtet wurden. Dr. Seligmann stellte sich zur Verfügung und gab in den verschiedenen Klassen Palästinakunde, wobei er erfuhr, wie unendlich schwierig es ist, die Aufmerksamkeit von halbverwilderten und unerzogenen Kindern beisammen zu halten, auch wenn sie an dem Unterrichtsgegenstand interessiert sind. Er versuchte durch Abwechslung, durch einen leichten gutmütigen Unterhaltungston und auch schließlich durch Strenge die unruhigen Köpfe zu fesseln; der einzige Trost war ihm, daß es auch den meisten der anderen Unterrichtenden kaum gelang, die Bande einigermaßen auf Arbeit zu konzentrieren. Dann trieb er intensiv Ivrith. Er lernte einen Dr. Simon kennen, einen ehemaligen Richter, einen hochgebildeten Hebraisten, der ihm dabei Anleitung gab und mit dem er allmählich in regelmäßigen näheren Konnex kam. Durch Zufall kam die Sprache auf Dr. Seligmanns arabische Anfangsbemühungen, und Dr. Simon war alsbald außerordentlich interessiert. Dr. Seligmann brachte ihm die arabische Schrift bei, die er selbst schon zu Hause gelernt hatte, und beide zusammen arbeiteten in der arabischen Grammatik weiter. Die hebräischen und allgemein philologischen Kenntnisse Dr. Simons unterstützten dieses gemeinsame Arbeiten so wesentlich, daß sie beide Fortschritte machten und sich eine gewisse Grundlage schaffen konnten, wobei Dr. Simon den anfänglichen Vorsprung seines Anregers bald überholt hatte, indem er Zusammenhänge mit dem Hebräischen auch da aufzeigen konnte, wo sie Dr. Seligmann nicht erkannt hatte. Aus diesem gemeinsamen Lernen entwickelten sich gemütliche Teeplauderstündchen, an denen auch Frau Seligmann teilnahm, die ihrerseits von Dr. Simon Ivrithstunden bekam und dafür Wärme und Verständnis gab in einer Art, die dem zurückgezogenen Junggesellen besonders wohltuend zu sein schien. Spaziergänge durch die Lagergassen, den „Garten", die Lästerallee schlossen sich an, noch tief in den Frühsommerabend hinein, und Debatten über Leben und Denken.

Ein mittelgroßer Mann, um die fünfzig, mit kleinen blauen Wasseraugen und rotem Gesicht. Linkisch im Benehmen, scheu und zurückhaltend. Praktisch in einer unpraktischen Art. Einzelgänger von Geburt. Er trug so unentwegt ein grasgrünes Hemd, daß der Verdacht entstand, er habe nur grüne. Aber nein, plötzlich einmal erschien er in einem rosaroten. Sein Anzug war abgetragener als der der meisten Lagerinsassen, aber er besaß einen besseren, den er schonte. Ein ausgefranster Strick vertrat die Stelle eines Gürtels. Oder war es einmal wirklich ein Gürtel gewesen? Die grauen Socken hatte er stets wie Gamaschen über die Enden der Hosen heraufgestülpt. Das sei sehr praktisch, weil der Schmutz nicht so eindringen könne. Er wirkte keineswegs unsauber, aber gesucht ungepflegt, als wollte er sagen: ich weiß, ich weiß, aber so sehe ich nun einmal aus.

Er war einer der wenigen, die weder Geld mitgenommen hatten noch geschickt bekamen, noch auch verdienten. Die Sprachstunden gab er grundsätzlich unentgeltlich, freilich zeigten sich die Schüler in kleinen Leistungen erkenntlich; die eine Schülerin besorgte für ihn die Wäsche, die andere flickte und stopfte, wieder andere brachten Obst oder luden ihn ein. Indes lehnte er ängstlich alles ab, was eine Verpflichtung, eine Bindung entstehen lassen konnte. Und er hatte Bekannte in der Stadt, die ihm wohlwollten und ihn eine Zeitlang bei sich aufgenommen hatten, wobei er ihre Kinder unterrichtete. Allein dies schien ihm eine genügende Gegenleistung zu sein, und er blieb weg, besuchte die Leute nicht einmal mehr, um nicht neuerliche Wohltaten anzuregen. Ein neuer Diogenes:

„ich bin reich – denn ich brauche nichts." Und seine Barschaft bestand aus dem Erlös für Antwortscheine, die den Briefen an ihn beigelegt waren.

Mit Betonung nannte er sich Fatalist und erzählte, als er Dr. Seligmann und seiner Frau gegenüber allmählich etwas auftaute, vieles aus seinem Leben, das das Bestimmungsmäßige dartat, wie es sich an ihm auswirkte. Er war fromm, nicht im orthodoxen Sinne, noch weniger im liberalen. Er besuchte die Gottesdienste, hielt jedoch keine der traditionellen Vorschriften, etwa der Speisegebote oder der strikten Schabbathruhe alter Observanz. Aber er hatte viel Verständnis für die orthodoxen Auffassungen und sogar Entschuldigung für ein leerformales orthodoxes Gehabe. Er schien die Orthodoxen um ihr Glauben-Können zu beneiden und glaubte ihnen Respekt zu schulden, auch da, wo nur noch Äußerlichkeit und Gewohnheit ein innerlich Morsches überdeckte, immer noch ein mystisches Band, das den in den Weltraum geschleuderten verlorenen Sohn vor dem völligen Untergehen bewahren, ihn zurückleiten könnte auf festen Boden.

Fragen des Glaubens und des religiösen Verhaltens kehrten immer wieder in den Unterhaltungen mit Dr. Seligmann, ebenso wie die Fragen, die die politisch-historischen Zusammenhänge betrafen.

Das auserwählte Volk

„Wir dürfen", erklärte Dr. Simon, „uns selbst nicht so wichtig nehmen. Wir dürfen nicht alles vom jüdischen Standpunkt aus beurteilen. Wir sind Partei. Die Weltgeschichte rechnet mit anderen Größen, als es die paar Millionen Juden sind, die, auf der Welt verstreut, die Last ihres Schicksals tragen. Die Judenfeinde phantasieren von der weltbeherrschenden Macht des Judentums, womit sie natürlich nur die Judenheit, die jüdische Menschheit meinen. Wo hat diese ‚Macht' nur einen Juden in der Welt vor Verfolgung bewahren können? Wo hat sie Pogrome, wo hat sie Unrecht und Ungleichheit hindern können? Wo hat sie auch nur eine einzige Zufluchtstätte auf der weiten Welt für die Zu-Tode-Gehetzten sichern können? Und die Juden haben, vielleicht wirklich die einzigen, geglaubt, was ihre Feinde im Grunde selbst nicht glauben, daß sie etwas bedeuten im Weltgeschehen."

„Ist es nicht verständlich", wandte Dr. Seligmann ein, „daß jeder von seinem Punkt aus die Welt betrachtet? Da jedes Land, jede Partei, jede Schicht die Juden zurückstieß und aus ihrer Gemeinschaft ausschloß, wie sollten sie für eine andere Gemeinschaft denken als ihre eigene – die doch erst eigentlich durch den Druck von außen entstand?"

„Schön. Jeder kämpft um Selbsterhaltung. Aber er darf den Maßstab nicht verlieren. Die Judenfrage ist ein Hebel, Massen in Bewegung zu setzen. Die Judenverfolgung ist ein Kampfmittel, ein Propagandamittel, um aufzurütteln aus schläfriger Gewohnheit und weicher Duldsamkeit. Sie ist kein Selbstzweck. Sie müßte unter anderem Namen neu erfunden werden, wenn der letzte Jude vertrieben, vernichtet wäre. Das Wesentliche aber ist: die Völker sind in Bewegung geraten. Eine ungeheure Neuschichtung, Neuordnung bereitet sich vor. Faschismus, Nazismus, Bolschewismus haben neue Lebensformen erzeugt. Wir dürfen nicht fragen: sind sie gut? Noch weniger: sind sie gut für die Juden?, wie es meine alte Großmutter immer tat, wenn von irgendwelchen Ereignissen berichtet wurde. Sondern wir müssen anerkennen: sie sind vorhanden; sie sind kräftig; sie haben eine ungeheure Stoßkraft, eine Überzeugungskraft gerade für die jungen Menschen. Und sie haben den Erfolg des Lebendigen gegenüber dem Alten. Wenn das Alte tüchtig und wichtig und lebensfähig wäre, könnte es nicht umgestoßen werden. Auch dies Neue muß nichts Endgültiges sein, ist es ganz sicher nicht. Aber es bereitet den Boden, es schafft die Aufnahmefähigkeit für neue Lebensformen. Und die mögen ganz anders sein, als wir sie uns ausgemalt haben. Wir wissen nicht, was kommt. Aber es ist groß, an der Schwelle eines neuen Zeitalters zu stehen. So wie Goethe, der bei der berühmten Kanonade von Valmy sagte: von hier und jetzt beginnt eine neue Epoche."

„Ein Seherspruch; der allerdings wie die meisten Seherspruche nicht in Erfüllung ging."

„Wir stehen zu nah, um Überblick und Urteil zu haben. Aber wir müssen schauen und dürfen weder urteilen noch *ver*urteilen."

„Sehr interessant zuzusehen, wie der eigene Körper seziert wird. Nur, vielen wird übel dabei – sie können kein Blut sehen. Wie werden wir die Prozedur überstehen?"

„So dürfen Sie nicht fragen. Das ist gleichgültig. Danach richtet sich das Weltgeschehen nicht. Wir bleiben eingespannt in unser Schicksal und müssen es tragen, wie es kommt."

„Und sollen untätig zusehen, nicht eingreifen, selbst gestalten?"

„Versuchen Sie's doch einzugreifen! Sie können es nicht. Hier, Sie sehen's doch vor Augen, Sie können nichts verändern. Sie können sich in Lagerbetrieb und Lagerpolitik mischen; und dann? Vielleicht ein wenig mehr Ordnung, etwas weniger Vetterliswirtschaft. Aber sonst? Sie bewegen uns nicht vom Fleck. Und das wäre das einzige, was der Mühe wert wäre. Sie können die Menschenhändler nicht beseitigen, die uns hierher und nicht weiter gebracht, Sie können das Geld nicht beschaffen, das nötig wäre, Sie können die politischen Schwierigkeiten nicht wegräumen, die unserer Durchreise durch andere Länder im Wege stehen. Bestimmung!"

„Und dennoch! Menschen gestalten die Schicksale, Menschen machen die Politik, bringen die Ereignisse zum Rollen. Wer sagt, daß Sie und ich und der und jener nicht ebensolche Wirkungen auslösen können, wenn sie den Willen, den Angriffsmut dazu haben? Das Schicksal läßt uns handeln, wenn wir sollen."

„Halt. Wenn wirklich alles fraglich ist für uns, alles beweglich im großen Entwicklungsfluß; wenn wir sehen, daß wir jetzt und hier nichts tun können, als unsere Zeit erwarten, ist es dann nicht richtig, wenn wir von *uns selbst* ausgehen, *unser* Leben gestalten, *von* uns und *in* uns aufzubauen suchen und uns erinnern, daß da keine Bestimmung ist, vielmehr eine *Berufung*. Eine Berufung, die die Menschheit im ganzen nicht hörte, nicht aufnahm; die aber wir Juden hörten und die lebendig geblieben ist in uns seit dreitausend Jahren. Sind wir nicht geradezu verpflichtet auf diese Berufung, nicht um der Judenheit, sondern um des Juden*tums* willen? Ich bin nicht gläubig in dem herkömmlichen Sinne. Die Bibel ist für mich kein unberührbares Heiligtum. Ich nehme sie als das Buch der Bücher in sozusagen literarischem Sinne, historisch, philosophisch, wie Sie wollen. Was in der Bibel steht, hat für mich nicht Beweiskraft, sondern Symbolkraft. Doch viele nehmen sie wörtlich. Und da steht: ‚ihr sollt mir sein ein auserwähltes Volk, ein Volk von Priestern, ein heiliges Volk sollt ihr mir sein.' Drückt das nicht Aufgabe und Verpflichtung aus?"

„Die Auserwählung wertet sich um in Überheblichkeit, in eben jene Überbewertung des jüdischen Standpunktes, die nicht wenig zur Nährung des Judenhasses beigetragen hat. Und die mit ein Grund ist, warum die Juden in den Jahrtausenden immer wieder zu Märtyrern wurden."

„Aber dann ist sie doch wohl auch eine der Ursachen der Erhaltung des Judentums?"

„Den Glauben an die Auserwählung kann man als Ursache zwar nicht gelten lassen, da er wohl den Sinn der Offenbarung, der Gesetzgebung mit umfaßt. Aber die Erhaltung des Judentums über die Jahrtausende hinweg, über Mächtigwerden und Vergehen von Weltreichen, über Leiden und Verfolgung jeglicher Art, das ist die Leistung derer, die an den Formen der Religion festgehalten; die den Buchstaben des Gesetzes überlieferten, den Buchstaben festhielten, den Buchstaben glaubten und nicht rüttelten am Buchstaben des Gesetzes."

„Da muß ich etwas Ketzerisches sagen: haben sie nicht mit dem Buchstaben den Geist ausgetrieben? Wie, wenn sie den Buchstaben nicht festgehalten und dafür den Geist vertieft und vertieft überliefert hätten, aufgehend in der Menschheit – Lehrer der Menschheit, Führer zu höherem Menschentum? Womit die Berufung vollzogen, die Auserwählung erfüllt gewesen wäre. Es hätte dann kein Judentum mehr gegeben, kein Verfolgen und kein Leiden. Und die jüdische Idee könnte die Welt erfüllen, hätte Erfüllung gefunden in einer höheren Geistigkeit."

„Sehr schön gedacht, sehr edel. Aber utopisch. Ein Bächlein treibt Mühlen und befruchtet die Wiesen und Felder. Aber selbst, wenn es zum Fluß, zum Strom geworden – seine noch so gewaltigen Wassermassen erhöhen nicht das Niveau des Meeres um einen Millimeter."

„So glauben Sie nicht an eine fortschreitende Entwicklung?"

„Schlechterdings nein! Die Menschheit ist nicht besser und nicht schlechter heute denn je. Alle schönen und edlen Gedanken der heutigen Philosophen finden Sie schon irgendwo bei den Alten, bei den Griechen, aber auch bei den Denkern des Ostens, sei es Kong Futse, sei es Buddha, sei es Zoroaster oder Hammurabi. Und Handeln und Motiv des Handelns sind gewiß nicht besser geworden. Ganz sicher aber nicht aufrichtiger und wahrhaftiger."

„Nein, nein, nein. Da tue ich nicht mit. Was hätte Leben, und das ist Bewegung, gelöste Spannung, für einen Sinn, wenn es kein Aufwärts gäbe! Langsam vielleicht, unmerkbar für uns Zeitgefangene. Bewegung verneinte sich selbst, wenn kein Ziel wäre, zu dem sie gerichtet ist."

„Es könnte ja ein einfacher Kreislauf sein, wie der der Erde um die Sonne. Wo ist da das Ziel? Seit wann? Wie lange? Bis wann? Oder fragen Sie wo? Ist da Raum wirklich? Oder ist nicht ‚Raum' nur eine Denkform! Genau ebenso wie Zeit. Wir lösen es nicht, wir können uns nicht vermessen, hinter die Welt zu sehen. Bestimmung!"

„Nein und nochmals nein. Denkformen, gut: Anschauung, Vorstellung. Hinter das ‚Ding an sich' kann man nicht schauen. Auch gut. Aber damit sind die Spannungen in uns noch nicht gelöst. Sie drängen. Sie wachsen. Und wir wachsen und reifen. Und es kann nichts verlorengehen. Ein Kreislauf, schön, aber keiner, der in sich selbst zurückkehrt. Wenn Sie beim Bild bleiben wollen: eine Spirale. Und wenn auch dies nur eine Denkform wäre, es wäre, es wäre genug als Schema unseres Denkens, als Agens, das uns selbst Richtung und Ziel gibt. Ein Ziel, so fern wie Gott selbst. So wirklich oder so unwirklich wie Gott selbst."

„Darüber läßt sich nicht mehr diskutieren. Hier beginnt das Gebiet, wo nichts mehr bewiesen werden kann, wo man glaubt, oder nicht glaubt. Und darin haben Sie vielleicht recht: wer glauben kann, gewinnt Halt. Das ist der ungeheure Vorsprung der Orthodoxen. Sie brauchen sich den Kopf nicht zu zerbrechen, über Schicksal und über Rechttun. Sie haben ihr Wissen um die Dinge und ihre feste Sicherheit."

„Sie wollen doch nicht sagen, daß diese Menschen wirklich erfüllt sind von echtem Glauben, von dem Wissen um Gott und von ihrer Pflicht zu Gott und den Menschen. Was Sie von ihrem Handeln sehen, beweist gerade das Gegenteil."

„Ja und nein, Sie wissen ja um ihre Leiden und um ihre äußere Verfassung. Von dem Druck, unter dem sie standen, und von dem Zwang, sich auf Schleichwegen die Existenz zu erhalten. Sie wissen von ihrer geistigen Schulung, von dem durch Jahrhunderte fortgesetzten Verstandes- und Gedächtnistraining. Auch hier sehen Sie die Wirkung von Schicksal und Bestimmung. Wären sie nicht in Ghettos gesperrt worden, sie hätten nicht die ungeheure Konzentration auf Talmud und Talmudstudium erlebt, nicht die überspitzte Schärfung des

Verstandes, auch mit all ihren negativen Folgen, und nicht die innige Vertiefung in ihren Glauben, der bis zur Selbstaufgabe an den Überlieferungen festhält – und dadurch in Wirklichkeit das Judentum vor dem Erlöschen bewahrt hat. Aus dem orthodoxen, dem chassidischen Reservoir des Ostens sind immer wieder die jüdischen Bestände im Westen, personell und ideell, aufgefrischt worden. So viele auch in der westlichen Zivilisation, in der Assimilation immer wieder verlorengingen."

„Ich denke, bei Assimilation gehen, wie bei jedem Übergang, nicht unbedingt Kräfte verloren. Sie verändern sich, wirken sich aber unverlierbar aus in anderer Form."

„So sagen unsere Gegner auch. Und deshalb wollen sie viel konsequenter als die früheren Antisemiten keine Taufe, keine Art von Assimilation anerkennen. Aber das ist sicher; wenn Sie schon an eine Aufgabe oder, sagen wir nur, an eine Existenzberechtigung des Judentums glauben, dann müssen Sie zugeben: die Aufgabe ist noch nicht erfüllt, die Existenzberechtigung noch nicht erloschen. So lange wenigstens muß sich das Judentum erhalten. Und es erhält sich nicht in der westlichen Einstellung. Nur im Osten. Im Westen geht es langsam und sicher unter. Durch Taufe, durch Mischehe, durch Abwanderung, durch Geburtenrückgang. Das ist statistisch erwiesene Tatsache. Deutschland hielt seine Bevölkerungsziffer auf 600 000 Juden allein infolge des Nachstroms vom Osten her. Italien, mit am frühesten von Juden besiedelt, die den Grundstock für die frühchristlichen Gemeinden abgaben, hat noch ganze 70 000 Juden, Frankreich noch 120 000, wenn's hoch kommt. England etwa 250 000, wobei die Juden nur in ihrer Admassierung in Whitechapel deutlich in Erscheinung treten – und Whitechapel ist russischer, polnischer, galizischer Osten. Und in Wien als dem nächsten Einfalltor gibt es oder gab es 200 000, das ist ein Drittel der Judenzahl von ganz Deutschland."

„Das ist die bevölkerungstechnische Seite der Erhaltung; die unerwünschte, wie unsere Gegner sagen, und wie wir auch sagen müßten, wenn sie das Wesentliche wäre."

„Die geistige Seite hängt daran."

„Aber das, was uns die Ostjuden bringen, ist doch nicht der jüdische Geist schlechthin! Der ist doch bei ihnen verbogen, verkrüppelt, ganz ähnlich verkrüppelt wie ihre Sprache. Und wiederum bei uns, in uns selber lebt doch etwas vom jüdischen Geist, das nicht untergehen kann . . ."

„Sagen Sie das nicht. Was wir noch bewahren können, geht langsam und sicher über in das allgemeine Kulturempfinden der Menschen. In Kunst, in Literatur erhält sich das überlegene Denken und Fühlen, aber es verliert sein Ansehen als jüdisch. Und es kann uns passieren, daß unser Beitrag zur menschlichen Kultur eines Tages verteidigt wird gegen uns. So wie das frühe Christentum vom jüdischen Geist lebte und die christlichen Lebensformen erfüllt sind von dem Samen, den das Judentum ausstreute. Es verliert seine spezielle Ausprägung und assimiliert sich so, daß nichts erkennbar übrigbleibt. Und wir haben wenig Mittel, das fortzupflanzen, was wir als jüdischen Geist erkennen. In der Religion ist das Mittel. Ohne die Erhaltung der jüdischen Religion, ohne Erhaltung ihrer Formen gäbe es kaum mehr ein Judentum. Die Ostjuden bewahrten die Formen. Und seien es nur diese. Aber in den Formen sind die jüdischen Grundideen, und sei es nur latent, so enthalten, daß sie immer wieder durchbrechen können. Die Formen, auch gedankenlos und äußerlich gehandhabt, schaffen die Gemeinschaft, schaffen das Fluidum, in dem der jüdische Geist lebt. Sie, mein Freund, sehen nur die einen, die in ihrem Leben sich nicht nach den Worten richten, die sie lernen und beten, die Heuchler, die Verdorbenen. Aber selbst ihnen noch gibt das religiöse Brauchtum einen Halt, eine Tradition, eine Gewöhnung, die den Menschen nicht völlig abgleiten läßt. Wenn diese Menschen eingesponnen sind in ihren Gottesdienst oder in die Freitagabendstimmung, sind sie der Niedrigkeit des Alltags völlig entrückt. Und sie fühlen sich glücklich und geborgen. Niemand, der Tradition achtet, der noch Ehrfurcht hat vor irgend etwas, kann ganz schlecht werden. Immer noch steht eine Rückkehr offen. Aber wissen Sie, wie viele doch noch fähig sind, sich in den Sinn der Formen wahrhaft zu versenken? Sie leben in einer anderen Welt. Sie sind kurzsichtig geworden, haben sich vielleicht Scheuklappen angetan für die materielle Welt, die sie umgibt. Das praktische Leben wird zum Traum, in dem sie keine Kontrolle haben, indem sie sich erhalten mit allen Mitteln des verruchten Existenzkampfes, erhalten, ohne sich dieser Verruchtheit bewußt zu werden. Denn ihr wirkliches Leben geht in dem, was wir Traum nennen würden, in den Bezirken der heiligen Schriften unter. Nirgends finden Sie drastischere Beispiele von Schizophrenie, von Bewußtseinsspaltung."

„Ich kann mir nicht vorstellen, daß Ihnen solche Zwiespältigkeit als etwas Positives erscheint. Auch wenn sie eine Art Krankheit ist, wenn wir ihre Entstehungsursache verstehen und erklären können, erwächst uns die besondere Pflicht, das Gesunde vom Kranken, das Positive vom Negativen zu trennen. Und wieder die Pflicht des Nächstbeteiligten, des Nächsten im biblischen Sinne: zu lieben, zu helfen – und zu heiligen, wenn Sie das Wort gestatten."

„Ganz gewiß bin auch ich verletzt durch das Negative. Aber darüber und dahinter sehe ich noch viel Positives.

Da sind Menschen, die die ganze Bibel, den halben Talmud auswendig kennen, die von jedem hebräischen Wort aus dem Kopfe wissen, an welchen Stellen der Thora es vorkommt, und denen dies Wort schließlich bildhaft lebendig wird.

Da sind Menschen, die den ‚Sohar‘[42] studiert, denen mystische Zusammenhänge und Deutungen durchsichtig wurden, denen das Leben erfüllt ist von Erscheinungen und Beziehungen und Strömungen; sie sehen sich eingehüllt, eingebettet in die Glorie Gottes und seiner Engel. Der Tallit, den sie über Kopf und Schultern werfen, wird ihnen zum Strahlenkleid der göttlichen Herrlichkeit, und sie schreien und tanzen und werfen die Arme, in einer Verzückung, die nur auf den lächerlich wirkt, der sie nicht versteht. Es ist der Aufschrei der Kreatur zu ihrem Schöpfer, sie ist überwältigt von dem Glanz der ‚Schechinah‘,[43] losgelöst von allem Stofflichen, entrückt aller Umwelt; sie gibt sich hin in einer ekstatischen Gottesliebe, die in diesem Augenblick tief und echt ist. Die Hingabe des einen stützt den anderen. Die Strahlen der Inbrunst, die zum Himmel aufsteigen, verweben und verflechten sich und bilden ein Dach, gleichsam einen Tempel. Das gemeinsame Hingegebensein erzeugt ein Fluidum, das die Seelen wie körperlich verbindet, wie ein zähes Seil die schwachen Stäbe zum starken unzerbrechlichen Bündel. Und es wächst in dem Bündel die Nähe und die Wärme, die Stärke strömt durch die Körper und hebt sie hinaus weit über sich selbst, weit über das, was der Verstand zu fassen vermag: trunken sind sie wahrhaftig von Gottesfreude und aufgelöst in mystischer Kommunion.

Nein gewiß nicht alle sind so. Verblaßt, unwirklich geworden, abgegriffen ist vieles. Aber der Geist, den ich Ihnen entworfen, der lebt wirklich, und aus ihm steigen ungekannte und unbewußte Kräfte auf, die Judentum mit beiden Schultern tragen."

„Sie sprechen so, als sehnten Sie sich selbst zurück in diesen Kreis."

„Zurück sagen Sie! Vielleicht wäre es noch besser, vorwärts zu sagen. Vorwärts und zurück. Vielleicht ist es auch gleich. Die jüdische Mystik hat mich allerdings mächtig angezogen. Es gibt wundervolle Schriften und Erzählungen, und ich möchte Ihnen raten, sich einmal etwas davon anzusehen. Auch von modernen Schriftstellern. Von David Frischmann, von Perez zum Beispiel."

„Denken Sie an die Geschichte vom Zaddik von Nemirow?"[44]

„Gewiß, an die auch. Erinnern Sie sich an den Schluß, wo der ungläubige bekehrte Litauer sagt: ‚Wahrlich, er war im Himmel. Und vielleicht noch höher!'"

Unter Druck

Die Zeit ging weiter. Die Zeitungen berichteten über den „Blitzkrieg", das atemberaubende Vordringen der deutschen Heere. Der Westwall war überrannt, ganz Frankreich niedergerungen, und die deutschen Heere zogen in Paris ein. Die Juden, die glücklich gewesen waren, sich in Belgien, in Holland, in Frankreich in Sicherheit zu wissen, waren aufs neue vors Nichts gestellt, losgerissen vom Ankergrund, vom schützenden Hafen. Nach Amerika flüchtete, was immer die Möglichkeit dazu hatte, die Masse mußte in den Flüchtlingslagern bleiben, die wieder zu Gefangenenlagern, Konzentrationslagern wurden. Und der Balkan begann sich zu regen. Die Haltung Ungarns war unsicher, Jugoslawien kam in Bewegung, und zwischen Italien und Griechenland schienen sich Differenzen, wenn nicht Kriegsanlässe aufzutun. Rumänien und Bulgarien blieben wohlwollend neutral, und das hieß, sie taten den Achsenmächten den Willen und lieferten Material.

Auch in der Slowakei wuchs der deutsche Druck. Es gab kleinere Unruhen, Prügeleien, mehr eingeworfene Fensterscheiben im Judenviertel. Die Zahlungen für die Verpflegung der Flüchtlinge schienen wieder einmal ins Stocken geraten zu sein. Die angezogene Schraube drehte das ganze Gewinde, und der Druck pflanzte sich auch auf Slobodarna und Patronka fort. Da die Transportunternehmer zwar noch immer mit Gerüchten und Versprechungen nicht geizten, in Wirklichkeit aber nichts zu unternehmen schienen, verloren nicht nur die Internierten, die Gäste, sondern deren Gastgeber, die Herren Slowaken, die Geduld. Oder war auch dazu der deutsche Druck die Veranlassung? Es begann mit kleinen Schikanen: die Polizei verkürzte die Freiheiten, die Bewegungsfreiheit vor allem, und stellte Termine für die Ausreise. Nun hieß es, die Schiffe für die Weiterbeförderung seien gechartert, seien allbereits in Sulina, aber ihre Ausrüstung sei noch nicht beendet; in Rumänien seien keine Nägel aufzutreiben, die zur Fertigstellung benötigt würden; auch die Flaggenfrage mache noch Schwierigkeiten.

Im Mai war ein von ansässigen slowakischen Juden unter revisionistischer Führung[45] veranstalteter Transport von Bratislava donauabwärts abgefahren. Einzelne Insassen der Patronka, Angehörige eines jüngst angekommenen Nachschubs, konnten sich diesem Transport anschließen; sie fuhren ab, heftig beneidet von den Zurückbleibenden. Und es gab wüste Szenen bei diesen Enttäuschten. Gegen Zahlung eines Betrages von dreitausend Kronen, später sogar wesentlich billiger, konnte man sich bei dem Transport einkaufen. Als Dr. Seligmann von der Sache erfuhr, ging er sofort zu dem Büro, hörte indes, daß es schon zu spät sei, andertags sei bereits Abfahrt – auf eigenem Schiff, einem Küstendampfer, der den Namen „Penschow" trug und der auch die Seereise bis Erez – ohne Umladung – unternehmen wolle.

„Vor allem, Sie müßten sofort bar bezahlen."

„Das geht natürlich nicht, ich müßte erst wegen des Geldes nach der Schweiz telegraphieren."

„Das wird zu lange dauern."

„Sie fahren direkt von hier bis Erez Israel?"

„Gewiß, in drei Wochen sind wir dort."

„Ist es richtig, daß die ‚Penschow' ein Raddampfer ist?"

„Das spielt ja keine Rolle. Sie ist seetüchtig und hat genügend Platz, ist vorzüglich ausgerüstet, und . . ."

Die Abfahrt war seit mehr als einem halben Jahr immer wieder verschoben worden. Es sollte angeblich an Geld mangeln. Ein anderer Transportversuch, auch von slowakischer Seite unternommen, war an politischen Schwierigkeiten gescheitert. Die Leute waren bereits auf dem Donauschiff verladen, blieben drei Wochen lang im Winterhafen liegen und wurden plötzlich wieder ausgeschifft und, soweit sie nicht in Bratislava selbst ansässig waren, in die Patronka gebracht.

Das „Penschow"-Unternehmen machte auf Dr. Seligmann nicht den Eindruck von Zuverlässigkeit. Es schienen die gleichen, wenn nicht noch schlimmere Machinationen am Werke zu sein wie bei dem Transport der Rotgasse. Dazu kam der Ausblick auf einen alten Raddampfer, der über das türkische Schwarze Meer fahren und im Mittelmeer womöglich noch Abenteuer bestehen sollte – Dr. Seligmann schauderte davor zurück und war innerlich froh, daß die knappe Zeit ihn der eigenen Absage enthob. Die „Penschow" fuhr im Mai ab, man hörte nach einiger Zeit, daß sie in Rumänien angelangt wäre; dann, daß sie noch nicht aus der Donau ausfahren könne; dann, daß sie ausgefahren, daß sie sogar schon in Palästina angekommen wäre; und schließlich endgültig, daß sie doch noch nicht angekommen und ihr Schicksal ungewiß sei.

Das war eine Episode. Die slowakische Regierung drängte weiter. Eines Morgens im Juli kam aus heiterem Himmel der Befehl: sofort zur Abreise packen! Bis zwei Uhr mittags müsse das Gepäck auf den Liegeplätzen jedes einzelnen so hergerichtet sein, daß es zu sofortigem Abmarsch unmittelbar aufgenommen werden könne. Die Lagerinsassen sollten den umgehenden Gerüchten zufolge nach Deutschland zurückgebracht, nach anderen Versionen in das sogenannte Niemandsland zwischen den Grenzen abgeschoben werden. Die Drohung lastete schwer auf den Gemütern. Offenbar wurde verhandelt. Offenbar wurde auch gezahlt. War es Ernst, war es politischer Druck, oder war es „nur" Erpressung? – niemand wußte Genaueres. Aber der Druck, die Nervenprobe war ungeheuerlich. Die Männer debattierten und stritten, die Frauen blickten ängstlich und verstört. Die hergerichteten Rucksäcke wurden vom Oberst besichtigt, ein Befehl zum Abmarsch kam nicht. Man legte sich abends wieder wie gewohnt aufs Stroh, in dem gerade um diese Zeit eine Masseninvasion von Flöhen eine ungekannte Sensation erregte, um am nächsten Tag aufs neue zu packen, aufs neue abmarschbereit zu stehen. Vierzehn Tage ging es so, die Spannung wich nicht. Die Vertreter des Transportunternehmens beruhigten. Versicherten, es werde alles unternommen, die Schiffe seien endgültig bereit, es fehle nur an Kleinigkeiten, und man werde schon erreichen, daß die Aufenthaltserlaubnis so lange verlängert werde, bis die Abfahrt wirklich möglich sei. Immer wieder kamen neue Ausreden, neue Vertröstungen. Niemand glaubte mehr ein Wort, und alle ergaben sich stumpfem Fatalismus, von gelegentlichen Wutausbrüchen und rüden Schimpfereien am falschen Orte unterbrochen. In den letzten Monaten war auch die Verpflegung unregelmäßiger geworden. Auf der einen Seite nützte der Direktor der Patronka die Situation weidlich aus und zog – wieder einmal – aus der Not der Juden so viel Vorteil, wie er konnte. Er benützte die billigen Arbeitskräfte, die er mit lächerlichen Bagatellen bezahlte, einem Zehntel etwa des ortsüblichen Lohnes. Er verstand sich aber nicht zu dem geringsten Entgegenkommen und ließ die Leute unbekümmert hungern, wenn er glaubte die Schrauben ansetzen zu können. Die Verpflegungssätze waren dabei viel zu hoch im Verhältnis zu dem, was wirklich geleistet wurde. In einer alten Waschküche war ein Bad, ein Duschraum mit heißem Wasser, eingerichtet. Für jedes einzelne Bad mußte extra bezahlt werden, die Vergütung des Heizmaterials genügte nicht. Überdies wurden alle nötigen Arbeiten, Kochen und Heizen, Holzmachen und Materialtragen, Reinigung, alles, alles von den Lagerinsassen selbst erledigt.

Die Spannung flaute schließlich ein wenig ab, und selbst der ärgste Skeptizismus wurde wankend: ob der festgefahrene Transport nicht vielleicht doch wieder flott würde? Niemand glaubte ernstlich, und jeder hoffte doch. Der slowakische Druck konnte am Ende die letzte Chance sein. Es war allerhöchste Zeit, die politische Situation war drohend genug. Wenn auch Griechenland in den Krieg gezogen würde, wenn der Balkan zu brennen anfinge, dann wäre alles verloren.

Die Abfahrtsgerüchte, die Abfahrtsversprechungen verdichteten sich. Schon wurden Termine genannt. Immer wieder liefen die Menschen in die Stadt und besorgten Proviant für die Fahrt. Denn das wußte man, ahnte man, die gemeinsame Verpflegung würde knapp, wenn auch vielleicht ausreichend sein. Und wenn irgendwie Verzögerungen, Aufenthalte unterwegs einträten, käme die bare Not. Für solche Fälle und für die Ergänzung der normalen Verpflegung galt es, gerüstet zu sein.

Drei Wochen nimmt die Fahrt wirklich in Anspruch. Wie, wenn sie vier, wenn sie fünf Wochen dauert? Für fünf Wochen Dauervorrat, Schiffszwieback, Sardinen, Schokolade, getrocknete Früchte – das war das mindeste. Und die Leute kauften, kauften, solange Geld vorhanden war, solange sie sich mit Geld durch örtliche Beziehungen versorgen konnten. Zweimal schon war es umsonst, zweimal mußte wiederum ergänzt werden. Dr. Seligmann hatte den kleinen Koffer mit Proviant gefüllt; in den Tagen der Spannung und der nahen Abreise hatten er und seine Frau wiederholt umgepackt, hatten noch zu guter Letzt einen zweiten Koffer erworben und eine Umhängetüte, da bekannt wurde, man würde nicht immer zu dem Gepäck gelangen können, das irgendwo im Schiffsbauch aufgestapelt sein würde.

Und schließlich ging es wirklich los. Der 28. August war nach vielen Verschiebungen als endgültiger Abreisetag festgesetzt. Es war eine Personalverteilung notwendig. Denn die ankommenden Donauschiffe waren schon von Wien aus von einer Zahl von Auswanderern besetzt. Da war die „Helios", auf der Leute aus Danzig verladen waren, und die „Uranus", auf der sich bereits eine Gruppe Berliner befanden. Wie die Verteilung wirklich ausgehandelt wurde, blieb unklar, auch sie war ein Schachern zwischen Interessen und Einflüssen. Genug, in die Patronka kam die Weisung, zunächst etwa zweihundert Mann abzustellen. Die Zurückbleibenden würden bald nachfolgen. Es waren aber auch Heimlichkeiten zwischen der Lagerleitung und den Vertretern der Unternehmung im Gange, und es zeigte sich wieder einmal, daß in diesem Landstrich anscheinend nichts gerade und offen vor sich gehen konnte und überall Bevorzugungen und Cliquengesichtspunkte dazwischen eingeschaltet werden mußten. Diese Lagerleitung war aus allgemeinen Wahlen hervorgegangen, und die dazugehörigen Intrigen reichten wochenweit zurück. Dr. Seligmann hatte sich strikt von all diesem Gestreite und diesen Ehrgeizeleien zurückgehalten, um so mehr, als er merkte, daß unter den Hauptpersonen auch solche waren, die es mit menschlicher und kameradschaftlicher Korrektheit nicht gerade genau nahmen. Die endgültige Zusammenstellung der Transporte warf überdies alle Vororganisation über den Haufen. Von der vorgesehenen Reiseleitung wurde er durch eine sonderbare Schiebung getrennt, deren Zweck er nicht rasch durchschaute. Er befand sich mit seiner Frau in der Vorausgruppe. Hierüber ungehalten zu sein, bestand keine Ursache, obwohl sich bald ergab, daß die meisten derjenigen, mit denen er in freundschaftlichem Verkehr stand, nicht bei seiner Gruppe waren. Statt dessen war da neben vielen Gleichgültigen und Unbekannten eine Anzahl von Leuten, mit denen er durchaus keine nähere Berührung gewünscht hätte, wie sie eine Fahrt wie die bevorstehende notwendig mit sich brachte. Von der Reiseleitung selbst und allen denen, die ihr irgend nahestanden, war kein einziger in der Gruppe. Dieser hochherzige Verzicht auf den ersten Abschub gab zur Verwunderung Anlaß, bis evident wurde, daß die Herren doch einiges über die Schiffe für sich behielten, um es für sich und ihren Anhang ausnützen zu können. Am meisten bedauerte Dr. Seligmann, daß er von Dr. Simon getrennt war.

Autobusse fuhren in den Hof der Patronka. Die Koffer und Rucksäcke wurden oben aufgeladen, die Menschen, mit kleinen Gepäckstücken belastet und behängt, im Inneren verstaut, und fort ging es zur Donau, zum Hafen, zur Zollrevision. Es war ein schweres schweres Schleppen, und ohne den organisierten Hilfsdienst wäre nicht durchzukommen gewesen. Die Zollrevision war gründlich und langwierig; jedes Gepäckstück mußte aufgemacht werden, wurde durchwühlt und das mühsam Verpackte in chaotische Unordnung gebracht. Jedes Stück, – mit Ausnahme derer, die Frau Seligmann durch beflissene Geschäftigkeit uneröffnet zu den schon durchgesehenen Sachen praktizieren konnte.

So, das war vorüber, und sie hatten Glück gehabt, außer der peinlichen Ordnung war nichts abhanden gekommen, nicht die doppelte Ration Schokolade, nicht die geschickt verstreuten Konserven, nicht das Geld, für dessen Mitnahme Dr. Seligmann sich noch zuletzt unter unendlichen Schereien Bewilligung verschafft hatte. Ein kurzes Aufschnaufen, und dann ging's – man traute Augen und Füßen nicht – wirklich aufs Schiff.

Die „Helios" war ein Donauausflugsdampfer, ein schönes modernes Schiff, gerechnet etwa für dreihundert Menschen. Eine Anzahl Kabinen war vorhanden, ein schöner Speisesaal 1. Klasse, ein kleinerer 2., Promenadedecks und Zwischendecks. Wirklich ein schönes Schiff. Aber da waren schon vorher die Danziger aufs Schiff gekommen, eine Gruppe von fünfhundert Menschen, die alle normalen Plätze besetzt hielten. Es mußte erst durch vieles Hin und Her Platz geschafft werden, und es wurde furchtbar eng. Denn nun waren es siebenhundert Menschen. Dr. Seligmann kam in den großen Speisesaal, für seine Frau konnte er ein halbes Kabinenbett ergattern. Das heißt: in der Zweibettkabine waren fünf Damen einquartiert, zwei auf jedem Bettgestell und die fünfte auf dem Fußboden. Im Speisesaal waren ungefähr hundertzwanzig Menschen untergebracht. Mann neben Mann auf dem blanken Fußboden nebeneinandergeschichtet, die Hälfte Danziger, die andere Hälfte Patronkaner, von denen sich alsbald eine ganze Anzahl irgendwohin verkrümelt hatte; für ältere und kranke Menschen waren einige Kabinen verfügbar, gleichfalls aufs engste angefüllt. Da das Wetter mild war, zogen es viele vor, im Freien auf den Bänken zu kampieren oder auf dem Deck, dort, wo die Gepäckstapel noch Platz gelassen hatten. Denn das gesamte Gepäck, das man bei der Autofahrt nicht in der Hand behalten hatte, war unzugänglich aufeinandergetürmt. Jedes Stück trug die Transportnummer des Eigentümers, die er mit Farbe noch im letzten Moment aufgepinselt hatte, dieselbe Nummer, die er selbst auf einem Holztäfelchen im Knopfloch trug.

Ja, Dr. Seligmann war Nummer 846 geworden, und Frau 847 fühlte sich nicht gerade glücklich, sie hielt sich mit Gewalt aufrecht in dem Gedanken, nun endlich auf dem Wege zu den Kindern zu sein, in vier Wochen, so Gott will, mit diesen vereint.

Mit den Patronkanern war nicht gerade Staat zu machen. Aber gegen die Menschen, mit denen sie jetzt zusammenkamen, erschienen sie wie eine wohlvorbereitete Elitewanderzirkusgesellschaft. Die Leute aus Danzig hatten einen noch höheren Altersdurchschnitt. Und sie waren weder vorgeschult durch eine Art von Hachscharah, wie sie das Lagerleben in Bratislawa nun doch ein wenig war, noch auch nur vorbereitet. Die Prager in der Slobodarna waren, im großen genommen, Chaluzim, sie gingen auf Alijah. Die Patronkaner waren Emigranten, die Danziger waren Flüchtlinge. Reine Flüchtlinge. Sie waren erst einige Tage von zu Hause weg. Sie hatten nur wenige Tage, ja Stunden zur Vorbereitung gehabt und mußten dann Hals über Kopf zusammenpacken. Und ihre Ausrüstung und ihre Verfassung war dementsprechend. Sie führten viel Überflüssiges bei sich, und es fehlte am Notwendigsten, vor allem auch an zweckmäßiger Kleidung. Die Prager waren aufs sorgfältigste ausstaffiert, und manche hatten Gepäck vorausgeschickt. Sie wußten, was eine illegale Alijah bedeutete, und hatten sich ausgerüstet gegen Wind und Wetter, für Strapazen allerart. Kriegsmäßig möchte man sagen. Auch die Patronkaner hatten meist ihr Gepäck vorausgeschickt, sie waren für eine vierwöchige Reise primitiv gerüstet, immerhin eine *Reise.* Sie besaßen meist ein weniges an Reisegeld, während die Prager im großen über keines verfügten. Die Danziger hatten Geld, irgendwo versteckt, Geld und Wertsachen; aber sie hatten an Kleidung und Wäsche und Utensilien gerade zusammengerafft, was sie eben noch besaßen oder ergattern konnten; Koffer und Decken waren von schlechter Qualität; Wetterzeug und gutes Schuhwerk fehlten nahezu gänzlich; aber steife Hüte und Stehkragen, Pelzmäntel und Spazierstöcke sah man viel. Silberbesteck und unförmige zerbrechliche Teller, und sie sprachen ein Gemisch von Polnisch-Jiddisch und Berlinerisch; und waren undiszipliniert und hilflos in den einfachsten Organisationsdingen.

Etwas Ordnung mußte zuerst geschaffen werden. Eine Reiseleitung war nötig. Einer der Patronkaner war zuletzt in den Diensten der Wiener Kultusgemeinde gestanden. Ihm waren anstelle eines designierten Führers im letzten Augenblick etliche für die Reise nötigen Papiere und Ausweise übergeben worden, und um ihn herum kristallisierte sich nun eine primitive Ordnung. Man bildete aus den Leuten der Patronka drei Gruppen, Plugoth, und wählte für jeden einen Plugahführer. Dr. Seligmann war einer derselben. Dann wurden Zimmerkommandanten aufgestellt und er für den Speisesaal wiederum von seinen Leuten nominiert. Er verständigte sich mit den Danzigern, die überhaupt nichts organisiert hatten und wie erleichtert zugriffen. Dann wurde aus den jüngeren und zuverlässigeren Leuten eine Art Schiffspolizei, eine Haganah[46] gebildet, und auch hier folgten die Danziger der Führung und Anregung.

Das geschah alles an dem Verladequai, wo die „Helios" ruhig vertaut liegenblieb; in einiger Entfernung sah man ein anderes Schiff ankommen und anlegen, die „Uranos". Die erste Nacht verging noch in vollster Unordnung. Jeder blieb, wo er war und stand. Am nächsten Tag erst klärte sich das Chaos ein wenig, und man fand sich zurecht. Nun hieß es, es würden noch weitere Leute aufs Schiff kommen. Bei dieser Überfüllung noch mehr? Der Tag verging in Ruhe. Die zweite Nacht. Am frühen Morgen kam das Schiff in Bewegung. Es gewann freie Fahrt. Unter der Donaubrücke ging es durch, und die alte Preßburg winkte den Abschiedsgruß. Die gehobene Stimmung senkte sich rasch. Knapp unterhalb der Brücke am Winterhafen legte die „Helios" wieder an.

Angst und Zweifel und Enttäuschung schüttelte die Passagiere. Man wußte nur zu gut von dem früheren Transport, der so lange in eben diesem Winterhafen gelegen und schließlich wieder ausgeschifft worden war.

Ein paar Tage vergingen. Die neue Ordnung spielte sich ein und die innere wuchs, das ausgegebene Essen war reichlich und genießbar, wenn auch auf Massenbetrieb eingestellt. In langen Schlangen stand man zur Essensausgabe an. Die Anstellschlange wand sich mangels disziplinierterer Einteilung um das ganze Promenadedeck, und es dauerte oft fast eine Stunde, bis man daran kam. Aber man konnte gemeinsam und an den Tischen essen, und es gab sogar heißes Wasser hernach zum Geschirrspülen. Reichlich Brot und gutes Brot, und es tat sich eine Kantine auf, in der es zu teueren Preisen, mit Hilfe von Bordgeld manches zur Auffrischung und Abwechslung gab, Kaffee, Obst, Schokolade, Rauchwaren, auch Bier und Mineralwasser.

Vom Land kamen, überbracht durch Funktionäre des Transportunternehmens, Nachrichten oder auch Gerüchte über den Grund des Wartens. Die übrigen Leute aus der Slobodarna und Patronka müßten ebenfalls noch verschifft werden, und es kämen noch zwei weitere Schiffe nach, die bereits in Wien beladen würden.

Hier erfuhr Dr. Seligmann von dem ersten Todesfall auf der Reise. Beim Einschiffen der Danziger war ein Mitglied dieser Gruppe beim Befördern von Gepäck ausgeglitten, ins Wasser gefallen und, es war schon in der Abenddämmerung, abgetrieben worden und ertrunken. Der Ernst begann. Dr. Seligmann erinnerte sich an sein erstes Gefecht, anno 14, in der Colmarer Gegend. Wie neben ihm plötzlich einer zusammensackte und ein dünner Blutstrom aus dem Hinterkopf sickerte.

Und das Leben geht weiter. Und von den siebenhundert Menschen auf dem Schiff weiß keiner, was der Tag bringt. Wer der nächste sein mag, ob er selbst ...

Plötzlich wurde es lebendig. Ein Vorbote der Slobodarna kam an, die Platzverhältnisse auf der „Helios" zu inspizieren, Quartier zu machen, einzuteilen. Wieder hatte es endlose Verhandlungen und Streitigkeiten gegeben, bis sich entschieden hatte, daß die sämtlichen Insassen der Slobodarna, die ganze Prager Gruppe, ergänzt durch eine Anzahl junger Leute aus Bratislawa selbst, insgesamt noch dreihundert Menschen auf das überfüllte Schiff gestopft werden mußten. Der Einmarsch begann und vollzog sich in voller Ordnung, und Dr. Seligmann begrüßte viele alte Bekannte. Und wie die jungen Menschen so wohldiszipliniert und sorgfältig eingeteilt hereinkamen, empfand er Erleichterung. Denn diese junge Garde, mit ihrer eigenen bereits geschulten Haganah würde wohl für wirkliche Ordnung und Sicherheit während der Reise sorgen.

Donau

Das Schiff war nun allerdings zum Überlaufen voll. Nicht nur alle Gänge, Vorplätze und Winkel waren mit Schläfern belegt, eine erhebliche Zahl von Leuten mußte im Freien kampieren, auf dem Oberdeck, auf den Seitengalerien, wie am Hinterdeck wurde jeder Fußbreit Boden als Schlafplatz in Anspruch genommen. Die Gepäckstücke türmten sich zu Bergen, und es wurden Planen darübergezogen, falls sich das Wetter änderte.

Am 4. September in der Frühe, bei herrlicher Morgenbeleuchtung, machte die „Helios" los, und da fuhr auch schon die „Uranos" vorbei und übernahm die Führung. Auch sie war zum Brechen voll, zu den in Wien bereits verladenen fünfhundert Berlinern waren die übriggebliebenen etwa vierhundert Leute der Patronka eingeladen worden. Immerhin war die Enge nicht so drückend wie auf dem Schwesterschiff „Helios".

Und hinterher kam als drittes Schiff die „Schönbrunn", von der man vorderhand nur wußte, daß sie mit Menschen aus Wien, Freigelassenen aus Konzentrationslagern und aus anderen Gefängnissen gefüllt sei, etwa achthundert Menschen. Die „Schönbrunn" war etwas kleiner als die „Helios" und die „Uranos". Und den Schluß machte die „Krain" mit siebenhundert Menschen, im wesentlichen aus dem Protektorat, der Tschechoslowakei stammend, viele Angehörige der Prager darunter, weshalb diese mit jenen hatten vereinigt werden wollen.

Die kleine Flotte glitt mit einer Geschwindigkeit von etwa 25 km die Donau hinab. Und alle Angst war verflogen, und Hoffnung und Zuversicht wischte die enge Unbequemlichkeit des Unterkommens aus.

So eine Flußfahrt ist immer ein Genuß, wenn man wie Dr. Seligmann landschaftliche Eindrücke wichtiger nahm als Geschwätz über Reiseverlauf und politische Aussichten, und wenn das Wetter günstig ist. Hier wirkte vieles zusammen. Das Wetter war so günstig, wie es irgend sein konnte, noch sommerlich warm, südlich milde, und es fielen nur selten und kurz leichte Regen ein, die nicht viel Abbruch taten. Schlechtes Wetter oder Kälte hätte den verfügbaren Raum zur Unerträglichkeit beengt, und überdies lagerte doch das Gepäck im Freien, derzeit das einzige Hab und Gut.

Dr. Seligmann war noch nie in dieser Gegend gewesen. Alles war ihm neu und fremd, und sein Sinn für Landschaft schwelgte in dem Wandelbild, das gemächlich und frei vorbeizog. Anders als in der Eisenbahn und auch im geschlossenen Auto fuhr man hier nicht an Bildausschnitten vorbei, man war vielmehr mitten in der Landschaft, die wie die Luft und der Himmel von allen Seiten in die Nüstern drang und die Brust schwellen machte. Da waren versteckte Häuschen und merkwürdige schwimmende Wassermühlen, da war Vieh auf der Weide und wasserarme Brackwässer, da waren Weiden und Pappeln und Buschwerk und sanftgewellte Hügel. Und Kirchtürme und Schlösser und Türme; und liebliche Flußbiegungen und Windungen. Und Fischreiher, die zu Hunderten in den Lagunen stelzten. Und eine Symphonie von Farben in Moll, von den tiefen Schatten der Uferböschungen zu den silberglänzenden Erlen und dem wiegenden Schilf, den gelben Feldern und dem weißen Mauerwerk, den Schilfhütten mit den riesigen Galgen der Ziehbrunnen und den üppigen Blumengärten davor.

Dr. Seligmann fühlte sich frei und fest und voll freudiger Spannung und begrüßte jede neue Merkwürdigkeit fröhlich wie ein Kind. Und ihm war vieles, alles merkwürdig. Und am merkwürdigsten das Gefühl der Freiheit. Der weltweiten Freiheit. Bei aller Enge, bei allem Zusammengepferchtsein: die natürlichen und wie selbstverständlichen Bordwände grenzen nicht ab wie Gitter und Mauern und Stacheldraht, sie bedrängen nicht das „Innen", sie schützen vor dem Draußen. Und obzwar nirgends eine Möglichkeit war, an Land zu gehen, den Boden der fremden Länder zu betreten, die das Schiff erreichte, obzwar de facto das Schiff ein Gefängnis war, enger und strenger als irgendeines – es kam nicht zu Bewußtsein.

So nahm er das Neue, das Unvergleichliche in sich auf, orientierte sich nach Ein und Aus, verfolgte den Weg auf der Karte, ohne viel Namen an die Stelle von Eindrücken zu setzen, die er so gerne mit der Kamera festgehalten hätte.

Da war eine entzückende Strombiegung bei Gran, wo die Ausläufer einer lange verfolgten Hügelkette ans Ufer kamen und Burgen und Kirchen von hoch oben grüßten.

Da kam am späten Nachmittag Budapest in Sicht, und ein Märchen stieg auf an Wunderlichkeit und Pracht. Gerade noch recht in der scheidenden Sonne blinkten die Häuser wie Geschmeideketten, spiegelten sich die Paläste im Fluß, reiche herrliche Paläste, stiegen in sprühenden Mauerkaskaden die Hügel herab, blitzend und gleißend unter dem tiefblauen Himmel, geteilt von dem dunkelsamtnen Band des Stromes, den Armbänder aus Filigran, feingliedrige Brücken überspannten. Dämmerung fiel ein, Dunkel in dem tiefeingeschnittenen Flußtal. An den Hängen zu beiden Seiten flammten die Lichterzeilen auf, in Stufen, ein Gewoge von Häusern und Giebeln und Türmen und Säulen und Bogen, Perlschnüre, um den Nacken der Hügel geschwungen. Eine Königin ist diese Stadt, schön bis zur Trunkenheit. Verführerisch schön und heiß von Begierde. Grazie ist in der letzten Krümmung ihres Fingers, aber die Rosennägel sind scharfe spitze Krallen, sie können reizen und zerfleischen. Leidenschaftlich, hemmungslos. Wehe den Opfern.

Ein kurzer Aufenthalt. Man konnte Post aufgeben – sie wird nie ankommen. Und das Schiff gleitet weiter durch den Lichtertanz, der sich in den dunklen Fluten spiegelt, unter den Glühlampen-Girlanden der berühmten Hängebrücke durch. Zurück bleibt der Lichterglanz, ferner und ferner das Perlensprühen; an den Ufern vertröpfeln die Lichtfunken im Dunkel. Die Fata Morgana verschwindet. Stille ist eingekehrt, und schweigend steigen die Ufer empor, und oben im tiefdunkeln Schwarz-Blau leuchten die Sterne wie die Lichter und Lampen der ewigen Stadt.

Die Donau verläßt Ungarn, wendet sich nach Jugoslawien. Von Belgrad, das so lebendig in der Fantasie lebt, sah Dr. Seligmann so gut wie nichts: niedere Vorstadthäuser, weithin gestreckt, nichts, was an Geschichte, an Romantik erinnern konnte. Dann wurde der Strom wieder Grenze, rechts Jugoslawien, das linke Ufer rumänisch.

Wieder hatte die Flotille, wie meist während einiger Stunden der Nacht, Anker geworfen, eine umständliche Prozedur, bei der das Schiff jedesmal mit dem Bug stromaufwärts drehen mußte, und war wieder kurz vor Tagesanbruch unmerklich weitergefahren. Man näherte sich dem „Eisernen Tor". Die Wellen der Hügel wanderten bis nahe ans Ufer, die Hügel wurden Berge und Felsen, das Flußbett zum Tal, zur Schlucht. Der Strom war um die Hälfte seiner früheren Breite verengt. Steile Felswände stiegen auf, die Füße der Bergabstürze wusch der silberglänzende Fluß aus. Alles drängte sich an Deck, sah die übermächtigen drückenden Klippen hinauf, hinauf zu den zackigen Spitzen, und es war, als hielte die Welt den Atem an, als würden die Bergketten zusammengeschoben, zusammengedrückt, dieweil sich die Zwergenschifflein durch die enge Wasserspalte stehlen. Nun fühlte sich Dr. Seligmann ganz Tourist. Vergessen war die Drängnis und Wartezeit, vergessen Ungewißheit und Gefahr. Im Anschauen der Natur war er versunken, in vollen Zügen sog er die ewig wechselnden Bilder ein, die ewig das Eine, Gleiche, Große brausten und flüsterten: die Welt ist schön.

Orsowa blieb links liegen, dann erst kam das Eiserne Tor selbst. Der Strom war doppelt, ja dreifach breit, die Berge waren zurückgewichen, und ein ernüchternder Kontrast zu der romantischen Klamm war eingetreten. Das Wasser zeigte über die ganze Breite verdächtiges Schäumen und Branden, Strudelriffe sperrten den Stromlauf; nahe der rechten Uferseite läuft, kanalgleich abgeteilt, die gesprengte Fahrrinne, in der ein ungefährdetes Passieren möglich ist. Drüben am andern Ufer lag Turnu-Severin.

Ein Stück weiter, die Schulromantik Karl Mays lebt auf. Rechts glitt die Insel Ada-Kaleh vorbei, ein Stück Türkenzeit, das die Jahrhunderte auf der buschigen, üppigen Donauinsel vergaßen. Minaretts stiegen auf, Häuser in orientalischer Bauart. Wie verändert schien das Land: eine alte türkische Volksenklave, wie ein Naturschutzpark, erhalten in dem neuen Europa. Der Begriff „Balkan" wurde auf einmal urlebendig. Das Kinobild war bald abgerollt. Einförmigere Uferlandschaften breiteten sich aus, Weiden und Erlen und Pappeln wieder, und Fischreiher in den Lagunen, Seitenarme oder Flußmündungen, oder Irrgärten von Inseln. Die Donau verbreiterte sich fast zur Größe eines Binnensees, man näherte sich Ruščuk. Häuser und Türme waren bereits zu erkennen, und noch ferner her glänzten die weißen Hafenbauten von Giurgiu. Schiffe lagen vor Anker in dem weiten Wasserbassin, unterwegs war man nur aufwärtsfahrenden Schleppern begegnet, Materialtransporten, kriegswichtigen, keinem einzigen Personendampfer; und stundenlang kam überhaupt nichts.

Da plötzlich entstand Aufregung, alles schaute aus, deutete; von voraus, wo die „Uranos" fuhr, hörte man Rufen, im Sprechchor. Da, da ...

Ein Schiff in der Mitte des Stromes, vor Anker. Schief im Wasser hängend, als wollte es umkippen. Ein Raddampfer, ein alter Kasten, ein Wrack. Und, waren das nicht Menschen? War nicht das ganze Deck schwarz von Menschen, hingen nicht Menschen außen am Radkasten, überall, winkend, schreiend, aufgeregt ...

„Die Penschow!" löste sich ein Schrei. Und Dr. Seligmann überrieselte es kalt. Die „Penschow"? Das war doch der Revisionisten-Transport! Da waren doch die Adlers mitgefahren, und die ... und die ... Um Gotteswillen, die „Penschow"!

Die „Helios" fuhr auf etwa 100 m Nähe vorbei.

„Stille, Stille, sie rufen!"

Und von drüben setzte ein Sprechchor ein, wieder und nochmals, erst nur undeutlich, jetzt verständlich, in der atemlosen Spannung „Helft uns! Wir hungern!"

Als sich das lähmende Entsetzen gelegt, wurde, wieder im Sprechchor geantwortet: wir wollen tun, was wir können. Die „Helios" legte gleich darauf am Kai von Ruščuk an, dicht neben der „Uranos", so daß man sich verständigen konnte, Bekannte traf und Grüße austauschte.

Die „Penschow". Keinem ging es aus dem Sinn. Unwahr alle Gerüchte von glücklicher Fahrt, von Ankunft gar. Seit Mai unterwegs. Jetzt ist September. Das sind vier Monate, auf dem Wasser. In der Mitte des Stromes festgehalten. Sie dürfen nicht landen. Der Proviant muß längst aufgebraucht sein, und wenn die Versorgung noch so gut gewesen wäre. War sie es aber denn? Auch die Eigenvorräte der einzelnen. Vier Monate! Werden sie Wasser, werden sie Kohlen, werden sie wenigstens Essen von Land bekommen können? Haben sie Geld, Verpflegung zu kaufen? Sie sind ausgeschlossen von aller Welt, ausgesetzt auf dem Wasser. Sie können sich nicht einmal an Hilfskomitees wenden, wer wird ihnen hier helfen, wahrhaftig im Niemandsland, zwischen Bulgarien auf dem einen Ufer und Rumänien auf dem andern. Bulgarien stark unter deutschem und das heißt hier judenfeindlichem Einfluß; Rumänien erschüttert von Regierungskrisen und inneren Kämpfen um die Macht. Eben an diesem Tage kam eine neue Regierung ans Ruder. Und gewiß keine judenfreundliche.

Die „Penschow". Wie das Schiff aussah! Ein Geisterschiff, eine grinsende Fratze. Die eine Seite zum Wasserspiegel geneigt; ein alter Frachter, ohne Oberdeck, ohne Luken oder gar Fenster. Nicht halb so groß wie die „Helios", und sechshundert Menschen an Bord. Sechshundert Menschen, seit vier Monaten auf den kleinen Raum gepfercht, bei schlechtem Wetter. Kein Schutz im Freien, keine Luft drinnen; können sie zum Schlafen nebeneinander liegen oder auch nur hocken? Vier Monate lang. Und sich waschen und reinhalten? Und das Ausbrechen von Krankheiten, das Überhandnehmen von Ungeziefer verhüten? Und wenn Leute krank wurden! Es sind auch ältere Menschen darunter. Einen Arzt werden sie wohl haben. Aber kann er unter solchen Verhältnissen etwas ausrichten? Haben, hatten sie Medikamente?

Es war nicht auszudenken. Frau Seligmann kam aufgelöst zu ihrem Mann: wie muß ich dir abbitten. Ich hab' dir innerlich Vorwürfe gemacht, damals, daß du's nicht durchgesetzt hast, mit dem Transport fortzukommen, wie die Adlers, und ich war ganz deprimiert. Und jetzt seh' ich's. Was für ein Unglück, wie fürchterlich, wie fürchterlich! Die armen Adlers. Und alle die andern ... Werden wir irgendwie helfen können?

„Nun, wir werden ihnen natürlich von unseren Vorräten geben, was entbehrlich ist. Und wenn das alle vier Schiffe tun, kann schon eine tüchtige Menge zusammenkommen. Für den unmittelbaren Hunger wenigstens. Aber wie lange kann das vorhalten? Wenn sie nicht weiterkommen, verhungern sie vierzehn Tage später. Aber mitnehmen können wir sie nicht, noch sonst etwas für sie tun. Wir sind ja selbst eingesperrt, ohne eine Möglichkeit, unser Geschick zu beeinflussen. Über das Schiff herrscht der Kapitän, und der hat seine Ordre. Wir können noch nicht einmal hinfahren und mit den Leuten reden."

Es wurde eine Lebensmittelsammlung veranstaltet, es wurde mit der Hafenbehörde verhandelt und mit dem Kapitän. Man erfuhr noch einiges und konnte telegraphische Hilfsrufe für die Armen aussenden. Die Behörden versprachen, der „Penschow" die gesammelten Lebensmittel zuzuführen, deren Ration noch dadurch eine Erhöhung erfuhr, daß die Transportteilnehmer an diesem Abend auf das Abendessen verzichteten und so eine nicht unbeträchtliche Menge Wurstwaren den „Penschow"-Leuten zur Verfügung stellten.

Auf der „Uranos" war inzwischen ein Todesfall eingetreten. Herzschlag anscheinend. Die Leiche durfte in Ruščuk an Land geführt werden, ein paar Männern war die Begleitung der Leiche gestattet worden; auch dadurch kam eine Berührung mit der Außenwelt zustande. Man erfuhr weiter, daß Leute der „Penschow" versucht hatten, schwimmend das Land zu erreichen. Einige seien bei diesem Versuch ertrunken, anderen sei es geglückt, ans Ufer zu kommen, sie seien aber aufgegriffen und nach einigen Tagen wieder zurückgeschafft worden ...

Ein paar Tage blieben die Schiffe in Ruščuk, fuhren auch dazwischen nach Giurgiu hinüber, um wieder nach Ruščuk zurückzukehren und von dort endgültig die Weiterreise, verzögert offenbar durch neue Instruktionen infolge der politischen Lage, wieder anzutreten.

Wehmütig fuhren die Schiffe an der „Penschow" nochmals vorbei; so war doch wenigstens etwas zur Erleichterung der Lage der Bedauernswerten beigetragen worden. Und die Sprechchöre „Schalom" und „Habt Geduld", „Hilfe kommt" gingen hin und her, bis man außer Hörweite war.

„Mit welchen Gefühlen mögen uns die Menschen dort abfahren sehen!"

„Wissen wir, was uns bevorsteht?"

Tulcea

Die Donau war nun schon sehr breit, ein Geschlinge von Flußarmen und Inseln, weite Wasserflächen hinter den Deichen ins Land hinein, wenig bewohnte Ufer. Eine lange Zeit sah man eine ansprechende Mittelgebirgskette rechts weit hinten, in der Richtung auf Constanţa zu. Einmal fuhr das Schiff unter einer imposanten Eisenbahnbrücke durch, dann kam Braila. Rumänien. Auf der linken Stromseite die Stadt, ziemlich weit ausholend, rechts niedriges kahles Ufer, Weidenstrünke und Überschwemmungsgebiet. In der Mitte des Stromes lagen große Seeschiffe vor Anker, das Bild eines Seehafens. Feiertagsruhe schien zu herrschen zwischen den großen Schiffen, nichts bewegte sich, kein Lade- und Kleinverkehr ging. Wie schlafend, lauernd mehr, lag die Stadt. Gleisnerisch, eine Larve vor einem Totenkopf. Braila, der Name war doch bekannt. War es nicht oft und wieder in den Zeitungen genannt worden, wenn von Judenverfolgungen in Rumänien die Rede war?

Zwanzig Kilometer weiter Galatz. Die Schiffe hielten gar nicht, fuhren durch, wie wenn sie's plötzlich eilig hätten. In Braila war eine Militärpinasse an die „Helios" herangekommen, ein Offizier in deutscher Uniform hatte mit dem Kapitän nochmals verhandelt, Befehle überbracht. Mit Rußland schien nicht alles im reinen zu sein. Bald hinter Galatz beginnt russisches Gebiet, jüngst erst erworben, links an die Donau heranreichend. In Galatz fuhr man an zwei rumänischen Donaumonitoren vorbei. Die Stadt selbst lag etwas abseits, landeinwärts; Türme sahen herüber, Kirchen und Schlösser. Aristokratisch gebärdet sich die Stadt, kalt, zurückhaltend, glühend von verhaltener Leidenschaft.

Und dann war Tulcea erreicht. Nicht nur der Stromlauf machte ein großes Fragezeichen. Hier sollen die Seeschiffe sein. Werden sie wirklich da sein? Wie werden sie aussehen? Werden sie gleich in See stechen können?

Der Anblick von Tulcea war außerordentlich lieblich. Zwischen Hügel eingeschmiegt, versteckt hinter südländischen Gärten, lagen die Häuser, einzelne herausragend, fensterlose, orientalische Konaks, oder solche mit hohen Bogenfenstern, palazzo-ähnlich, auch schon flache Dächer, viel kuppelige griechisch-orthodoxe Kirchen, die Kuppeln wie Traubenbeeren um eine größere Mittelkuppel quellend, Moscheen, einkuppelig mit Minaretts, weiß, blendend und spitzig wie hochstehende Bleistifte. Der Fluß ein großes Hafenbassin, durch eine leichte Krümmung bei der Einfahrt und eine Hakenkrümmung bei der Ausfahrt abgeschlossen. Rechts im Knie gerade lag die Stadt zwischen den grünen Hügeln, einer davon wie ein Vorposten vorgerückt. Das linke Ufer flach, kühl und unbebaut, weiter einwärts eine Siedlung von schäbigen Hütten, wie eine Vorstadt, gruppiert um eine größere kuppelige Kapelle. Und alle hundert Meter ein Wachtposten am Ufer. Es waren Russen, und schon seit Galatz schien das linke Ufer militärisch besetzt; erst kürzlich hatten ja die Russen sich dieses Landstriches bemächtigt und sicherten nun den Grenzstrom, auf dessen gegenüberliegendem Ufer die Rumänen saßen. Von ihnen sah man nicht viel, aber man ward das Gefühl nicht los, daß man sich in Feindesland befinde.

Im Hafen sah man drei Schiffe, wenn für solche Gebilde diese Bezeichnung noch zulässig erscheint. Zwei lagen rechts am Kai, eines stromab in der Mitte verankert. Es mochten ganz alte Frachter sein, mit leuchtenden Holzverschlägen wie von Kistenbrettern, gelb und ungehobelt, die die Reling des Zwischendecks entlangliefen. Auf dem Oberdeck sah man ebensolche Kasten, aus frischen Brettern zusammengezimmert, und ganz hinten hing ein gleicher Holzkasten, in die Luft hinausragend über dem Heck. Eines der Schiffe hatte knallblaue Schornsteine, alle waren bunt-trist bemalt, ein schmutziges Okkergelb, ein braunes Rot, ein verschossenes Blau herrschten vor, und die Fahrzeuge führten weder Flaggen, noch trugen sie Namen. Aber man sah aus der Entfernung Arbeitsleute darauf beschäftigt und schloß, es möchten wohl Arbeitsschiffe sein, für örtliche Arbeiten, Flußkorrektion oder anderes.

Indes waren die Transportschiffe nicht zu sehen. Wieder eine der vielen Unzuverlässigkeiten. Schlamperei oder Betrug? Gerüchte gingen um – immer entstehen Gerüchte, immer wissen die Leute etwas, auch da und gerade da, wo wirkliche Informationen nicht zu erhalten sind: die Transportschiffe kämen noch diese Nacht von Sulina herauf; die Donauschiffe hätten Befehl, schleunigst umzukehren, um deutsche Rückwanderer, Evakuierte aus Rumänien zu befördern. Und der Herr Kommerzialrat Storffer höchstselbst sei in Tulcea, ebenso wie sein Vertrauter und Schwager, jener Herr Goldner, der schon in Bratislava mit Versprechungen tröstlicher Art nicht gegeizt hatte. Und überhaupt, es wäre alles in Ordnung.

Noch eine Nacht an Bord der „Helios". Am nächsten Morgen war Leben in den Hafen gekommen, ein trauriges Leben. Zwei von den Bretterbudenschiffen lagen nun in der Mitte des Stromes vor Anker, die „Helios", die „Schönbrunn" und die „Uranos" machten sonderbare Wendemanöver, und die „Krain" war an den Kai hingezogen, wo das Schiff mit den blauen Schornsteinen lag.

Dr. Seligmann suchte den Transportleiter der Prager auf.

„Was geht vor?"

„Sie sehen ja, das dort sind unsere Seeschiffe."

„Nicht möglich, diese fürchterlichen Schaluppen!"

„Sie seien, primitiv zwar, aber, wie uns versichert wird, völlig ausreichend ausgerüstet, mit Schlafpritschen in den Schiffsräumen, auch mit sonst allem Nötigen. Und eben war Goldner am Schiff. Er dürfe nicht herauf zu uns, sagte er, er sprach vom Ruderboot aus: es sei vollkommen für uns gesorgt. Wir würden noch heute auf die Seeschiffe umgeladen und sollten uns darauf vorbereiten. Und er könne nicht verweilen und müsse schleunigst wieder an Land zurück."

„Und wie wird die Verteilung sein?"

„Eines von den Schiffen sei größer, für tausendachthundert Menschen ausreichend, es führt den Namen „Atlantik". Sehen Sie dort, der Name wird gerade noch überpinselt. Das andere

Schiff, die „Pacific", das da hinten, fasse tausend Menschen und jenes dort drüben am Kai, die „Milos", achthundert. Wir Prager möchten natürlich gerne mit unseren Landsleuten zusammen sein. Goldner versprach, das Möglichste zu tun, aber er konnte keine bestimmte Auskunft geben und wich allen Fragen aus."

„Wenn wir beisammen bleiben! Ich fürchte, daß eine straffe Disziplin, wie sie die Prager haben, unterwegs nötig ist. Ihr seid hier das Rückgrat der Ordnung. Und ihr seid ausgerüstet, und ihr seid jung. Wenn ihr uns verlaßt, bleibt Chaos und Anarchie. Und wer weiß, mit was für Menschen man noch zusammenkommt."

„Und die Patronkagruppe auf der ‚Uranos'?"

„Ich habe keine Sehnsucht nach den Leuten, die uns ohne Vorbereitung, ohne Organisation, sogar ohne Medikamente auf gut Glück weggeschickt haben. Die, wie wir inzwischen erfuhren, Liebesgaben und Proviant für den Gesamttransport, ohne mit der Wimper zu zucken, für sich behalten, sogar Geldbeträge zurückgehalten hatten, die einzelnen von unseren Leuten gehörten. Und die, das ist das Verwerflichste, allem Anschein nach gewußt hatten, wie die Einteilung geschehen wird, und sich unserer Gruppe mit voller Absicht entledigten, um selber daraus den Vorteil zu ziehen. Sie mußten nicht schon acht Tage vor der Abfahrt auf dem Schiff zubringen. Und sie werden auch hier die besseren Plätze für sich ergattern. Es ist so niederschmetternd, wenn unter Chawerim, unter Schicksals- und Leidensgenossen die Ellenbogenpolitik sich noch durchsetzt."

Der andere zuckte die Achseln.

Die „Uranos" legte sich richtig längsseits der „Pacific", während die „Helios" bald neben der „Atlantik" lag. Eine sorgfältige Einteilung war getroffen. Reihenfolge des Aus- und Umsteigens, Ordner beim Aussteigen, Platzverteiler und Platzanweiser auf dem neuen Schiff. Die Plugoth sollten geschlossen beisammenbleiben, die Kranken und Schonungsbedürftigen besondere Plätze angewiesen bekommen, für sie waren in erster Linie die Betten in den Kajüten.

Frau Friedl war zu den Schonungsbedürftigen eingeteilt und saß geduldig auf einer Bank an der Reling des Oberdecks, als Dr. Seligmann mit dem Schluß seiner Gruppe auf die „Atlantik" geklettert war.

Das Schiff wimmelte von Menschen. Die Platzanweiser waren nicht zur Stelle, die Ordner nicht, alles schien aufgelöst. Jetzt erst sah er, daß auf der anderen Seite der „Atlantik" die „Schönbrunn" angelegt hatte und daß sich von dort ein gleicher Menschenstrom ergoß. Der gleiche? Nein, ein anderer, ein fremder, wilder. Man hörte breitesten Wiener Dialekt, rohes Schimpfen, Fluchen, wie es in den niedrigsten Bevölkerungsschichten zu Hause ist. Man sah Gestalten aus den dunklen Vierteln, Vorstadttypen, Menschen, die ausbrachen aus dem Käfig, in das, was sie für Freiheit hielten: einen anderen Käfig. Wilde losgelassene Haufen, nichts, was an Gemeinschaft auch nur erinnern konnte; entfesselte Kreatur. Das stieß und drängte durcheinander, und während noch die Hauptmassen der sozusagen landsmannschaftlichen Gruppen in vorbestimmte Teile des Schiffes dirigiert werden konnten, sprengten die Überflutenden alle Fesseln der versuchten Ordnung, und jeder mischte sich ein, wo er einen Platz fand, der ihm zusagen mochte. Im allgemeinen waren die Hauptmasse der Schönbrunner auf die hintere Hälfte des Schiffes konzentriert, die Danziger auf die unteren Räume im Mitteldeck und die Fläche des Vorderdecks, und die Prager und Patronkaner auf die Innenräume im Vorderdeck und das offene Promenadendeck.

Dr. Seligmann fand seine Leute verstreut in den Galerien, die von den vorderen beiden Ladeluken aus Licht und Luft erhielten. Das waren, vom Deck aus gesehen, quadratische Schächte, die dreistocktief in den Schiffsbauch hinabführten. Die Ränder oben, die Ränder der „Stockwerke", waren auch mit ein paar Stricken und Latten notdürftig bewehrt, es schwindelte, wenn man hinuntersah. Eisenleitern führten ins Zwischendeck, den ersten Stock, nach abwärts, Holztreppen, behelfsmäßig eingebaut, mit wackelnden Geländern in den zweiten und noch tiefer in einen dritten Flur. Da war man am Schiffsboden, und der Fußboden war festgestampfter Sand. In den Stockwerken waren, jeder Platz ausgefüllt und nur schmale Durchgänge freilassend, Holzregale, Brettergestelle aufgeschlagen, wie um Waren zu stapeln. Die Gestelle waren so tief, daß eine liegende Person gerade Platz hatte, einer neben dem andern, senkrecht zur Schiffswand. Strohgefüllte Matratzen lagen da reihenweise. Aber die Raumspanne vom Boden bis zum nächsten Liegeplatz darüber, dessen Boden die Decke für den unteren bildete, war knapp 50 cm, die Bretter mitgerechnet, und das obere Gefach noch mehr eingeengt durch Dampf- und Leitungsrohre mit dickem Rohrfutter, die die Decken entlangzogen, sich heiß anfühlten und tropften. Man warf die Säcke lieber heraus, lag auf den blanken Brettern und rollte die mitgebrachten Decken zusammen, weil man sich dann wenigstens im Liegen herumdrehen und seine Siebensachen unterbringen konnte. An ein Aufrichten, an ein Sitzen in dem Gefach war nicht zu denken.

Es herrschte ein trübes Halbdunkel, Luken in der Schiffswand gab es noch im Zwischendeck, ein paar wenige, verdeckt, geschlossen, unten überhaupt nicht. Das Tageslicht fiel durch den Schacht ein, und die Luftzufuhr kam auch nur von da. Eine drückende Hitze herrschte, und die Luft ward dumpfer und stickiger, je weiter man hinunterkam.

Im Fluge durchstöberte Dr. Seligmann diese Höhlen des Grauens, belegte schließlich zwei Plätze in der ersten Tiefengalerie, und eilte wieder zu seiner Frau aufs Oberdeck zurück, neugierig, ob ihr inzwischen der versprochene Kabinenplatz zugewiesen worden wäre. Nach Möglichkeit allerdings wollte er mit seiner Frau zusammenbleiben, denn er sah schon, in diesem Tohuwabohu würde sie sicher seine Hilfe unterwegs brauchen, besonders wenn er sich die Wirkungen des Seeganges vor Augen hielt. Aber beim Hinaufklettern ward es ihm klar, da unten war nie und nimmer eine Aufenthaltsmöglichkeit für seine Frau. Sie hatte schon nicht hinunterklettern können. Und wenn solche Wege mehrmals am Tage, zum Essen, zum Waschen, zur Toilette, und etwa gar in der Nachtzeit, und während der Fahrt, bei stürmischem Wellengang gemacht werden müßten! Aber auch die drückende Luft, die Enge und

Beklemmung – unmöglich für jemanden, dessen Atmungsorgane empfindlich oder dessen Herz Beklemmungen zugänglich war.

Frau Seligmann saß noch immer auf der Bank am Oberdeck und neben ihr eine Reihe anderer schonungsbedürftiger Leute, gleich ihr unschlüssig, was tun. Erkundigungen waren fruchtlos, wie eine Flut war die Übersiedlung hereingebrochen. Aber man wollte schon Ordnung schaffen mit der Zeit. Glücklicherweise war das Wetter noch immer warm und trokken, und so blieb man in der Enge auf der Bank, froh, wenigstens sitzen zu können. Mensch saß an Mensch auf den paar Holzbänken und auf Koffern und Deckenbündeln auf dem freien Oberdeck, von dem ein kleinerer Teil sogar durch ein Sonnensegel geschützt war.

Noch im letzten Augenblick der Umparkierung gab es einen verteufelten Kapergriff auf das ganze Gepäck der Auswanderer. Sie sollten nur umsteigen, das Gepäck würde schon nachgebracht. Von wem wohl, niemand machte Miene, sich wirklich um das Gepäck zu kümmern. Die Prager Haganah wich daher nicht von den Gepäckstapeln auf dem Donauschiff.

Wiederholte Ordre: es sei zu wenig Platz auf der „Atlantik", das Gepäck würde auf einem anderen Schiff verladen und nachgefahren. Die Prager ließen sich nicht beschwatzen und bestanden darauf, die „Helios" erst selbst zu verlassen, wenn auch das Gepäck auf der „Atlantik" verstaut wäre. Da so der Anschlag auf die letzte Habe der Reisenden vereitelt war, gab man mit bösen Blicken auf den entschwindenden Braten nach. Diese frechen Juden! Es ist doch sonst hier üblich, die Flüchtlinge noch vollends auszurauben, und gutes balkanisches Hausrecht.

Als sich der Menschen-Zustrom erschöpft und die Donauschiffe sich lautlos entfernt hatten, nachdem schließlich auch das Gepäck irgendwo in die tiefen Luken hinunter verstaut war oder aufgeschichtet zu hohen Bergen neben der Kommandobrücke lag, suchte sich Dr. Seligmann zu orientieren. Von Schritt zu Schritt wuchs sein Entsetzen. Das Schiff war uralt, jedoch schlank gebaut und schien im ganzen seetüchtig zu sein. Es gehörte zu jenen Personen-Frachtdampfern, die früher einmal einem komfortablen Reisen gedient haben mochten. Da war ein geräumiger Speisesaal, holzvertäfelt, mit schweren Mahagonitischen. Und sogar ein Klavier stand darin. Die Türen und die Paneele waren holzgeschnitzt, die Bänke und Sessel mit rotem Plüsch gepolstert, und eine Ahnung von verblichenem Prunk umwebte den Raum. Aber der Plüsch war verschossen und abgewetzt, die Polster eingedrückt, die Fenster wackelten in den Scharnieren. Und auch in dem Speisesaal saßen und hockten die Menschen dicht gedrängt auf den Bänken, und es war nicht möglich, auch nur stehend noch Menschen hineinzuzwängen. Da waren die Danziger voran und hatten alle Plätze besetzt. Eine Treppe neben dem Speisesaal, breit und vornehm, führte hinab zu den Kabinen. Dumpfe Luft und Toilettengeruch erzeugten Brechreiz; die Kabinen waren übervoll. Hier waren Frauen mit kleinen Kindern untergebracht. Auf jedem Bett mußten zwei Frauen liegen, und in Kabinen für vier Personen wurden bis zu elf Insassen gezählt. Auch im Badezimmer, in den Gängen vor den Kabinen, auf den Treppen saßen und lagen Menschen, die Knie angezogen, an die Wand gelehnt, in einer trüben Beleuchtung und in einer Seekrankheitsluft, die unerträglich war. Noch ein Stock tiefer – das gleiche Bild. Menschen, Menschen mit ihren Bündeln und Päcken; Hitze und Gestank.

Unter dem Speisesaal waren auch Toiletten noch vorhanden, links zwei für Männer, rechts drei für Frauen. Die Luft war Übelkeit erregend, eine Schlange von Wartenden stand dauernd an, die Wasserspülung funktionierte unvollkommen, um schließlich ganz zu versiegen. Rohrverstopfungen, Unsauberkeit, Unmöglichkeit der Benutzung war die rasche Folge.

Sollten das die einzigen WCs sein, für tausendachthundert Menschen? Doch nein, da waren noch die Notklosette, angeklebt wie Schwalbennester über dem Heck des Schiffes: Bretterkästen, die abenteuerlich frei in der Luft schwebten über dem Wasser. Wieder vier für Männer, vier für Frauen. Schon vom Hinsehen konnte einem schwindelig werden. Und dann waren noch zwei „Häuschen" im Mittelschiff im Gebiet der Schönbrunner, dort, wo die Krankenstube eingerichtet war, die unsaubersten „Gelegenheiten" von allen und die am schlechtesten gelüfteten.

In der Höhe des Speisesaals führten Seitengänge aufs Hinterschiff, die Galerien, von denen die Fallreeps zum Wasserspiegel hinabgingen; diese Seitengänge waren mit Brettern nach außen verschlagen, um etwas Schutz gegen das Wetter zu bieten und Wohnplätze zu schaffen. Wo die Galerien breiter wurden, waren wiederum dreifächige Pritschengestelle aufgeschlagen. Auch diese Plätze waren Kopf an Kopf und Körper an Körper gedrängt voll. Und das Gedränge setzte sich fort auf dem gleich hohen Hinterdeck, vor und hinter der Achterkajüte. Da war ehemals ein Damensalon, der nun als Ambulanz und Schlafraum für Ärzte und Pfleger diente und von dem eine Treppe hinab zu Kabinen und Gestellreihen für Kranke führte.

Vor der Achterkajüte wiederum eine breite viereckige Ladeluke, durchs Zwischendeck hinunter in die gleichen Katakomben, wie sie sich auf dem Vorderschiff fanden. Im Zwischendeck wieder die Holzgestelle, ein paar Bretterverschläge für die Proviantur und Kisten und Säcke in jedem Winkel herumliegend. Auf beiden Schiffsseiten die großen verschließbaren, aber nie verschlossenen Einsteige-Luken, an denen die Boote anlegten, wenn sie Waren brachten. Und ganz unten noch immer aufgeschichtete Menschen, und noch tiefer die Kohlenbunker.

Auf dem Dach der Achterkajüte die gelben Holzhütten, die man schon von ferne gesehen, Krankenräume, Wohnplätze, Raum für die Transportleitung.

Das Mittelschiff war durch das Maschinenhaus ausgefüllt, auf dessen Dach, in der Fortsetzung des Oberdecks, noch immer Menschen lagerten. Und auf dem Vorderdeck, bis vor zum Bug, zugänglich nur durch schmale Brücken über die vorderen Ladeeinschnitte, kauerte wiederum Körper neben Körper in erschütterndem Gedränge.

Dr. Seligmann kehrte zu seiner Frau zurück.

„Unmöglich, einen anderen, einen besseren Platz zu finden. Bleiben wir hier. Vielleicht hilft uns das Wetter. Wir sind im Süden. Im Mittelmeer ist die gute Jahreszeit. Besser in der frischen Luft unter freiem Himmel liegen, frei atmen können, als da unten in den Bunkern schwitzen, in den Katakomben, in der Hölle."

„Was ist denn dort drinnen in dem Aufbau, gleich neben uns, da scheinen wohl auch Kabinen zu sein?"

„Das ist das Steuerhaus. Vorne an der Brücke sitzt der Steuermann. Für ihn und für den Kapitän sind noch Aufenthaltsräume angebaut. Und darüber ist die Kommandobrücke. Auf dem Dach ist noch Gepäck verstaut.

„Wo wohnt denn die übrige Besatzung?"

„Die Maschinisten und Matrosen haben natürlich ihre richtigen Kajüten im Mittelschiff. Daran ist nicht zu rütteln. Sie haben die besten Plätze."

„Ich habe auch von einer Kantine reden hören."

„Die ist noch nicht so recht im Betrieb. Im Zwischendeck hinten, nicht weit von der Proviantur ist sie untergebracht. Ich sah einen verwegenen Kerl dort herumhantieren, ein Seeräubergesicht, ein Levantiner."

„Du, könnten wir jetzt nicht etwas essen? Wie ist das hier mit dem Essen überhaupt? Ist da eine Küche? Wann bekommen wir Verpflegung?"

„Ich denke, wir machen eine Sardinenbüchse auf. Dafür haben wir ja unseren Mundvorrat. Denn ich glaube kaum, daß die Verpflegung heute schon klappen wird. Sie streiten sich noch über die Einteilung. Da ist nur ein schmaler Raum, gleich neben dem Schornstein. Ungedeckt. Von unserem Deck aus kannst du hinunterspucken, wenn du tüchtig bist, mitten in die Suppe hinein. Da stehen zwei große Kochkessel mit einer primitiven Holzfeuerung darunter, alles höchst verwahrlost – das sei die einzige vorhandene Kocheinrichtung. Für alle auf einmal Essen zu bereiten oder auch nur Tee zu kochen, ist unmöglich. Das muß in Schichten geschehen. Die Fassung der Kessel reicht günstigstenfalls für ein Drittel der Leute aus. Ich höre, es soll in Gruppen gekocht werden, von den einzelnen Gruppen selbst. Die Prager haben glücklicherweise selbst Kochkessel mitgebracht. Die sollen im vorderen Zwischendeck, gleich unterhalb der Brücke aufgestellt werden. Dort ist auch Wasser von dem einen Wassertank am Bug. Wir werden den Pragern zugeteilt, dann ist die Gruppe circa fünfhundert Köpfe stark. Die fünfhundert Danziger und die achthundert Schönbrunner teilen sich in die eingebaute Küche dort unten. Sie kochen nacheinander, abwechselnd werden die einen mittags ihr Essen bekommen und die anderen gegen Abend. Es wird ohnedies nur einmal am Tage Essensausgabe sein, und in der Frühe Tee als Getränk für den ganzen Tag. Wir müssen uns auf schmale Kost gefaßt machen."

Der Tag war hingegangen, Dämmerung brach ein, am Oberdeck leuchtete eine trübselige Birne auf. Die Sterne zogen auf Wache an dem tiefsamtblauen Himmel; dann stieg der Mond hinter dem Hügelausläufer herauf und zeichnete Silberkringel auf die Wasserfläche, und die weißen Mauern der Moschee nahe dem letzten Hügel zitterten im Wasserspiegel. Die Luft war südlich warm und windstill.

Dr. Seligmann und seine Frau hatten sich ein wenig durch Essen erfrischt, sie hatten die Decken untergelegt und blieben auf ihrer Bank sitzen, gerade so wie Frau Markowitz links neben ihnen und ein älteres Ehepaar rechts. Jene war eine Danzigerin, dann folgten auf der Bank noch ein paar Danziger, dann wieder eine Wiener Familie und wieder Prager und Patronkaner. Sitzend auf den Decken und leicht eingewickelt, so wurde die Nacht verbracht. Und eine zweite und eine dritte Nacht.

Frau Seligmann war anderntags nach heftigen Bemühungen ihres Mannes ein Kabinenplatz angeboten worden. Sie sah sich's an und flüchtete auf die Oberdeckbank zurück, denn sie fand keinen Atem in der stickigen Kabinenluft, mit fremden Frauen im gleichen Bettgefach. Und überhaupt: wenigstens zusammen bleiben! Zu zweit läßt sich alles leichter ertragen, zumal unter den Ellbogenmenschen, denen die zarte Frau schon gar nicht gewachsen war. Nur beisammen bleiben! Alle Umwelt schien fremd und feindlich und fürchterlich.

Dr. Seligmann sprach Mut zu: die Dinge werden sich klären und einspielen. Man wird sich besser zurechtfinden, und wenn erst etwas Beruhigung eingetreten, wird wohl auch die Platzfrage besser geregelt werden können. Und dann: jetzt war man schon auf dem Seeschiff. Mit günstigem Wetter und ein bißchen Glück kann die Fahrt in zehn bis zwölf Tagen überstanden sein. So kurze Zeit hält man auch große Unbequemlichkeiten aus. Schließlich: was lag hinten? Hätte man denn zurückbleiben wollen? In der Slowakei mit all der Unsicherheit der künftigen Entwicklung, oder gar in der alten Heimat? Ist man denn nicht dem schlimmsten Schicksal, den ständigen Bedrohungen und Gefahren entronnen; den Todesgefahren der Konzentrationslager, der ständigen Angst um Verhaftung und Auseinandergerissenwerden; der Zwangsverschickung nach Polen, der Aushebung zu tödlichen Arbeitsdiensten im Kriegsgebiet? Und: blieb überhaupt eine Wahl? Der Anschluß an den Wiener Transport war wohl die letzte und einzige Möglichkeit, noch wegzukommen, von Bratislava an ging die Maschine zwangsläufig. Hätten sie überhaupt zurückbleiben können, gab es denn einen Ausweg? Konnte man denn irgendwo aussteigen, irgendwo nach eigener Wahl? Nicht einmal hier kann ein Fuß auf freies Land gesetzt werden. Andere Transporte waren auch auf der Strecke lange Zeit liegengeblieben, hatten günstige Gelegenheiten abwarten müssen, unvorbereitet. Waren endlich doch ans Ziel gekommen. Und in die Freiheit. Und zu den Angehörigen, den Kindern!

Die Masse

Den ganzen Tag schon, vom ersten Morgengrauen an, drängten und schoben sich Menschen vorbei, Menschen, die irgendwo unten in den Kabinen, in den Katakomben schliefen und die der Hunger nach frischer Luft nach oben trieb. Man sah es ihnen an, wie sich die Atmosphäre dort unten auf Herz und Lunge legte. Masse, Masse quoll aus den dunklen Eingeweiden des Schiffes, wie ein zäher dickflüssiger Brei, der alles alles deckt und schluckt und überkrustet und besudelt.

Das Individuum kämpft, daß es nicht verschluckt wird, überflutet, eingesogen in die eklige Masse; immer wieder sucht es aufzutauchen, sich aufzurichten; aber im Sumpf ist kein Halt; langsam saugt der Sumpf ein, und je angstvoller, krampfiger die Strampelbewegungen, desto haltloser, tiefer sinkt der Fuß. Masse, jüdisch oder nicht. Das Individuum sträubt sich, ringt mit allen Kräften und sieht am Ende, wie die Kräfte des Widerstands erlahmen, wie Masse Schicksal wird.

Dr. Seligmann hielt seinen Platz auf der Bank fest. Untertags brannte die Sonne heiß herunter, und er suchte mit dem Regenschirm, mit Decken, über die Reling gehängt, ein bißchen Schatten zu gewinnen. Dann waren Strohsäcke zu haben. Jene, die aus den Katakomben herausgeworfen wurden, weil sie den Platz wegnahmen. Er konnte zwei halbwegs saubere ergattern. Sie waren zusätzliche Sitzgelegenheit und Polster bei Tag, und des Nachts wurden sie auf den Boden des freien Platzes am Promenadendeck ausgelegt, vor der Kapitänskajüte, Strohsack neben Strohsack, kaum eine Lücke zum Durchgehen: die gleichgroßen Stücke brachten eine notdürftige Ordnung in die Reihe. Aber es war so eng, daß auf zwei Strohsäcken drei Personen liegen mußten. Wenigstens konnte man sich wieder einmal ausstrecken, und die Müdigkeit überwand das häßliche Gefühl des Eingedrängtseins zwischen fremde Menschen, die noch fremder, abstoßender werden durch ihre üblen Gewohnheiten. Um einige Zentimeter Platz wurde gestritten und gekeift. Ansprüche für das liebe Ich töteten jede Rücksicht auf das Bedürfnis des Nächsten. Die Menschen behielten die Kleider auf dem Leibe, aber innerlich entkleideten sie sich ohne Scham über eine natürliche Nacktheit hinaus – bis zur Obszönität. Das räusperte und spuckte und schnarchte und gab Ausdünstungen von sich, und wälzte und krümmte sich, und drückte sich an den Platz des Nachbarn; und stieß und trat mit Füßen, und rüttelte und machte Lärm. Und immer wieder brach in einer Ecke über einen hingeschobenen Koffer, einen weggerollten Rucksack Streit aus, der sich in Kaskaden von Schimpfreden ergoß, die Umstehenden mitbespritzte und hineinzog, bis schließlich, eine ansteckende Tollwut, das Gestreite und Geschimpfe abebbte, um anderswo desto stärker neu einzusetzen.

Dr. Seligmann vermißte bitter jedes Minimum von Gesittung, von Takt und Anstand und Rücksichtnahme, das schon der selbstsüchtig rechnende Verstand gebieten würde, wo es das Herz nicht vorschreibt. Was heute dir geschieht, kann morgen mir geschehen; der gemeinsamen Not ist nur gemeinsame Anstrengung gewachsen; dem anderen helfen, ist Hilfe für sich selbst. Und oft zahlt sich ein kleiner augenblicklicher Verzicht später glänzend aus, eine vielfache Quote für die eigene Wohlfahrt. Wie fern war der Palästinageist, der Geist der Alijah! Das Hinauffahren ins Land der Sehnsucht, mußte das nicht auch ein geistiges Erheben sein, ein Gehoben-Sein, das die Süchte und Leidenschaften der alten Welt zurückläßt, Plunder und Moder, wie es die Plüschmöbel und altertümlichen Schränke zurückgelassen, die Mahagonibetten und die Kachelbadezimmer, die Geschäfte und Geldquellen und Reichtümer. Und die Sorgen und Nöte des alten Existenzkampfes und der Kleinlichkeit in der Enge der Verhältnisse. Der Reiche war arm geworden, der Arme, ewig Sorgenvolle ihm gleich. Nur der Menschenwert war noch geblieben. Menschenwert. Was blieb wirklich noch? Was war echt hinter der

Fassade von Wohlleben und Reichtum und Verdienen; eine Rolle spielen im Kreise derer, die den Erfolg anbeten; hinter der starren Konzentration auf Existenz-Erhalten, Erwerben, Erraffen, Emporkommen?

Hier in der fürchterlichen Gemenge-Lage zirkelten sich Wesen und Einstellung schärfer ab, das Sich-Gehenlassen in dem Neuen, als wäre es noch das alte vertraute Milieu. Auf den Westler wirkten schon die äußeren Milieuunterschiede besonders kraß. Um so stärker, wenn diese Menschen sich getrieben sahen, den Verlust der Substanz und der Geltung in ihrem früheren Kreis, den Verlust der Macht, die Geldbesitz bedeutet, zu überkompensieren.

Gruppen bestanden weiter, Herkunftsgruppen, Milieugruppen. Im großen waren sie und blieben sie geteilt nach der Transportversammlung: die „Schönbrunner" behielten ihren Namen von dem Donauschiff, und der Doppelsinn wurde auch viel später nicht zurückgetrennt, als man die Bezeichnung „Austria" für diese Gruppe amtlich gewählt hatte. Für die Außenstehenden war der Name „Schönbrunn" nicht nur Lokalbenennung, vielmehr Qualitätsbezeichnung. In die Arche, auf der man sich befand, paßte die Erinnerung an den berühmten Tiergarten in Schönbrunn bei Wien wie das gelbliche Schmutzwasser in die blaue Donau und wie Herr Goldner nach Tulcea.

Aus allen Käfigen und Zwingern waren sie hier hereingetrieben. Da waren die Zebus und Kamele und Giraffen und Rentiere und Strauße, ein eingeborener Mittelstand von Haustieren und Prachtexemplaren; da waren die störrischen wildgestreiften Zebras und die um sich spuckenden Lamas, nicht die Affen zu vergessen, die taten, als wenn sie schon Menschen wären; da waren die Füchse und Marder und Murmeltiere und rechtschaffene Wölfe in Schafspelzen darunter, da waren die Dickhäuter und Borstentiere mit ihrem rohen Zynismus; und da waren auch Tiger und Leoparden und Hyänen und Wildkatzen. Eine Gruppe notorischer Krimineller war von der Gestapo dem Transport mitaufgezwungen worden. Leute aus Zuchthäusern und Gefängnissen, die niemals in jüdischer Gemeinschaft gestanden und die sich nicht nur durch ihre Verbrechen, sondern auch ihrem Gefühl nach vollständig von allem Jüdischen getrennt hatten. *Sie* waren *ganz* assimiliert, unterschieden sich in nichts von dem arischen Großstadtgelichter.

Eine größere Zahl von Leuten war aus den Konzentrationslagern in den Transport abgeschoben worden. Für sie war der Transport der einzige Weg zur Freiheit, zum Leben. Die übrigen waren der ewigen Bedrückung und den in Wien besonders scharfen Schikanen entronnen. Wenige, die aus zionistischer Einstellung heraus gerade Palästina als Ziel gewählt hatten, die meisten gleichgültig für das Ziel, zufrieden, daß sie irgendwohin auswandern konnten, sei es auch nach Palästina. Eine ganze Zahl solcher, die durch ihr sogenanntes jüdisches Aussehen Anpöbelungen besonders ausgesetzt waren; Leute aus dem Ghetto, aus Galizien, Polen, der Bukowina; Leute, die schon früher in Wien, der großen Zentrale, untergeschlüpft waren; Leute, die ihren Kaftan noch trugen und ihr ewiges Käppchen, und deren Inneres durch einen geistigen Kaftan von der modernen Welt abgeschlossen war. Sie trugen ihre Frömmigkeit wie einen Gebetmantel über Kopf und Schultern, und es war wieder eine kleine Zahl solcher darunter, die in chassidischer Verzückung in ihren Gebeten und Riten untergingen.

Typen solcher Art gab es auch in der Danziger Gruppe, die zur guten Hälfte aus ehemaligen Polen, die schon früher nach Danzig geflüchtet, bestand. Sonst waren die Danziger wesentlich Mittelstand, Kaufleute, Handeltreibende, Durchschnittsmenschen, die mit norddeutschem Akzent sprachen und manche Teilnehmer aus dem Reichsgebiet mit sich führten. Eine Art von liberaler Kehillah[47] mit ihrem Rabbiner als Transportleiter, wenige Zionisten; Flüchtlinge die meisten, nicht nur in der Tat, sondern auch der Geistesrichtung nach.

Die gegen zweihundert Patronkaleute, die Dr. Seligmann ja schon kannte, waren nur Anhängsel, belastendes Anhängsel vielleicht, an die Prager Gruppe, die sozusagen die Elite darstellte. Auch in ihren Reihen zeigten sich bei längerem Zusammenleben und in der Enge des Wohnens die Typen, die nicht unbedingt Anspruch erheben konnten, als Edelmenschen zu gelten. Alles ist relativ, unter Blinden ist der Einäugige König. Hier war wenigstens eine Spur von Disziplin und ein Versuch von Ordnung. Es war Anpacken und Tatkraft im Wege. Und die Gemeinschaftsidee, die sonst nirgends ein Heim hatte, war wenigstens fiktiv am Leben.

Es war durch Vertreter der vier Hauptgruppen eine gemeinsame Transportleitung gebildet worden, in der die Prager die Führung hatten. Sie hauste in der „Lischkah", der Bretterhütte auf dem Dach des Salons, auf dem Achterdeck. Und auch eine gemeinsame Haganah war gebildet worden, aus Mannschaften und Offizieren der verschiedenen Gruppen, mit „nationalen" Unterführern und einem Prager als „Rosch". Der Rosch Haganah[48] brachte es fertig, einen einigermaßen funktionierenden Ordnungsdienst, eine feste Schiffspolizei, zu organisieren, die überall eingriff, wo Unordnung und Streit auszuarten drohte. Sie wurde trotz der Enge des Raumes exerziert, hatte ihre Instruktion und wuchs sich allmählich zu einem brauchbaren Trupp zusammen, der auch ein gewisses Gegengewicht gegen die Schiffsleitung, den merkwürdigen Kapitän, darstellte. Man fürchtete nach dem abgeschlagenen Angriff auf das Gepäck, daß solch ein Gegengewicht auf der Weiterreise sehr vonnöten sein könnte. Die Haganah hatte ihren Sitz auf der oberen Kommandobrücke und dem Dach des Steuermannhauses, wo man den besten Überblick über das ganze Schiff, über Fahrt und Vorgänge draußen am Land oder später auf See hatte.

Das Menschenkonglomerat auf dem Schiff war nicht deshalb ein so enttäuschendes Erlebnis für Dr. Seligmann, weil er darin ein Kleinbild von jüdischer Gesellschaft hätte sehen müssen. „So" sind die Juden – nicht. „So" ist Masse Mensch. Mensch in Not. Mensch auf der Flucht. Und auch Juden-Menschen. Sie sind wie alle. Daß sie nicht *besser* sind, das bohrte in ihm. Er hatte es nicht eigentlich erwartet, durfte es als Menschenkenner nicht erwarten, daß sich jüdische Menschen anders verhielten als andere Menschen der gleichen Schichtung, wenn sie von Gefahr und Elend bedrängt sind.

Aber er hatte geglaubt, gehofft, daß die Schichtung eine von Haus aus bessere wäre; daß Juden nicht mehr in den niederen gesellschaftlichen Sphären lebten, in denen sich menschliche Natur so ungezügelt äußert, daß jüdische Kultur die primitiven Lebensstufen überwunden, daß das gemeinsame ungeheure Erlebnis sie herausgerissen hätte aus den Eitelkeiten und Nichtigkeiten des Alltags und eine Spur des uralten Märtyrergeistes wachgerufen, der sich an seine höhere Wahrheit klammert – und der von Liebe weiß.

Panama

Es vergingen wieder einige Tage. Materialboote traten bei und lieferten Proviant ab. Die Küchen wurden in Betrieb gesetzt und allmählich eine vage Art von Regelmäßigkeit geschaffen. Bei Tagesanbruch wurde Tee gefaßt, um zwei Uhr etwa wurde Essen ausgegeben, eine dicke Suppe meist, Graupen, Reis, Bohnen oder andere Hülsenfrüchte, Makkaroni. Mit Sauce und Zwiebeln. Kartoffeln. Viel Kartoffeln. Fleisch gab es nicht. Frischgemüse so gut wie nicht, doch waren in der Suppe gelbe Rüben, Lauch und anderes Grünzeug, meist ein undefinierbares Gemisch, das aber ganz ordentlich schmeckte und halbwegs satt machte. Die andere Hälfte des Sattwerdens besorgten das in Tagesrationen durch die Gruppenunterabteilungen ausgegebene Brot und andere Zuspeisen, Käse, Marmelade, dann auch Obst, Wassermelonen und Weintrauben, die eine Zeitlang vom Land in großen Mengen geliefert wurden. Und namentlich durch die privaten Ergänzungen, Sardinen und andere Konserven, Schokolade, Keks und Brotaufstriche. Aber man mußte einteilen. Denn der unerklärliche Aufenthalt hier im Hafen riet zur Vorsicht. Wie lange noch?, fragte man sich wieder einmal. Und, wenn es so beginnt, wie mag es enden? Allzu lange halten die Vorräte nicht vor; was dann, wenn auch die gelieferte Verpflegung ins Stocken geraten würde?

Das Fortkommen machte Sorgen. Nichts schien glattzugehen. Vor allem, jetzt war noch gutes Wetter, im Oktober noch. Aber dann begannen die Stürme im Schwarzen Meer, im Mittelmeer. Jetzt konnte man noch im Freien kampieren, hier oben auf dem Oberdeck. Wie, wenn man in die Schlechtwetterperiode käme? Zu denen, die es jetzt schon kaum aushalten konnten da drunten in den Katakomben, noch hinzugezwängt werden? Unausdenkbar. Und an Deck bleiben, bei Sturm, bei Seegang, bei Regen – noch unausdenkbarer. Das schöne Wetter war reines Glück. Man muß es ausnützen, rasch, ehe es wieder einmal zu spät ist.

Aber die Anker lagen fest und regten sich nicht. Noch nicht einmal der Kapitän war auf dem Schiff. Und nach ein paar Tagen war auch die Heizung im Kessel eingestellt, die die Lichtmaschine in Betrieb gehalten hatte und die Pumpen. Das Elektrische brannte nicht mehr, die Leitungsrohre gaben kein Wasser.

Die Reiseleitung, die das Schiff so wenig verlassen durfte wie irgendein Teilnehmer, schickte mit dem Vertreter des Reeders gehanischte Proteste an Land, zu Herrn Storffer, der nichtssagende Trostworte zurückschickte und das Fernbleiben des ehrenwerten Herrn Goldner durch Krankheit entschuldigte. Die Behörden würden Schwierigkeiten bei der Verproviantierung machen, die Schiffsmannschaft sei auch noch nicht komplett.

Es verlautete, der Kapitän habe sich geweigert, mit dem so stark überfüllten Schiff abzufahren. Wenn man sich vorstellte, das müßte noch gar kein sehr heftiger Sturm sein, der die behelfsmäßigen Bretterhütten und Verschläge in der ersten halben Stunde wegfegte, gar die lächerliche Toilettenanlage hinten, die frei in der Luft hing.

Dann sah sich Herr Storffer doch genötigt, persönlich zu erscheinen, nicht ohne daß ein starkes Aufgebot der Haganah „freies Geleit" gesichert hätte. Die Menschen fühlten sich betrogen, und die Wut gegenüber ihm, dem Veranstalter, der als Menschenhändler gebrandmarkt war, kannte keine Grenzen. So sinnlos war es, gegen den vielgewandten Herrn anzukämpfen, dessen Schuld und Verdienst im verborgenen bleibt und der sich darauf berufen konnte, daß er die Befehle der Gestapo ausführe, von der er ermächtigt und eingesetzt, und im übrigen abhängig von den verschiedensten Widrigkeiten, von aller Unzuverlässigkeit eines griechischen Reeders, von unduldsamen rumänischen Behörden, von Stellen, die aus der Notlage der Juden das Letzte sich erpressen.

Storffer hielt weise Reden, erklärte alles, versprach alles. Und da er mit seiner Zeit so beschränkt sei, solle man alle

Punkte sorgfältig aufschreiben und ihm in sein Hotel in Tulcea schicken. Den wichtigsten Einwand, die Überfüllung des Schiffes, wolle er dadurch beheben, daß er ein viertes Schiff, die „Rosita", von Athen kommen lasse und diese ebenfalls für die Auswanderung des Transportes zur Verfügung stelle.

Die Reiseleitung brachte in Eile alle unerläßlichen Forderungen zu Papier, von der mangelhaften Verpflegung angefangen, über die Kohlenfrage, die Verproviantierung auf längere Zeit, bis zu den Toiletten und zu der Unabweislichkeit einer Entlastung des Schiffes sowie einer baldigen Abfahrt.

Antworten kamen wieder schriftlich. Und dann durften ein paar Vertreter der Auswanderer sogar an Land und dort in der Zollhalle mit Storffer nochmals konferieren. Die Verpflegung vor allem: ja wenn nur die Behörden das Material freigeben würden! Es ist alles für Kriegszwecke beschlagnahmt, Rumänien habe mobilisiert. Aber das würde geregelt. Tatsächlich trat eine leichte Verbesserung ein, und besonders die willkommenen Obstlieferungen setzten ein. Auch die Füllung der Vorratskammern begann. Für vier Wochen hätte der Proviant ausreichen sollen, für drei Wochen sagte Storffer Proviant zu, und für knapp zwei wurde schließlich geliefert. Auch die Kohlenmenge war angeblich nur zur Hälfte aufzutreiben, indes sei dafür gesorgt, daß unterwegs, und zwar schon in Konstantinopel, das ergänzende Quantum gefaßt werden könnte. Die Schiffsmaschine blieb auch weiter ohne Dampf (man müsse Heizmaterial sparen) und das Schiff ohne Licht und Wasser. Und was die Entlastung betrifft: die „Rosita"! Sie würde auch die geforderten Bretter und Materialien für die Vervollständigung und Verbesserung der „Adaptierung" bringen und auch die fehlende Mannschaft. Ein neuer Kapitän sei bereits vorhanden.

„Adaptierung". Das schöne Wort. Dr. Seligmann dachte an die fehlenden Nägel, die in Bratislawa schon als Reisehinderungsgrund erwähnt worden waren. Drüben auf der „Milos" war man gerade dabei. Man beobachtete, wie die Leute von der „Krain" auf die „Milos" abgeladen wurden, von da aber an Land kamen, und man sah sie in und neben einem Zollschuppen auf Gepäckstücken herumsitzen, und auf der „Milos" kletterten kleine Figuren herum; auch dort entstanden gelbleuchtende Bretterverschläge und Wohnkisten, die in ihrer rohen Ungehobeltheit zu dem übertriebenen Blau des alten Schiffsanstriches in krassen Kontrast traten. Nach einigen Tagen waren die Leute an Land wieder verschwunden und das Schiff vollbesetzt, und wieder etwas später verließ es seinen Kaiplatz und ankerte wie die anderen Schiffe in der Mitte des Stromes. Nun war die „Milos" also „adaptiert".

Mittlerweile hatte eine Verständigung mit der „Pacific" stattgefunden. Einige von den jüngeren Burschen von drüben waren herübergeschwommen. Es war zwar ein Befehl gekommen, daß es streng verboten sei, in der Donau zu schwimmen, und noch strenger, das Land zu betreten. Auf An-Land-Schwimmende würde geschossen werden. Die Besuche von drüben wurden von hüben erwidert. Und Botschaften ausgetauscht, und in einem unbewachten Moment nahmen Mitglieder der Reiseleitung drüben ein Boot und fuhren die 50 m herüber. Auch die Leute drüben waren über Behandlung, Versorgung und Aufenthalt erbost, aber es war ihnen offensichtlich nicht so ernst mit ihren Beschwerden. Sie waren besser daran, vor allem weil weniger eng zusammengedrängt, beantworteten Fragen, die auf gemeinsames Vorgehen abzielten, ausweichend und selbst mit offensichtlich unwahren Angaben, um nichts von ihren Vorteilen aufgeben zu müssen (gehört in das Schubfach: chawerische Gesinnung).

Wieder verging Zeit. Am nächsten Donnerstag kommt die „Rosita". Oder am Freitag. Es kann Samstag werden. Nein, aber bestimmt am Montag. Am Montag ist sie in Athen abgegangen. Am vergangenen Montag? Nein, am kommenden. Am folgenden Donnerstag war sie schon von Sulina gemeldet.

Ein paarmal kamen größere Seeschiffe die Donau herauf. Das waren Schiffe! Passagierdampfer mit den mehrzeiligen langen Reihen von Kabinenfenstern, Aufbauten und Brücken und Promenaden. Leer, unbesetzt. Glänzend weiß alles gestrichen, wie neu aus der Schachtel, da sah man den Kontrast. Auf solchem Schiff reisen, das müßte ein Genuß sein. Neid stieg in die Blicke und Angst vor der eigenen Zukunft.

Der weiße glatte Riese, nein, das war keine „Rosita". Aber dann kam sie wirklich, wie ein Schiff begrüßt mit Tücherschwenken und Freudenrufen, und doch nur eine Kiste wie die „Atlantik", nur noch kleiner und häßlicher, und, natürlich, ohne alle Adaptierung. Warf Anker ein paar hundert Meter oberhalb, lud aus, lud ein, war von Arbeitsbooten umschwärmt, und rührte sich nimmer.

Und noch etwas kam: wie ein Spukschiff schwenkte sie vorbei. Schief auf dem Wasser hängend und gedrängt voll von Menschen: die „Penschow". Ein Moment. Tücher schwenken, dann war sie gen Sulina davon. Also war es doch geglückt, Gottseidank. Sie würde noch vor der „Atlantik" in Erez sein!
– Und sie ist nie angekommen.

Proviant kam, Kohle wurde eingeladen. Der edle Herr Kommerzialrat ließ sagen, er wolle sein möglichstes tun, bei den Behörden und so. Da wußte man nun: nichts wird er tun, gar nichts.

Ein Kapitän kam. Ein alter eingeschrumpfter Seehecht; ein Erster Offizier dazu, ein Hüne von einem Manne, mit tiefliegenden Augen und dunkelgiftig stechend, die des Kapitäns listig falsch blinzelnd zwischen den halbgeschlossenen Augenlidern. Spiro, der Kapitän, war Grieche, da Costa, der Erste Offizier, Spanier; der Steuermann ein Rumäne, sein Gehilfe ein Araber; die übrige Mannschaft, meist Griechen, die kein Deutsch, wenig Englisch und ein gebrochenes Französisch sprachen.

Der Kantinier sprach englisch und war gewandt wie ein Levantiner. Erst quasi heimlich, und dann unheimlich, verkaufte er Obst, Käse, Butter, Eier, Wurst, Kekse und Konserven. Gegen jede Valuta, die er behend in rumänische Lei umrechnete und dabei seinen zweiten Schnitt machte. Denn der erste lag schon in den für mitteleuropäische Verhältnisse angemessen erscheinenden, für den Ort aber um ein Vielfaches überhöhten Preisen. Das Obst kostete ja dort fast nichts, und der Lei war nirgends so viel wert wie in Rumänien. Man sah die Gaunerei genau und konnte nichts dagegen unternehmen, war froh, überhaupt Ware zu erhalten, überzeugt, daß das Geld unterwegs, wo man nichts würde kaufen können, wertloser wäre als Eßwaren; um das, was man jetzt zukaufte, konnte man die Konserven strecken und für die Fahrt aufheben.

Aber der Betrieb war schamlos. Dazu drängten sich die Menschen mit Schillingen und Kronen und Mark und Dollars und Franken an den Verkaufstisch, so daß alsbald Aufsichtsposten hingestellt werden mußten, die ein wenig sprachkundig die ärgste Übervorteilung eindämmten.

Dr. Seligmann brachte seine Pengö, die der Levantiner nicht kannte, aber doch für Edelvaluta hinnahm, zu der Gleichung 1 Pengö – 1 Schilling – 40 Lei. Das war verhältnismäßig günstig. Schließlich wurde er stolz und nahm nur noch Pfunde und Dollars; und daneben ging ein schwunghaftes Tauschgeschäft mit Füllfederhaltern, Bleistiften, Feuerzeugen und Wertgegenständen aller Art, für die jeweils ein Teil in Waren und ein Teil in bar gegeben wurde, dieser oft nur in Form von Gutscheinen, und das war dann der dritte Schnitt.

Zur Kantine gelangte man außer durch die große Luke, die achtern zum Zwischendeck und weiter in die Bunker führte, durch eine schmale finstere Treppe neben dem Kücheneingang, und man kam dann an einer anderen kleinen Küche vorbei, an der es immer verlockend roch. Das war die Mannschaftsküche, die alsbald dazu überging, gekochte Speisen zu verkaufen, in beschränkter Portionenzahl nur und nicht zu billig. Auch da war Gelegenheit zur Verbesserung der Ernährung; ja es gab da unten sogar richtige Delikatessen: gebratene Hühner, 40 Lei das Stück, eine wahre Wohltat für Frau Seligmann nach so langer Zeit der Entwöhnung von solchen Genüssen. Das war nicht einmal teuer und doch weit über Gestehungspreis.

Nach einiger Zeit begann oben im Durchgang beim Speisesaal ein Ausschank von Mokka, dann auch Schokolade-, Konserven- und Obstverkauf, und besonders hier blühte der Warentauschhandel. Bald stellte sich heraus, daß der Erste Offizier der eigentliche Inhaber dieser Nepphöhle war. Doch auch der Kapitän selber war an dem Tauschhandel interessiert und machte sich Geld, in dem er für Gegenstände aller Art lächerliche Gegenwerte gab. Alles schien verbündet zu sein, die vertriebenen Juden noch auf dem Schiff völlig auszuplündern und sie zu schröpfen, soweit es irgend möglich war. Der Levantiner mit seiner Kantine sperrte plötzlich zu und verschwand.

Aufreizend, wenn der Erste Offizier übers Deck schoß, alles zur Seite stoßend, was ihm in dem Gedränge im Weg stand; aufreizend, wenn das Essen für den Kapitän aufs Oberdeck gebracht wurde, Servierbretter voll herrlicher Gerichte, Riesenfleischportionen, Beefsteak mit Ei, Schnitzel, Pommes frites, Blumenkohl, Kompotte, Früchte aller Art; Wein dazu, Sorbet, Schnäpse. Da Costa nahm dran teil, und sie schlangen und kauten und schmatzten unter dem Brückendach, und die hungrigen Leute in der Nähe bekamen Stielaugen.

Noch zuletzt hatte die Besatzung Schwierigkeiten gemacht und höhere Löhne verlangt. Man sprach von phantastischen Summen, die der Kapitän selbst erhalten solle. Freilich, als Führer eines illegalen Schiffes riskierte er allerhand. Doch er hatte schon mehrfach solche Transporte geführt und sich immer wieder aus der Schlinge zu ziehen gewußt. Er sah aus, als wäre er für alles unfähig – und zu allem fähig. Unveränderlich, runzlig und ausgetrocknet seine Gesichtszüge, wie Leder. Er konnte gewiß nicht lachen, nicht einmal lächeln. Und sprach kein Wort mehr, als unumgänglich nötig war. Unergründlich stupid starrte er oft stundenlang vor sich hin, beste Seeräuber-Schule. Was er an Verschlagenheit in sich trug, produzierte da Costa an rücksichtsloser Brutalität und Gier, die sich gelegentlich auch gegen einzelne Frauen richtete.

Drei Wochen waren so im Hafen von Tulcea vergangen. Die „Rosita" lag noch immer an ihrem Platz, die fliegenden Verkäufer, die gelegentlich an Bord kamen, verschwanden. Es war mitgeteilt worden, der Kapitän hielte es nun doch für möglich, die Fahrt zu wagen, und die Behörden würden keinen längeren Aufenthalt mehr dulden. Die Abreise sei festgesetzt. Noch immer war gutes Wetter, von kleinem leichtem Strichregen abgesehen, gegen den das Sonnensegel gerade noch genügend Schutz bot. Die Nächte waren ausgesternt, klar und warm, die Tage strahlend herbstlich schön. Und am Morgen und am Abend leuchteten Häuschen und Minaretts und Kuppeln, krochen die Schatten über die grünen Hügel, blinkte der Himmel sein freundlichstes Lächeln, und die Wasser murmelten und rauschten den ewigen Sang.

Am 7. Oktober 1940 wurden die Anker gelichtet, die Schiffe, die mit dem Bug flußaufwärts standen, machten ihre Wendemanöver. Und voraus fuhr, wie natürlich die „Pacific". Dann folgte die „Atlantik" und als letzte die „Milos".

Wie die „Atlantik" die Wendung machte, wurde den hoffnungsvoll zuschauenden Fahrgästen nicht recht klar; war sie falsch gesteuert oder versagte das Steuerruder – gleichviel, an dem Donauknie, am Ende des Hafens, gerade gegenüber der zierlichen Moschee und im Angesicht des vorgeschobenen Hügels, auf dessen Spitze nun ein Freiheitsdenkmal erkennbar wurde, und noch keine 200 m unterhalb des Ankerplatzes, kam die „Atlantik" quer zur Strömung zu liegen, näherte sich dem linken Ufer mit der Schiffsspitze so sehr, daß Dr. Seligmann schon fragte, ob die Route denn landeinwärts führe – und schon saß der Bug auf dem Ufersand fest. Die Maschine arbeitete und schnaufte, die Schrauben wirbelten wütend das Wasser auf. Die Dampfsirene gab lächerliche langgezogene Heultöne von sich. Heißes Wasser sprühte über Teile des Oberdecks. Und das Schiff saß fest.

„Alles nach hinten!"

Die Menschen drängten sich widerwillig auf dem Achterdeck zusammen, um das Schiff vorne zu entlasten. Die Schrauben wirbelten, die Sirene heulte, langsam zollweise lockerte sich der Schiffsrumpf aus dem Ufersand. Nach einer Stunde schwamm die „Atlantik" wieder im freien Wasser, freilich verkehrt, stromaufwärts gerichtet. In tieferem Wasser auf der gegenüberliegenden Seite stand sie dann längere Zeit, und da war es, daß nun auch die „Milos" stolz vorbeifuhr. Stolz, denn sie merkte nicht selbst, wie schief sie auf dem Wasser lag. Die Schlagseite sah lebensgefährlich aus: wenn Schiffe hinken könnten, müßten sie es in dieser Weise tun.

Die „Atlantik" machte dann wieder sonderbare Wendeübungen, vor, zurück, wieder vor, wieder in gefährliche Nähe des Ufersandes; fuhr etliche hundert Meter, stellte sich abermals stromauf und warf Anker. Die Sirene heulte. Signale. Ein Motorboot von Tulcea kam an, kehrte wieder um, und der Vormittag verging. Im beginnenden Nachmittag kam ein Schlepper vom Hafen, der die „Atlantik" ins Tau nahm und dann langsam mit ihr den Sulinaarm der Donau hinunterzog.

Flache Ufer, Deiche, weite Wasserflächen mit Sumpfvögeln, Seitenarme. Manchmal kleine Häuschen. Die Fahrt war nur kurz, dann reihten sich die kleinen Häuser an den Ufern; Hafenanlagen, Werftanlagen kamen; einige kleine Kriegsschiffe mit rumänischer Flagge lagen vor Anker, auch ein Engländer, Torpedojäger oder so etwas ähnliches.

Sulina. Größere Gebäude, halb verborgen unter Bäumen, Kuppelkirchen, Minaretts, hohe Bogenfenster und Lauben, flache Dächer und leicht geneigte Ziegeldächer auf weißen Hauswürfeln. Kleine Schiffe, kleine Dampfer und Segelboote. Und dann wieder ohne Unterbrechung, alles spärlicher werdend, zerflatternd, ein endloser Steindamm. Schließlich auch rechts nur ein Steindamm; eine Straße mit Randsteinen in einer breiten Wasserwüste: das Schwarze Meer. Bei beginnender Dämmerung warf die „Atlantik" weit draußen vor der Mündung Anker, in der Nähe ankerte auch die „Milos", während die „Pacific" nicht zu sehen war. Die Nacht brach ein. Der Schlepper entfernte sich, das Schiff schaukelte im Wellengang, der aber schon zu viel war für die Knäuel von Landratten auf dem Emigrantenschiff. Bleiche Gesichter, schlapp herumliegende Menschenleiber. Die Seekrankheit forderte die ersten Opfer.

Wieder kam ein Motorboot. Mechaniker stiegen aus. Es wurde bekannt, daß eine Maschinenwelle gebrochen sei und daß sie anderntags gegen eine neue ausgewechselt werden müsse. In der Tat kam am folgenden Tag eine Art von fahrbarer Werkstätte an, und die Arbeit begann. Sie dauerte zwei Tage. Inzwischen war auch die „Milos" abgedampft, und es blieb nur ein fremdes Schiff in ziemlicher Entfernung auf der Reede liegen, und ein paarmal kamen andere Schiffe und verschwanden wieder, nach Sulina hinein oder südwärts, mittelgroße alte häßliche Frachter, unheimlich und abenteuerlich in ihrem schmutzigen Grauschwarz.

Da lagen die vielgeprüften Reisenden und schaukelten, und das ganze Gefühl von Ausgestoßensein stieg auf. Ausgestoßen aus der menschlichen, aus der europäischen Gemeinschaft. Aussätzige, deren Ansteckung man fürchtet, deren Anblick schon beleidigt, lagen die Juden auf ihrem Schiff an der Außenreede. Und nicht etwa ein hochentwickeltes Volk war es, das sich da erhaben dünkte über die Menschen, die in der Finsternis leben, eine wertvolle Rasse, die sich schützen müsse vor Ansteckungsgefahr. Rumänen waren es, unter denen man noch Analphabeten und Halbwilde nicht suchen muß, tiefster Balkan, ein ganz dünner Firnis von Zivilisation, Hordeninstinkte, Raubgier in Raffgier abgewandelt, ein Rassengemisch, das der Welt kaum *einen* kulturellen Gedanken geschenkt – Rumänen waren es, die eine Schiffsreparatur auf einem bis zum Sinken überladenen Refugium für Heimatlose nicht im sicheren ruhigen Hafen vornehmen ließen, wo alle Hilfsmittel zur Hand waren: wo den Vertriebenen vielleicht gar noch einige Erfrischungen gereicht werden konnten. Die sie zwangen, einige Kilometer draußen im Meer manövrierunfähig in den Wellen zu liegen, ob ein Sturm aufkäme oder nicht. Und das Fahrzeug spürte jede Welle, hob und senkte sich, ein schönes Zeichen für die gute Bauform des alten Schiffsrumpfes, keines für die empfindlichen Magennerven von See-Ungewohnten, von Alten und Kindern, von Schwächlichen und Kranken, von Menschen, an denen seit Jahren Leid und Sorge nagte.

Jede Not, die hereinbricht, läßt sich männlich tragen; die unnötige Grausamkeit wühlt auf, achtloses Quälen erzeugt bittern Haß. Der unbedeutende Vorgang, unbedeutend im Verhältnis zu den Erlebnissen und enttäuschten Hoffnungen der letzten neun Monate, grub sich tief ein in das Empfinden von Dr. Seligmann. Er war der letzte, der beschönigte, was tadelnswert war an Juden. Er sah ihre Fehler und setzte sich ein, wo etwas zu verbessern war. Er sah vor allem die unglückselige Zwitterstellung der Juden und das verderbliche Erbteil, das die Bedrückung in jahrhundertelanger Galuth,⁴⁹ die Not der immerwiederkehrenden Verfolgungen, die Absperrung von Licht und Luft und natürlicher, unverbogener Entwicklung, ihnen aufgeprägt hatten. Und er mühte sich, das gehetzte und verdorbene Negativum in ein sich selbst wiederfindendes aufrechtes Positivum abzuklären. So vieles war ihm abstoßend und widerwärtig. Aber waren etwa alle Juden gleich? Und waren etwa alle Nichtjuden anders, besser, edler?

Je weiter man nach den östlichen Gebieten kam, in den galizischen, in den polnischen, in den russischen Bereich, in den des Balkan – desto deutlicher mußte man gewahr werden, daß nicht die Bezeichnung „jüdisch" die Gesinnung und Lebensführung jener unerfreulichen Art traf, sondern viel eher die Bezeichnung „östlich". Auch sie darf nicht verallgemeinert werden. Es ist immer nur ein Teil, der die Massengewohnheiten annimmt. Neben einem wichtigen und wertvolleren Teil, der sich trotz des verzweiflungsvollen Milieus herausgearbeitet und hochgezüchtet hat. Jener Teil der östlichen Juden tat nichts anderes, war um kein Gran verschlagener, unaufrichtiger, raffgieriger als die Menschen der anderen östlichen Volksgruppen, bei denen sie wohnten. Aber es fehlte ihnen die barbarische Grausamkeit, die jene noch dazu hatten. Nicht daß sie nach Umwelt und Erlebnis so geworden, konnte ihnen vorgeworfen werden. Der Vorwurf schien Dr. Seligmann nur so berechtigt formuliert: daß sie, obwohl sie Juden wären, in den Niederungen jener Volksgesinnung verharrt. Denn das nur kann als Sinn der Auserwählung und als Aufgabe des auserwählten Volkes anerkannt werden: stärker als andere die Pflicht zu empfinden – Mensch zu sein.

Gerade diese Völker- und Rassengemische auf dem Balkan, bei denen Werturteile über Rassen wie blutigste Selbstverspottung klingt, gerade sie zeigen die schlechten Eigenschaften mindestens in gleicher Stärke wie den Mangel der guten. Oder kann man den Rumänen etwa Heroismus andichten, wenn sie ihre Siege gegen wehrlose Juden erfechten? Es ist der entsetzliche Hohn der Weltgeschichte, daß Rumänen die Juden hetzen, quälen, töten können, zu Hunderten und Tausenden abschlachten – und sagen dürfen, ohne daß sich die Erde spaltet aus Scham über so viel Zynismus: jene sind minderwertig.

Unter Menschen von Charakter und Erziehung ist es nicht üblich zu sagen: ich bin besser als du. Und wenn einer so taktlos wäre, dann – ist er's gewiß nicht. Und wenn er es sagte, die anderen Menschen würden es nicht etwa als wahr unterstellen, würden ihn vielmehr verachten. Er zeige durch seine Handlungen, wie er in Wahrheit ist.

Unter Völkern darf man heutzutage noch so sprechen. Takt, Geist, Moral ist im Völkerleben noch nicht gefestigt, wo noch nicht einmal das Völkerrecht ein – Recht ist. Die starken Völker sprechen so, und die schwächeren glauben's den stärkeren. Wehe ihnen, wenn sie nicht so täten, als glaubten sie's. Und halten sich schadlos an denen, die wieder schwächer sind als sie.

Und dann sind Menschen in der Gesellschaft und Völker unter den Völkern, die sagen: ich enthalte mich des Urteils, ich bin neutral. Und luchsen auf den eigenen Vorteil, der von zwei Streitenden immer auf den Dritten fallen mag.

Die „Atlantik", genau wie die beiden anderen Schiffe, war – nun was war sie eigentlich? Ein jüdisches Schiff, denn sie war angefüllt bis zum Bersten mit Juden. Aber da ist kein jüdischer Staat. Palästina, der jüdische Staat einer erhofften Zukunft, war jetzt noch Mandatsgebiet, es gab eine jüdische Flagge, und es gab selbst palästinensische Schiffe, die sie führten – neben der englischen. Da war noch keine Souveränität, und die jüdischen Menschen hatten da noch keine Verbindung mit Palästina, außer durch ihren Willen. Die Staatszugehörigkeit dieser Menschen aber war deutsch, polnisch, tschechoslowakisch, slowakisch, russisch, rumänisch; sogar ein türkischer Staatsangehöriger war darunter.

Das Schiff selber aber war von einer Organisation gechartert, die in Deutschland ihren Sitz hatte. Ein Recht, die deutsche Flagge zu führen, resultierte daraus nicht. Und dies wäre auch nach keiner Seite erwünscht gewesen. Der Eigentümer des Schiffes war der Reeder Afgherinos, ein Grieche oder ein angeblicher Grieche, ein griechischer Jude, der in Athen seinen Sitz hatte. Dort war auch die „Atlantik" beheimatet. Also ein griechisches Schiff? Das war sie nun wieder nicht. Die Griechen wollten nicht dulden, daß ein Schiff mit griechischer Flagge auf Abenteuer auszog, gar noch auf solche, die den Engländern anrüchig erscheinen mochten. Die Engländer hatten scharfe Einwanderungsbestimmungen erlassen und hielten die Fiktion, daß Juden nicht über die festgesetzte Quote nach Palästina einwandern dürften, wegen der Araber dachte oder sagte man, aufrecht. Daß diese Prohibition eine Fiktion sei – das war eine Fiktion, wie sich mit aller Deutlichkeit erwies. Die Griechen aber standen auch mit den Italienern in freundnachbarlichem Streit, es kriselte bedenklich, und Gefahr bestand schon seit geraumer Zeit, daß auch Griechenland in den Krieg hereingezogen würde. Eine mobilisierende Macht läßt keine Schiffe gegen den Willen des präsumptiven Verbündeten fahren. Aber seine seegewohnten Bürger wollten auch die reichen Gewinne nicht missen, die der Menschenschmuggel ebensogut abwarf wie jeder andere ehrliche Betrug. Der tüchtige Reeder hätte kein besseres Geschäft finden können, als seine ältesten Schiffe zu einem Preise zu vermieten, der sicherlich einem stark überhöhten Kaufpreis entsprach, mit der Aussicht überdies, das Spiel von neuem zu beginnen. Dann würde nicht nur ein Vielfaches des Wertes erzielt, es winkte noch ein zusätzlicher Verdienst durch die Kosten der Ausrüstung, bei der die vereinbarten Bedingungen keineswegs eingehalten zu werden brauchten. Denn Herr Afgherinos wußte wohl ganz gut, daß man illegale Verträge nicht einklagen könne, und außerdem, daß es sich schließlich doch nur um Juden, um wehrlose Juden handelte und daß deren eigentlicher Vertreter, sein Vertragspartner, ein wesentliches Interesse nur an der Abfahrt haben konnte, nicht an dem Zustand der Leute unterwegs, und nur insofern an der Ankunft, als eine solche eine erhöhte Möglichkeit für weitere Geschäfte dieser Art mit sich brachte. Herr Storffer aber, hieß es, habe auch noch einen Bruder, der sich angeblich in Griechenland in Athen befand und von dem nicht ganz sicher bekannt war, ob er bei der Reedereifirma Afgherinos nicht etwa beteiligt sei. Was von solchen Gerüchten wahr sei, konnte Dr. Seligmann nicht nachprüfen, Gefangener, Objekt, wie er war. Er sah nur mit aller Deutlichkeit, daß von den Zusagen des Herrn Kommerzialrates nicht eine einzige redlich erfüllt war und daß eine Gewissenlosigkeit, die tausendachthundert Menschen auf ein Schiff mit tausendfünfhundert Registertonnen preßte, ein Schiff, das so liederlich ausgerüstet, nach einer Eigenbewegung von ein paar hundert Metern schon in Havarie lag, das kaum dem Steuer gehorchte – sonst nur in Schundromanen unter Piraten und Menschenhändlern vorkam.

Der Mangel der Flagge aber mußte doch behoben werden, und da waren weitere dunkle Geschäfte und Zusammenhänge verborgen. Wie ein Konsulat von Uruguay bereit gewesen war, Visa zu erteilen für Menschen, die niemals die ehrenwerte Republik Uruguay würden zu betreten haben, so war es möglich geworden, die blauen und roten Sterne und Streifen der schönen Flagge von Panama an die Schornsteine der drei Auswandererschiffe zu malen und am Heck, gerade über den gefährlichen Klosettaufbauten, die panamanesische Flagge zu hissen. So deckten die Farben von Panama diese Scham und erinnerten dezent an einen noch größeren Skandal, in dem die wirtschaftliche Existenz von Tausenden von Menschen aufs Spiel gesetzt war, während man hier nur mit dem Leben und der Gesundheit von tausendachthundert Juden spielte.

Das Groteske aber war schließlich, daß ein Versuch, jüdische Flüchtlinge vor dem Naziverderben zu retten, auf bestechliche Konsuln, skrupellose Regierungsstellen und dunkle Geschäftemacher und deren krumme Wege angewiesen war. Daß ohne sie nicht eine Chance der Rettung war. Daß Gesetz tötete und Unrecht leben ließ. Nicht immer allerdings. Es gab Fälle, in denen die Passagiere von ihren Betreuern bis aufs Hemd ausgeplündert wurden, in denen der Anschlag auf das Gepäck der Reisenden nicht nur gelang, sondern die armen Opfer sich schließlich noch mitten im Meer hilflos ihrem Schicksal überlassen sahen und samt und sonders untergingen.

Die „Atlantik" hatte also ein Ehrenbürgerrecht in Panama erworben und war, im besten Sinne, für die Gewässer des Schwarzen und Mittelländischen Meeres ein neutrales Schiff.

Oft gibt ein äußerer Umstand einer inneren Beziehung Namen, und oft spinnen sich unbewußte Gedankenfäden von dem Namen zu dem Gegenstand. Die Gegend, wo die Flagge wehte über den „Häuschen", hieß „Panama" im, sozusagen, Volksmund, und wer dorthin wandern mußte, meist ein schwerer Entschluß, sagte, er gehe rasch nach Panama. Die Gelegenheit war so eng, daß kaum die Türe zuging, finster dazu und auf eine Weise unsauber, daß selbst die ständigen Reinigungskommandos des Unrats nicht Herr wurden. Dazu der Andrang: eine Stunde, selbst anderthalb Stunden mußte sich Dr. Seligmann oftmals anstellen, bis die Reihe an ihn kam. Meist zog er die Toilette im Mittelschiff trotz des oft unerträglichen Geruches vor. Da währte es meist nur eine gute halbe Stunde, wenn nicht ein Unfall, eine Verstopfung eintrat. Man muß sich die unregelmäßige und unrationelle Ernährung dazu vorstellen, die Neigung der geschwächten Menschen zu Darmstörungen, die Wirkung unvorsichtigen Obstgenusses und vor allem unvorsichtigen Gebrauchs des Wassers. Auf dem Meer kamen die Störungen des inneren Gleichgewichts hinzu, die die Seekrankheit hervorriefen. Schon in Tulcea hatte es mit Durchfällen und Darmerkrankungen begonnen, und jetzt war die Krankenstube voll belegt. Ein paar schwere Fälle sahen recht verdächtig aus. Allen war klar, daß neben den vielen sonstigen Gefahren der Reise das Auftreten von ansteckenden Krankheiten, Ruhr oder Typhus, eine Hauptgefahr bildete. Und die Entstehungsursache einer Epidemie lag nahe genug: das Wasser. Das Trinkwasser war in zwei Tankanlagen, am Vorderschiff und am Mittelschiff, untergebracht, von denen Leitungen nach den Kochstellen gingen. Täglich kamen Ruderboote mit großen mit Trinkwasser gefüllten offenen Bottichen; jeder Schmutz konnte in die Bottiche fallen, und wo das Wasser herstammte, war unbekannt. Der Schmutz im Boot und das Aussehen des Wasserfahrers versprachen nichts im Sinne höherer Hygiene. Mit Kübeln und Kanistern wurde das Wasser aus den Bottichen geschöpft und durch eine lange Händekette zum Tank durchgegeben. Auch hierbei ging's nicht überreinlich zu, manche tauchten die Trinkbecher in den Kübel, und ob diese Kübel vorher zum Waschen oder zu anderen Zwecken noch verwendet waren, wurde nicht geprüft.

Die Vernünftigen hielten sich zurück, dieses Wasser zu trinken, rationierten ihren Durst mit dem halben Liter Tee, der am Morgen ausgegeben wurde. Gekocht, war die Gefahr von seiten des Wassers verringert. Kam das Teewasser aber auch bestimmt zum Sieden?

Aber es gab Leute, die sich nicht oder nicht immer zurückhielten. Weit gefährlicher war das Donauwasser. Durch das ganze Schiff gingen Leitungen, in die eine Pumpvorrichtung das Donauwasser und später das Meerwasser sog: in die Kabinen, in den sogenannten Waschraum vor allem, wo ein Leitungsrohr mit Hähnen über mannshoch angebracht war und sogar eine Art von Abduschen zuließ – wenn die Pumpe funktionierte. Was sie allerdings nur in Ausnahmefällen tat. Lange Zeit war die Maschine abgestellt, und dann war die Pumpe undicht geworden. Alles verdorbenes, verrostetes Zeug, nur für das erste Besehen notdürftig zusammengeflickt. Auch in den Klosetts im Mittelschiff versiegte der Wasserlauf sehr bald.

Wie selbstverständlich geschah es: Wasser war ja genug da; man schwamm im Wasser. Kübel wurden an Wäscheleinen gebunden und über die Bordwand hinuntergelassen. Das heraufgezogene Wasser wurde zu allen Reinigungsdingen verwendet. Man wusch sich selbst, flüchtig und behelfsmäßig, gleich im Kübel, oder, die Glücklicheren in einem Lavoir. Dr. Seligmann hatte auf Betreiben seiner Frau im letzten Moment in Bratislawa eines angeschafft, das klein genug war, um gerade noch im Rucksack Platz zu finden. Das tat nun gute Dienste. Auch Wäsche wurde notdürftig in diesem Wasser gewaschen. Aber, bedenklicher, auch das Eßgeschirr mußte darin gespült werden. Und das war weder der Gesundheit förderlich noch appetitlich. Denn außer den natürlichen Verunreinigungen eines Flußwassers gingen doch auch die Abwasser des Schiffes hinein und trübten das Kielwasser, in dem man schöpfen mußte. Man bekam allmählich Routine im Schöpfen. Aber es war eine große Plage. Es fehlte ja auch an Kübeln und Stricken. Im Schiff war nichts dergleichen vorhanden gewesen, doch hatten viele der Teilnehmer Kübel mitgenommen, vollgestopft mit weiß Gott welchen Gegenständen gleich einer Tragtasche. Und viele besaßen Wäscheleinen. Aber die Stricke rissen, wetzten sich ab, blieben hängen, die Kübel verhängten sich, die Henkel brachen ab und wie oft geschah es, daß ein Geschäftiger in schönem Enthusiasmus den Kübel mit der noch flatternden Leine ins Wasser warf, nicht bedenkend, daß das andere Ende der Leine nicht angebunden war. Achtzig verlorene Kübel wurden in kurzem gezählt. Man nahm leere Blechkanister, Eßschalen und Marmeladetöpfe, knüppelte Bindfädchen auf Bindfädchen, um eine genügend lange Zugleine zu haben, mußte sechs, acht mal ziehen, bis so eine Waschschüssel voll war. Dann spritzte das Wasser beim Heraufziehen in die Kabinenfenster im unteren Stockwerk, wurde auf dem Boden verschüttet. Es wurde ein eigener Wasserdienst organisiert, und es konnte nur an bestimmten Stellen der Reling Wasser gezogen werden. Für den Klosettverbrauch war ständig Spülwasser nötig, und die Leute, die die Wohltat der Klosettbenützung genießen wollten, waren gehalten, die Plage des Wasserholens auf sich zu nehmen. Ein Kübel Wasser war sozusagen Eintrittsgeld und Sperrsechserl.

Das Wasserziehen war, wenn man eine „Ziehung" geliehen bekam – nach den vielen Verlusten verborgten die glücklichen Besitzer von Ziehgeräten nur mehr ungern und nur an bevorzugte Freunde –, noch einfach, solange das Schiff stand. Aber auch auf Fahrt brauchte man Wasser, und sei es nur zum Händewaschen und zum Eßgeschirrspülen. Und da erforderte es alle Geschicklichkeit, ohne Verlust des Ziehgerätes einen Topf voll heraufzubekommen. So ein Verlust war um so bitterer, als Ersatz für das „Entschwundene" durchaus nicht zu beschaffen war.

Jedes einfache Ding war ein Problem. Wenn es hell wurde, um sechs Uhr etwa, stand man auf. Die „Betten" verlockten nicht zu wohligem Verweilen. Dann schob Dr. Seligmann los mit der Waschschüssel, zu irgendeinem Gönner auf dem unteren Deck oder nahe der Fallöffnung, und erluchste sich das Waschwasser. Gelblich trübe lag es in der Schüssel, erst im Meer draußen wurde es klarer, dafür aber salzig und seifeabstoßend. Den Waschtisch bildete man gegenseitig. Dr. Seligmann hielt die Schüssel, bis sich Frau Seligmann die Hände gewaschen, dann hielt sie, und er wusch, und dann wurde noch in holdem Verein mit etwas Tee vom Vortage oder, solange der Vorrat reichte, mit einem halben Mundvoll Franzbranntwein der Mund gespült. Diese Prozedur galt als Morgentoilette. Die Kleider brauchte man nicht anzuziehen, denn man hatte sie nicht ausgezogen. Dann lief Dr. Seligmann mit den Eßschalen zu der Anstellschlange. In der Frühe beim Tee ging es verhältnismäßig rasch, besonders wenn man flink bereit war, nachdem der Ruf „Prag-Patronka Tee holen" von der Kommandobrücke aus durchgeschrien war.

Das ging die Treppe hinunter, am Speisesaal vorbei, die rechte Seitengalerie entlang, über den schmalen schwankenden Steg, der vom Durchgang unter dem Steuerhaus über den Ladeeinschnitt und über die Köpfe der Prager Küche hinweg zum Vorderdeck führte. Da trat dann schon meist die erste Stockung ein, und es dauerte halbe Stunden, bis man die eiserne Leiter hinunterklettern konnte ins Zwischendeck und sich durch den schmalen Gang wieder mitschiffs zur Kochstelle winden konnte. Durch eine senkrechte Eisenleiter gewann man dann von dort, mit den gefüllten Geschirren balancierend, wieder die Deckhöhe und wand sich von da an, „immer rechts gehen!", durch die nach der anderen Richtung anstehenden Danziger den Weg zum Oberdeck entlang. Meist hatte der Bäckerjunge die frischen Brötchen nicht vor die Türe gelegt. So mußte es das Schwarzbrot tun, genießbar, wenn es nicht schimmelig geworden, oder, wie meist in Tulcea, aus muffigem Mehl gebacken war. Anfangs brachte man es kaum hinunter, dann hatte man sich daran gewöhnt, wie an so vieles. Dr. Seligmann wunderte sich immer wieder, wie selbstverständlich man allmählich die absurdesten Dinge hinnahm.

Wem war das ganze „Fressen aus dem Blechnapf" noch eine Sensation, die *eine* Schüssel, das *eine* Besteck; der Koffer, der, Speisekammer und Tisch zugleich, über die Knie gelegt, wenigstens eine Möglichkeit gab, das Geschirr abzustellen und auf die Brotschnitten etwas Marmelade oder Leberpaste zu streichen. Man saß auf den zusammengerollten Matratzen-Strohsäcken, und Dr. Seligmann war so glücklich gewesen, anstelle der ihr gebührenden Kabinenschlafstelle für seine Frau einen der wenigen Liegestühle zu ergattern, der untertags ein halb bequemes Sitzen und Ruhen gestattete und nachts einer Nachbarin zum Schlafen überlassen wurde. Solche Liegestühle standen nun mehrere nebeneinander und die Strohsackpacken dazwischen, eine Doppelsitzreihe parallel zur Holzbank an der Reling, auf der Dr. Seligmann und Frau in den ersten Tagen gesessen und geschlafen hatten. Da war nun wenigstens eine Spur von Regelmäßigkeit und Ordnung; aber die Reihen und Sitze waren natürlich aufs engste zusammengerückt, und jeder Fußbreit Boden hatte seinen ständigen Gast. Eine neuartige Mode von Sitzgelegenheiten führte sich überdies ein: da waren Rettungsgürtel aufgestapelt, eine schwere Menge, wie es schien. Solche stahl man sich, verwendete sie zusammengerollt als Hocker, legte sie nachts als Kopfpolster unter die Strohsäcke und verwendete sie auch sonst in mannigfacher Weise. Nach dem Frühstück wurde „sauber"-gemacht, sogar Besen waren da, die von Hand zu Hand gingen und häufig Anlaß zu Gekeif und Streit wurden. Dann machte sich Dr. Seligmann auf zum eigentlichen Waschen und Rasieren. Nicht regelmäßig, nicht gerade jeden Tag; solchen Luxus konnte man sich schon nicht leisten. Das war wieder ein hübscher Weg durch das halbe Schiff; womöglich zog er schon an seinem Wohnplatz die Badehose an. Es war warm genug, auch lange Zeit während des Tages mit bloßem Oberkörper zu sitzen, man sparte dabei noch Wäsche, und dies Luftbaden war doch auch so gesund. Er war gewiß nicht der einzige, der es sich so leichtmachte, wie sich überhaupt die Grenzen der guten Sitte und der Schamhaftigkeit merklich verschoben hatten. Die Damen richteten sich zwar wohl meist da und dort mit Decken und Mänteln eine verdeckte Waschecke ein, soweit sie nicht wie Frau Seligmann manchmal einer freundlichen Einladung in eine der dichtbelegten Kabinen folgen konnten. Manche aber machten sich nichts daraus, sich auf offenem Deck umzukleiden, und gar drunten in dem sogenannten Waschplatz und überhaupt in den Katakomben nahm man es keineswegs ängstlich mit der Nacktheit.

Zwar hatten die Damen ihre bestimmten Zeiten am Waschplatz und die Herren ebenso. Aber wenn man nicht gerade achtgab, konnte es passieren, daß man plötzlich junge frische nackte Körper vor sich sah, denen es nicht im mindesten peinlich und unpassend schien, sich in einer natürlichen Weise zu präsentieren. Gerade in dieser harmlosen Art, eine falsche Scheu abzutun, lag etwas Gesundes, wie auch Gesundheit und natürliches Empfinden, selbst unter so unnatürlichen Lebensbedingungen, das Zusammenleben der jungen Menschen beiderlei Geschlechtes charakterisierte. Bei all den Abirrungen von Vernunft und Selbstbeherrschung, von persönlicher Kultur und primitivstem Anstand, die man im allgemeinen Gehaben und Betragen der Menschen auf dem Schiff beobachten mußte, in sexueller Beziehung trat keine Verluderung ein, keine Frivolität und keine Erniedrigung, kein Abgleiten ins Obszöne und kein Skandal, von wenigen Fällen abgesehen, richtiger zu sagen: von wenigen Frauen abgesehen, die sich auch schon früher nicht anders betragen hatten. Das konnte nicht verborgen bleiben, auch ein paar Dirnen waren unter den Flüchtenden oder Abgeschobenen.

Lag dieser fast verwunderlich guten Allgemeineinstellung die Tatsache zugrunde, daß die jungen Menschen, bei denen die sexuellen Gefahren groß waren, doch einem bewußten Menschentum angehörten, das freiere Sitten mit der Achtung des anderen Geschlechtes und mit Verantwortung verband? War es die Angst vor Bindung und Belastung in der neuen Heimat und die mögliche Behinderung von freier Entwicklung? Waren es Menschen minderen Verantwortungsbewußtseins, minderen Anstandes, in Altersstufen, in denen Fleischessünden nicht mehr so aktuell waren? Zurückgedrängt durch Mangel und Sorgen um die Erhaltung des Ichs, durch körperliches Schwachsein oder durch eine Verausgabung der schlechten Instinkte beim Erhaschen von Vorteilen? Vorteilen beim Essenempfang, beim Unterkommen, Übervorteilung der anderen, bei Verteilungen, in kleinen Geschäften und Handelschaften, die immer noch und immer wieder blühten, kleinen Entwendungen, kleinen Wucherstückchen?

Wie auch immer, auf diesem Gebiet war Ordnung. Was lag daran, wenn sich manche Frau immer wieder einmal einfand und geschäftig tat, wo sich die Männer auszogen. Man kehrte sich nicht daran und hielt die Fiktion des geschlossenen Waschraums aufrecht, auch wenn sich Frauen dazwischendrängten, auch wenn auf der Brücke oben eine Galerie von Zuschauern zu sehen war. Man zog auch hier, da die Leitung nicht lief, das Wasser in den Kübeln herauf und erfrischte die Haut und schüttete sich gegenseitig die Wasserkübel über den Rücken – und lechzte nach nichts mehr als nach einem vollen Bad, das man so unvollkommen surrogierte. Denn das war instinktiv fast begriffen: nur wenn alle gegebenen Mittel zur Pflege der körperlichen Reinlichkeit erschöpft würden, bestand Aussicht, sich gesund zu erhalten, frei von Ansteckungskeimen und von Ungeziefer.

Nach Stambul und weiter

Die Reparatur der Maschinenwelle war durchgeführt. Die „Atlantik" blies ein paarmal schauerlich in ihre Dampfsirene, begann zu fahren, machte ein paar Wendungen, die fahrbare Werkstätte immer in der Nähe, beobachtend. Offenbar befriedigte die Probe, das Boot zog ab nach Sulina zurück, und die „Atlantik" begann Fahrt nach Süden. Noch lange Zeit war rechts die Küste zu sehen, die Gegend, wo der Sankt-Georgsarm mündet, der südlichste des Donaudeltas, die Gegend von Constanţa. Warna und das bulgarische Gebiet sah man nicht mehr, der Kurs hielt sich anscheinend schnurgerade auf die Einfahrt des Bosporus zu.

Das Wetter war ein wenig trüb, klärte aber bald wieder auf und blieb warm und freundlich. Eine leichte Brise wehte, und das Meer war, wie es ein Seemann nennen würde, spiegelglatt. Seeleute sind so rauhe Spiegel gewohnt; die Wellen hüpften ein wenig an den Bordwänden empor, und das Schiff machte leichte Rollbewegungen. Dr. Seligmann erklärte seiner Frau, die ganz und gar nichts von Spiegelglätte empfand, die Unterschiede: wenn das Schiff nur in der Fahrtrichtung auf und nieder geht, ist es Rollern, wenn es sich rechts und links wiegt, ist es Schaukeln; aber wenn es beides gleichzeitig tut, sich der Bug hebt und senkt wie bei einer Schiffschaukel und die Koffer von rechts nach links rollen und von links nach rechts, dann gilt weder das Rollern der Schaukel noch das Schaukeln der rollenden Gegenstände – dann heißt man es Schlingern. Das Rollern ist ein Vergnügen, das Schaukeln eine Unbequemlichkeit, erst das Schlingern ist berechtigt, Seekrankheit zu erzeugen. Und dann gibt es noch eine kleine Steigerung in der Seefahrtechnik: wenn die Maschine so arbeitet, daß das Zittern durchs ganze Schiff läuft, wenn die Schrauben sich ruckweise über das Wasser heben, dann ohne Widerstand rascher laufen und beim Senken durch die Wucht der Wellen wieder abgebremst werden, wenn das Ruck und Zuck ein Stoß durchläuft, der sich schüttelnd und ziehend fortpflanzt bis in die Därme und den Magen, dann spricht der Fachmann von Stampfen. Und der Nichtfachmann spricht überhaupt nicht mehr, sondern wischt sich den Schweiß von der Stirne, verzichtet aufs Essenholen und begibt sich in eine möglichst horizontale Lage, ein Auge auf den nächstfreien Platz an der Reling gerichtet und das andere auf die Treppe die zum Klosett führt.

„Gegenwärtig", dozierte Dr. Seligmann, „sind wir lediglich im Stadium des Rollerns. Du mußt also ein Vergnügen empfinden, wie wenn du auf Haases Berg- und Talbahn fährst."

„Mit der bin ich nie gefahren. Mir ist immer schon vom Zusehen schlecht geworden."

„Tut nichts. Da ist noch kein Recht auf Seekrankheit."

„Aber sieh mal dort, der Mann, der sich übers Geländer beugt! Und die bleiche Frau, die da gerade heraufwankt. Und da, das Eck und die Bank und das Geländer ... Geschwind, ich kann nicht mehr ..."

„Jetzt geht's wieder ein bißchen. Aber es kommt wieder ..."

„Das ist eine reine Verwechslung, die Leute meinen, es sei schon Schlingern. Sie sind nicht genügend aufgeklärt. Wenn sie wüßten, daß es noch nicht einmal Schaukeln ist, würden sie gewiß ..."

Die weiteren Theorien gingen in praktischen Maßnahmen unter, bei denen die Schutzmarke „Vasano" eine gewisse Rolle spielte, eine Schachtel, in der in Reih und Glied appetitliche silberpapierumwickelte Hütchen lagen, deren Anwendungsweise trotz der äußeren Ähnlichkeit nicht der von Pralinees entsprach. Aber wie diese erzeugten sie Durst und Trockenheit im Mund, die durch Trinken nicht behoben werden durften. Und Dr. Seligmann steckte sich stolz und kühn eine Zigarre an. Mit den Zigarren hatte es seine bestimmte Bewandtnis. Am Schiff, auch in Tulcea, waren nur Zigaretten erhältlich. Zigaretten rauchte Dr. Seligmann nicht. Er hatte sich mit Tabak für drei Wochen vorgesehen, sorgfältig rationiert, und er hatte auf der „Helios" Gelegenheit zu einer Ergänzung des Vorrats gehabt: es müßte reichen bei drei Pfeifen täglich. Daneben, Luxus und Belohnung für tapferes Verhalten vor dem Feind, besaß er ein Lager von neun Zigarren. Es war immerhin die billigste Sorte, die in der monopolisierten Slowakei im Handel war. Und er erklärte kühn, diese Zigarren müßten bis Haifa reichen, und er wolle täglich auf der Fahrt eine davon konsumieren.

„Unverbesserlicher Optimist", sagte seine Frau wieder einmal. Und das war nun die erste der neun, die er zuversichtlich das Deck entlang paffte mit den Allüren eines Beherrschers der Meere.

Eine heitere Stimmung erfaßte ihn. Endlich, endlich; nach neun Monaten Flüchtlingslager; nach der Fahrt durch verriegelte Länder, verschlossene Städte, durch feindliches Gebiet; nach drei Wochen Verzweiflung und Gewöhnung an die Verzweiflung in dem verräterischen Tulcea; nach dem niederschmetternden Debüt der Fahrt, immer noch in feindlichem Machtbereich – nun war das Tor zur Freiheit offen. Das freie Meer war gewonnen, keine fremden Grenzen mehr berührte die Fahrt, niemand konnte ein Veto einlegen. Und noch mehr sogar, das Schiff sank nicht, das Ruder gehorchte, die Maschine ging auf hohe Touren, und die Geschwindigkeit wurde auf fünfzehn Knoten geschätzt.

„Woher wissen Sie das so genau?"

„Nun, ich habe mir's so gedacht."

„Wieviel ist eigentlich ein Knoten?"

„Das weiß ich auch nicht."

Aber das Gefühl, nun endlich die Grenzen und Schwierigkeiten des alten Europa hinter sich zu haben, wurde unterstützt durch die wirklichen Reize der Seefahrt. Ein freundliches Gesicht machte das gefürchtete Schwarze Meer. Das Wetter war einschmeichelnd warm, der Wind zahm und die Wellen zivil. Eine schwere Farbenharmonie lag auf Luft und Wasser, graue, blaugrüne, grüngraue, rötlichgraue Nuancen wogten durcheinander, und das Meer blinkte in der Tat tief und dunkel und fast schwarz wie ein Onyx, auf dem weiße Wellenkämme geheimnisvolle Adern zeichneten. Das Meer sprach seinen Namen selber aus, rief ihn wieder mit jedem Wellenschlag. „Schwarzes Meer", rollten die hebenden senkenden dunklen Flächen, „Schwarzes Meer", bliesen die Winde, „Schwarzes Meer", flüsterten die Nebelwände, die den Blick nach Norden verschlossen. Dort hinten, nicht weit, lag Rußland, tiefstes Rußland, Odessa, die Krim. Potemkin, Raskolnikow; Wodka und Kaviar. Eines so wild und fremd und weit wie das andere. Und die Sphinx „Naturmensch" und das Rätsel „Bolschewismus". Von Norden konnten russische Kriegsschiffe auftauchen, russische Macht herrschte hier. Aber sie kamen nicht, kümmerten sich nicht um das kümmerliche Schiff mit dem kümmerlichen Menschenhaufen; und die „Atlantik" furchte eilig die Wasser, nach Süden, nach Süden, heraus aus dem Grauen. Und als wollte das Meer selbst einen deutlichen Strich machen zwischen dem dunklen russischen Hintergrund und der hellen grünen Zukunft: plötzlich erschien weit im Meer, von der Küste her, sich im Osten verlierend, ein leuchtender schnurgerader Strich. Wie die farbigen Ränder einer Landkarte brach das dunkle triste Schwarze plötzlich ab, und ein helles Grün leuchtete auf. War es die wechselnde Meerestiefe, war es die wechselnde Grundbewachsung? Eine Grenze war, und leuchtend grün schimmerte die Wasserfläche. Und die Sonne glitzerte in den Wellenkämmen, und mächtige Delphine schnellten die schwarzen Körper in die Luft und verschwanden im luftigen Bogensprung wieder in der Tiefe. Stundenlang spielten sie um das Schiff, die glänzenden plumpen Leiber, die gabeligen Schwanzflossen konnte man deutlich unterscheiden. Trotz der Schnelligkeit des Spiels traten die dunklen Kolosse, einen Meter lang und mehr, plastisch vors Auge, als wolle das Schwarze Meer die tiefe Lebendigkeit seiner Schwärze noch in die helleren Gewässer senden: „Nicht meine Düsterkeit, die Helle ist Täuschung, Sonnengetändel, ein Greuel meiner schwarzen Seele. Meine Rappen rennen und springen, meine Schimmel jagen und überschlagen sich. Euch Sonntagskindern in dem gebrechlichen Kahn sollen meine Reiterscharen die Helden-Fantasie vortanzen zur Musik der Winde. Euch will ich nicht verschlingen, Mitleid hab' ich mit Euch. Aber fühlen sollt Ihr, daß nicht Euer Witz Euch rettete vor der wilden Gewandtheit meiner nassen Pandurenschwärme. Sieh, wie sie tollen, die Überlustigen, die Streitgewohnten, wie sie spielen mit Euch, Ihr, Spielball einer Unendlichkeit."

Dort links vorne, wo sich die Sonnenstrahlen in den weißen Wellensäumen brachen, hat da nicht Böcklin sein „Spiel der Wellen" hingemalt? Wellentäler und Berge schaukeln, und weiße Leiber reiten auf den dunklen Kämmen, blau und grün und schwarz schillerten Wälle und Kavernen. Hoch hebt sich der Triton über die Spitzen, weiß flattert und sprüht sein Bart im Winde, und sein Muschelhorn röhrt in die Weite. Zurück beugen und biegen sich die Nereiden, kichern und weichen ihm aus, und die grünen Haarsträhnen fließen über die Schultern von Alabaster. Schaumadern zeichnen den Marmorpalast; untertauchen sie da und heben sich dort wieder hoch empor, und im Kopfsprung schnellt der schuppige Fischleib, schlägt Wirbel von Gischt, spritzt Sprühregen auf den grob lachenden Kentaur.

Das Lachen klingt gell und kalt nach und gefriert auf bleichen Gesichtern, die sich in Ecken lehnen, in Händen vergraben und angstvolle Blicke an die Reling senden.

Frau Seligmann hält ihr Gleichgewicht, reglos, eingenickt in ihrem Liegestuhl, und Dr. Seligmann ist stolz, daß ihm das Wellengaukelspiel fröhliche Gesichter zeigt.

Das Schiff strebt eilig vorwärts, weit unsichtbar ist die Küste. Aber am Vormittag des nächsten Tages hebt sich ein ferner Streifen rechts im Dunst, scheint sich dem geraden Kurs langsam zu nähern, gegenständlicher zu werden. Einzelne Schiffe kreuzen den Weg, zwei oder drei, kommen auf am Horizont, verschwinden wieder; Segelschiffe, ein Passagierdampfer steuert auf Erkennungsnähe vorbei, nordwärts. Dann erscheint es wie Bergrücken auf der Landseite, sie werden deutlicher, auch links voraus taucht es auf wie Gebirge. Sind das, weit dort drüben, nicht Kriegsschiffe? Was steht dort vorne im Wasser?

Eine Felseninsel? Ein Sperrfort? Der Nachmittag dehnt die Küstenstrecken aus, nicht mehr ins Offene ist der Kiel gerichtet, weithin auch nach links vorne strecken sich Land und Gebirge, und nur rein östlich und nördlich bleibt der unendliche Horizont.

Die Küste gliedert sich, Buchten werden deutlich, Einschnitte, Gebirge türmen sich höher, bizarre Formen, Felsen, ohne Baumwuchs, grüne Matten, vereinzelt Buschwerk im Tal, nirgends Wald. Wüst, unbewohnt scheint die Gegend, erst ganz hinten in der Bucht scheinen menschliche Wohnstätten zu sein. Leuchtfeuer beginnen zu spielen, auf der Steilküste, auf den Hügeln am Ufer scheinen sie aufgebaut. Die Zeichen mehren sich, weisen hin, drängen. Nun ist der Einschnitt des Bosporus leicht angedeutet, dann ist er sichtbar, und in der Dämmerung fährt die „Atlantik" in die schmale Meerenge ein.

Sie ist nicht breiter als die Donau im Mittellauf, ganz Flußcharakter – ohne das Fließen. Gleich und glatt halten die Wasser stille und machen das Flußbett leblos. Das Strömen fehlt, die Richtung, das Vorwärtsdrängende, das den Gegensatz der nah vortretenden Berge ausgleichen möchte. Keine Hügelreihen rechts und links, ein Tor ist es, ein tiefer Einschnitt in ein Hochplateau. Steilabstürze, begrünte Abbrüche und sanftere Neigungen, kurze Seitentäler. An den Ufern ist keine Straße, kein Weg sichtbar, kein Häuschen unten am Wasser. Doch bald beginnen sie oben und am Abhang. Es ist dunkel geworden, und die Lichter leuchten da und dort anheimelnd auf. In der Dunkelheit ist nicht mehr viel zu unterscheiden, dennoch drängen sich die Auswanderer an Deck, das Neue zu schauen. Der berühmte Bosporus. Die Türkei. In einer Stunde wird Istanbul erreicht sein.

Die Wasserstraße, eng und flußhaft, macht Krümmungen, die Ansiedlungen und die Lichter werden zahlreicher, drängen sich hier und dort zu Ortschaften zusammen, zu Nestern und Schwärmen von Glühwürmchen auf dem dunklen Hintergrund.

Dann weitet sich die Wasserfläche, die Ufer treten einen Schritt zurück und die Hügel einen halben mehr, Licht sammelt sich an Licht, Pünktchen an Pünktchen, Lichtreklamen stehen plötzlich da, oder sind es Lichtsäulen? Das sind keine Schriftzeichen, Arabesken vielmehr, gleichförmige Figuren, aus Lichtern gebildet, mehrere gleichartig nebeneinander in der schwarzen Nacht. Links steht so ein Ding nicht weit vom Ufer, und nun wiederholt sich's auch rechts, und da sieht man: die illuminierten Galerien sind es von Minaretts, die kraus und fremd herüberleuchten, vier Türme, vier Galerienpaare, um einen dunklen Kern geschart, wie unterbrochene Lichtersäulen, wie Strahlenflechtwerk auf Sammet. Und noch eine Biegung: das Schiff strebt in ein weites Bassin, fährt, langsamer nun, an kleinen dunklen Schiffen vorbei, an Wachbooten und solchen mit riesigen Scheinwerfern, die da und dort auch ein größeres Schiff aufblitzen lassen, und Häuser über Häuser an den Ufern. Ein Amphitheater von Häusern steigt die Abhänge hinauf, weithin Licht an Licht, Funkeln an Funkeln. Von der Einfahrt her verstärkt sich's, ein breites Samtband, mit Silber bestickt und Goldgirlanden, im Mittelgrund in die Tiefe ausbiegend und über einen Wasserstreifen wieder näherkommend. Den Wasserstreifen überspannt eine breite Perlenspange. Das muß die Galatabrücke sein. Dann links ein dunkler Hügelblock, unbeleuchtet, wie ein Park, und große Helligkeit hinter dem Hügel heraus strahlend, den Nachthimmel erhellend, als liege dort erst der Mittelpunkt der Stadt; noch eine kleine Wendung und vor der hellen Strahlung fünf hohe, in Stufen und Abständen beleuchtete Minaretts, und weiter hinten nochmal Lichtsäulen, und nochmal. Und dazwischen ganz dunkel, schwer zu unterscheiden, aber im Näherkommen sich klarer gegen den Nachthimmel abhebend, ein gewaltiger Kuppelbau, von wiederum fünf Minarettnadeln umrundet, diesmal aber unbeleuchtet, wie schwarze Kürassiere, die mit schlanken spitzen Lanzen einen Katafalk umstehen. Eisern, streng, schweigend.

Dr. Seligmann war überwältigt von der Feenpracht, die sich ihm auftat. Er trank die Lichter, trank das Sterngefunkel auf der Erde, das mit dem Sterngefunkel am Himmel wetteiferte, eine Phantasmagorie. Er suchte sich zu orientieren, als die

„Atlantik" nun Anker warf. Von der undeutlich unterscheidbaren Brücke ging er aus. Der Wasserarm, der zu ihr weiter ins Land hineinführte, mußte das Goldene Horn sein. Es ist wahrhaft ein goldenes Horn. Rechts die Hügel hinan die Vorstädte, Galata, und dahinter und rechts weiter dem Bosporus zu, Pera. Der Ildiz-Kiosk war nicht zu sehen, aber am Wasser herunten lagen weitläufige Prachtgebäude, ein neueres Schloß. Links des Goldenen Hornes das eigentliche Istanbul, das sich weithin hinter dem dunklen Hügel wand, der eine Art Halbinsel bildete. Gerade vor der Spitze der Halbinsel war der Ankerplatz, und man konnte unbeleuchtete Gebäude und eine lange Mauer unten am Wasser erkennen, Büsche und Bäume, dahinter, die ganz dunkle Spitze der Halbinsel ausfüllend. Links weiter reichte Konstantinopel wieder bis ans Wasser, und da war, mit den fünf beleuchteten Minaretts, die Achmedmoschee und daneben, die dunkle, wie jene am Rande des Hochplateaus stehend, die Hagia Sophia, der berühmte byzantinische Bau, dem der überflutende Islam die spitzen, zarten Minaretts angefügt.

Der Blick wandte sich nach Süden. Das breite Wasserbecken, zu dem sich der Bosporus hier erweiterte, glich einem Binnensee, dessen Ausgang zum Marmarameer gerade noch angedeutet schien. Wo der Bosporus die Einfahrtsbiegung machte, drüben auf der südlichen Seite, wichen die Ufer stärker zurück, und die Hügel mit ihren Steilabstürzen verflachten sich, traten zurück, um schließlich in der Bucht in Flachland überzugehen. Gleich am Eingang, wie zum Abschluß, lag hoch oben ein lichtfunkelnder großer Palast, weiterhin weitläufige Gebäudekomplexe und anschließend nochmals das Lichtermeer einer Stadt. Das war Skutari. Und das war Asien.

Viel später als sonst richtete Dr. Seligmann in dieser Nacht die Strohsäcke am Oberdeck zurecht, stahl sich nochmals auf die Kommandobrücke hinauf, um von dort oben einen besseren Gesamteindruck zu haben, und war fast trunken von dem Glanz und dem Nachklang des Wandelbildes, das an ihm vorübergezogen.

An ein Landen, an ein Besichtigen der Stadt, war natürlich

nicht zu denken. Er mußte sich bescheiden mit dem Blick in den Feenpalast, der ihm aus der Ferne vergönnt war. Noch vor der Morgenwäsche mußte er sich das gewaltige Bild im Tageslicht betrachten.

Nun sah man das Häusergewimmel der Millionenstadt, Galata und Pera, sich überstufend, Häuserblöcke, unter Bäumen verborgen, flache Dächer und Kuppeln auf Hausdächern, Kuppeln auf den Moscheen zwischen den schlanken eleganten Türmen. Die Brücke war ins Grau zurückgetreten; eine Anzahl mittelgroßer Schiffe lag seitwärts am Kai von Galata oder frei vor Anker auf der Reede, einige kleine Boote, Motorboote, eilten hin und her, ein Ausflugsdampfer mit bequemen Polstersitzen und breiten Sonnendecks zog mehrmals ganz in der Nähe vorbei. Sonst war Stille im Hafen. Totenstille schier.

Hier war kein Krieg, aber der Schatten des Krieges lastete auf dem Hafen, dem lebendigsten Eingangstor des Orients, der engen Tür zum Schwarzen Meer. Wie in einem vergessenen Märchenwinkel schien hier die Welt zu ruhen, ein Dornröschen, in Schönheit schlafend.

Nun war die Spitze der dunklen Halbinsel in greifbarer Nähe zu sehen. Da standen in Terrassengärten, an Orangerien erinnernd, die langgestreckten, wie fensterlosen Gebäude des „Alten Serails", zahlreiche kurzarmige Kamine auf den knappen Dachrücken. Nebengebäude, im Garten verborgen und dicht am Wasser, lange hinziehend die Hohe Mauer, die den ganzen Komplex gegen die Außenwelt abdichtete. In der Mauer aber, gerade gegenüber, eine einzelne verschwiegene verschlossene Pforte, unheimlich in der Unmittelbarkeit, mit der sie ins Wasser führte. Von grauenhaftem Geheimnis umwittert. Saß dort in den fensterlosen Gebäuden nicht Abdul Hamid, der blutige Sultan? Wurden nicht von dem scheuen, hinterhältigen Despoten gefallene Günstlinge, beargwöhnte Frauen, mißliebige Aufrechte und versteckte Gegner meuchlings aus dem Wege geräumt, die Leichen in Ledersäcke genäht, in den Bosporus geworfen? War es hier, hat jene verlassene schweigsame Pforte die Opfer gesehen und den schauerlichen Vollzug des Mordes, der Wellen Raunen und Wispern gehört, wenn sie nach dem dumpfen Fallen und Gurgeln und Schlucken die gierigen Mäuler wieder geheimnisvoll schlossen in der dunklen weltabgeschiedenen Nacht?

Über Dunkel und Verbrechen strahlte in unberührter Schöne die Hagia Sophia, ein gewaltiger Bau in edelsten Maßen, eine Gralsburg. Und leichte kleine Wellen zerrten und zogen an dem lebendigen Spiegelbild im Wasser. Bei Tage konnte man auch die nachts so eigenartig beleuchteten Galerien an den Minaretts der Achmedmoschee erkennen und die zierliche Filigranarbeit des durchbrochenen Mauerwerks und der nadelspitzen Türme.

Auf der Skutariseite hatte sich das große beleuchtete Gebäude als ehemaliges Schloß und nun anscheinend Kaserne enthüllt, kein besonderer Bau, aber breit ausladend und wuchtig, sich vorneigend zum Wasser und sich stützend auf Steilwände von Felsen. Die größeren Komplexe schräg weiter hinten erwiesen sich als Hospitäler und Krankenhäuser, moderne Zweckbauten im Barackenstil. Und weiter wogte ein Meer von Hütten und Häuschen, ein paar Minaretts dazwischen; Skutari, Asien; Türkei und Orient; Muselmanen und kleine Leute, unbekannt, unwesentlich. Anspruchslos ans Ufer gebreitet, Provinz, Land gegenüber der Großstadt. So sah es von fern her aus, nichts Markantes in seinen Zügen, nichts Individuelles, Ansehnliches.

Und es wirkte der ideelle Gegensatz Europa – Asien, die Einbildung, die jenes „Drüben", das Neue, Zukunftsträchtige, das Fremde, Unheimliche scharf trennte von dem „Herüben" mit all den geistigen Bindungen und Erinnerungen an das alte Europa. Das Wasser unterstrich die eingebildete jähe Trennung, wie es die Grenzpfähle tun auf der malerischen Illerbrücke zwischen dem bayerischen Memmingen und dem schwäbischen Leutkirch. Die Trennung im ganzen war ja da: ein anderes ist Europa, ein anderes Asien. Aber die Trennung war nicht jäh, war nicht unvermittelt; die Menschen hatten seit Jahrtausenden die Grenzlinien unscharf gemacht. In den Menschen, in dem, was sie schufen und errichteten, begann Asien schon weit drinnen in Europa, auf dem Balkan, und die

Spritzer und Fäden reichten zum mindesten bis Ada-Kaleh, der türkischen Donauinsel.

Die asiatischen und europäischen Ufer umschlossen einträchtig und in einiger Einheit die Wasserbecken, die sich vom Goldenen Horn bis hinter Skutari erstreckten, vom Hochplateau in die Ebene, von der gehäuften, gedrängten Großstadt zu den Vorstadt-Vorland-Siedlungen; von dem Zentrum der Politik, der Repräsentation, die die Staaten des alten Europa noch hierher auf den Vorposten schickten, zu den Schlupfwinkeln bäuerlicher Schläue, muselmanischen Fatalismus', levantinischer Gaunerei.

À propos! Dr. Seligmann setzte seine stillen Betrachtungen fort: Was war mit der Kohle? In Konstantinopel sollte doch nach den Worten des Herrn Storffer Kohle gefaßt werden. Es wurde verhandelt. Der Kapitän mit den Hafenbehörden, der Kapitän mit der Reiseleitung; die Reiseleitung mit Vertretern der Konstantinopeler Judenschaft, an die man sich gleich nach der Ankunft brieflich gewandt. Nach langem Hin und Her kam Wasser, kam Brot – kamen keine Kohlen. Erstens seien keine Kohlen hier vorhanden; zweitens wolle die Regierung nicht zulassen, daß sie jetzt in Kriegszeiten ausgeführt würden; drittens gegen bare Bezahlung wären sie sofort zur Stelle. Herr Storffer hatte weder vorgesorgt noch das Geld bereitgestellt, noch den Kapitän oder gar die Reiseleitung mit Geld ausgestattet. Es wurden phantastische Dollarbeträge für das nötige Kohlenquantum genannt. Auch die jüdische Gemeinde wollte oder konnte weder solche enormen, hochgetriebenen Beträge für fremde Durchfahrer aufbringen, noch schien der Name Storffer irgendwelchen Kredit bei ihnen zu haben. Es war wohl nicht der erste Transport, der so des Weges kam. Eine gesunde Organisation der Reise hätte frühzeitig genug die Juden der Stadt, die sich den Emigranten gegenüber als generös erwiesen, in die Lage versetzt, was notwendig war, zu angemessenen Preisen bereitzustellen.

Hafengebühren entstanden, man verlangte sie von den Fahrtteilnehmern, und der Kapitän tat nicht dergleichen, als sei er als Vertreter des Reeders verpflichtet, sämtliche Kosten der Reise zu bestreiten, da doch die Teilnehmer ihre Fahrtkosten längst erlegt hatten. Auch hierin halfen die ansässigen Juden aus der Klemme, und sie zahlten auch die Vorratergänzungen, die an Bord kamen. Der Vorfall aber zeigte sowohl die Einstellung des Herrn Kommerzialrates wie die des Kapitäns. Wobei es immer noch nicht klar war, ob dieser letztere wirklich keine Schiffskasse mitbekommen hatte, oder ob er sie nur zurückhielt. Es muß wohl das letztere angenommen werden; denn ein so „erfahrener" Seefahrer weiß, daß er unterwegs Geld braucht, und sieht sich vor. Kann es auch, denn er ist, einmal gewonnen für ein illegales Unternehmen, der Stärkere. Andererseits war doch auch Herr Storffer in solchen Dingen gewitzt. Er kannte die Art der Reise, die schon wiederholt durchgeführt worden, er kannte den Kohlen- und Nahrungsmittelverbrauch wie die möglichen normalen Verzögerungen; er kannte die schlechte Beschaffenheit des Schiffes, er kannte die Überfüllung und das unterschiedliche Menschenmaterial; noch mehr: er kannte auch die Sorte von Schiffskapitän, die sich ihm für seine Zwecke anbot, und ihre Mannschaft und den Reeder selbst in seiner ganzen Glorie von Ehrenhaftigkeit; hätte er das Notwendigste an Geld, das etwa bei dem Kapitän nicht sicher angelegt war, nicht der Reiseleitung geben müssen? Da waren doch vertrauenswürdige Leute! Daß er es nicht getan, schien Dr. Seligmann zu beweisen, daß es ihm einzig und allein darum zu tun war, die Menschenfracht wegzuschicken und die Befehle der Gestapo so gewissenlos zu vollziehen, wie sie gemeint waren, und das gleiche Geschäft wieder und wieder zu machen. Für deutsche Begriffe, und die Begriffe deutscher Ordnung wurde Dr. Seligmann nicht so rasch los, war es selbstverständlich, daß ein Unternehmen erst dann in Szene gesetzt werden durfte, wenn alle Etappen gesichert und vorbereitet waren und wenn auch der Eintritt unvorhergesehener Fälle genügend berücksichtigt war. Es ist klar, daß eine Fahrt auf 2500 km eine ziemlich genau zu errechnende Kohlenmenge beansprucht, und wer dafür verantwortlich ist, tausendachthundert Menschenleben über eine solche Strecke zu verfrachten, handelt in höchstem

Maße gewissenlos, wenn er das Heizmaterial nicht tatsächlich bereitstellt, sei es beim Ausgangshafen, sei es an Kohlenstationen unterwegs. Im Zeitalter des Telegrafen, der Überweisung und des Kredits vermag auch ein Wiener Kommerzialrat und Bankier, vermag auch ein griechischer Reeder für alles, was dem Transport unerläßlich ist, zu sorgen. Daß aber ein Jude an Juden so handelt, an Menschen, deren innerste Seelennot und äußerste Lebensnot ihm wie keinem sonst bekannt ist – zeigt wieder einmal, daß nicht „die Juden" zusammenhalten, daß nicht „die Juden" die Macht haben, sondern daß auch unter den Juden Kreaturen vorhanden sind, die nicht wert sind, Juden zu heißen.

Die Behörden aber genehmigten den Aufenthalt im Hafen, nicht im eigentlichen Hafen, sondern auf der Außenreede von Konstantinopel, nur für vierunzwanzig Stunden, und es bedurfte einer Intervention, um dieses menschenfreundliche Entgegenkommen bis zum nächsten Morgen auszudehnen. Ehe die ortsansässigen Juden die noch weiter versprochenen Proviantergänzungen zu liefern imstande waren – es war gerade auch noch Sonntag –, mußten die Anker gelichtet werden.

Es war gerade Jom Kippur, das Versöhnungsfest, der höchste Feiertag, der so nicht gerade versöhnlich begann. Losgelöst von allen Bindungen, zeitlos, wie die Juden auf dem Meere der Geschichte trieben, waren sie des Herannahens der traditionellen Festzeiten kaum gewahr. In Tulcea noch war Rosch Haschanah, das Neujahrsfest, gefeiert worden, gefeiert ohne Feierlichkeit, nur durch Ansammlungen von Betern. Festgewand, Arbeitsruhe, festtägliche Mahlzeiten, all das Drum und Dran des jüdischen Feiertages – hier hatte es keinen Sinn. Der Jom Kippur ist ein Fasttag, ein Tag der Einkehr und der Buße. Aber sich des Essens völlig enthalten, wenn der Körper von den Entbehrungen der Reise, der schmalen Kost und vielfachen Strapazen geschwächt ist, wenn alle Kräfte gespart werden müssen, um durchzuhalten, war nicht gut. Es gibt eine Vorschrift, die das Fasten ausdrücklich verbietet, wenn es das Leben bedroht. Viele, die in früheren Jahren gerade den Jom Kippur noch als letzten Traditionsrest peinlich gehalten, begnügten sich mit der Teilnahme an den Gottesdiensten; viele standen auch hiervon frei abseits, und viele waren gleichgültig oder gedankenlos. Aber eine ganze Anzahl der Menschen hielt ihren Fasttag trotz allem und brachte ihn mit Beten hin in gewohnter Weise und in so außergewöhnlicher Weise.

Einkehr, Buße, Erhebung – vielleicht ging manchem, der nur die gewohnten Formen erfüllt, in dieser seltsamen Lage der Sinn der Versöhnung mit dem Weltgeiste auf. Vielleicht noch mehr anderen, die Luft und Himmel und Landschaft tief auf sich einwirken ließen.

Was weiß einer schon, wie es im Innern eines anderen Menschen wirklich aussieht?

Der Lichtzauber der zweiten Nacht und die in der Morgensonne strahlende Hagia Sophia blieb zurück, und die spitzen Turmnadeln und die glänzenden Kuppeln krochen in das Häusermeer hinein. Der Kurs ging nahe an Skutari vorbei und gewann dann die sich weitende Fläche des Marmarameeres. Öde und einsam schien die Gegend, niedere flache Ufer, von fernher niedrige Bergzüge, und ein leichter Dunst schwebte über den Wassern. Silbergrau war die Stimmung und diesig, bis die Sonne, mit schweren Wolken spielend, die Pracht des orientalischen Himmels in voller Glorie erstrahlen ließ.

Mehrere Stunden dauerte die Fahrt auf der glatten, fast unbewegten grauen Wasserfläche des Marmarameeres. Ein deutlicher Uferstreifen rechts und ein ganz schwacher links verlor sich nie, und dann verengte sich der Hals, rechts traten die Höhenzüge deutlicher hervor, wagten sich mit ihren Ausläufern und manchen scharfen felsigen Abbrüchen oft bis ans Ufer: die Dardanellen begannen. Historischer Boden. Die Schilderungen aus dem Weltkrieg, die heldenhafte Verteidigung eines Kemal Pascha wurden lebendig und gegenständlich. Kahl, leicht begrünt waren die Hügel und Berge, rundlich und kuppig, aber rauh und wüst. Nur wenig menschliche Siedlungen zeigten die Ufer. Meerenge, nicht Strom, war der Charakter des breiten Wasserbettes. Aber die Formen der Berge, der Uferbrüche, der Landschaft dahinter waren kraus und fremd, und der Begriff „Asien" verließ den Betrachter keinen

Augenblick. Nichts, was an gewohnte, an heimatliche Landschaftsbilder erinnerte. Die Ufer und die Uferwälle wurden höher und bewegter, Wellen von Bergen bewegten sich wie Verteidigungslinien in Staffeln der Gallipolihalbinsel entlang. Gallipoli, die Ortschaft, ein unbedeutender Häuserflecken, und manchmal sonst kleine Dörfer eingestreut. Die Dardanellen, der Hellespont der Alten, die Brücke, die Hellas mit dem Orient verband, blieb, anders als das Marmarameer bei Konstantinopel, immer noch mehr Scheide als Brücke. Die Ufer traten noch näher zusammen, aber irgendwie blieb es so, wie wenn Erdteile nicht näherkommen, nahe und doch gemessen in Entfernung und Haltung. Nicht, wie wenn ein Wasserband, ein noch so breiter Strom eine einige, einheitliche Landschaft teilt, durchschneidet. Kein Zweifel, keinen Augenblick verwischte sich der Eindruck, „dazwischen" zu sein, zwischen den Erdteilen, zwischen den geistigen Welten, zwischen den Zeiten. „Dazwischensein" ist ein Gefühl, das Juden nicht fremd sein kann, peinlich vertraut ist es. Das Getreidekorn „zwischen" den Mahlsteinen; es wird zu nährendem Mehl. Der Papierbogen „zwischen" den Walzen und Druckformen. Nach dem harten Druck haben sich Schwärze und Buchstabenkanten unverwischbar aufgeprägt, und er trägt die Zeichen seines Leidens in die Welt, und der tote Buchstabe wird Leben, wird Geist.

Wachtposten sind auf dem Gallipoliufer, Militärzelte, sich bewegende Abteilungen Militär. Unwirtlich das Land, unwegig die Berge, zwischen denen Täler quer landein führen. Ein Festungsgebiet, unsichtbare Verteidigungslinie. Dann verengt sich die Wasserstraße zum schmalsten Punkt, gerade an einer Biegung. Und da sind auch von der linken Seite Verteidigungsanlagen, Batteriestellungen, Forts und unten am Ufersand bereitgestellte Sperrminen zu sehen. Kasernenbauten, Kasematten, eine alte Mauer und, um einen zierlichen Hafen zusammengeduckt, malerisch bunte Häuser aus der Spielzeugschachtel; Häuser und Bäume und Türmchen, mit grobem Pinsel gemalt, kindlich einfach und doch fremd, phantastische Bilderbogen, Orient fürs Puppentheater.

Die „Atlantik" hielt in Canakkale, wartete kurze Zeit und hatte offenbar Durchlaßformalitäten zu erledigen. Dann fuhr sie langsam durch die Hakenkrümmung der Dardanellen weiter.

Im Ersten Weltkrieg waren diese Positionen uneinnehmbar. Von der russischen Seite wurde es gar nicht erst versucht, den Bosporus zu bezwingen. Vom Ägäischen Meer aus aber hatten die alliierten Flotten die Dardanellen zu besetzen versucht. Eine türkische Flotte war nicht vorhanden, aber die Küstenbatterien sind so gesichert, das Schußfeld so frei, die Bewegungsmöglichkeit des Angreifers so beschränkt, die Lage so günstig für jegliche Minenanlage und die Abwehr so versteckt, daß der Angreifer andere Wege versuchen mußte. Er landete Truppen an der Südspitze und auch drüben auf der anderen Seite der Halbinsel in der thessalischen Bucht. An beiden Seiten gelang es, festen Fuß zu fassen. Aber der Verteidiger saß auf den Bergrücken und kämpfte in bekanntem Gelände von oben nach unten. Dennoch machten die Angreifer in ihrer Übermacht Fortschritte. Liman von Sanders hatte die türkische Verteidigung organisiert, die schließlich dem noch jungen Kemal übertragen wurde. Die Verteidigungslinien mußten zurückgenommen, auf die beherrschenden Bergrücken gelegt werden, die türkischen Truppen waren tapfer, aber schlecht ausgerüstet und noch schlechter ausgebildet. Kemal schaffte Wunder, tat Wunder an Tapferkeit und Kaltblütigkeit, erkannte rechtzeitig den gefährlichsten Landungsversuch und das entscheidende Ziel, auf das er gerichtet war. Das mag wohl jene Höhe dort hinten gewesen sein, die er gerade noch rechtzeitig besetzte. Und der unbekannte, rastlose, schweigsam verbissene Mann, der Graue Wolf, wie er von einem Biographen genannt wurde, machte das Unmögliche möglich. Die Stellung, Gallipoli, die Dardanellen wurden gehalten.[50]

Die Bilder aus jener Schilderung lebten auf in den Schluchten, in den Höhenzügen und Tälern, in dem graugrün bleiernen Gelände, das ebenso finster und verbissen dreinblickt wie sein Held. Glaubhaft wurde diese übermenschliche Erscheinung, diese eisgraue Abgründigkeit des Willens, die alles gewinnt, obwohl sie sich alles zum Feinde macht. Faszination des Abstoßenden. Urgewalt der Dynamik. Sie reißt diese Welt, *ihre* Welt, aus dem Mittelalter in die Neuzeit und darüber hinaus. Sie schmilzt religiösen Fanatismus, Bolschewismus und Faschismus, jede von diesen gleich furchtbar und unüberwindbar, um, in eine neue Art von Nationalismus. In eine Nationalpersönlichkeit, die von allen jenen die Grundelemente übernimmt und trotzdem alle verneint. Verneint und verneint so viel, daß unversehens eine ungeheure Bejahung entsteht. Eine Bejahung, die sich steigert bis zu der Einführung des lateinischen Alphabets, eine Herkulesarbeit und ein Kolumbusei.

Nach der Biegung verbreitert sich die Wasserrinne zum Einfahrtstrichter, die Spitze der Halbinsel Gallipoli wird sichtbar, eine gewaltige Festung. Und die „Atlantik" gewinnt das freie Meer, die Ägäis, das klassische Inselmeer. Die Fahrt geht nahe der Küste Kleinasiens nach Süden. Auch nach rechts schweift selten der Blick ins Unbegrenzte. Immer wieder heben sich Inselküsten, Felseninseln, Felsen und Berge, die aus dem Wasser aufragen, ins Blickfeld. Und hinter dem Hochplateau der kleinasiatischen Küste steigt's in Stufen auf zu hohen wilden Gebirgsketten, die nach dem Inneren ziehen.

Das Wetter ist unverändert warm und schön, der griechische Himmel blaut über den graugrünen Landstrichen. Ausgeleert ist die Gegend, arm und kümmerlich, weithin unbewohnt. Felsen, Gras und Buschwerk, und Verkarstung. Systematische Anpflanzungen von niederem Baumwuchs sieht man. Das Land spürt eine ordnende, festigende, stärkende Hand nach der materiellen und geistigen Verwüstung der Jahrhunderte.

Odyssee

Und nun kommt klassischer Boden. Dr. Seligmann hat die Karte sorgfältig studiert, vergleicht und orientiert sich. Links auf dem Festland verzeichnet die Karte Troja, das alte Troja Homers. „Einst wird kommen der Tag, da die heilige Ilios hinsinkt..." Dort muß es sein. Ein Häuschen am niedrigen Ufer, eine unscheinbare Dorfsiedlung ein wenig landeinwärts auf dem Hochplateau. Die trojanischen Kampfgefilde – eine Steppe, mit niedrigem Gestrüpp und Oliven besetzt, silbergrau und kugelig sehen sie aus. Das Land steigt an, und den Abschluß hinter Terrassenstufen bildet eine ernste dunkle Gebirgskette. Das muß das Idagebirge sein, und davor auf jener Stufe vielleicht stand die hohe Feste. Der edle Priamus – ein Fürst in der Wildnis; Hektor der Held, den die herbe karge Natur kühn gemacht und trotzig; Paris der Schäfer, der im Idagebirge schwärmte und in der Einsamkeit und Größe der Landschaft träumte und Gesichte hatte und nach innen lauschte, wo die Panflöte widerklang; Äneas, der Alte, hielt die Tradition, rettete die Zukunft dem rauhen, sinnenden Geschlecht, das seine Kassandra verlachte. Und die Griechen waren übers Meer gekommen. In jener Bucht lagen ihre hölzernen Schiffe. Und auf dem Hochplateau standen ihre Zelte. Agamemnon, der Fluchtragende, und Menelaos, der Philister. Ajax, der grobe Held, Achilles, der elegante Fechter, und Patroklus, nichts als Freund. Und das ist viel. Und Odysseus, der listig-kluge, der erfinderische, der die Heimkehr nicht fand. Pallas Athene, der Schützerin Hellas, war er der liebste Sohn, und Nereus, der Seegreis, war ihm Gegner und Feind. Denn der Listenreiche, Gewandte, Geistige war im hellenischen Sinne der am schärfsten ausgeprägte Gegenpol zu dem Schönheitssucher und Leichtfuß, dem weichen Günstling der Aphrodite. Und während die Helden, die unbeschwerten Gewaltmenschen, sich in Schuld und Schicksal verstrickten: Agamemnon findet Blutschande und Tod bei Klytämnestra; Menelaos wird zurückgezwungenen Raubes nicht mehr froh; Patroklus stirbt in Schönheit, und Achilles der Unbesiegbare wird von dem Feigsten an der einzig verwundbaren Stelle getroffen; der rasende Ajax erliegt an der einsamen Felseninsel, ausgestoßen aus menschlicher Gemeinschaft, der Lustseuche; Kalchas ringt mit seinen Söhnen am Opferaltar mit den Schlangen bösen Gewissens – bezwang des Odysseus Geist und Zähigkeit alle Unbilden und Tücken, die ihm die Götter in den Weg gelegt. Die Irrfahrt trieb ihn an den Inseln menschlicher Leidenschaften vorbei, ein griechischer Faustus, der die Höhen und Tiefen menschlichen Leidens erfährt. Die sonderbaren grüngrauen Inseln draußen in dem dunkelblauen Meer, die zerklüfteten Felsen, an die die weiße Gischt der Brandung leckend und lockend schlägt, werden lebendig der dichtenden Phantasie. Die lockende Circe, die die geilen Genossen in Schweine verwandelt, der einäugig-plumpe Polyphem, der Felsbrocken um sich wirft und den ewigen „Niemand" in seiner Höhle sich bergen läßt; der schillernden Sirenen atemberaubendes Singen, der Phäaken gefährliche Biederkeit, und schließlich der letzte Schiffbruch, der den Irrenden, Suchenden schlafend, unerkannt, an das Gestade des heimatlichen Ithaka wirft – wie von selbst wandelt sich, was die Augen schauen und die Seele ahnt, in mythische Bilder und Gestalten! Wie die Träumenden werden Juden ihren heiligen Boden betreten, auch sie. Und der Schweinehirt und der Rinderhirt, die treuen Dienenden sind die ersten, die ihren Herrn erkennen. Denn um das hohe Haus, um die trauernde Penelope gieren die Freier, wie um Zion die Freier schleichen, und Penelope wartet, und der junge blühende Telemach ist herangewachsen, seine Knabenhände vermögen nicht viel, aber sein feuriger Blick kündet den jungen, den heiligen Willen. Fremd ist der Heimkehrende, in Lumpen gehüllt, entblättert, doch gereift ist der Spötter, und in übermenschlicher Kraft spannt er den alten Bogen, den keiner der Freier zu spannen vermag. Seine Kraft ist Beweis, sein ist der eherne Bogen, sein das alte Gesetz und der Herd und der Geist, der ihn umschwebt. Und die Freier liegen am Boden ...

Visionen jagen wie Wolkenfetzen, treiben ziellos, ungreifbar in dem Ätherblau, und Meer und Inseln klingen auf im Heldengesang. Längst ist die Trojaebene entschwunden. Eine Insel hatte sich nahe ans Land geschoben, jenes Tenedos, hinter dem sich die hellenischen Schiffe verborgen, als sie nach der Errichtung des hölzernen Pferdes die Abfahrt vortäuschten. Eine Burgruine ist auf Felsen geklebt, der Turm spiegelt sich in einer kleinen, lieblichen Bucht, und Weinberge ziehen durch ein grünes Tal hinter die Hügelkulissen.

Der Küste entlang nach Süden geht die Fahrt. Das Idagebirge wächst sich zu einer mächtigen Kette aus. Die Küste ist felsig zerrissen, Buchten und Spalten formen sich; Baumpflanzungen werden deutlich, Rebenhänge scheinen erkennbar. Die gehobene Stimmung hält an, die Bilder wechseln. Der Nachmittag ist schon weit vorgeschritten, die Sonne senkt sich hinter ferne Inseln; die Dämmerung ist kurz, und wie das südliche Kap umschifft ist und die „Atlantik" in eine breite Wasserstraße ostwärts einbiegt, zwischen Chios[51] und dem Festlande hindurch, funkeln die ersten Lichter auf, Leuchtfeuer und Positionszeichen, Lichter in den Häusern und Siedlungen. Einzeln stehen sie am Strand, Fischerhütten, armselige Einsiedler auf kargen Grünflächen, die sich zwischen die Felsen eingeschoben. Fischerhütten, ein, zwei Boote auf den Strand gezogen. Kieloben, ein schmales Segelboot an der Boje schaukelnd; ein Gärtchen angedeutet, ein wenig Weideland für Schafe, Einsamkeit, durch die Felsen im Hintergrund weit stärker betont als durch das Meer, das Weite und Gefahr vor ihren Füßen rauscht. Kein Schiff unterwegs hier, nicht gar weit war Smyrna entfernt. Den ganzen Tag noch, seit den Dardanellen war nicht das kleinste Schiff zu sehen gewesen, tot war der Verkehr, wie ausgestorben das Meer.

Die hohen Bergrücken auf Land und Inseln waren wie eine dunkel drohende Wand, und im Dunkeln glitten die dürftigen Siedlungen vorüber.

Unvermerkt war eine andere Insel herangerückt: Mytilene.

„Auf meiner Karte ist diese Insel gar nicht bezeichnet."

„Freilich, hier ist sie ja, sehen Sie, ‚Lesbos' steht hier, das ist dasselbe."

In Mytilene werden Kohlen gefaßt!

Der Hafen solle angelaufen werden. Schwarz starrten die Bergwände herunter auf die Wasserstraße, Lichtnester an wenigen Stellen. Eines am Ufer herunten; aber das war es noch nicht. Das Schiff zog weiter. Schaumüdigkeit war eingetreten, und obzwar ein Hafen kaum eine Änderung der persönlichen Umstände herbeiführen würde, es sei denn das Aufhören des Schwankens, das ein etwas lebhafter gewordener Seegang hervorgerufen hatte, lag eine Ankunftsspannung auf den Menschen. Zudem schien ein Wetter heraufzuziehen, ein Sturm gar, und so etwas erlebt sich lieber in einem sicheren Hafen. Merkwürdig überhaupt, daß die See draußen im offenen Meer weit ruhiger schien als hier innen hinter den großen Inselwällen. Offenbar steigerte sich die Bewegung des Meeres durch Brandung und Wellenrückschlag.

Lange Zeit noch ging die Fahrt an der dunklen Insel entlang, ließ die beleuchteten Ortschaften vorbeigleiten und bog schließlich um eine Felsenecke und in eine tiefere Bucht ein, in deren Grund es von Lichtern schimmerte.

Sofort war ruhiges Wasser, und die leichte innere Unruhe schwand. Abenteuerlich, theaterhaft der Szenenaufbau. Im Proscenium waren ein paar größere Fischerboote auf lichtspiegelnder Fläche, abgegrenzt durch lange Steindämme, die von links und rechts zusammenstrebten und eine breite Lücke frei ließen zur Mittelszene, hinter der sich ein schwerer Hintergrund im Halbkreis aufbaute. Die Mittelszene war das Bekken des Innenhafens, das breit an eine Kaimauer schlug, lichtflutend und lichtspiegelnd; und hinter dem prunkenden Promenadekai waren die hellerleuchteten Kulissen einer Häuserfront aufgebaut. Die Soffittenlichter strahlten auf gelbe, rötliche, grüne und bläuliche Giebelhäuser mit dunklen Laubengängen und hohen Bogenfenstern; sie strahlten noch auf ein Gewirr von Dächern und Kuppeln, die sich dahinter aufbauten und, mit Lichtern und Sternen ansteigend, bis in den Hintergrund verloren; den Prospektus aber stellte eine zackig dunkle wuchtige Bergkette dar, plastisch gemalt, mit scharfen Konturen gegen den Nachthimmel starrend. In Häusern und Palästen und in einem dunklen Hain verlor sich links, in einer breitausladenden Burg auf erhöhten Felsen rechts das Kolossalrundbild, das unterhalb der Burg und nahe dem Wasser durch ein merkwürdiges Denkmal, eine menschliche Gestalt auf hohem Sockel, belebt war.

Der Vorhang war aufgezogen, das Szenenbild strahlte vor dem dunklen Zuschauerraum, vor dem weithergereisten Parkett neugieriger Gäste. Aber die Spieler traten nicht auf, die Ritter und Edlen im samtnen Umhang und mit Spitzenkrägen, in Federhüten und mit spitzigen Stoßdegen, die zierlichen Dämchen in Seidenschleppen und mit wehenden Fächern, die Pierrots und Polichinelles mit klingendem buntem Schellenkleid und der vermummte Räuber Jaromir. Der saß vor seiner Kajütentür, fraß Beefsteak und rauchte Zigaretten. Und tat, als ob er überhaupt nicht mitspielte.

Aber das verdeckte Orchester begann zu klingen, und über das Wasser trug der Wind die zarten Klänge fremder, süßer Weisen.

Die Zuschauer bleiben lange in ihren Logen, und das Stehparterre ward nicht müde im Anschauen. Schließlich siegte die Natur, und die Reisenden kehrten zu ihrem Streiten und Keifen zurück und stießen sich wieder und warfen sich Schimpfworte zu wie irgendwo im Lande Emigrantia.

Dr. Seligmann nahm sich gerne die Ausrede und meldete sich für die Feuerwache zwischen 1 und 3 Uhr. Da saß er auf dem stumm gewordenen Deck zwischen den Schläfern am Boden und schaute hinüber auf das Zauberbild. Die Musik klang noch immer, die Soffittenlichter waren erloschen, und der Mond strahlte bleich und warf lange Schatten zwischen die Häuschen und das friedliche Bild in dem vergessenen Erdenwinkel.

Als es tagte, wurde die Szene plastischer, füllte sich in die Tiefe. Hinter der zierlichen Häuserreihe am Kai wuchs eine monumentale Kuppelkirche auf. Da und dort erhob sich der spitznagelige Zeigefinger eines Minaretts, die hellen Häuschen krochen die Anhöhen hinauf, der ganze Berghang schien sich zu beleben, und noch von hoch oben winkten weiße Flekken. Die graue Felsenburg rechts drüben trat einen Schritt vor, lag breit und massig über dem Gewimmel der Trabanten, und das Denkmal erinnerte gewichtig an die große Sappho, Einzelheiten waren in der Entfernung nicht mehr unterscheidbar, eine große Geste sprach in abgeklärter Würde. Mytilene ist die Heimat der Sappho. Menschlicher wurde die olympische Erscheinung, nicht mehr unnahbar schwebte sie über Wolken. Dichten heißt leben, wissend leben und schauen und das Geschaute verdichten zu höherer Wirklichkeit.

Die „Atlantik" konnte nun in den inneren Hafen einfahren, warf wieder Anker und drehte sich langsam um die Ankerkette, als wollte sie ihre Schönheit von allen Seiten bestaunen lassen. Welchen Eindruck sie auf die sachkundigen Schifferaugen der Eingeborenen gemacht, ließ sich schwer beurteilen. Sie hatten gewiß schon oft vorher Seeräuberschiffe oder – Totenschiffe gesehen und fragten nicht nach Bretterverschlägen und „Hängenden-Gärten"-Klosetts oder nach Hygiene auf panamanesischen Schiffen. Weit eher nach Schmuggelfrachten und Seebeute. Überdies flatterte vom Topmast lustig die Quarantäneflagge, die Annäherung an das Schiff ebenso untersagte wie Landen. Die Zernierung blieb streng, nur ein behördliches Kontrollboot legte bei, und der Kapitän machte Gegenbesuch an Land. Und sonst geschah gar nichts. Nichts regte sich im Hafen, Sonntagsruhe am Dienstag, und wahrscheinlich die ganze Woche. Manchmal schien es wie ein Seeräubernest außer Dienst. Oder schlief es nur, ruhte sich aus vom anstrengenden Beruf? Von Kohlen war keine Spur. Sie wußten von nichts, es war nichts vorgesorgt, es war auch nichts vorhanden. Und es war fast glaubhaft, daß in dem verträumten Winkel wirklich keine Kohle vorhanden war, obwohl so eindringlich versichert wurde, daß keine da sei.

Smyrna liegt nicht weit ab. Da gab es gewiß Kohlen. Aber Smyrna war türkisch, und Afgherinos war Grieche, und sein Geld und sein Einfluß und seine Beziehungen waren gleichfalls griechisch; so wurde es plausibel, daß die „Atlantik" nunmehr anderswo, auf Samos, die Kohlen fassen müsse. Samos ist auch nicht sehr weit, und dazu gab es dort den berühmten Samos-Wein, wen lockte die Aussicht nicht!

Wie ausgestorben lag die Prunkstraße am Kai, die Männer von Lesbos schliefen weiter, und auch die Lesbierinnen waren nicht zu sehen. Die „Atlantik" kam sich völlig überflüssig vor in dieser entzückenden Gegend und fuhr nach etlichem Heulen der Dampfsirene wieder ab, wie sie gekommen. Der Wind blies wieder heftiger vom Land, und die Wellen begannen schon wieder leicht an den Magennerven zu zerren; ein Gewirr von Buchten und Meerarmen, Landzungen und Inseln zog vorbei, überall dieselben hohen kahlen Gebirge, aber an ihrem Fuß und dem unteren Teil der Hänge hinauf Zeichen von Anbau, Oliven, Wein, Feigenbäume. Und dann war Samos da.

Wieder eine Bucht, die den Wellengang abhielt; wieder ein Innenhafen mit einer breiten Einfahrt in der abschließenden Steinmauer, und wieder ein Ankerplatz in der Außenreede, wie der Bettler, der vor der Türe stehen muß, ob es den hohen Herren genehm wäre, ein Almosen zu reichen. Und wie bescheiden ist der Bettler und wie vornehm der hohe Herr.

Die Wassertanks werden gefüllt, und Körbe von Früchten, von Eßwaren und Erfrischungen, von frischem Fleisch werden an Bord gebracht, in der Kapitänskajüte verstaut oder vorn unter der Kommandobrücke und drunten in der Mannschaftsküche. Mächtige Fleischstücke für die Kapitänstafel wurden aufgehängt, bis sie mürbe sind für ein üppiges Mahl. Vor den Augen der Flüchtlinge spielt sich das ab, die einmal am Tage eine dürftige Suppe fassen und knapp Brot, das nun auch schon zu schimmeln anfängt, und schimmeligen Zwieback. Und nichts sonst. Nichts bekommen sie von den herrlichen Früchten. Das will heißen: Sie werden verkauft vom Kapitän, gegen Drehbleistifte und Füllfederhalter und anderes, was ihm begehrenswert und verwertbar erscheint; die hungrigen Menschen, mit ihren Frauen, ihren Kindern werden gierig gemacht durch das Zurschaustellen der leckeren Dinge. Sie können sich nicht zurückhalten und tauschen und kaufen. Wie eine Saugpumpe ist der Kapitän; das Letzte, was sich noch in den Taschen der Leute findet, alles, alles saugt sie an, zieht sie heraus aus den Taschen. Wie billig kauft er dieses Obst dort ein, wo bares Geld große Kaufkraft besitzt? Jetzt hat er Geld, der Kapitän, und er weiß sein Kapital arbeiten zu lassen. Konserven verkauft er, Sardinenbüchsen, „Laubfrösche", Reis in grüne Blätter gewickelt, in goldgelbem Olivenöl, Salm, Schokolade und anderes. Schamlos ist es, wie er seine Menschenfracht im Zwinger hält, abgeschlossen von jeglichem direkten, ach so billigen Einkauf, sich selbst dazwischenschiebt und wuchert und wuchert wie je ein Erpresser. Und seinen wackeren Leuten ist er ein Vorbild. Der Erste Offizier macht es nicht anders, der Maschinist verkauft und der Maat und die Matrosen, Zigaretten der eine, Schokolade ein anderer, Fischkonserven, Jam, Früchte – die Preise halten sie in schöner Einigkeit hoch. Und es ist gewiß nicht sicher, daß die Wucherwaren nicht dem Schiffsproviant, den Notvorräten für die Reisenden entnommen sind; daß das, was sie zu Wucherpreisen kaufen, beim Tauschhandel schamlos betrogen, nicht ihnen selbst gestohlen ist.

Wer kann etwas nachweisen? Wer ist der Kläger? Der Herr Protektor der Illegalität hat wohlweislich keine Aufklärung, keine Abrechnung gegeben. Vielleicht wußte der Vielgeschäftige nicht, wie ein Kapitän seine Schutzbefohlenen auspressen kann; vielleicht wußte der Unschuldsvolle nicht, was Blutsaugerei heißt. Oder: der Ehrenmann von Kapitän wird doch wie ein Vater für seine Kinder sorgen. Was heißt Gewinnsucht! Aufopfern wird er sich für die Halbverhungernden.

Das Geschäft gefiel dem Herrn Kapitän. Indes äußerte er Bedenken, ob es wohl überhaupt möglich sei, die Fahrt fortzusetzen und welche Route etwa noch gefahrlos wäre. Dr. Seligmann hatte angenommen, die „Atlantik" würde, nun einmal im türkischen Küstengewässer, am sichersten in diesen Gewässern bleiben. Dem neutralen – panamanesischen – Schiff, im neutralen türkischen Hoheitsgebiet, kann nichts passieren. Man käme zwar nahe der Inseln des Dodekanes vorbei. Aber es war nicht einzusehen, warum die Italiener die Neutralität von Schiff und Gewässer geflissentlich verletzen sollten. Über die italienische Einflußsphäre hinaus war nichts mehr zu befürchten, denn die englischen Kriegsschiffe sah man als Verbündete an. Sie würden das Schiff im Triumph nach Palästina einbringen, dann vielleicht etwelche formellen Schwierigkeiten machen – aber das ließ sich tragen. Wenn man nur schon erst in der Hand der Engländer wäre!

Die griechischen Inseln waren ja wohl auch neutral, die Drei-Meilen-Zone um sie wenigstens, im Gegensatz zum Ägäischen Meer oder dem freien Mittelmeer. Aber die Differenzen zwischen Griechenland und Italien hatten sich verschärft. Ein paarmal war sogar schon das Gerücht aufgetaucht, daß Krieg ausgebrochen wäre oder nahe bevorstünde. Man glaubte nicht ernstlich daran, aber bedenklich war's immerhin.

Im übrigen, Kohlen gab es nicht in Samos. Kohlen gab es nicht. Auch echten „Samos" gab es nicht und keinen unechten. Obwohl lieblich anzusehende Korbflaschen gleichfalls in der Kapitänskajüte verschwanden. Das beeinträchtigte das Lokalkolorit. Und dieses gab ohnedies so wenig an die unfreiwilligen Besucher ab, die so gerne freiwillig ausgemacht hätten, wie sich der Begriff „Samos" zu einer grünen Insel im blauen Meer verdichtet und ausglüht zu dem lebenspendenden feurigen Südwein.

Hinter dem Hafen stieg wieder das Bergamphitheater im Halbkreis auf, und es waren nur spärliche Häuser in die Mittelbühne eingebaut: vor dem großen Prospekt. Die eigentliche Stadt liegt etwas abseits des Hafens, links hinter einer Bergnase, etwas höher und landeinwärts. Einzelne Wohnstätten waren über Hänge und Berge verstreut. Vom Weinbau, dem berühmten Weinbau, war kaum mehr als eine Ahnung zu verspüren. Vielleicht verleitete auch nur der Name dazu, die Hänge grüner anzunehmen, üppiger bewachsen, stärker mit Buschwerk, mit Bäumen durchsetzt. Fruchtbar und weniger wild. Die Formation der Hügel und Rücken ließ Hochplateaus und fruchtbare Täler ahnen im Innern der Insel, abgeschlossen gegen See und Winde durch die schützenden Wälle. Vielleicht ... Das Auge geht auf den Bergnasen spazieren, wandert über die Kämme, und es bleibt nichts als Sehnsucht oder Neugier. Sehnsucht, die Glieder frei zu bewegen, Sehnsucht, die Gitterstäbe zu zerbrechen, die unsichtbar den Käfig der Abgeschlossenheit umhüllen. Sehnsucht, nicht mehr Objekt zu sein, Ware, Schiffsfracht.

Was nun? Ein Küstendampfer, die stolze „Ardenna", kommt an, bleibt kurze Zeit im Hafen, lädt aus, lädt ein, die Menschen dort bewegen sich frei, sehen herüber auf das Sklavenschiff, das zum Markt gefahren wird; und fährt wieder fort, der Küste entlang.

Der Kapitän erklärt, in Naxos oder in Nios würden wohl Kohlen zu bekommen sein, und richtet den Kiel westwärts. Im freien Meer draußen ist viel Bewegung. Lange große Wellen schaukeln das Schiff, das sich durch aufbäumende Gischtkämme kämpft. Glasig schaut die Sonne ins ungebärdige Wasser. Dr. Seligmann hält auf Vasano[52] und verhält sich ruhig, halbliegend auf seinem Strohsack, etwas müde, die Aufmerksamkeit leicht eingeschläfert. Seine Frau sucht im Liegestuhl zu schlafen und die aufsteigende Unbehaglichkeit niederzuringen. Im Menschengewühl wachsen Szenen des Grauens und des Ekels. Einer endlos langen Insel entlang führt der Kurs. Da ist die „Ardenna" wieder, die von irgendwoher herüberkreuzt, ein alter Bekannter schon, und wieder irgendwohin verschwindet. Die langgestreckte Insel zeigt gleiche Kahlheit, gleiche Einsamkeit; da und dort ein Häuschen am Strand, am Berghang weiter hinten. Leere und Wildnis.

Der Ruf zum Essenholen findet kein allgemeines Echo; Dr. Seligmann turnt mit den Eßschalen dennoch zur Küche vor, über die schwankende Brücke zum Vorderschiff, durch die Knäuel von Liegenden und Sitzenden; man muß sich anhalten, so stark ist die Bewegung. Vorsichtig die Eisenleiter hinab. Hier unten im Zwischendeck, nahe dem Bug, ist die Bewegung am schlimmsten, und die drückende Luft erschwert das Atmen, reizt und preßt. Er weiß kaum, wie er die Eisenleiter mit den gefüllten Schalen wieder hinaufgelangte, und er muß öfter stillhalten, das Schwanken auszugleichen. Das Essen ist keine Freude, und dennoch, es stärkt wieder und gibt Festigkeit, und die Wärme tut wohl. Dann wieder Ruhe, Dösen und Abwarten.

Bleich sind die Gesichter überall, fröstelnd von innerem Schauer. Aufgewühlt sind die Gedärme, und die Seeleichen fallen zuhauf. Wenige halten sich aufrecht. Stiller ist's um das ewige Zetern und Streiten geworden, und noch enger haben sich die Menschen am Oberdeck zusammengedrängt, die Menschen, die es in den Katakomben nicht mehr ausgehalten, die der dunkle Schiffsbauch ausgespien. Und so sahen sie aus. Elend, bleich, mager. Die Ernährung – das waren nun schon vier Wochen „Atlantik"-Ernährung, eine schier endlose Zeit – war mehr als schwach, mehr als ärmlich und ungenügend. Wer nicht täglich wenigstens eine Konservenbüchse zuschießen konnte, noch etwas Marmelade für Brotaufstrich hatte, ein paar getrocknete Zwetschgen oder etwas Süßes zum Anregen, eigenen nicht verschimmelten Schiffszwieback, der war übel daran. Eine Zwiebel aus der Proviantur „hintenherum" erhascht, eine gelbe Rübe aus der Küche, Kakao-Pulver, das man im heißen Tee anrührte, ein Bissen Schokolade – das waren Leckerbissen von Glücklichen. Viele, namentlich in Dr. Seligmanns Umgebung am Oberdeck, hatten oder verschafften sich solche Zubußen; aber viele auch, die jungen Menschen besonders, waren bar aller Mittel und gingen, gezwungen erst und dann aus Gewohnheit, auch krumme Wege, um aus dem Schiffsproviant für sich Sonderzulagen zu ergattern. Die jungen Leute bei der Haganah, die, die irgendwo im Maschinenraum, bei der Toilettenreinigung, beim Wasserschöpfen Sonderarbeit leisteten, bekamen Sonderzulagen. Aber es reichte alles nicht aus. Denn nicht einmal Brot war in genügender Menge zur Verfügung. Dr. Seligmann, der mit seiner Frau vorsichtig und sparsam einteilte, litt gerade nicht Hunger, aber er rationierte sich ängstlich selbst und fand, daß er sich beizeiten an geringere Mengen, an geringere Magenfüllung gewöhnen müsse, um länger durchzuhalten. Der Mensch ißt normalerweise ohnedies zu viel. Essen aus Gewohnheit mußte eingeschränkt werden, und er teilte die Brotschnitten ein, die für jede einzelne „Sättigung" gerade noch zuständig waren, damit das Brot bis zur nächsten Fassung ausreichte.

Man half sich auch gegenseitig aus, aber die Gegenseitigkeit blieb auf kleine Kreise beschränkt, und man schreckte zurück, wenn man die Heimlichkeiten und die Interessiertheit der Menschen sah und die Unbekümmertheit, mit der sie die eigenen Wünsche und Bedürfnisse denen der anderen voranstellten. Ellbogen auch hier. Man kann von Menschen, die in normalen Zeiten schon nicht Muster von Takt und Anstand waren, nicht erwarten, daß sie im Moment der Not ihre Süchte und Strebungen überwinden. Trotzdem und immer wieder waren Beispiele von schöner Aufopferung, Fürsorglichkeit und Kameradschaftlichkeit. Beispiele. Einzelne waren immer wieder so, setzten sich ein. Einzelne einzelnen gegenüber. Nicht die Masse. Nicht für die Masse.

Das Essen und seine Einteilung blieb ein Problem. Zum Morgentee eine Marmeladebrotschnitte. Gegen elf etwa ein zweites Frühstück aus Eigenem. Brotaufstrich, eine Konserve, mit Brot zum letzten Öltropfen ausgetunkt. Das „Diner" war auf 1 Uhr angesetzt, kam meist um 2 Uhr oder noch später; 3 Uhr, 4 Uhr wurde es oft, bis die primitive Feuerung, das feuchte Brennholz, das erst spät gelieferte Trinkwasser in den Häfen oder die Streitigkeiten in der gemeinsam verwalteten Proviantur das Kochen zu Ende kommen ließen; bis die Bohnen, die Erbsen, der Reis weich waren, die Kartoffeln geschält und alle die Nebenarbeiten, Holzspalten, Wassertragen und so weiter mit primitivsten Hilfsmitteln auf engstem Platz in die Reihe gekommen. Und nicht immer war der Suppenbrei nicht angebrannt, nicht angeräuchert, nicht verpfeffert oder versalzen, nicht zu hart, nicht zu ungleich gemischt; Eintopfgerichte waren das, meist ein buntes Gemisch, in dem Graupen, Kartoffeln und Hülsenfrüchte überwogen.

Und es war noch ein Vorzug, wenn man bei der Prager Küche eingeteilt war. Zwar mußte man oft eine Stunde und länger anstehen, die Schlange schob sich nur langsam voran, und immer wieder drängten sich Leute vor, die später gekommen und die aus irgendwelchen echten Gründen – Haganah, Arbeitsdienst, Krankenpfleger, Kinder, als Funktionäre irgendwelcher Art – ein Vorrecht beanspruchen durften oder sich aus ebenso echter „Chuzpe", aus Mangel an Takt und Anstand, ein solches anmaßten. Widerliche Szenen entstanden da, die wieder manche Menschen in all ihrer Rücksichtslosigkeit zeigten. Dann klappte die Einteilung nicht, andere Gruppen hielten die einmal festgesetzte turnusmäßige Reihenfolge nicht ein; dann wieder fehlte es an der Benachrichtigung, und die am Oberdeck erfuhren nicht, daß die Essenausgabe schon im Gange war. Dazu war die Anstellschlange der prallen Sonne ausgesetzt oder scharfem Wind, auch oftmals Regen.

Aber in der Schönbrunn-Danziger Küche ging es noch weit widerwärtiger zu. Vor allem das Kochen in zwei Schichten war entnervend. So kam es, daß die erste Partie erst um 2 Uhr, 3 Uhr ihr Essen bekam, die zweite dann aber erst um 8 Uhr, selbst 9 Uhr abends, wenn man nichts mehr sah, zwischen den Schlafenden nicht mehr Platz hatte, wenn der Magen längst überhungert war und streikte. Auch die Zubereitung wie die Sauberkeit, ein ohnedies sehr relativer Begriff, war bei jenen Katakomben tief unter dem Niveau der Prager Küche, obwohl doch auch diese in kein Ritz oder Carlton gepaßt hätte.

All das drückte auf die Menschen, machte sie reizbar, nervös, ungut; machte sie schwach und hemmungslos. Rief immer wieder Ausbrüche von Unbeherrschtheit und Unerzogenheit hervor; machte sie widerstandsunfähig und hilflos und anfällig, wenn die Lage gerade Festigkeit und Halt erfordert hätte.

Die stürmische Fahrt ging in die Nacht hinein. Hier irgendwo mußte Naxos sein. Was ist schon Naxos einem Magen, der gegen Seekrankheit ankämpft?

Bisher war das Wetter geradezu glückhaft schön. Der diesmalige Sturm aber war auch von leichten Regenschauern begleitet. Ein wenig schützte das Sonnensegel. Wenn es stärker regnet, wenn der Regenguß nicht rasch vorübergeht, wird das schlechte löchrige Dach das Regenwasser durchsickern lassen; Traufen werden sich bilden, im Schwall wird das in der Dachmulde gesammelte Wasser plötzlich durchschütten. Der Boden wird naß und die Strohsäcke, überall schwemmt das Wasser über den Deckboden. Und, um Gottes willen, die Koffer!

Ja, das Gepäck war im Bunker verstaut. Aber wie es da unten aussah! Kohlenstaub, Feuchtigkeit, Schimmel. Und die Bunker waren ja auch unter der Zeit unzugänglich. Alle paar Tage, Gruppe nach Gruppe, wurde das Gepäck ausgegeben und sofort wieder verstaut, wenn man sich das Notwendige entnommen. Man hätte das Gepäck am liebsten bei sich gehabt. Aber der Platz reichte nicht, war schon zum Sitzen und Hocken zu knapp, und endloser Streit entwickelte sich, wenn wieder irgendwo ein Gepäckstück einen Platz wegnahm, den ein anderer glaubte für sich beanspruchen zu können. Trotzdem war die Tendenz im Wachsen, die Koffer und Rucksäcke an sich zu ziehen, um sich in der obwaltenden Notlage wenigstens alle die Erleichterungen zugänglich zu machen, die das Gepäck vermittelte. Da war zuerst Proviant. Das Konservenköfferchen wußte Dr. Seligmann noch geschickt unter dem Liegestuhl zu plazieren. Dann gelang es mit einem Rucksack, der an dem Sonnensegelpfosten aufgehängt wurde. Und da baumelte auch eine Tasche, in die das Brot verstaut werden konnte, und ein Tragnetz mit dem Schiffszwieback. Ein paar Schraubhaken, die Dr. Seligmann wohlweislich mitgenommen, waren in die Kajütenwand eingedreht, und daran hingen die Umhängetasche und die gelbe Handtasche von Frau Seligmann und das Netz mit der Waschschüssel. Und ... und ... so vieles hat der Mensch nötig, so viel muß er unterbringen, den Rock an einer regengesicherten Stelle beim Schornstein, die Schuhe, an den Bändeln über eine Wäscheleine gehängt, die Decken in ein Stück altes Segeltuch eingerollt, das Nachtzeug und das Waschzeug, die Trainingshosen und den Regenmantel. Dr. Seligmann schuf sich durch seine Haken selber Raum. Aber jeder hatte solche Gegenstände, jeder hatte seine Utensilien und seinen Lebensbedarf, Geschirr, Kleidung, Lebensmittel. Und es war kein freier Platz, keine Wand, die nicht behängt und besteckt war, dicht wie im Trödlerladen, mit Gepäck und Taschen und Zeug. Und so war es unten in den Gängen, auf den Treppen, in den Kabinen, im Speisesaal. Auf den Dampfrohren baumelten Päcke, und um die Wandarme wanden sich Kleiderwülste. Drunten blieben die Sachen trocken. Aber oben auf dem Deck, wenn Regen einfiel, gab es eine Katastrophe. Wenige Plätze waren wassersicher, die Rucksäcke waren dicht und durften naß werden. Über Gepäckstapel konnten Planen gebreitet werden – soweit solche zur Hand waren. Freie Stücke wurden aufeinander geschichtet, zu gegenseitigem Schutz, oben Schwimmwesten daraufgelegt, die das Ärgste abhielten. Dann die Koffer: der schöne neue kleine Konservenkoffer war trotz seines netten Aussehens aus Pappdeckel, alle Schönheit wich, und jämmerlich durchweicht, verbeult und aufgequollen ging er aus dem ersten Regenguß hervor.

Und dann war noch ein Refugium: drunten in den Gängen in der dicken Luft, und für wenige, die in der Nähe hausten: in dem knappen Raum unter der Kommandobrücke, der von seitwärts durch Glas halbwegs geschlossen war, von vorn durch die hohe Brustwehr geschützt; dieser Raum bot aber höchstens zwanzig Menschen, stehend zusammengedrängt, notdürftig Schutz.

Das Deck war noch nicht trocken von dem letzten Guß, und man hockte eng, wo man sonst auf den Säcken lag. Die Schwimmgürtel leisteten dabei wieder gute Dienste als Hokker und auch als Unterlage für die Sachen. Mit Mühe war man eingenickt, räkelte sich. Eine leichte Entspannung lag in der Luft. War das Schiff nicht ruhiger geworden? Im Mondschein sah man draußen über der Reling Bergrücken, Felsen ganz nah. Und auf der anderen Seite auch; in einem engen Kanal war das Schiff, als es langsam tagte, in einem Flaschenhals, der nun breiter wurde, und wie man die Dinge im Umkreis besser unterscheiden konnte, sah man sich in einer weltabgeschiedenen Felsenbucht. Die Bergrücken liefen die Landzunge vor, die die gekrümmte Einfahrt flankierten, und schlossen den Zirkus ab, als gäbe es keinen Ausweg aus dem bizarren Kessel. Hoch stiegen die Berge im Hintergrund auf, spitz und zerklüftet. Saftiges Grün überkleidete Fuß und Rükken und verlor sich ins Graubraun, das in den Himmel stach. Dunkle Büsche und Bäume, einzelne Bäumchen in der Ferne spielten neckisch auf der scharfen Kontur der Kegel, und Terrassenbänder streiften sie wie Spiralen. Solche kegelartigen Vorberge vor der hohen Hauptkette waren ein neuer Eindruck. Wunderlieblich scharten sich weiße Häuschen um sie. Eine breite Zeile lag am Hafenkai. Besonders weiß und leuchtend die Mauern, die Laubengänge und Gewölbe besonders schwarz eingezeichnet. Die Holzhackerskinder, die im Märchen in den Wald gegangen und Brotbröckeln gestreut, daß sie den Rückweg fänden, schienen hier in zierlichen Windungen die Terrassen emporgestiegen, um die Hänge der Kegel geklettert und in dem Tälchen hoch dort oben zwischen den kegelförmigen Hügelspitzen verschwunden zu sein, weiße Häuschen hinter sich herstreuend. Auf der Seite, an den Hängen und in dem Taleinschnitt lagen sie auf- und übereinander, lugten eines hinter dem andern hervor, und noch auf der Spitze des größeren Kegels war ein weißes Würfelchen liegengeblieben. Spielzeugbäumchen zum Aufstellen, aus Holz geschnitzt, aus Papierblättern ausgeschnitten, waren zwischen die Häuschen geklebt, Bilderbuchbäume, Palmen mit großen Fächerblättern, Pinsel, deren Haare sich nach allen Seiten neigten. Und noch ganz oben, ganz klein saßen die Pälmchen auf der Bergkontur und zeichneten sich überscharf gegen den Himmel ab. Einfach und kindlich sah das entzückende Spielzeug aus, wie im Puppentheater, und es war, wie wenn nur die Briganten fehlten mit den roten Bändern am spitzen Hut, rund und spiralig wie die Bergkegel; mit den langen Räuberbärten, mit den alten Kugelbüchsen, deren Mündung sich prahlerisch weitet. Räuberromantik aus lustigen Kinderbüchern lag über den rundlichen Hängen. Hoch oben noch ein weißes Kirchlein, wie aus einer Barock-Krippe, und die holzgeschnitzte Palme fein säuberlich daneben aufgestellt. Ein Lachen lag über dem Bild, etwas Spielerisches, Feines, Naturkindliches. Und dann unten, auf einem abseitigen Felsbrocken, gerade leicht rechts gegenüber, ein Bauwerkchen aus weiß glitzerndem Zuckerguß. Unwahrscheinlich weiß glänzte die Kapelle mit ein paar zierlichen, niedrigen Türmchen. Das Prunkstück im Schaufenster des märchenhaften Spielwarengeschäfts.

Ziegen kletterten herum, ein feines Läuten drang ans Ohr, und Schäfchen grasten, und nur die lustigen Steiffpuppen fehlten, die Charakterpuppen mit den komisch-ernsten Gesichtern.

Welch wunderliche Landschaft blühte da in dem verborgenen Winkel, weit hinter der Welt. Die Zeit war stille gestanden, und das Märchen lebte.

Im Märchen ist alles einfach und selbstverständlich und wunderbar. Im Märchen gibt's keinen Wirtschaftskampf und keine diplomatischen Aktionen. Im Märchen gibt's keine Kohlen. Wo sollten hier in der Spielzeugschachtel Kohlen vorrätig sein? Vom ersten verzückten Anblick an konnte man's mit Händen greifen. Und der Piratenhäuptling in der „Atlantik", ein vornehmer Gast im Lumpenkleid, im guten Zimmer. Flicken und Bretterlappen sind gewiß vornehm in der großen Welt, dachten die Bergbriganten mit den trichterförmigen Schießrohren. Wer in so großen Schiffen fährt, muß wohl ein großer Herr sein. Respekt vor dem großen Häuptling, der so großzügig und weithinrechnend Schmuggel treibt. Die Ware macht keinen Unterschied. Das kommt nur darauf an, wie sie gefragt ist, wie sie bezahlt wird. Hierorts handelt man nicht mit Menschen; Schafe oder Tabak vielleicht oder gar Opium liegen den Inselromantikern näher. Jeder nach seinen Kräften. Respekt vor dem Großunternehmer.

Als die Flüchtlinge das Idyll lange genug genossen, als die Insulaner lange genug das sonderbare Schiff angestaunt, in den sinkenden Abend hinein, zog es ab, glitt durch den Flaschenhals aus dem Versteck hinaus ins Meer. Nach Kreta, auf nach Kreta! Dort werden Kohlen sein. So vieles sah zufällig oder gleichgültig nachlässig aus, was man hintennach als schlaue Absicht durchschaute. Der unnütze Aufenthalt. Die vergebliche Bemühung, die verlorene Zeit, die doch auch am Proviant zehrte, der ohnehin so knapp geworden! Dr. Seligmann hielt bereits an der fünften Zigarre. Noch vier, das wird kaum ausreichen. Er wird Enthaltsamkeitstage einfügen müssen, nur die Fahrtage für voll zählen. In Kreta würde das Kohlenfassen und Proviantergänzen auch nicht an einem einzigen Tage vor sich gehen können.

Warum der Kapitän überhaupt diese Route gewählt! Mitten durch die Ägäis. Und Kreta lag doch der italienischen Flottenbasis so nahe! Da war freilich auch Malta als englischer Stützpunkt, und das war vielleicht ein starker Schutz. Der Engländer beherrscht das Mittelmeer, der Italiener hält sich in den eigenen Gewässern zurück, weicht einem Kampfe zur See wohlweislich aus. Kreta war auch ein Umweg. Und wiederum arg nahe der libyschen Küste, wo die Italiener Fortschritte machten und wohin die Schiffsverbindung offenbar noch keineswegs unterbrochen war.

Kein Mensch traute dem Kapitän. Was er wohl im Schilde führte? Seine knappen Andeutungen und Auskünfte machten es nicht glaubhafter, daß er nur gute Absichten im Busen hege. Er sei selbst in Kreta zu Hause. Wolle er sich dort vielleicht drücken, den Transport im Stiche lassen, da wo er sich leicht in Sicherheit bringen konnte? Die Hälfte seines Gehalts hatte er ja wohl bereits: den Rest schwimmen lassen, nachdem er sich durch die Auspowerung seiner Schützlinge noch überreichlich bezahlt gemacht? Dieses Drängen nach Kreta war verdächtig. Bei Nacht aus dem schützenden Hafen, dem Versteck, während man doch bisher bei Tage gefahren, die Nacht in einem Hafen zugebracht hatte. Ein Versteck war die Bucht von Nios gewiß. War es nötig, das Schiff versteckt zu halten, bei Nacht durch das Gewirr von Felseninseln zu steuern? Er schien in diesen Gewässern allerdings mehr als heimisch zu sein. Keine Miene verzog sein Gesicht, stupid starrte er vor sich, stundenlang, gleichgültig, gelangweilt, die Augen zusammengekniffen. Undurchdringlich in seiner Tiefe oder Seichte.

Im Mondschein erschienen ungewiß die Konturen der vorüberhuschenden, vorüberwandernden Inseln. Eine von denen links mußte Santorin sein. Aber der einzige noch tätige Vulkan dieses Erdstriches gab dem Fremden keine Extravorstellung, nichts deutete seine Anwesenheit an. Nur ein leichter Nebel fiel ein und legte sich aufs Wasser.

Länger als sonst blieb Dr. Seligmann wach und sah hinaus auf die mondbeglänzte See. Irgendeine Spannung lag in der Luft, eine unbekannte Unruhe. Wolken verhüllten den Mond wieder, und Nebelschwaden tanzten um unsichere dunkle Küstenstriche. Dann schlief alles, und das Schiff glitt ruhig seine Fahrt.

Plötzlich ein Schreien, ein Laufen, ein hastiges Sprechen auf der Kommandobrücke.

Dann wieder Stille. Einige waren aufgewacht, die meisten schliefen weiter, und mechanisch griff die Hand nach dem Schwimmgürtel, der unter dem Kopfe lag. Alles blieb ruhig. Auf der rechten Seite des Oberdecks drüben, wo die Kapitänskajütentür aufging und die Leiter zur Kommandobrücke hochführte, flüsterten die Leute und steckten die Köpfe zusammen. Der Kapitän schien aufgewacht, war ein anderer plötzlich. Gestikulierte mit den Händen, rief ein aufgeregtes Griechisch zum Ersten Offizier, zum Steuermann. Stürmte die Brücke hinauf, riß zwei Schwimmwesten von dem hochaufgeschichteten Stapel, band sie sich zappelnd und zitternd um den Leib; blickte, starrte ins Meer hinaus, deutete und gestikulierte wieder. Aus den abgerissenen Worten ward allmählich ein Sinn deutlich: Unterseeboot! Ein Periskop habe er gesehen. Zickzackkurs begann die „Atlantik". Den Atem hielt das Schiff an, Spannung lag auf den Gesichtern der Beobachtenden, aber fast unbeteiligt, halb belustigt verfolgte man die Kapriolen des Kapitäns.

Oh, das war nicht das schlaue Blinzeln: „*Sein* Schiff! Was geht es mich an!" Es war, wie man einem Sketch, einer Pantomime zusah. War er betrunken? Hatte er Halluzinationen? Hat er wirklich etwas gesehen? Rein objektiv betrachtet war das nichts Unmögliches. Sowohl englische wie italienische U-Boote, und vielleicht gerade die, hatten ein Interesse, die griechischen Inseln unsicher zu machen, zu erkunden zum mindesten, Kriegskonterbande aufzubringen, Verwicklungen herbeizuführen. Nun, jüdische Emigranten mögen in der ganzen Welt keinen hohen Kurs als Seebeute haben. Sie bringen vielleicht Kleiderläuse, sie kosten sicher Geld. Und, wichtiger, wie bringt man sie wieder los, wenn man sie erst gekapert hat!

Versenken könnte man so ein Schiff wohl auch – was war der Vorteil? Schade um den Torpedo. So sprach vielleicht scheeläugig das Periskop und spuckte verächtlich aus. Spuckte vielleicht – wenn es überhaupt da war.

Niemand glaubte ernstlich daran, niemand außer der Zeitungsredaktion in Limassol, die aus dem solennen Theatercoup einen ebenso solennen Leitartikel baute. Aber das war viel später. Und vielleicht hatte ihr der Kapitän selbst von dem Seeabenteuer erzählt.

Aber es ist merkwürdig: eine augenblickliche Gefahr erfassen die wenigsten rasch. Und wenn eine Katastrophe nicht handgreiflich hereinbricht, tanzen die Menschen in schöner Unbekümmertheit auf ihren Favorit-Vulkanen oder rauchen ihr Pfeifchen auf ihren Lieblingspulverfässern, je nachdem. Konnte man denn nicht auch jeden Augenblick auf eine Mine auflaufen? Minenfelder waren ja wohl in den griechischen Gewässern nicht gelegt, denkt so der Laie, aber Treibminen, die sich irgendwo losgerissen, gab es doch überall. Und das Mittelmeer war offenes Kriegsgebiet.

War es also doch eine durchdachte Absicht, daß sich die „Atlantik" so weit nach Westen durch die Inseln herübergeschlängelt; daß sie sich bei Tage tief in der Bucht von Nios versteckt gehalten und sich erst bei Nacht gegen Kreta durchschleichen wollte? Dies Handwerk verstand der Kapitän wohl recht gut, er wußte schon, was *er* wollte. Aber daß er sich so angstschlotternd gebärdete! Wirkliche Feigheit, wo es um sein eigenes Leben ging – oder auch ein Theater zu irgendeinem dunklen Zweck? Oder beides?

Jedenfalls, nichts geschah, und als der Tag graute, war kein Periskop und kein U-Boot zu sehen, und von fern zeichneten sich schwach die Konturen der kretischen Berge ab. Um eine flachere vorgelagerte Felseninsel ging die Fahrt bei wieder etwas unruhigerer See, und dann war die langgestreckte Insel Kreta erreicht, mit langen Bergketten, in hohe Gipfel ausladend, die vorne einen Küstenstrich frei ließen und von einem ins Innere führenden, scharf eingeschnittenen Tal aus eine breitere Ebene ans Meer vorschickten.

Kreta

Die „Atlantik" fuhr in ein großes Hafenbassin ein, das von mächtigen Betondämmen gebildet war, und warf Anker. Aber noch ein zweiter Steindamm schloß einen Innenhafen ein, und rechts von der breiten Einfahrt postierte sich ein dickes Kastell auf dem Damm. Durch die Einfahrt in den Innenhafen sah man eine ansehnliche, fast modern anmutende Stadt, mit großen schönen Häusern südländischer Bauart, Lauben und Bazaren, sah Türme und Kastenhäuser, Hotels und Kinos, Kirchen mit Kuppeln und viereckigen Türmen, und Moscheen mit schlanken Minaretts. Ein Schwarm von Häusern drückte sich eng aneinander, und dahinter stieg das Land langsam an, mit Häusern und Gärten, noch weit landeinwärts verstreut. Weiter hinten ragten abrupt und unvermittelt ein paar jähe runde Kuppeln wie Maulwurfshügel aus der Ebene, kreisrund und künstlich wie vulkanische Gebilde. Alles war begrünt, buschige Bäume zeichneten sich ab; frisch war das Grün und leuchtend, und Wachstum und Landbau breiteten sich aus. Die hohen Gebirgsketten hinter der Ebene, schon leicht mit bläulichem Duft angetan, senkten sich in der Mitte zu dem Tal, das ins Innere führt, setzten sich rechts in kühnen Zacken und dunklen Wänden fort und begleiteten den Inselsaum, so weit das Auge reichte. Das Ufer links vom Hafen drängte buchtartig vor, etwas überhöht, viele gleichartige Gebäude tragend, wie Kasernen. Dort sei auch ein Flugplatz. Und breite sanfte Hügelwellen rollten nach rückwärts, von Häuschen belegt, eine Kapelle dort, ein weißer Fleck hier.

Kreta. Auf den Mützen der Hafensoldaten, die mit dem Hafenkommandanten an Bord kamen, sah Dr. Seligmann den griechisch geschriebenen Namen der Stadt: Herakleion, Iraklion, oder Megalo-Kastron stand auf der Landkarte.

Da war nun das Flüchtlingsschiff doch ein Gutteil vorwärts

gekommen. Wie weit ist's noch? Das interessierte wegen der Zeit – und wegen der Kohlen. Nach Cypern, die normale Route, rund 800 km, weitere 250 nach Haifa. Aber nun Kohlen her, und Proviant. Denn das letzte Brot war ausgegeben, die Notreserve angegriffen, die Leute ausgehungert und geschwächt.

Ja, das gab lange Gesichter und verzweifelte Blicke, auf verschiedenen Seiten des Hauses. Auch die Reiseleitung hatte Gelegenheit gefunden, mit den Hafenbehörden und deren Vertretern in Fühlung zu kommen. An die kleine jüdische Gemeinde oder besser Gemeinschaft am Orte waren Briefe gegangen mit der Bitte um Hilfe. Ein Vertreter von diesen kam an Bord, und es muß besonders rühmend hervorgehoben werden, wie eindringlich sich diese Leute, selbst auf unsicherem vorgeschobenem Posten, um die Flüchtlinge annahmen.

Zunächst: es war nichts zu haben. Telegramme gingen an Storffer, an Brüder Storffer und Afgherinos. Es kam sogar Antwort, die Antwort des Sankt Petrus: ich kenne diese Menschen nicht.

Der Kapitän wollte an Land und die „Dinge regeln". Die Hafenbehörde, die das Spiel durchschaute, verbot es ihm. Er sei verantwortlich, er dürfe das Schiff nicht verlassen. Da saß er in dem gedeckten Raum neben dem Steuermannshäuschen, auf dem gewöhnten Platz, und ließ den Kopf hängen.

Inzwischen, nach einigem langem Warten, sandten die Juden von Iraklion Brot und Trinkwasser und dann nach und nach andere Lebensmittel, Reis, Kartoffeln, Hülsenfrüchte, Tee, auch Früchte, sogar Trauben in Menge, die wundervollen großen Trauben, die so süß und saftig waren. Jede Kost und jede Abwechslung der Kost war lebenauffrischend.

Aber die Verpflegung war für den Tag, das Schiff brauchte Proviant für die Weiterfahrt und vor allem Kohlen. Das letzte aus den Bunkern war angeblich aufgebraucht, ein Wunder, wieder angeblich, daß es bis hierher gereicht.

Telegramme gingen und Briefe. Und die Juden in der Stadt waren tätig.

Der Kapitän wollte nach dem Piräus fahren und dort selbst

Kohlen holen. Unnütz Heizmittel verfahren? Das ist doch wieder eine Ausflucht, ein Kneifen. Wieder zurück, sich vom Ziel entfernen?

Dann wollte er allein hinfahren und die Kohlen holen. In vier Tagen sei das zu erledigen. Die Hafenbehörden ließen auch diesen unsinnigen Vorschlag nicht zu. Dann hieß es, die Kohlen würden von Athen geschickt – aber es rührte sich nichts. Schließlich wurden Kohlen am Schiff abgeladen. Sie sahen braun und schlecht aus, keine Spur von Steinkohle. Der Kapitän fuhr damit plötzlich los, ein paar Kilometer außerhalb des Hafens, stoppte die Maschine, ein Zittern lief durchs Schiff, die Sirene gab Laut. Die „Atlantik" macht Fahrt- und Wendungsmanöver. Ruckweise versagte die Maschine. Der Dampfdruck war nicht hochzuhalten. Als es Abend wurde, hatte sich das Schiff wieder hafeneinwärts gewendet, war langsam, langsam zurückgefahren und lag nach dem Halbtagsausflug wieder vor Anker auf dem alten Platz. Wieder gingen Verhandlungen. Täglich kam der jüdische Vertreter an Bord, brachte kleine Leckereien für die Kinder, brachte alles mögliche, was von ihm erbeten ward. Die Hauptsache, es wuchs das Gefühl, daß man der Willkür oder den – Plänen des Kapitäns nicht mehr hilflos überantwortet war. Draußen war der Retter am Werk. Und an Bord lief das Leben seinen eintönigen Gang unter dem griechischen Himmel.

Dr. Seligmann hatte noch keine Zeile geschrieben, seit er die Fahrt angetreten, kein Tagebuch, nichts. Nun suchte er die Stimmung dieser herrlichen Nächte, bizarr neben das Allzumenschliche gesetzt, einzufangen:

> „Das Schiff hat schon wieder ein wenig Schlagseite,
> Und du legst den Schwimmgürtel unter den Kopf, die Schrägung auszugleichen,
> Dann liegst du halbwegs gerade und blickst zum Himmel auf
> und zu den Sternen, die hinter der schwarzen Reling aufsteigen.
> Warme Tropfen fallen dir ins Gesicht.

Spuckt wieder der Schornstein das Kondenswasser aus?
Oder haben Herzbergs Wasser über die Reling gegossen,
das der Wind über die ruhenden Menschen treibt?
Das Gezänk um die Koffer unter der Bank ist verstummt,
Still keift der ewige Nörgler mit seinem Weib,
und sie flüstern sich Intimitäten zu, daß es das ganze Deck schmunzelnd vernimmt.
Tintenschwarz ist die Bordwand, und Finsternis verschlingt die Leiber auf der Bank,
und auf den Strohsäcken am Boden.
Tintenschwarz und kantig sticht ein einsamer Koffer,
der an der Sonnendachkette hängt, gegen den Nachthimmel,
und seine Konturen sind wie ein Kranz von Farbstrahlen im Auge.
Vom Firmament ist die Dunkelheit entwichen.
Ein Leuchten überspinnt es und ein Glitzern wie Samt.
Wie müßte man diese Farbe nennen?
Ein Blau ist es nicht mehr. Schon sind die Schatten hineingekrochen.
Und ist doch ein Blau, jenseits der Erinnerung des verblichenen Tags.
Tiefer als der Himmel, wenn die blendenden Strahlen der Sonne abgelenkt sind,
tiefer als das Meer, wenn sich Wolken vor die Strahlen stellen,
wenn sich der Spiegel in die Höhe wölbt
und die weißen Kämme das Blau noch leuchtender machen im Kontrast.
Kein Edelstein, kein Geschmeid' hat ein Leuchten wie dieses.
Manchmal spielt im geschliff'nen Labrador
eine Blauflut, geheimnisvoll, oder auf Schmetterlingsflügeln,
die exotischer Gifthauch ausgeglüht.

Nur ferne erinnern sie daran, wo alle Vergleiche versagen.
Ein Blau, das es nicht gibt –
und steht doch dick und stumm und greifbar da,
und füllt die Augen bis zum Überlaufen
und füllt das Herz bis zum Springen ...

Leichte Schleier schweben darüber, Spinnweben und Sternfunkel,
Vergessene Sonnenstäubchen, irre schwirrende.
Und es ist plötzlich so: nicht über dir ist der gleißende Teppich gebreitet,
du liegst auf dem Grund, festgeschnallt an ein dickes,
nicht gar so dickes Klümpchen Erde
und siehst hinab, hinab ins Unermeßliche.
Tiefer als alles, was dir mit Händen und Augen greifbar,
Tiefer als Welt, tiefer als Welten.
Und es ist kein Anfang und kein Ende,
Und es ist kein Festes und kein Halten
Vorbei und tiefer, als Gestirne kreisen und Wellen.

Gestirne haben noch ihren Kreislauf und ihre Grenzen,
Welten stehen und schwingen,
Aber die blaue Tiefe ist ohne Maß.
Und kein Denken reicht bis auf den Grund.
Unfaßbar ist diese blaue Tiefe.
Das Auge schwimmt von Insel zu Insel,
ein blendend Funkeln jede Insel,
ein lichtbrennend Fenster ins Unabsehbare.
Stern an Stern, zu Formen und Bildern gestellt,
mit Namen benannt, mit Beziehungen gedeutet.
Man muß sie kennen und lernen: die Plejaden,
den Orion, Kastor und Pollux, die Leier, die Waage.
Aber sie bedeuten nichts, diese Namen. Namen ...
Jeder Lichtfunke eine Welt, anders, größer, mächtiger
denn unsere.

Vielzahl, Unendlichkeit steht gegen unser Einmaliges.
Einmalig – Vergängliches.
Ein Staubkorn gegen den Kosmos –
und doch einmalig! *Eines* von den Miriaden Körnern,
aus denen das All sich aufbaut,
Ein Auge, das eine Unendlichkeit spiegelt.
Ein Geist, der sie lebendig macht.
Nicht durchdringt. Aber Bild um Bild malt
von dem, was jenseits des Greifbaren, Begreifbaren.
Ein Geist, der Totes belebt, baut und setzt
und im Unwirklichen mehr Wirklichkeit wirkt,
als tausend tote Wirklichkeiten bedeuten.

Wenige Nachrichten von der Außenwelt erreichten die Menschen auf der „Atlantik". Aber nun kamen einige, die wichtig genug waren. Am 28. Oktober war Krieg ausgebrochen zwischen Italien und Griechenland.[53] Nicht länger war der Hafen von Iraklion, war die Insel Kreta neutrales Gebiet. Nicht länger mehr konnten nachts die Lichter brennen. Verdunkelung war auf dem Flüchtlingsschiff angeordnet; als einzige Kriegsmaßnahme. Weit dringender wäre die Abreise gewesen. So oft schon seit der Ausreise aus Wien hatten politische Ereignisse alle Pläne umgeworfen, ein Grauen überlief Dr. Seligmann, wenn er daran dachte, daß nun auch das Donautor als letzter Ausgang für die Juden Mitteleuropas zugeschlagen. Rumänien hatte schon längst mobilisiert und würde nun wohl aktiv werden. Bulgarien war unter deutscher Kontrolle. Auch in Jugoslawien war es nicht geheuer: Würde es sich *für* die Achsenmächte oder *gegen* sie erklären? Wer weiß, was sich um die griechischen Inseln abspielen wird. Es war höchste Zeit, solange die Klappe der Mausefalle noch offen stand.

Schon kamen Nachrichten von Pogromen in Rumänien; Abschlachtungen Wehrloser, grauenhaft in den nüchternen Ziffern. Und weitere Nachrichten, die ganz nahe das eigene Geschick anrührten: die „Pacific" sei gleichfalls auf Kreta, auch die „Milos" sei in der Nähe. Und die „Penschow" – gestrandet. Schiffbrüchig. Die Schiffbrüchigen zum Teil gerettet auf einer Insel, von den Italienern als Kriegsgefangene nach Rhodos gebracht!

Und es gab noch einen Grund, der zur Eile drängte. Die Krankheiten mehrten sich. Symptome der verschiedensten Art stellten sich ein. Die Menschen waren schwach, Alte, Frauen, Kinder konnten den Entbehrungen nicht Widerstand leisten. Und nacheinander waren einige Todesfälle eingetreten. Im Schwarzen Meer mußte eine Leiche versenkt werden, zwischen Inseln hielt der Tod Ernte, und zwei Todesfälle gab es in Iraklion. Die Toten durften nicht an Land gebracht werden, wurden in ein Ruderboot geladen und aufs Meer hinausgefahren. Und droben auf dem Oberdeck plazierte man in den schönen Tagesstunden einen schwer Leidenden, der von Tag zu Tag bedenklicher aussah, ein junger großer kräftiger Mensch vordem; und die scheuen Deckbewohner flüsterten sich ein grauenvolles Wort zu: „Typhus"! Kein Arzt war der Diagnose sicher, wollte es nicht sein. Eine wirkliche Behandlung war kaum möglich, Medikamente fehlten, Apparate und was sonst. Das Gespenst der Seuche schlich umher, noch unerkannt, noch mit verhaltenem Atem. Wird es den Mantel abwerfen, der Totengerippe und Sense noch verbirgt?

Und die Tage stiegen herauf und rüsteten zur Neige. Und das Meer strahlte azurblau und smaragdgrün. Und die vorgelagerte Felseninsel malte die Steilfelsen in flammendem Rot und im zartesten Rosa und in goldenem Gelb. Farben, Farbstimmungen wechselten, weiße wollige Wolken, dunkle schwere cumuli, Flöckchen und Flaumfasern, die der Wind zerspaltete und zerfaserte, die die Sonne in Leuchtfarben kleidete durch alle Skalen des Spektrums. Die Erhabenheit der heroischen Natur ist wie Musik für die eingezwängte zerpreßte Seele, die an dem bißchen Alltag klebt, an dem ekelhaften Erdenschmutz, der sich aufhäuft um Menschen in Not.

Dr. Seligmann saß mit seiner Frau am gewohnten Platz, sah ins Weite, versuchte zu lesen und steckte die arabische Grammatik bald wieder in die Umhängetasche, irritiert durch die Allzu-Menschlichkeiten um ihn herum.

„Seit elf Uhr hab' ich heute nichts gegessen!"
„Aber die Graupensuppe ..."
„... Büchse Konserven konnte ich eintauschen gegen 120 Zigaretten."
„... heute noch Brot ...? ... schon alles aufgegessen."
„Werden die Kohlen morgen ...?"
„Meine Hose ist schon trocken. Als ich gestern abend nach Panama ... Platzregen ... auf die Haut naß ..."
„Ach, das war wieder fürchterlich. Wenn nur ..."
„Unsere Strohsäcke sind noch jetzt ganz feucht."
„Wo sollen nur all die Sachen hin. Die Plane oben hat so viele Löcher."
„Und gerade bei uns tropft das Wasser dauernd durch."
„Kein Auge habe ich geschlossen. Die halbe Nacht ..."
„Dann haben sie beim Kapitän das Radio aufgedreht ..."
„... griechisch ..."
„Meine Frau ..., auf dem Taubündel unter der Kommandobrücke ..."
„... Halbwegs trocken."
„... lange Zeit hell aufleuchten."
„Wetterleuchten?"
„... der Vulkan von Santorin ...? Das ist die Richtung."
„Ein Seegefecht? Aber man hörte keinen Kanonendonner."
„Die Kleinkinderkörbe sind wieder arg nah ..."
„... doch so eng. Wohn- und Schlafplatz zugleich."
„Wie sich die Babys trotz der mangelnden Kost ...!"
„... unbehelligt weiterfahren können?"
„Gleich, wenn die Kohlen kommen und der Proviant, sollen wir ..."
„Nach Alexandrette. Nein nach Alexandria."
„Der Kapitän ..., ‚Achtung! Weg frei hier, Platz!'"
„Gibt es schon Nachtmahl? ‚Oberdeck Prag-Patronka Tee holen!'"

Es fängt früh zu dunkeln an. Diese Dämmerungen sind kurz. Ehe der Boden gekehrt ist, wird es finster, und man darf kein Licht brennen. Wegen der Flieger. Der ganze Hafen liegt im Dunkel. Drei Tage hat es gedauert, bis es sich in der Stadt herumgesprochen, daß nur vollkommene Verdunkelung vor Luftangriff schützt ...

Achtzehnhundert Menschen sind viel oder wenig: ein großes Dorf, wenn sie in Häuser und Hütten verteilt sind, ein Garten rundum, Licht, Luft und ein fester Zaun, eine Hecke, die Abstand hält. Breit und behäbig fließt die Straße vorbei. Der Fußgänger grüßt von fern übern Zaun, und der Wagenlenker knallt mit der Peitsche. Ein Hund beschnuppert die Ecke, trudelt nach der anderen Seite, wo es auch eine Ecke gibt ...

Wie leer ist die Welt, wie geräumig. Wie klein sind die achtzehnhundert Dörfler in ihrem Leben, in ihrer Gemeinschaft. Gemeinschaft ist, weil nicht allzuviel gemeinsam ist.

Aber setze achtzehnhundert Menschen auf ein Schiff, das für dreihundert gebaut ist. Auch die dreihundert nicht allzu bequem. In engen Kabinen, an engen Seitenwänden, je zwei Betten übereinander. In solchen Kabinen hausen nun zehn, zwölf Personen, Männer und Frauen, viel mehr Frauen als Männer, und ein Wimmeln von Kindern. Ein kleines Bullauge für die verbrauchte Luft; auch dies muß geschlossen sein auf Fahrt. Dann verdickt sich die Luft durch das Atmen der vielen Menschen, durch die Dünste von Schweiß und Ausscheidungen; Kinder gehen aufs Töpfchen, und die Seekrankheit dreht den Magen um. Es beizt in die Augen, die Lunge rasselt, schnappt, und das Herz pocht in Angst.

Die Tür muß offen bleiben, denn auch die Gänge, die finsteren, fensterlosen, dienen als Wohnraum, dienen als Schlafplätze für kauernde Menschen. Auf den Treppen hocken sie, im engen Dunkel drücken sie sich in jeden Winkel. Das elektrische Licht ist ausgeschaltet, armselige Petroleumfunzeln schaukeln und schweben. Und dazwischen Gepäck, Gepäck. An jeder Stange, jedem Rohr hängen Rucksäcke, Koffer, Taschen. Unter und zwischen den Menschen Päcke, Koffer, Kleidungsstücke, Eßgeschirre, Brotbeutel und Bündel und Fetzen.

Wie lächerliche Fratzen grinsen geschnitzte Paneele, Ornamente einstiger Herrlichkeit, auf das Elend der Heimatlosen. Doch die sich hier winden und wimmeln, das sind die Geschützten noch, die Glücklichen. Sie hausen, wo Menschen hausten.

Aber im Schiffsbauch drunten ist das Entsetzen. Wo man sonst Säcke stapelte und Kisten – Vieh ginge zugrunde dort in der Tiefe –, dort, wo keine Bullaugen mehr sind an der nackten Schiffswand, dort sind Menschen gestapelt, Menschen.

Geschichtet wie Ballen, Leib an Leib, Mensch an Mensch. Die Ladeluke einzige Zufuhr für Luft und Licht. Achtlos turnt man vorbei an der schwindelnden Tiefe. Drei Stockwerk tief geht es hinab in die Ladeluke. Holztreppen sind behelfsmäßig eingebaut, der Zugang zur Unterwelt.

Und es brodelt und wälzt sich und drängt in den Galerien, in den Brettergestellen. Gesunde und Schwache und Elende, Männer, Frauen, Junge, Alte, vollgestopft jedes Fach mit Gepäck, mit Decken und Bündeln und Kleidungsstücken. Wäsche flattert und tropft, und Stricke sind gespannt, Rucksäcke hängen und Taschen und Mäntel und wieder Wäsche.

Und sie essen im Liegen und waschen sich im Liegen, waschen Wäsche, kauernd im schmalen Durchgang. Rasieren sich und kleiden sich um, putzen und nähen. Reden, reden und keifen und streiten; sind ungebärdig und abstoßend und lieben sich. Scheu ist weggewischt und Besinnung auf das Eigene. In der Masse tun sie wie allein, der einzelne tut wie die Masse. Im Fühlen ist nicht Persönlichkeit und im Handeln nicht Gemeinschaft. Zu Säcken, zu Ballen sind die aufgestapelten Menschen geworden, stier und dumpf, und hastig plötzlich, wenn etwas zu haschen ist. Ein Krebs lauernd unterm Moos, und blitzschnell sind die Scheren gestreckt und gezwickt, und wenn's ein leerer Angelhaken wäre. Das vegetiert in den Löchern, Woche um Woche, kriecht zum Essenholen, kriecht zum Wasser, zur Toilette und zum Arzt; sechsmal, zehnmal am Tage, die Galerien entlang, die eiserne Leiter, die schwankende Brücke nach oben, nach unten und hinter bis nach Panama. Und wieder zurück in die dumpfe trübe Schwüle, in die schwankende, saugende drängende Tiefe; in die Moderluft und die schimmelnde Feuchtigkeit; in den schweren grauen Staub.

Übertragen und doppelt stark ist das Schwingen des Schiffes da unten, und die Gesichter sind bleich und eingefallen.
Hunger nach Luft, Hunger ...
Und sie beneiden die Menschen, die oben an Deck sind in frischer Luft. Und die oben beneiden die Menschen, die unten sind unter Dach.

Und keiner fügt sich ein, wie er ist, wo er ist. Denn überall zerrt die unfaßbare Enge, das unfaßbare Ameisengewimmel, ziellos zwecklos hin, her, kreuz, quer, vor zur Küche, hinter zum Klo, zum Brotfassen, zum Trinkwasser holen, zur Proviantur, zur Wachstube der Haganah, oder zur Lischka,⁵⁴ wohin man die Sorgen trägt oder die Wut oder die Klagen. Und wo man, einen Stock höher auf dem Dach der Achterkajüte, den Überblick hat über das ganze Schiff und die ganze Hilflosigkeit.

Dann wieder steht ein alter alter Mann in einem toten Winkel, gegen eine Wand, das Tallith über den Kopf und die Schultern, die Augen halb geschlossen, und betet, betet. Weltabgewandt ist er, entrückt aller Umwelt, eine Felseninsel für sich. Ganz Versunkenheit, ganz hingegeben: einer Gewohnheit? Oder einer Idee?

Beter sammeln sich am Schabbat zu feiertäglichem Gottesdienst. Und wirres Schreien geht durcheinander, undeutlich sprudelnd und laut; die Körper im heftigen Schwingen und zurückgeworfen, heulende, tanzende Derwische. Und wieder hebt sich eine Stimme lauter aus dem Chor, und wieder überschreit sie die anderen.

Aber wenn am Morgen, im Mittelschiff hinten, die Ladeluke tief unten ausgefüllt, Kopf an Kopf, Tefillinkapsel neben Kapsel und Tallith neben Tallith, mit Betern, mit Wesen, die aus der Tiefe aufschreien, aufbrüllen ihre Gebete im schaukelnden Rhythmus, dann ist es nicht mehr ein Beten, ein Gottesdienst, dann sind es nicht mehr Fromme, die ihre Pflicht erfüllen, wie sie glauben und zu müssen glauben – dann ist es der gewaltige Aufschrei des Juden, der Aufschrei der Qual, der Lebensnot, ein herzzerreißendes Klammern an den Schimmer letzter Hoffnung.

Entspannung kam, Erleichterung, Proviant wurde angefahren, das hintere Zwischendeck war vollgestopft mit Kartoffelsäkken, Zwiebeln, Gemüse. Kohlen wurden angefahren. Noch nicht genügend zwar. Und gewiß nicht erste Qualität. Aber man sah schon, es geschah etwas. Die Erlaubnis kam, vom Schiff aus im Meer zu baden. Nur für sichere Schwimmer versteht sich, und nur in der nächsten Nähe des Schiffes. Bei der Einsteigeluke am Zwischendeck hing eine Strickleiter im Wasser, und es entwickelte sich ein fröhliches Badeleben. Auch Dr. Seligmann tat mit; das Wasser war so warm und angenehm, der Wellengang vergnüglich, und der seit Monaten eingeschnürte Körper empfand es als beseligende Wohltat, sich frei im Nassen zu tummeln. Angenehme Müdigkeit und glühende Frische legte sich auf den Körper.

Dafür aber saß der Kapitän auf seinem Stühlchen und brütete. Die Felle schienen ihm weggeschwommen, und die Leute hatten ihre stille Schadenfreude, wenn sie ihn so sitzen sahen. Schlecht ging es ihm immer noch nicht. Er lebte gut und ließ es sehen, daß es ihm gut ging. Und handelte und wucherte im übrigen lustig weiter.

Gegen Abend kamen immer Ruderboote aus der Stadt heraus, voll besetzt mit Menschen, die sich, im großen Bogen herumfahrend, die sonderbaren Gäste ansahen. Sonst war kein Verkehr im Hafen. Dreimal in drei Wochen kam und ging ein Küstendampfer. Noch drei Schiffe lagen auf der Reede, eines, das angeblich ähnlichen Zwecken gedient wie die „Atlantik", indes wesentlich kleiner. Es hieß „Hilda". Und es ist wenig später untergegangen mit seiner Menschenfracht. Ein zweites, das plötzlich verschwunden war. Und ein drittes, ein italienisches, das am Tage der Kriegserklärung die italienische Flagge strich und die griechische hißte, offenbar beschlagnahmt.

Die „Atlantik" drehte sich langsam um die Ankerkette und kam dadurch dem Land etwas näher. Da waren noch ein paar Schuppen, Fischerhütten und ein Wrack, an einen Felsenvorsprung geklebt, achtlos vermodernd.

An die schweren hohen Wellenbrecher schlugen die Wogen

und spritzten den Schaum hoch auf, und die Bergketten schimmerten in wechselnder Beleuchtung. Gewitter zogen auf, Wolken ballten sich und verschwammen. Immer wieder schwemmten Regengüsse das Deck und raubten Schlaf und Bequemlichkeit. Aber im allgemeinen war es warm und angenehm, ein Hochsommer im November.

Dann kamen Flugzeuge zu Besuch. Die ersten argwöhnisch betrachtet, bis die englischen oder griechischen Hoheitszeichen erkannt waren. Ganze Geschwader tauchten auf, schienen die „Atlantik" eingehend zu betrachten und zogen in schönen Kreisen und Bogen wieder ab. Nur der Seeheld Spiro hatte sich beim ersten Besuch im Ruderboot eilends auf die Steinmole begeben und sich hinter Betonblöcken versteckt.

Eines Tages kam ein Schiff zur Hafeneinfahrt hereingehinkt, dessen blauer Kamin wie bekannt anheimelte: es war tatsächlich die „Milos", die kurze Zeit im Hafen blieb und am folgenden Tag wieder davonfuhr. Eine Verständigung war nicht möglich. Indes hieß es, sie würde zur „Pacific" fahren, die drüben im Hafen von Sankt Nicolo[55] auf die „Atlantik" warte, um dann mit ihr gemeinsam den letzten Teil des Weges zurückzulegen.

Endlich, endlich kamen die noch ausstehenden Kohlenboote; die Kohlenschlepper aus den Reihen der Flüchtlinge traten an, und die Bunker wurden gefüllt. Der Kapitän machte wegwerfende Bemerkungen, und die Maschinisten rümpften die Nase. Gutes Material war es nicht. Aber die herumstöbernden Leute hatten noch einen versteckten Bunker entdeckt, in dem noch ein Rest an guter Kohle verstaut war; und damit mußte nun doch die Fahrt gelingen.

Der Kapitän leistete offensichtlich passive Resistenz. Die Angst schien ihn aufzuzehren. Die Angst um sein teures Leben – das der Reisenden war gewiß gleichgültig – und um den schönen Profit.

Am 7. November, wiederum bei eintretender Dunkelheit, verließ die „Atlantik" den gastlichen Hafen. Die guten jüdischen Schutzpatrone hatten sich noch herzlich verabschiedet und winkten Lebewohl, während die Ausfahrenden Ivrith-Lieder sangen. Schalom, Schalom, Schalom alechem ...[56]

„I am sorry"

Seit jener Nacht, in der sich der Kapitän so plötzlich mit Schwimmgürteln aufgeputzt – hatten diese Schwimmgürtel erhöhte Achtung gefunden. Der Riesenstapel auf der Kommandobrücke oben schmolz unversehens. Kopfkissen oder Hocker, gleichviel, es war tröstlich, so ein Ding für alle Fälle bei der Hand zu haben. Im Hafen von Iraklion wurden alle Gürtel wieder eingesammelt und gruppenweise gleichmäßig verteilt. Zwei Personen ein Gürtel. Die Gürtel bestanden aus acht breiten Korkstücken, in Leinwand genäht. Jedes Paar war angewiesen, die Gürtel auseinanderzuschneiden und Tragbänder anzunähen, so daß nun jede Person einen Halbgürtel aus vier Korkstücken zu eigen hatte. Nun, auch der halbierte Gürtel würde noch tragen. Würde tragen auf kurzer Strecke, zu einem Rettungsboot hin oder zu einer nahen Küste; Unterstützung für Schwimmer. Sollte auf offenem Meer etwas passieren, waren sie wertlos; verzögerten vielleicht ein Ertrinken, machten es qualvoll. An Bord noch, als Kopfkissen und Talisman, gleichsam als Symbol der Rettung gaben sie arglos ängstlichen Gemütern eine Spur von Sicherheit.

Und so waren die Gefühle gemischt, als das Schiff in den hellen Abend hinein der Küste entlang fuhr. Die Fahrschnelligkeit war stark herabgemindert. Unruhig, ungleichmäßig arbeitete die Maschine, und das Benehmen des Kapitäns war verdächtig. Sein verbissenes Gesicht war undurchdringlich wie je, man hörte laute Dispute zwischen ihm und dem Ersten Offizier. Er saß da, wie ein wildes Tier, das auf eine Lücke in den Gitterstäben seines Käfigs lauert, plötzlich durchzubrechen. Die Reiseleitung war mißtrauisch, die Haganah war wachsam.

Eine Spannung lief um. Irgend etwas war am Werk, was sich mit der loyalen Weiterführung des Transportes nicht vertrug. Allzunah an der Küste ging der Kurs dahin, jede Bucht wurde angefahren. Umweg, Verzögerung, unnützer Kohlenverbrauch. Wie schwer war die Kohle errungen, wie fragwürdig und unterschiedlich die Qualität. Rationellste Ausnützung wäre geboten gewesen.

Ein paar Felseninseln blieben links draußen liegen, bizarre Formen, wie ein Zuckerhut die eine, wie eine riesige Hutschachtel die andere. Und rechts an der kretischen Küste strichen hohe Bergrücken mit kahlen Rippen und Grate, graugrüne Einsamkeit im fahlen Licht des zunehmenden Mondes.

Der Kurs ging nicht mehr östlich, ging stark südöstlich, auch dies war verdächtig. Ein paar Stunden Schlaf: im Morgengrauen rieb sich Dr. Seligmann erstaunt die Augen. Die „Atlantik" war nicht mehr auf hoher See, wie zu erwarten. Rechts und links, ganz nahe, war Land, Felsen, Berge. Waren Häuschen, ein Leuchtturm. In einer tiefen Bucht befand sich das Schiff, und den Blick ins Meer hinaus schloß eine breite Felseninsel ab. Wie im friedlichen Binnengewässer schaukelte die „Atlantik" langsam dahin und näherte sich einem Hafen, einem romantischen Bergnest, von hohen Bergen auf den drei Seiten umringt, und die Glocken vom Kirchturm läuteten gerade, als ob es Sonntagmorgen wäre.

Erstaunen, Unwillen, Aufruhr: „Wo hat er uns hingefahren? Warum weicht er vom Kurs ab? Was haben wir, kaum richtig flottgeworden, schon wieder in dem Felsenwinkel zu schaffen?"

Nun galt es zu handeln. Ein paar Männer der Reiseleitung stellten den Kapitän. Erregt, fest, drohend. Hier war Verrat am Werk, das mußte man sehen. Sie wollten ihr Schicksal nicht kampflos preisgeben. Für den Notfall waren sogar ein paar Revolver an Bord. Doch sie blieben in der Tasche verborgen. Sie waren noch nicht nötig, und der Kern der Haganah hatte kräftige Fäuste.

Während die Wortführer mit dem Kapitän verhandelten, besetzte eine starke Gruppe die Zugänge zum Oberdeck und stellte sich auf Brücke und Steuerhaus und vor der Kapitänskajüte in Bereitschaft. Die Pfeifsignale gellten über das Schiff, und in lebendiger Spannung war alles auf die Entwicklung der

Dinge gerichtet. Die Schiffsmannschaft aber hatte sich in ihre Löcher verkrochen.

Von Land kam ein Hafenkommandant. Die Reiseleitung klärte ihn auf über die Sachlage. Aber es erwies sich, jener wußte schon Bescheid. Von Iraklion aus hatten sie ihn bereits telegraphisch benachrichtigt über die Absicht des Kapitäns, auszukneifen, die Fahrt, zu der er sich verpflichtet, nicht durchzuführen, die achtzehnhundert Menschen ihrem Schicksal zu überlassen. Der Hafenkommandant verbot Landung und Aufenthalt für Kapitän und Schiff. Und dem energischen Auftreten der Reiseleitung gegenüber knickte der Piratenhäuptling zusammen. Auf einem Stuhl im Winkel neben der Kajüte saß er, reglos, eingesunken, den Blick stier zu Boden – außer Betrieb gesetzt. Haganahmannschaften bewachten ihn, hinderten ihn daran, den Platz zu verlassen, irgendwelchen Unfug anzustiften.

Da Costa, der Erste Offizier, übernahm es zunächst, das Schiff zu führen. Und der Steuermann, der einzige der Besatzung, der ein Mitfühlen mit den Flüchtlingen zeigte, erklärte, daß notfalls er die „Atlantik" an ihr Ziel bringen wolle.

Die übrige Mannschaft übte passive Resistenz. Nicht eben ausdrücklich mit dem Kapitän, doch um ihr Leben besorgt, oder erpicht, aus der Gelegenheit nach Möglichkeit ein kleines Geschäft zu schlagen.

Schon seit geraumer Zeit hatten Leute des Transportes im Maschinenhaus mitgearbeitet, als Kohlenschlepper erst, als Hilfsträger dann, und, unorganisiert und ziellos, wie es schon zuging, auch bei der Maschinenbedienung. Dazu waren unter den Emigranten einige Ingenieure, die von Schiffsmaschinen etwas verstanden, ein Dampfkesselspezialist sogar. Die Leute traten nun an, übernahmen die Arbeit, lösten sich ab und setzten sich überall da ein, wo die Schiffsmannschaft ausfiel. Erst auf Fahrt dann bequemten sich die Maschinisten doch in ein besseres Verhältnis – denn eine Katastrophe galt ihrem Leben so gut wie dem der tausendachthundert. Die schwere, die unangenehme Arbeit ließen sie gerne aus inniger Faulheit den Hilfskräften und halfen wenigstens mit, wo die Routine des Geübten vonnöten war.

So fuhr die „Atlantik" nach einigen Stunden wieder von Sankt Nicolo, dem verwunschenen Schlupfwinkel, ab und gewann durch den engen Kanal zwischen den Inseln die See. Die „Pacific" und die „Milos", die hier gewartet hatten, waren längst schon in See gestochen. Der Kurs ging scharf nach Ost. Und die Leute der Haganah hielten die Augen offen, kontrollierten fortlaufend Kurs und Schiffsbewegung und studierten die Seekarte, die sie sich heimlich verschafft.

Alles lief gut. Man näherte sich der normalen Schiffsroute, der Route, auf der in Friedenszeiten die Schiffe des Lloyd Triestino verkehrten, wenn sie von Triest nach Haifa fuhren. Lebendig stieg Dr. Seligmann seine Fahrt vor drei Jahren in die Erinnerung auf, just um dieselbe Jahreszeit war es. Und dort drüben links, das mußte nun das Inselpaar Skorponto und Casso sein,[57] zwischen dem er damals durchgefahren war, während er sich nun südlich von Casso befand, dem Felsbrocken, der, wie von Zyklopenhänden geschleudert, umbrandet im Meere lag. Wie anders damals auf der bequemen „Gerusalemme", welch Unterschied im Äußeren, wie anders die Erwartung und Stimmung. Eine Vergnügungsreise im schwimmenden Hotel damals – eine Flucht auf dem unsichersten Seelenverkäufer jetzt. Aber das Fahrziel gleich, und selbst die Hoffnung.

Der Wind bläst von Westen, vom Rücken, bläst stärker, regt das Wasser stärker auf, als den ungleich unregelmäßig ernährten Emigranten zuträglich. Der Bug hebt sich mit den Wogen und senkt sich in den Wellentälern, ein paar Meter beträgt der Spielraum. Und auch der Magen hebt sich und senkt sich. Und die Unterwelt, die Kajüten, die Katakomben spucken wieder bleiche Menschen aus, hohläugige – und die setzen die Spuckbewegung fort. Aber bald sind sie wieder hinuntergetrieben. Der West bringt Wolken mit, und ein plötzlicher Guß spült über das Deck. Die zusammengedrückten Menschen flüchten unter schützendes Dach, sie greifen und schleppen, was sie von ihren Sachen in der Eile noch greifen und ins Trockene schleppen können.

Bald ist's vorüber, aber das Deck trieft noch von Wasser,

von den Planen spritzt's und tropft's, die Strohsäcke sind naß und die Kleider und Mäntel, und die Koffer weichen auf und quellen und verziehen sich. Müde und apathisch stehen die Menschen herum, prüfen, ob noch irgendwo ein Sitz zu ergattern, der Platz schon halbwegs trocken geworden. Dr. Seligmann spricht seiner Frau zu: „Uns ist's unbequem, freilich. Aber wie gut ist dieser Westwind. Er treibt uns vorwärts, wir gewinnen an Fahrt und sparen Heizmittel. Wehe, wenn wir mit Gegenwind zu kämpfen hätten."

„Ja, fahren wir denn überhaupt? Ich höre die Maschine nicht."

„Wie! Tatsächlich. Die Maschinen stehen still."

„Der Anker ist nicht heruntergegangen."

„Hier wird kein Ankergrund sein. Zu tief. So weit weg von der Küste. Man sieht kein Ufer, nirgends."

„Wie um Gottes willen können wir hier im weiten Meer bleiben, gehen wir nicht unter?"

„Wir bleiben nicht an einer Stelle; wir treiben dahin. Das Schiff schwimmt und läßt sich von den Wellen tragen; treibt, wie die Strömung des Wassers geht, oder der Wind."

„Ist das noch unsere Fahrtrichtung?"

„Nein, im Stillestehen, im Treiben hat sich das Schiff vollständig gedreht. Du siehst's an der Sonne."

„Wie lange stehen wir schon?"

„Ich weiß es nicht. Mir ist's gar nicht aufgefallen zuerst. Aber du hörst durch den Luftschacht herauf, wie sie drunten schaufeln und heizen. Das Kohlenzeug brennt doch schlecht. Wahrscheinlich haben sie keinen vollen Dampfdruck. Und nun haben sie ausgeschaltet und heizen nach, um Dampf zu sammeln und dann wieder in voller Fahrt weiter zu können. In einer Stunde!" Es wurden drei.

Ein leichtes Zittern, die Maschine arbeitete wieder. Wenn man aufpaßt, hört man den Takt der Dampfmaschine. Man kann die Schläge nachzählen wie den Puls. Einen Maßstab für die Schnelligkeit der Fortbewegung gibt es nicht in der Wasserwüste. Nur die Wellen, die an den Kiel schlagen. Die Wellen täuschten.

Müßiges Schätzen der Sachverständigen, der Unverständigen.

„Das sind höchstens zehn bis fünfzehn Kilometer die Stunde."

„Normal machen wir fünfundzwanzig bis dreißig Kilometer."

„Mit dreißig Kilometern sind wir durchs Schwarze Meer gefahren. Mit der guten Kohle noch. Man konnte es an Zeit und Entfernung ausrechnen. Denn was die Mannschaft sagt, darauf ist ohnedies kein Verlaß. Sie wollen uns irreführen. Absichtlich."

„Nach dem Takt, der Umdrehungszahl kann man's ausrechnen. Bei dreißig Kilometern muß die Maschine in der Minute sechzig Touren machen."

„Dann wären es jetzt sechzehn Kilometer, ich habe eben zweiunddreißig Touren gezählt."

„Wenn es so weitergeht, dürfen wir froh sein."

„Wie weit ist denn die Strecke?"

„Von der Ostspitze von Kreta schnurgerade bis Haifa sind es etwa tausend Kilometer. Aber so fährt man nicht. So kann man nicht fahren. Vermutlich laufen wir Cypern an. Das wären bis Larnaka, dem Hafen von Cypern, circa achthundert Kilometer."

„Und wieviel haben wir schon?"

„Hundert, vielleicht hundertfünfzig Kilometer. Also noch rund sechshundertfünfzig vor uns."

„Und jetzt schon Schwierigkeiten! Wie wird das enden?"

Die Fahrt ging eine Weile, wurde langsamer, schleppte sich weiter in die Nacht hinein. Wie gewöhnlich wurde das Lager bereitet, wie gewöhnlich legte man sich hin, und die Luft war warm und angenehm am Oberdeck. Aber eine rechte Ruhe kam nicht auf. Dr. Seligmann schreckte einmal auf in der Nacht: das Schiff stand wieder. Er sah nach den Sternen, der Große Bär, der Polarstern da, Osten, Westen: das Schiff stand wieder nach Westen gerichtet. Erwartung spannte sich. Er nickte wieder ein, wachte wieder auf. Das Schiff stand immer noch.

Stand? Trieb! Haltlos, maß-los – wohin?

Der Wind blies immer noch aus West, eine Strömung war nicht zu erkennen.

Wohin trieb das Schiff? Trieb es südlich aus dem Kurs? Trieb es etwa wieder zurück, so, wie der Kiel stand? Trieb es im Kreise? Wo ein fester Punkt fehlt, ist alles unsicher. Konnte der Schiffsführer absichtlich falschen Kurs steuern? Nach Kreta wieder? Nach Ägypten ab, nach Rhodos im Norden zu?

Erst am Vormittag fing die Maschine wieder zu arbeiten an. Und das Schaufelklingen und Scharren klang krampfhaft aus dem Schacht herauf.

Immer wieder verglich Dr. Seligmann, ob die Fahrt nach Osten ging. Stieg auch auf die Kommandobrücke hinauf und überzeugte sich nach dem Kompaß. Dort waren Wachleute, die von Viertelstunde zu Viertelstunde den genauen Stand der Nadel aufschrieben. Die Leitung versuchte aus diesen Angaben und den Drehzahlen der Maschine Kurs und Position zu errechnen. Und steckte die Köpfe in die Seekarte.

Das Wasser wurde knapp, auch die Lebensmittel. Achthundert Kilometer auch nur bei zehn Kilometer Fahrgeschwindigkeit ergab achtzig Stunden, dreieinhalb Tage. die Stehzeiten abgerechnet, vielleicht fünf. Hatte man schon die Hälfte?

Immer kürzer wurden die Fahrzeiten, immer länger die Heizpausen. Man half ein wenig mit Holz nach. Aber das hielt nicht lange vor.

Noch dreihundert Kilometer, oder sind's noch vierhundertfünfzig? Und der Kapitän saß auf dem alten Platz, als ginge ihn das alles nichts an. Teilnahmslos. Untätig. Und der Erste Offizier sauste im Schiff herum. Und die alten Heizer und Maschinisten begannen wieder ein wenig mitzuhelfen.

Wasser, Wasser ringsum, keine Spur von Land, keine Spur eines Schiffes ...

Halt, waren das nicht Rauchfahnen hinten am Horizont im Nordwesten! Das waren Schiffe. Sie kommen näher. Kriegsschiffe vielleicht. Aber welcher Nation? Hoffentlich englische! Gewiß englische: das ist die Rettung. Sie werden die „Atlantik" aufbringen und nach Haifa dirigieren. Und sie werden gute englische Kohle hergeben und ein wenig Essen aus der Fülle ihrer Vorräte.

Die Schiffe kamen vorsichtig auf, jetzt sah man, daß es Kriegsschiffe waren, jetzt deutlicher, Torpedobootszerstörer. Gestaffelt fuhren sie gleichen Kurs, immer näher. Da kamen Blinkzeichen. Der Erste Offizier, mit Winkfahnen am Eck der Kommandobrücke, begann zu morsen. Morsezeichen kamen zurück. Die Schiffe machten keine Miene, allzunahe heranzufahren, verlangsamten ihren Kurs, fuhren auf gleicher Höhe mit der „Atlantik", jedoch immer in gemessener Entfernung.

„Wir haben keine Kohle, keinen Proviant, kein Wasser."
„Wir sind in Seenot. Helft uns mit Kohlen!"
Man sah längst, daß es tatsächlich Engländer waren. Im sinkenden Abend wurden die Blink-Morsezeichen deutlicher, atemlos lauschten alle dem lauten Buchstabieren Da Costas. Und das setzte sich mühselig zusammen: *I / a-m / v-e-r-y / s-o-r-r-y / b-u-t / I / c-a-n / n-o-t / h-e-l-p / y-o-u.* Stop.

Es würgte im Hals. Die Kehle war trocken. Dort, dort wäre Rettung – sie lassen uns umkommen in der Wasserwüste.

Es kam noch ein tröstlicher Nachsatz, daß sie im nächsten Hafen Meldung machen würden, so daß von dort Hilfe gesandt werden könne.

„Aber wie lange kann das dauern, bis Hilfe kommt?"
„Nun, sie haben Sendeapparate an Bord. Das kann rasch sein."
„Wird man uns finden?"

Eine furchtbare Ernüchterung war es, daß die beiden Kriegsschiffe weitergefahren, ohne sich der Menschenfracht zu versichern, ja, ohne das geringste Anzeichen von menschlichem oder politischem Interesse für das nebensächliche Häuflein Unglück, das da im Mittelmeer trieb.

Kleiner wurden die Lichter und Umrisse, und bald waren sie völlig in der Nacht untergetaucht und in östlicher Richtung entschwunden. Der Kapitän sitzt apathisch an seinem Fleck und spricht kein Wort. Schimpft nicht, frißt nicht, ist wie ausgelöscht. Das Schiff ist mobilisiert. Notdienst ist eingerichtet. Überall greifen freiwillige Helfer ein, besonders im Feuerungsdienst. Die Kohle wird knapper und schlechter, der Druck im Kessel läßt immer wieder nach. Immer wieder muß die langsame Fahrt, ein Dahintreiben schon mehr, abgestoppt werden, Schnaufpausen für die Maschine.

Mehr Holz in die Feuerung! Mit Holz gemischt mögen die schlechten Kohlen eher brennen. Der Brennholzvorrat ist bald zu Ende. Holzgegenstände werden nachgefeuert. Der schwere Eichentisch vom Speisesaal, Stühle, Bänke, Kisten, Kasten. Ein Kommando ist auf dem Weg, Holz zu beschaffen. Ein paar Verschalungen haben schon dran glauben müssen, Bretter und Aufbauten.

Die Nacht vergeht. Der neue Tag schleppt sich hin. Wieder ein paar Stunden Stillstand. Es geht nicht mehr. Man muß alle Kraft aufwenden. Zum äußersten ist es gediehen. Das Trinkwasser ist zu Ende. Das Brot. Durchkommen! Koste es, was es wolle.

Die Vertäfelung im Speisesaal wird heruntergebrochen, wandert ins Feuerhaus, die Zwischenwand vom Speisesaal fällt, die Wand gegenüber. Der Fußbodenbelag wird weggerissen.

Dann radikaler: alles verfügbare Holz muß herbeigeschafft werden. Die Kabinenwände werden herausgerissen, die Wände der Gänge und Abteilungen, des Badezimmers, des Klosetts sogar; die Türen werden klein geschlagen. Was Holz ist in den Innenräumen. Und draußen. Die Holzpolster auf der Reling, Barrieren, Bänke, Rettungskästen, die mächtigen Schwebebalken und Krane an den Masten, das Parkett am Vorderdeck. Fieberhaft arbeitet alles, sucht, luchst. Da Costa sitzt rittlings auf dem dicken Quermast und sägt, sägt den Ast ab, auf dem er sitzt. So sieht es aus. Er schwingt Taue und zieht und jongliert und arbeitet wie ein Wütender. Und der dicke Balken wandert, zersägt, mit dem Laden und Brettern und Schlingen durch eine lange Kette von Händen zum Feuerhaus. Brett um Brett wird weitergegeben, Latte um Latte, die Nägel stehen noch heraus. Unersättlich ist die Feueresse, immer noch, immer wieder verlangt sie Futter, im Nu ist's verpufft.

Wieder sinkt die Nacht. Noch finden die Holzkommandos, mit Äxten und Brechstangen, Objekte, Brennstoff. Aber es läßt schon nach.

Dr. Seligmann ist unten bei der Proviantur auf Wache eingeteilt. Neben dem Kesselhaus steht er und sieht, wie sie immer wieder Holz schleppen, von Hand zu Hand reichen. Hört die Maschine arbeiten. Nun läuft sie an. Er nimmt die Uhr. Auf vierzig Touren geht der Kolben. Fein! Vorwärts. Aber nun sind es nur mehr sechsunddreißig, nun zweiunddreißig, und nach einer halben Stunde zählt er mit Mühe achtundzwanzig.

Oh dieses Nachlassen! Wie lange noch. Wie weit noch zum nächsten Hafen? Niemand weiß es. Unendlich nach allen Seiten dehnt sich die Wasserfläche, weit weit ist das Meer. Nichts, was retten kann. Die paar lächerlichen Rettungsboote! Oder die Schwimmgürtel, die dezimierten? Eine dumpfe Mattigkeit hat sich auf die Menschen gelegt, die Augen stieren glasig, keiner wagt zu denken.

Als Dr. Seligmann abgelöst wird und zu seinem Platz geht, wird er der Verwüstung gewahr. Wo die Kabinen waren, grinsen leere Höhlen; Menschen, denen die Schlafgelegenheit genommen, stehen, kauern, lehnen in den Gängen. Eine heisere Geschäftigkeit herrscht, und eine Sterbensmüdigkeit lastet. Niemand weiß. Sie ahnen nur Unaussprechliches.

Der letzte Verschlag fällt, die letzte Verschalung an der Reling. Die Stangen und Rahmen für die Sonnensegel sind weg, verfeuert, das Gestänge verbrannt. Wenn schlechtes Wetter einfällt, unruhige See, dann ist alles umsonst.

Und es beginnt plötzlich zu regnen, ein eiliger Schütter jagt die Leute am Oberdeck unter die Kommandobrücke. Dr. Seligmann kommt aus dem Gewimmel der schleppenden Gnomen und findet seine Frau, im Haufen der anderen zusammengekauert, ein ängstliches Hühnervolk in den Winkel geschmiegt, und sie erwarten, auf Körben und Säcken hockend, den grauenden Morgen.

Vorn an der Kommandobrücke hat sich ein Signaldienst etabliert. Ein Blinklicht ist konstruiert worden, eine schwache

Lampe, aber doch vielleicht sichtbar in der Nacht. Kurz – lang – kurz, ... – – ..., ununterbrochen funkt der frühere Musikreferent die SOS-Morsezeichen hinaus ins Dunkel, hinaus in die Welt. Ist da ein Auge, das die Notrufe sieht?

Die Sterne sind wieder heraußen, wie Millionen Fenster stehen die Sterne, wie Millionen Augen. Stechend sehen sie herab, kalt und giftig wie Medusenaugen, geheimnisvoll und unheilschwanger. Spectatores vor der Schaubühne, die unbewegt eine Welt versinken sehen. Achtzehnhundert Welten, die sich in achtzehnhundert Hirnen spiegeln, in irren Gedanken und wirren Gefühlen.

Zur Masse geballt und doch jeder einsam. Homo homini lupus. Lauernd und im tiefsten vergiftet. Panik mühsam verhalten. Aus kleinlichsten Kleinlichkeiten Vulkanausbrüche an Leidenschaft und Haß und Angst.

Das Letzte fast ist verbraucht. Das Wasser ist zu Ende. Die letzte Zwiebackschachtel, die letzte Sardine.

Und der Rand des Meeres rührt an den Rand des Himmels, wie das Diesseits an das Jenseits grenzt und das Leben an den Tod.

Die Position ist nicht auszumachen. Dr. Seligmann rechnet und rechnet. Aber es ist ein Rechnen mit so vielen Unbekannten: *wenn* die Fahrt genau nach Osten ging, ein Strich zu Nord, wie es der Kompaß zumeist zeigte; *wenn* die Stillstände das Schiff nicht aus der Richtung brachten, nicht abtrieben, irgendwohin; *wenn* der Vertrieb einen Durchschnitt von zehn Kilometern Fahrgeschwindigkeit erreichte; *wenn* die Strömung nicht andere Wege ging; und *wenn* man mit dem Holz noch ein paar Stunden durchhielt – dann müßte man in kurzem im Norden Land sehen. Und das müßte dann die Höhe von Cypern sein.

Die Minuten dehnen sich zu Stunden. Der Morgen ist grau, grau die Meeresstimmung, ein Grauen ist in den Gedärmen; grau schwimmen die Augen, und ein kalter Schweiß feuchtet die Stirn. Grauenhaft ist die Verwüstung auf dem tagenden Schiff. Das frühere Wirrwarr war Ordnung, das Gewimmel Ruhe. Die Eingeweide des Schiffes sind aufgerissen, Leiber quellen aus den Löchern, drängen, winden sich durcheinander wie ein aufgestörter Ameisenhaufen. Kahlgefressen, ausgebrannt starren die nackten Schiffswände; die bloßen Eisenteile: ein kaltes Gerippe – ein Totengerippe.

In das Grauen, in die übernächtige Mattigkeit, in die Abspannung hinein gellt ein Schrei: Land Land! Ein Funke schlägt durchs Schiff, elektrisiert: Land Land!

Wo denn, wo?

Da im Norden, ein ganz schwacher dunkler Streifen, ein Höhenzug, eine Gebirgskette. Noch ist's nur eine Ahnung, noch können's fünfzig, sechzig Kilometer sein. Erlösung ist es, die Unendlichkeit hat Grenzen gefunden. Ein Alpdruck ist gewichen, das Grauen des sicheren Verderbens. Vielleicht reicht die Feuerung doch noch so weit, daß man gesehen wird, daß Hilfe kommen kann.

Und wieder mischten sich Zweifel ein. Das Land liegt Nord, der Kurs ist Ost. Rein Ost mit einem Strich zu Nord, wie all die Tage her. Das Schiff weicht nicht vom Kurs. Die Luft ist klarer und durchsichtig geworden, die Höhenzüge deutlicher. Sie ziehen parallel mit dem Kurs des Schiffes.

Der Kapitän ist noch immer apathisch und undurchdringlich, aber die Augen sind um eine Nuance mehr zugekniffen. Nach dem scharfen Zugriff, dem rettenden, bei Sankt Nicolo, nach dem achselzuckenden Einfügen in das Unvermeidliche, nach dem Zwang der Selbsterhaltung – und schließlich nach der letzten Schreckensnacht waren die Gegensätze gemildert; beiderseits wurde eingelenkt. Die Wachen waren zurückgezogen, die Bewegungsbeschränkung aufgehoben, und seit auch die Mannschaft wieder zum Dienst gewonnen war, gab sich's in Frieden. Die Rolle des Ausreißers war ausgespielt, Verrat nun nicht mehr möglich, sein Schicksal mit dem des Schiffes und seiner Passagiere verknüpft – oder wenigstens im Alibi.

Mit seinem schlechten verschmutzten Fernglas sah er nach Norden, nach Westen. Und erklärte: das Land im Norden sei die anatolische Küste. Und der Kurs ziele genau – westlich nach Cypern.

Wieso ist das Schiff so weit nach Norden gekommen? Vielleicht die Strömung. Vielleicht das Treiben, wenn die Maschine stand. Die anatolische Küste? Das war doch schier unmöglich. War man doch im Kreise herumgetrieben?

Viel eher war's Rhodos. Das wäre der Dodekanes. Italienisch. Dort waren zweifellos italienische Schiffe. Aber die Engländer waren so sicher und frei gefahren. Sie wachen gewiß übers Meer, beobachten, sehen von irgendwoher auch das elende Wrack und halten sich verborgen.

Oder am Ende wieder Kreta. Das einzig Sichere war, daß auf die Auskunft des Kapitäns kein Verlaß sei. Schließlich, die Menschen sind am Ende ihrer Kraft. Erschöpft, ausgemergelt, wie das Schiff. Nichts Brennbares mehr, was noch verfeuert werden konnte.

Dort voraus im Osten, da ist nichts. Gegen die aufgehende Sonne müßte eine Kontur, ein Schatten einer Kontur zu sehen sein.

Und wie weit mag Cypern noch abliegen. Das nächste Land, was es auch sei, muß angelaufen werden. Da ist keine andere Wahl, wenn man nicht gewissenlos mit dem Leben der achtzehnhundert spielen will.

Die Reiseleitung verhandelte mit dem Kapitän. Der war wortkarg und zuckte die Achseln. Aber auf das dringende Verlangen, nach der knapp überstandenen, noch immer nicht ganz überstandenen Todesgefahr das nächste erreichbare Land anzugehen, weigerte er sich nicht. Wie wenn sein Wille endgültig gebrochen, gab er Weisung, und die „Atlantik" nahm Kurs nach Norden auf, gegen die „anatolische Küste".

Deutlicher wird die Küste. Am frühen Vormittag war der Kurs umgestellt worden, eine weite, weite Strecke war noch zurückzulegen. Und die Maschine mußte schon wieder verschnaufen, schon wieder Dampfdruck sammeln und stilleliegen.

Lange dunkle Gebirgsketten zeigt das Land; dann Vorgebirge, Kaps, Buchten, Bergrücken, Täler, eine sich gliedernde Landschaft, in der sich schon einzelne freistehende Kegel abhoben.

Auf der Karte wurde der Punkt der anatolischen Küste gezeigt, auf den die Fahrt zuging. Wie aus Schlaf, aus Geistesabwesenheit war der Kapitän plötzlich aufgewacht, hantierte geschäftig mit der Landkarte, zeigte, erklärte dem Nächstbesten die Position, in ungewohnter Beflissenheit. Wie auf einmal so wortreich? Aber das stimmte ja alles nicht. Konnte nicht stimmen. Wo war jener hohe Punkt, dieses Kap? Hier war Ebene verzeichnet, und wo sie sein sollte, waren Berge. Auf der Karte liefen Rücken nordsüdlich, hier ostwestlich. Wo hier die Sicht an dem letzten Kap aufhörte und das Land zurückwich, war auf der Karte breit fortgesetzte Küste.

Wußte der Kapitän tatsächlich nicht Bescheid, oder wollte er wiederum düpieren?

Es wird Mittag. Schon deutlicher wird die Unterscheidung, schon sieht man Formationen, Ortschaften. An dieser Stelle zeigte die Karte an der anatolischen Küste keine Ortschaft!

Dr. Seligmann ist oben auf der Kommandobrücke und sucht die Küste ab. Wie vertraut kommt ihm plötzlich jene Landzunge vor, mit dem Kap und dem landeinwärts gerückten merkwürdigen Kegel. Und ja. Da war es wieder. Vor drei Jahren! Das da drüben rechts außen muß die Bucht von Larnaka sein. Lebendig wird ihm wieder der damalige Eindruck, die Lieblichkeit und Fremdartigkeit des Bildes.

Die Bergrücken, nein, die erkennt er nicht. Aber er war ja von der anderen Seite gekommen. Berge verändern ihr Gesicht auf Entfernungen gewaltig. Die Steilküste nach links hinunter, ja, die stimmte wieder. Nur jene Halbinsel, an die erinnerte er sich nicht. Dies war sicher nicht Larnaka.

Die anatolischen Berge mögen in ihrer Struktur ähnlich sein; vermessen, als Laie eine Behauptung aufzustellen, zum zweitenmal und nur auf Stunden in einer Landschaft, in der Sonne und Licht und Wolken in jedem Augenblick die Dinge anders strahlen lassen. Aber sein starkes Gefühl war: es muß und muß Cypern sein. Zuviel spricht dafür. Die lebendige Erinnerung am meisten, aber auch sorgfältige Beobachtung und Berechnung der Fahrt – soweit sie sich beobachten und berechnen ließ. Vielleicht hatte der dauernde Westwind freundlich mitgeholfen und ein wenig von dem eingeholt, was die Maschine versäumt. Vielleicht ...

Es ging schon gegen Abend. Die „Atlantik" schleppt sich noch mühsam weiter, nun war man schon nahe dem Land. Und das Schiff setzte die Notflaggen. Und am Top ging die *türkische* Flagge hoch.

Ausgeleert fühlte sich Dr. Seligmann, matt, abgespannt. Das Spiel war aufgegeben.

Gerettet, ja, das war man vielleicht. Aber nun? Weiterfahren war unmöglich, Kohlen erhalten – ganz unwahrscheinlich. Blieb nichts als Internierung bis Kriegsende. In einem Land, so fremd, so wild, so verschlossen ... Vorausgesetzt, man läßt die Schiffbrüchigen überhaupt auch nur landen ...

Die „Atlantik" wartete. Aus der Hafeneinfahrt, einige Kilometer entfernt, näherte sich ein Motorboot. Dahinter breitete sich eine lustige Stadt, weiße schmucke Häuser, Palmen am Ufer, Palmen landeinwärts und üppiges Wachstum. Flache Dörfer mit Kuppeln, Minaretts. Eine ansehnliche Stadt. Nein, Larnaka war es bestimmt nicht.

Das Motorboot kommt näher. Bald kann man erkennen, daß Matrosen mit weißen Mützen das Boot besetzt hatten. Die Flagge am Boot – man sah etwas Rotes. Der türkische Halbmond?

Jetzt ist's näher, jetzt, jetzt ... der „Union Jack".

Ein Jubel bricht los, daß es über das Schiff gellt. Verwundert sehen die Matrosen die wehenden Tücher, vernehmen die Jubelrufe und wissen nicht recht, warum sie Revolver schußbereit in der Hand halten und ein Maschinengewehr mitgebracht hatten.

Rufen, wundern sich, deuten auf die türkische Flagge am Mast. Und die Flagge wird eiligst eingeholt, und die englischen Farben steigen unter den begeisterten Rufen der achtzehnhundert in die Höhe.

Überschwenglich ist die Freude, die Menschen umarmen sich und können sich nicht fassen. Wissen nicht, wie sie der Freude, der tiefen Freude, dem überquellenden Gefühl des Gerettetseins Ausdruck verleihen können.

Cypern

Die englische Flagge hier – das bedeutete Cypern. Dr. Seligmann hatte sich nicht getäuscht in seiner Erinnerung. Der Hafen war Limassol, ein paar Stunden südwestlich von Larnaka. Und nun war die „Atlantik" unter englischem Schutz! Das hieß Verpflegung, das hieß Kohlen! Das hieß Beförderung nach Erez Israel und eine offizielle ordentliche Landung, kein heimliches Ausbooten, keine Schleichwege mehr. Das hieß am Ziel sein.

Und all das bedeutete der Jubel. Und noch dazu die endgültige Rettung aus den Gefahren der letzten Tage, den Gefahren einer Reise im Kriegsgebiet überhaupt, den Gefahren, die menschenhändlerische Gewissenlosigkeit, die ein räuberischer, verräterischer Kapitän heraufbeschworen.

Nun. Der Kapitän war tatsächlich außer Dienst gestellt. Eine Wache von englischen Marinern zog auf die Kommandobrücke. Die Haganah mußte ihren Platz da oben räumen. Das Schiff war in englischen Besitz genommen, und der Kapitän war Gefangener wie die achtzehnhundert, wie der ganze Schiffskasten mit Mann und Maus.

Die Begeisterung war auf seiten der Empfangenden nicht so groß wie auf seiten der Empfangenen, und eine Ernüchterung trat rasch ein. „Daß das desolate Schiff da von Süden aufgekommen! Wie verwunderlich. Hier ist doch alles voll von Seeminen! Ein Wunder hat das Schiff gerettet."

Eiskalt lief es über den Rücken: im letzten Augenblick, im Anblick der Küste noch hätte das Schiff in die Luft fliegen können. Nachträglich fiel Entsetzen ein und Zähneklappern.

„Wasser, Nahrungsmittel, Kohle – ja, ihr werdet alles bekommen. Aber natürlich, ihr werdet es bezahlen müssen."

„Bezahlen? Mit was?"

„Hm, eure Sache." Der Engländer war höflich und knapp.

Die Leute haben noch Geld. Der Kapitän? Auch recht, wenn er die Ausgaben leistet. Aber er tut's natürlich nicht. Er als der Vertreter des Reeders wäre vielleicht verpflichtet dazu. Doch wie ihn zwingen!

Das Schiff als Gegenwert beschlagnahmen? Das Schiff wird wohl ohnedies beschlagnahmt. Menschenschmuggel, illegale Einwanderung – die Absicht ist nicht zu leugnen. Die Reiseleitung will auch gar nicht Versteck spielen. Will durch Ehrlichkeit und Anständigkeit Eindruck machen.

Aber da sind keine menschlichen Erwägungen, da gelten keine Gefühle, da gilt das Gesetz.

Wie ihr wollt. Überlegt's euch.

Der Hafenkommandant fährt zurück. Ein Schlepper kommt, schleppt die „Atlantik" in den Hafen, in gemessener Entfernung vom Ufer wirft sie Anker.

Die Wache wechselt. Ein Platz wird für sie freigemacht. Unterm Deck der Kommandobrücke wird diese Nacht zugebracht. Denn es hat inzwischen geregnet. Am Morgen ist's wieder schön, und der Blick über den Hafen und auf die Stadt und die Insel ist entzückend. Aber es kommt kein Wasser, kein Proviant.

Das Wachboot legt wieder bei. Der Kommandant verhandelt.

Die Juden am Orte sind verständigt. Sie wollen ihr möglichstes tun. Vertreter kommen an Bord. Sie wollen eine Sammlung veranstalten, wollen alles besorgen, was nötig ist. Aber die Kosten müssen in der Hauptsache an Bord aufgebracht werden.

Man rechnet. Wasser, Brot, Kohlen – mit etwa 250 £ wird es zu machen sein. Dazu wird es Spenden geben. Die Gemeinde ist klein und arm.

Die Leute stecken die Köpfe zusammen, kleinlaut, verzagt. Noch unter dem Eindruck der überstandenen Todesgefahr ist Geld nicht wichtig. Und doch vergessen sie rasch. Das Verlangen als solches regt auf: Schiffbrüchige, Flüchtlinge, die sich ein Letztes noch gerettet, sollen dieses Letzte hergeben. Sie haben ihre Reise bezahlt, hoch bezahlt; haben bezahlt für eine menschenwürdige Unterbringung und Versorgung, ein Vielfaches von den Kosten einer bequemen Reise beim Lloyd Triestino; sie sind um alles betrogen, in Elend, in Gefahren, in Hunger und Schiffbruch geführt durch die Gewissenlosigkeit der Menschen, die das Geld empfangen. Sollen nun selbst die Kohlen zur Beendigung der Reise bezahlen, die der Unternehmer unterschlagen! Nicht nur das ungeheuerliche Verlangen ist es, das in seiner ganzen Ungeheuerlichkeit verstanden wurde, auch Geiz ist erwacht: nichts hergeben von dem, was mir gehört! Es ist nicht viel. Ich brauche es für die ersten Schritte an Land. Oder ist es doch beträchtlicher, mit List geschmuggelt, gerettet aus dem Zusammenbruch zu Hause? Die anderen sollen, ich nicht! Ich – hab' nichts. Halten, festhalten, zusammenhalten, und die gierigen Finger haben schon vergessen, daß sie vor Stunden noch Holzlatten umkrallt, in Augenblicken, wo Geld *und* Leben verloren schien.

„Es wird unmöglich sein, eine solch große Summe aufzubringen."

„Es ist Geld an Bord. Viel Geld bei manchen sogar. Es ist maßlos ungerecht, uns das Geld abzunehmen. Aber das Geld ist vorhanden."

„Und wenn wir uns weigern? Wenn wir sagen, wir haben unsere Fahrt bezahlt, sie sollten sich an den Reeder und an seinen Vertreter, den Kapitän, halten. Die könnte man schon springen machen ..."

„Der Kommandant hat es, sehr liebenswürdig, schon angedeutet. Menschlich haben sie alles Gefühl für uns. Aber in geschäftlichen Dingen muß Ordnung sein. Sie werden uns hinaus auf die Außenreede stellen, zehn Kilometer von hier weg, und uns warten lassen, bis – wir uns entschlossen hätten."

„Und das Recht?"

„Wir können ja später Schadenersatzklage stellen. In Palästina. Gegen einen deutschen Unternehmer illegaler Geschäfte. Oder gegen einen Griechen, dessen vertragliche Verpflichtungen wir nicht kennen. Im Krieg."

„Was tun?"

„Wir müssen versuchen, die Summe, wenigstens annähernd,

aufzubringen. Eine Sammelaktion. Freiwillige Abgaben. Wenn die Freiwilligkeit nicht hilft, wird Zwang einsetzen müssen. Man weiß schon ein wenig, wer Geld hat, wer immer gekauft, wer ‚geschlemmt', wer gehandelt hat. Und es gibt Zwangsmittel. Sie wenden sie selbst an."

„Wie meinen Sie?"

„Haben Sie das Wasserboot gesehen?"

„Nein. Ist endlich Wasser gekommen? Wir sind wie ausgedörrt..."

„Sehen Sie; ich habe es auch nicht gesehen. Es ist nicht gekommen. Sie haben Zeit. Sie schicken uns das Wasser, das Brot nicht, ehe sie nicht sehen, daß wir willig sind. Und, unter uns, die Leute hier sollen es am eignen Leibe und jeder höchstpersönlich spüren, wie die Situation ist. Jeder verlangt und stellt Ansprüche; jeder macht die Reiseleitung für alles verantwortlich; jeder will nur für sich und wieder für sich: bessere Plätze, mehr Essen, Sonderrationen, Krankenkost. Jeder will, daß sich die anderen für ihn einsetzen bis zum letzten. Und wenn er selbst etwas leisten soll, dann drückt er sich. Nicht alle, beileibe. Aber es gibt viele, wir kennen sie. Viele, die biedermännisch tun und fromm sind zum Übelsein, die im Überfluß – was man hier schon Überfluß heißen kann: was mehr ist eben, als die anderen haben – leben und nicht eine Sardine, ein Stückchen Brot mit dem Nächsten teilen, ihm noch die Kartoffel neiden, die er sich fürs Kartoffelschälen geholt. Wir leiden alle mit. Aber wir von der Leitung wollen nicht mehr allein uns sorgen. Wir können's nicht mehr. Jetzt müssen alle beitragen."

„Und die wirklich nichts haben?"

„Selbstverständlich, wer ehrlich nichts hat, kann nichts geben. Aber ehrlich eben. Nicht versteckt, verstohlen. Und wer nur etwas guten Willen hat, kann außer barem Geld, in allen Valuten, auch Wertsachen geben, goldene Ringe, andere Gold-Schmucksachen, Füllfedern, Drehbleistifte, wertvolle Medikamente, die jetzt überflüssig geworden. Wir wollen sehen, wer nun anständig ist. Nicht das Letzte soll einer geben. Aber sagen wir, ein Durchschnitt von einem Dollar läßt sich als Richtschnur aufstellen. Dann können noch die Kinder und die völlig vermögenslosen Chaluzim unbelastet bleiben, und die Sache ist geschafft."

Die Sammelaktion begann, systematisch von Gruppe zu Gruppe, von Mann zu Mann. Die Anständigen führten und waren die Dummen. Die Unanständigen gaben langsam und zögernd dem Druck nach, zeterten, versprachen. Mancher ward mürbe, mancher mußte wiederholt in die Zange genommen werden, bis er notdürftig gab. Und manche wußten sich immer noch weit unter ihrer wirklichen Leistungsfähigkeit wegzudrükken. Alle üblen Instinkte schienen wieder mobil zu sein.

Als die Aktion im Gange war, kam das Wasserboot angefahren, kam Brot, kamen Körbe von Orangen, als Spende der Ortsansässigen. Und es kamen Frischgemüse und Reis und Hülsenfrüchte und Kartoffeln und Zwiebeln. Und jeden Tag brachten die Segelboote Proviant. Es war höchste Zeit. Denn die Proviantur war ausgeleert, und die Privatvorräte waren dezimiert. Und die Erschöpfung der letzten Tage wirkte nach. Langsam kamen die Menschen wieder ins Gleichgewicht.

Die Boote, die Wasser und Lebensmittel brachten, waren merkwürdige Schaluppen, dickbauchige alte Segler, indes meist von langen Rudern getrieben, deren Mast neben der „Atlantik" nickte und schwankte wie Getreidehalme im wehenden Wind. In großen Fässern war das Wasser, auch hier. Am Bug des einen Bootes stand immer wieder ein riesiger Neger, der grinsend zwei Reihen blendender Elfenbeinzähne wies, mit breitem Maule unverständliche Worte sprudelte; und Augen rollen ließ wie glimmende Kohlen. Die langen Arme warf er um sich, so fremd, so wild und ungebärdig und so gebunden an Schicksal und Bestimmung wie die Insel selber. So eine Gestalt mag auf der Bühne trefflich als Othello gelten. Hinter den Hügeln rechts ganz hinten lag einst Othellos Schloß, in Famagusta; klassische Kultur der hellenischen Inseln rührte an Kargheit und Weisheit des Ostens durch das Mittel des Gewaltigen aus dem dunklen Erdteil. Neger sind als Kriegshelden recht und – als Wasserkulis. Wie Juden als Religionsstifter und als – Schiffsladung.

Verwegene abenteuerliche Gestalten auch die anderen Kulis, fremdartig auch die besser gekleideten Menschen, die in Ruderbooten, in Motorbooten ans Schiff kamen, die fremden Auswanderer anzuschauen; fremd auch die jüdischen Herren, die mit den Liebesgaben herankamen, die Bestellungen ausführten und Besorgungen übernahmen. Die auch die Verrechnung mit Proviant und Kohlen in der Hand hatten. Vage, unbestimmt und unzuverlässig schienen sie, versprachen, hielten nicht ein – und verhandelten vom Boot aus mit den Leuten der Reiseleitung, die sich in die Luke drängten; englisch, französisch wurde hin- und hergeschrien, und nur schwer war Verständigung möglich.

Die Kohlen eilten nicht. Die Weiterreise eilte nicht. Der Kommandant müsse erst von seiner Regierung Weisung einholen, was mit den Emigranten geschehen solle. Ein Tag um den anderen verging. Warten, wieder einmal.

Das Wetter war immer noch meistens schön und die Luft warm; untertags brannte die Sonne heiß herunter, und noch in der Nacht schmeichelten warme Luftströme. Seltener kam es zum Regnen und machte auf Stunden den Aufenthalt am Oberdeck ungemütlich. Immer wieder erfrischte das über die Maßen liebliche Bild, das sich von der Bordwand aus den Augen bot. Da standen der Küste entlang in blendender Kette die weißen Häuschen aufgereiht, wie die Zähne im Munde des riesigen Othello und wie sie in breitem Lachen auseinandergezogen. Die Kuppeln von Kirchen, wenige spitze Minaretts aus der weidenden Häuserherde auftauchend, Büsche und Bäume und frisches saftiges Grün dazwischen. Pinien strebten in die Höhe mit breit ausladender Krone, Zypressen wie grüne Säulen, wie Zeigefinger lächelnd erhoben; Palmen mit zierlichen Fächern spreizten den Wollschopf, und unter den dichten Fächerpinseln schimmerte es rot und gelblich, die Dattelbauben.

Die Küstenebene wellte sich langsam zum Hintergrund und stieg in jähem Aufwallen zu hohen Bergrücken an; aber noch lugten Rücken und Bergketten dahinter vor, und in mehrfachen Wellen höher und höher übersteigert sich die Insel.

Steingewordene, grün übersponnene Meereswellen schienen sie, wie sie sich ins Land hinein wälzten und überschlugen. Gegenüber öffnete sich ein Tal. Auf der Küstenebene eingedrückt tanzen runde Vulkankegel, wie Sandkuchen gleichmäßig, frischgrün überkleidet. Und wo sich die Bucht im Nordosten fortsetzt, streckt sich die Landzunge ins Meer mit dem charakteristisch geformten Kapfelsen, das Larnaka der Erinnerung.

Das Meer spielte von hellem Grün ins tiefe Blau. Und die weiße Brandung schlug an den gelben Ufersand. Eingestreut über die Wasserfläche lustige Farbflecken, Schaluppen, dicke Segelboote vor Anker; eines grasgrün, eines knallrot, andere blau und gelb. Van Gogh muß den Pinsel geliehen haben für die Farbsymphonie.

Dazu das Wolkenspiel, die Federwölkchen, die der Wind zerzaust, Goldglanz und rosenrote Zartheit über Meer und Berge gegossen. Wenn die Sonne sank, begannen die Berge zu glühen, und der Himmel strahlte im Feuer, violett und rosenrot leuchteten die Wellen, und die dunklen Schatten kriechen wie Spinnen in die Täler und Schründe. Ernster falten die Berge die Stirn, und ein süßes Lächeln erstirbt in dem violetten Duft.

Schwefelgelb und purpurrot sinkt der Sonnenball ins Meer, und eh noch das flüssige Gold verglommen, steigt silbern die Mondscheibe im Osten aus dem leuchtenden Indigo.

Die andere Seite

„Alles auf die rechte Seite!" stößt wieder einmal ein Kommandoruf in den zauberhaften Abend. Das war ein beliebtes Gesellschaftsspiel. Schon in Tulcea hatte es begonnen. Das Schiff war ungleich geladen. Unfachkundig. Willkürlich. Und ebenso war die Menschenware verstaut. Immer wieder neigte sich das Schiff auf die Seite, so fesch wie die „Milos" wollte die „Atlantik" schon gar aussehen. Neigte sich so weit, daß das Wasser in die Einsteigeluke spülte, in die Proviantkammertür und in den Heizraum! Dann pflanzte sich der Ruf durchs Schiff fort. „Alles auf die rechte Seite!" Der lebende Ballast, die Menschenfracht wurde von Backbord nach Steuerbord geschreckt und mußte dort verharren, bis das Gleichgewicht wiederhergestellt war. Nie ist das Gleichgewicht einer „Atlantik" vollkommen hergestellt. Unwillig, langsam, zu spät folgen die Menschen der Anordnung; die Folgsamen verharren dort, wo sie nicht zu sichern haben, wo sie anderen im Wege stehen, die Eigensüchtigen folgen gar nicht erst oder kehren vorzeitig zurück und erschüttern das Gleichgewicht aufs neue. Und wenn das Wasser bedrohlich tut, dauert's lange, bis Gegenbefehl kommt. Meist ist er in der Unordnung und Undiszipliniertheit längst vergessen. Und die wenigen gehorsamen Lämmer stehen noch immer drüben in der Fremde, dieweil sich die Unbekümmerten auf den verlassenen Plätzen breitgemacht. Untertags ist's noch erträglich. Aber wenn nachts, im besten Schlaf, der Ruf ertönt, wenn es eben zu regnen angefangen, wenn man schlapp und abgespannt ein wenig zur Ruhe gekommen; wenn man stundenlang immer wieder auf „die andere Seite" getrieben wird, weil Wasser in die Heizräume gelaufen sei – dann verliert das Spiel schon wesentlich von seinem unterhaltenden Reiz. Und das Oberdeck fügt sich, wenn das Hinterdeck gerade wieder, satt des ewigen Stehens, an die

Plätze zurückgekehrt ist; und die sich eben wieder ausgestreckt, schlaftrunken und müde, werden wieder aufgeschreckt. Dann streikt auch ein Geduldiger, und es entstehen Streit und Gezänk. Die lange verhaltene Laune bricht entzwei, Zorn und Ungebärdigkeit wachsen wie Paprika.

Die Sammlung schreitet fort. Der Druck lastet. Verschieden benehmen sich die Leute in den Gruppen, verschieden die Gruppen selbst. Die Danziger haben einen Fonds gemeinsamen Geldes, das noch nicht verteilt ist seit dem ersten Grenzübergang. Quelle ewiger Unzufriedenheit, ewiger Anwürfe und Beschuldigungen. Die Anteile werden nach der Kopfzahl auf die Gruppe umgelegt. Niemand weiß einen gerechteren Verteilungsschlüssel, obwohl er nach dem tatsächlichen Vermögen eine Ungerechtigkeit bedeutet. Die Prager, die disziplinierteste, fassen scharf zusammen, gleichen in sich aus. Die Patronkaner setzen ihren Leuten mit Zureden und Schärfe zu und merken schließlich, daß sie in der ehrlichen Pflichterfüllung – Pflicht der Gemeinschaft gegenüber – weiter gegangen als die anderen, besonders die Schönbrunner, die freiwillige Beiträge kassieren, in schlampiger gleichgültiger zufälliger Art, bei der die Leistungsfähigsten am besten Gelegenheit haben, sich davonzuschrauben.

Außer Geld werden goldene Eheringe und anderes gegeben, manchen merkt man an, daß es tatsächlich die letzten Werte sind. Altmaterial auf dem Schiff wird gesammelt, auch das alte Klavier wird weggegeben, ein Stock von Medikamenten noch. Annähernd, nicht voll wird die geforderte Summe erzielt. Die Kohlenpreise werden etwas ermäßigt gerechnet. Die Wertsachen schlecht und ungerecht geschätzt. Alles erhält das Hilfskomitee, und es gibt keine ordentliche Abrechnung. Telegrammgebühren, Transportkosten werden unverhältnismäßig hoch angesetzt. Und noch ein Leichenkondukt nach dem Lande wird übermäßig in die Rechnung einbezogen. Schlampig, orientalisch das ganze Geschäft. Aber inzwischen werden fast täglich kistenweise herrliche Orangen verteilt. Draußen kosten hundert Stück einen Schilling. Auch über die Lebensmittel wird nicht abgerechnet. Und schließlich, wenn man auch den ganzen Raubzug auf die Vertriebenen als Ungeheuerlichkeit auffaßt, wenn man die Unordentlichkeit, die fremdes Geld nicht bei Heller und Pfennig ausweist, beiseite setzt: schließlich, was wirklich an Verpflegung und zuletzt auch an Kohle geliefert worden, mag dem gezahlten Wert entsprochen haben.

Dr. Seligmann sah, daß von einem gewissen Moment an die Sache nur mehr weiter betrieben wurde, weil man nicht durch plötzliches Abstoppen die Ungerechtigkeit des ganzen Zahlungsbegehrens zugeben wollte. Juden müssen Tribut zahlen. Daß man sie unter Vorwänden zwingt, Zahlungen zu leisten, daß sie sich wehrlos fügen müssen und ihr Eigentum nur durch Überlistung, durch Betrug, verübt an dem ehrlichen Räuber oder Erpresser, verteidigen können, ist eine immer wiederkehrende Erfahrung der Jahrhunderte. Und gerade sie hat die Moral so furchtbar vergiftet, daß auch der Gemeinsinn angefressen ist. Das Eintreiben dieser ungerechten Tributerhebung wurde auch noch fortgesetzt, als schon bekannt wurde, daß vom Kolonialministerium Weisung eingetroffen sei, Weisung, über deren Inhalt man indes nur erfuhr, daß die Weiterfahrt nach Haifa angetreten würde.

Das war gewiß wieder eine Entlastung, und nun schien alles in Ordnung. Nur ankommen! Nur zu den Angehörigen, in die neue Heimat! Mag es nackt und bloß sein. Dort wirst du wieder aufleben! Fast drei Wochen waren vergangen, als Kohle angefahren wurde, schöne gute Kohle. Und Proviant wurde noch reichlich verstaut. Die Strecke war ja nur kurz, aber man würde wohl nicht sofort an Land dürfen. Quarantäne. Gesundheitsprüfung. Prüfung auf Ungeziefer – das war verständlich.

Mit der Gesundheit war es nicht zum besten bestellt. Des Ungeziefers hatte man sich im allgemeinen erwehrt. Das war eine Leistung! Ein Wunder fast. Oder war selbst dem Viehzeug das Vegetieren auf solchem Schiff unmöglich? Indes gegen zwanzig Todesfälle waren nun schon zu verzeichnen. Zwischen Kreta und Cypern verging kein Tag, an dem nicht einer wenigstens den Strapazen erlag. Den Strapazen. Es waren nicht die vorgeschützten alten Leiden, die Altersschwäche. Es war vielfach bare Erschöpfung. Wenn nicht Schlimmeres.

Erkältungen gab es weniger, desto mehr Durchfälle. Durchfälle, die sich in schwersten Formen äußerten und für die es – keinen Namen gab. Bei dem einen Fall war Typhusverdacht augenscheinlich. Bei den anderen ließ er sich noch unterdrücken. Noch. Nicht lange mehr. In Limassol wurden einige schwere Fälle, auch eine Blinddarmsache, ins Spital an Land gebracht. Und die Kranken blieben dort zurück, als die „Atlantik" weiterfuhr. Die anderen „Fälle" füllten die Krankenstube an Bord. Auch hier waren die Liegestellen übereinander, ein paar wirkliche Kabinen, denen nun die Wände fehlten, sonst offene Gestelle, mit mehr Matratzen, mehr Decken. Düsterkeit und Enge auch hier und eine Luft, eine Luft, in der sich der stickige Modergeruch unter Deck vermischte mit den Ausdünstungen und Ausscheidungen der Kranken. Dies noch zusammen mit der Unmöglichkeit, sich zu bewegen, wegen der Enge und wegen der Leiden – das war tatsächlich die Hölle. Der Kranke braucht Ruhe, braucht Pflege, sein Essen, sein Waschen, seine Notdurft bedarf fremder Hilfe. Keine leichte Aufgabe in einem modern hygienischen Krankenzimmer. Hier, wo es kein Wasser gab, wo jeder Kübel vom Meer erst heraufgezogen werden mußte; wo der Gesunde sich nur kriechend in die Schlafstellen einschieben kann, der Kranke aber vollends unfähig ist, auch nur sich umzudrehen, geschweige denn heraus-, herunterzuturnen oder sich wieder ins Bett zu wälzen; hier, wo die Krankheitserscheinungen rundum, nebenan, oben, unten, die Kehle zuschnürten, den Atem benahmen, das Herz verkrampften, mehr fast als die eigenen Beschwerden; wo zwar Ärzte und freiwillige Pfleger Übermenschliches leisteten, aber ohne Hilfsmittel, ohne Medikamente waren; hier ... das war kein Sterben mehr, das war ein Ver-röcheln, ein Verenden – wie ein Tier. Es gab Kranke, die sechsmal am Tage von den Folgen ihres Krankseins gereinigt werden mußten, die Körper selbst, die Wäsche, die Matratze und Betten. Der Geruch allein macht krank, kann irrsinnig machen.

Immer wieder brach es plötzlich aus: Durchfall, nicht endenwollend, hohes Fieber. Brechreiz. Unterwegs, auf der „Helios" noch, war gegen Typhus geimpft worden. Auch Pillen als Schutzmittel waren an einen Teil der Fahrtteilnehmer ausgegeben worden. Vielleicht hielten diese Mittel den Ausbruch einer Epidemie noch zurück. Aber das Gift war da und wühlte und kroch. Und Ansteckungsgefahr lauerte auf den fluchwürdigen Klosetten Storfferscher Fürsorge. Das grauenhafte Ungetüm „Seuche" griff mit der langen Knochenhand in den vollen Menschenhaufen und fischte sich sein zappelndes Opfer. Die Schönbrunner, die Danziger ergriff es am stärksten. Die Prager, die Patronkaner stellten, sei es durch Hachscharah abgehärtet, sei es infolge ihrer anderen Schichtung, das kleinere Kontingent.

Der Krankheitskeim würgte in den Gedärmen des Schiffes, als die „Atlantik" endlich klarmachte. Die Augen wendeten sich von dem Elend, das da unten brütete. Nicht sehen! Nicht denken! Hoffen ...!

Eine Tagereise ist es von Cypern nach Haifa. Auf der Kommandobrücke standen die englischen Wachtposten, unter ihr standen sie, und der Vorraum war für sie freigemacht. Enger rückten die Leute am Oberdeck zusammen, noch enger. Und sicherten sich einen Schiffsplatz für die Nacht unten bei gutmütigen Bekannten und krakeelenden Halbbekannten, wenn wieder Regen einfiel. Auf dem ausgebrannten, abgeschälten Deck war's nicht mehr auszuhalten bei schlechtem Wetter, und die Regenzeit kam sichtlich näher. Manche Nacht saß man, kauerte man im Seitengang drunten, eine Decke um Schultern und Leib geschlungen, ohne Schlaf, und doch so müde; andern den Schlaf noch raubend. Höchste Zeit war es, höchste Zeit, ans Ziel zu kommen. Jeder fühlte, daß die Grenzen der Kraft und des Durchhaltevermögens erreicht waren.

Den Platz des Kapitäns nahm ein Engländer ein, die ehrenwerten Herren Spiro und Da Costa waren ausgediente Größen. Ein Gefühl von Geborgenheit verbreitete sich, das Gefühl

Ali Babas, der aus der Räuberhöhle entkommen. Die Freiheit war nah, die Zukunft rosig.

Die Fahrt ging nordöstlich der Insel Cypern entlang; in guter Sicht von Larnaka wich der Kurs nach Osten scharf ab. Lange noch sah man die grünen Berge. Wie waren nun die Hoffnungen geschwellt, als nach kurzer Fahrt die ersten schwachen Konturen der syrischen Küste aus dem Meere stiegen. Da war wieder flaches Land, und wieder niedrige Höhenzüge. Und dann ein Gebirge, das sich nach hinten höher und höher türmte. Dr. Seligmann erkannte das Wahrzeichen, dessen Gipfel weißlich leuchtete: der Libanon. Und dann die Bergwellen des Galil. Der weiße Fels von Ras-en-Nakura stürzte ins Meer, weithin sichtbar: hier beginnt das Heilige Land.

Heimat, Heimatboden grüßte, und die rosig roten Höhenzüge und die grünen Flächen dazwischen und der blaue Himmel und die segelnden Wolken sangen das beseligende Lied der endlich, endlich erreichten Heimat.

Jeder Fleck, jeder Berg, jede Landmarke sprach an. Dort, dort ist der Karmel. Und wieder waren weiße Nebelstreifen um seinen Fuß gewunden, und wieder strahlten die Häuser, weithin ausgebreitet und weiß von den Hängen. Akko dort drüben, über die Ebene Sebulun gestreut die Siedlungen und Gärten; Kirjat Bialik, die Nesherwerke hinten bei dem aufsteigenden Rauch, die Shemenfabrik nahe vorn, die silbernen Öltanks ...

Irgend etwas war verändert. Irgend etwas war fremd. Der Krieg! Die Shemenfabrik war anscheinend schwer mitgenommen. Die Öltanks waren verblendet, und zerstörte Tanks standen in der Reihe.

Krieg. Fliegerangriffe. Sei es: das ist nun auch unsere Gefahr. Unser ist das Land, unser die Arbeit und der Aufbau, und unser die Zukunft. Ein Jubel erfüllte die Menschen, ein Jubel der Erlösung, der Befreiung aus langem langem dumpfen Druck. Die Entbehrungen der fast dreimonatigen Fahrt, der neun Monate Bratislawa, lagen weit hinten. Beinahe ein Jahr war verflossen. Und noch viel länger hatte der Druck gelastet.

Sieben Jahre seit der Machtergreifung, sieben Jahre seit der ersten Verhaftung, sieben Jahre in der eisernen Presse, Ruck um Ruck war sie enger zugedreht worden. Die Ängste, die Sorgen, die schrecklichen Erlebnisse und Gefahren, sie alle lösten sich in dem einen Wort „Heimat".

Still und glücklich stand Dr. Seligmann mit seiner Frau umschlungen. Und die Menschen beglückwünschten sich, und vielen kamen die Tränen von übermenschlicher Ergriffenheit.

Dr. Seligmann langte in die Tasche, holte die letzte der weislich eingeteilten Zigarren heraus und zündete sie genießerisch an. Auch eine Geste, ein Symbol. Ausdauer, Wille, Ziel. Und er schlenderte schmauchend übers Vorderdeck, sah nach der Küste, wo es eine Fassung gab, Orangen wieder und Halva, den türkischen Honig, den sie in Cypern freigebig geliefert. Und stieg leichtsinnig die Holztreppe wieder herauf statt der eisernen Leiter.

Und da gab es einen Stoß, sein Kopf schlug an den Querbalken an, und in weitem Bogen flog die Zigarre in die Tiefe. Verdutzt sah ihr Dr. Seligmann nach. Die schöne Zigarre! Die letzte Zigarre! Ach nur eine Zigarre! Doch! Die Zigarre der Freude, vom Munde aufgespart, die Zigarre des Friedens, des lange lange gesuchten Friedens der Seele, des Sehnens!

Schade! Was liegt daran? Doch schade. Er reibt nachdenklich die Beule am Kopf. Wie vorschnell. Wie unachtsam. Die falsche Treppe.

Ein dumpfes, häßliches Gefühl überschlich ihn für einen Augenblick: nicht so sehr der Kopf, sein Hochgefühl war angestoßen an dem kantigen Riegel.

Ein Zeichen? Er glaubte nicht an Zeichen und Vorahnungen. Aber merkwürdig war es doch.

Die Alijah war zu Ende, die letzte Stufe auf einer falschen Treppe – die liebe Zigarre des Behagens aus dem Mund geschleudert – und eine Beule am Kopf.

Das Ende von Dr. Seligmanns Auswanderung
Nachwort von Wolfgang Benz

Es war Anfang Dezember 1940 geworden, als die drei Schiffe, die „Pacific", die „Atlantik" und die „Milos", den Hafen von Haifa erreichten. Die lange Reise, die im Frühjahr 1939 in München begonnen hatte, endete aber noch nicht an der Küste des ersehnten Landes.

Die Passagiere werden als unerwünschte Einwanderer von den britischen Behörden direkt in das Internierungslager Atlith gebracht, etwa 17 Kilometer südlich von Haifa an der Küste gelegen. Jeglicher Kontakt mit Verwandten wird verhindert. Das Ehepaar Heller sieht wenigstens den Schwiegersohn. Der ist nämlich zu jener Zeit bei den Verkehrsbetrieben von Haifa beschäftigt und läßt sich als Fahrer eines Busses einteilen, mit dem die Illegalen vom Hafen nach Atlith transportiert werden. Dr. Heller sitzt ganz in der Nähe des Fahrers, sprechen können sie nicht miteinander, das zu verhindern ist Pflicht des mitfahrenden Polizisten. Nur ein bißchen Geld kann Fritz Harburger seinem Schwiegervater zustecken. Nach kurzem Aufenthalt werden die unglücklichen Juden wieder eingeschifft. Ein großer Ozeandampfer, die „Patria", soll alle Illegalen wieder abtransportieren. Während der Einschiffung geht die „Patria" nach einer Explosion unter. Fast 300 Menschen finden den Tod, die Geretteten werden begnadigt, sie dürfen in Palästina bleiben.

Das Ehepaar Heller gehört nicht zu ihnen. Am 9. Dezember 1940 beginnt der zweite Teil der Tragödie von Dr. Seligmanns Auswanderung, die Deportation auf die Insel Mauritius im Indischen Ozean. Dort werden die Menschen, die vor Hitler nach Palästina fliehen wollten, in einem britischen Polizeigefängnis interniert. Die Bedingungen des Aufenthalts sind in jeder Beziehung fürchterlich: unzureichende und ungewohnte

Ernährung, ein für Europäer kaum erträgliches Klima, Malariaanfälle, die Trennung nach Geschlechtern. Man wolle sich nicht auch noch mit Kinderproblemen belasten, argumentierten die zuständigen Behörden und schränkten das Eheleben der Betroffenen auf kurze Besuchsstunden – anfänglich zweimal die Woche – ein. In einem Brief an die Kinder in Palästina gibt Alfred Heller ein bißchen Einblick in sein Leben: „Ich habe einen kleinen Raum, eine Art Zelle ... Mutter kommt mich täglich am Vormittag und am Nachmittag jeweils für eineinhalb Stunden besuchen, wie es für ‚alte Leute' hier üblich ist ... Am Abend mache ich einen kleinen Spaziergang, höre Radio, lese englische Bücher und achte darauf, mich nicht zu überarbeiten. Mutter macht ungefähr das gleiche auf der anderen Seite der Mauer, die zwischen unseren Unterkünften, nicht zwischen unseren Gefühlen errichtet ist." Der Brief wurde erst in der „Palestine Post" und wenig später, Ende Juni 1942, auch in der „South African Jewish Times" veröffentlicht, als Beweis für die ungebrochene Haltung der nach Mauritius Deportierten.

Der unverwüstliche Alfred Heller gibt in diesem Brief ein eindrucksvolles Zeugnis des Behauptungswillens; deshalb haben ihn die Zeitungen (in englischer Sprache, die Auszüge sind rückübersetzt) wohl auch veröffentlicht: „In der Geschichte unserer Alijah und in der Geschichte der Insel Mauritius, die einen Zeitraum von nur 433 Jahren umfaßt, ist dieser Brief ein Markstein. Denn es ist der allererste Brief, geschrieben auf einem Stück Papier, das, sozusagen mit nackten Händen, von mir an diesem Ort selbst erzeugt wurde. In dieses Stück Papier sind die Arbeitszeit von drei Monaten und die Hoffnung und der Trost eines ganzen Jahrhunderts investiert. Ausrüstung und Investitionen bestehen fast ausschließlich aus einer Art von Material, nämlich Ölkanister, Margarinebüchsen und Zigarettenschachteln, die Werkzeuge sind Holzstökke, Bambus, Rasierklingen und Schrott. Die Hauptattraktion meiner ‚tahanath niyar' (Papierfabrik) ist die selbstgebaute Steinmühle, die wie eine Kaffeemühle funktioniert, durch die Drehung eines mit dem Meißel selbst bearbeiteten Basaltsteins. Habt Ihr je ein Loch in einen Stein gebohrt? Ich war fünf Tage lang der ‚stete Tropfen'. Und für den Schöpfrahmen fand ich ein Stück kupfernes Moskitonetz, um das ich eine Begrenzung nagelte. Die Rohstoffe, die ich benutze, sind Sisalfaser, der berühmte Mauritius-Hanf und das Mark von Aloe-Stengeln; ich verwende auch Altpapier und Lumpen ... Die Farbe ist noch nicht zufriedenstellend weiß, aber ich habe kein Bleichmittel – ganz abgesehen davon, daß ich mir nie hätte träumen lassen, die Herstellung von Papier zu versuchen."

Die Tapferkeit des Rastlosen könnte (und sollte wohl auch) über das Alltagselend der Deportierten hinwegtäuschen, die Verzweiflung und die physischen Probleme, die vielen Malariaanfälle, die beide, der robustere Alfred und die zarte, ohnehin kränkelnde und von der Fürsorge des Mannes abhängende Friedl Heller, durchmachten.

Unter den Aufzeichnungen Alfred Hellers findet sich ein undatiertes, wahrscheinlich 1944 entstandenes Schriftstück, das einen Eindruck der Lebensumstände vermittelt. Zugleich ist es ein Plädoyer gegen die Unmenschlichkeit der zivilisierten Staaten gegenüber den jüdischen Flüchtlingen vor der nationalsozialistischen Barbarei:

„Im Radio wurde eines Tages mitgeteilt, daß der Herr Sekretär des Herrn Kolonialsekretärs in London sich auf der Reise nach Mauritius befinde und daß sein Aufenthalt daselbst auf etwa drei Wochen berechnet sei. Da schrieb Dr. Heller folgenden Brief:

Euer Hochwohlgeboren!

Daß der Allmächtige Herr, von dessen Augenzwinkern mein Leben, mein Glück und das Glück meiner Kinder abhängt, nämlich der ehrenwerte Herr Kolonialminister, seinen engsten Mitarbeiter auf eine so weite und so gefahrvolle Reise entsendet, um das Los jener 1500 in den Indischen Ozean verschlagenen Juden zu ergründen, hat mich mit rotglühender Freude erfüllt.

Verzeihen Sie einem ganz gewöhnlichen Detainee, der keine andere Berufung hierzu hat als die seines übervollen Herzens, wenn er es wagt, Sie anzureden, den ersten

Mann seit vier gräßlichen Jahren, der vielleicht noch mehr Unglück verhüten könnte.

Vielleicht ist das Schicksal dieser 1500 Juden nicht der einzige Grund Ihres Hierherkommens, vielleicht nicht einmal der Hauptgrund. Ich wage nicht zu fürchten, daß dieser Grund möglicherweise gar nicht auf Ihrem Programm gestanden.

Was sind 1500 Menschen in einem Weltkrieg, der Millionen von Menschen verschlungen hat. Allerdings, die 1500 leben noch, wenigstens größtenteils, und kein Gottesfürchtiger opfert Menschenleben ohne höheren Zweck.

Was endlich bedeuten Juden, jene merkwürdigen Geschöpfe, die in der Willen-Reichweite des Hitlerismus gar nicht als Menschen anerkannt und von Europens übertünchter Unhöflichkeit als unerwünschtes Gewürm thermisch vernichtet werden. Mitleid, ich weiß, hat mit Staatsraison nichts zu tun. Dem individuellen Wurm macht es allerdings wenig Unterschied, ob er systematisch ausgerottet oder nur achtlos zertreten wird. Der Gelehrte aber weiß wie der Geistliche, daß so ein Wurm, auch wenn er sich weder durch liebliches Ansehen noch durch vornehme Geburt angenehm machen kann, doch ein nützliches Geschöpf ist, das Gottes Ackerkrume durcharbeiten und fruchtbar machen kann.

Herr Sekretär!
Retten Sie uns!
Wir gehen zugrund!

Retten Sie uns, solange es noch nicht zu spät ist. Wir gehen hier körperlich, wir gehen geistig zugrund. Die berufenen Stellen werden Sie informieren, daß alles geschehen ist und geschieht, was zu unserem Wohle geschehen kann. Wir sind die Letzten, die dies nicht dankbar anerkennen.

Aber!

Unser Friedhof hier zählt 75 Gräber. Einer endete kürzlich durch Selbstmord.

Der Typhus ist glücklich überwunden. Die Zahl der neuen Malariafälle nimmt ab – weil bald keine Menschen für neue Malariafälle da sein werden. Es sind Menschen darunter, die 40 und mehr Anfälle hinter sich haben. Welche Verheerungen die Avitaminose anrichtet, oder sagen wir einfach die Unterernährung, läßt sich kaum ahnen. Von ausgewachsenen Personen sind Gewichtsminderungen um 15 Kilo unter Friedensgewicht keine Seltenheit ...

Das Schlimmste ist die allgemeine geistige Verfassung, die so entstanden ist. Auch dies haben die Behörden anerkannt und durch mannigfache Bemühungen zu steuern versucht. Wir haben ein Gefühl tiefer Dankbarkeit für jeden Beweis wahrer Menschlichkeit und können uns zugleich des bitteren Gefühls nicht erwehren, wie weit die Zerrüttung vor sich gegangen sein muß, wenn mit erheblichem Kostenaufwand an Symptomen kuriert wird, weil die wohlbekannte Ursache zu beseitigen nicht erlaubt ist.

Aber diese Ursache, schlicht und nett unsere Deportierung, kann sie überhaupt beseitigt werden?

Dies schneidet ein weit heißeres Problem an, das in der tiefsten Hölle des Tomorrowismus allmählich rotglühend geworden ist, das Problem ‚Palästina' und damit das Judenproblem überhaupt. Merkwürdig schon, daß es ein solches Problem in der Welt wahrer Demokratie überhaupt gibt. Noch merkwürdiger, daß niemand den ernsthaften und aufrichtigen Versuch macht, es gerecht und anständig zu lösen, ja selbst es nur anzupacken. Ist es wirklich schwieriger als Atlantic Charter und Wiederaufbau Europas?

Darf ein Detainee einem Staatsmann ein prophetisches Wort zuflüstern? Es wird keinen Frieden in der Welt geben, wenn dieses Problem nicht gelöst wird ...

Daß der Judenhaß geradezu für Hitler der Hebel war, die Welt aus den Angeln zu heben, braucht auch dem nicht mehr bewiesen zu werden, der das Entstehen von

Hitlers Macht nicht aus nächstem Augenschein und am eigenen Körper persönlich miterlebte.

Das Volk der Vergangenheit und der Zukunft muß in Konflikt kommen mit der Gegenwart, solange man ihm diese Gegenwart verweigert.

Die Vorfrage ist, wohin mit den Menschen, denen der Boden unter den Füßen buchstäblich weggezogen wurde. Irgendwo müssen sie untergebracht werden, wenn man die thermische Vernichtung nicht bewußt fortsetzen will. Demokratie will dies doch sicher nicht. Gottesfurcht oder Gewissen oder Gerechtigkeit oder wie man das einfache Gefühl nun nennen mag.

Man kann die Juden zwar zwangsweise zurückbefördern an die Plätze, wo sie früher waren. Nie wieder wird ein Jude diese Atmosphäre atmen können. Und dies tun, heißt den Frieden im Keim erschlagen. Neue Kriege vorbereiten, noch entsetzlichere als der jetzige. Alle Länder ohne Ausnahme haben ihre Grenzen gesperrt. Im günstigsten Falle gibt man Zuflucht einer beschränkten Anzahl auf beschränkte Zeit. Man fürchtet ‚Überfremdung'.

Es gibt keine Länder, die gänzlich unbesetzt sind. Und gewiß keine solchen, wo Menschen überhaupt leben können.

Aber es gibt ein Land, ein ach so schrecklich kleines Land, das das Ziel der heißesten Wünsche der Juden wäre.

Das Land ist bereits bewohnt von vielen Juden, die dort tausendmal bewiesen haben, daß Begeisterung aus Wüste Gelobtes Land machen kann. Das Land ist auch von anderen mitbewohnt, anderen, denen noch hundertmal größere Gebiete auch zur Verfügung stehen, während Juden nur dies *eine* Land zur Auswahl haben.

Das Land ist historisch, ist religiös, ist sozial, ist geistig das Geburtsland der Juden, das Land, in dem sie 1500 Jahre lebten, zu dem sie sich seit 2000 Jahren am Morgen und am Abend zurückbeten.

Es sind schwierigere Umsiedlungen in der Geschichte glücklich durchgeführt worden.

Wird dem Reichen, dem mit dem Nadelöhr der Bibel,

wirklich Unrecht getan, wenn man ihn veranlaßt, ein Quentchen von seinem Reichtum abzutreten für den Armen, der gar nichts hat? Jener wird nicht weniger reich und diesem wird das nackte Leben damit gerettet..."

Die Internierung dauert vier Jahre und siebeneinhalb Monate. Am 26. August 1945, mehr als sechs Jahre nach der Abreise aus München, endet „Dr. Seligmanns Auswanderung". Die britische Mandatsregierung für Palästina hat endlich der Einreise zugestimmt, nach siebzehntägiger Seefahrt sind die Hellers am Ziel ihrer Sehnsucht. Frau Heller, auf Mauritius tödlich erkrankt, wird in Haifa vom Schiff getragen, direkt ins Rothschild-Krankenhaus. Sie sieht die Kinder und ihr inzwischen siebenjähriges Enkelkind, sie freut sich noch über das saubere Bett in der Klinik und stirbt wenige Tage nach der Ankunft. Dr. Heller, inzwischen sechzig Jahre alt, findet sich in die Verhältnisse, bekommt eine Anstellung in einer Druckerei „als linke Hand des Chefs" und lebt im Haushalt von Tochter und Schwiegersohn.

Die seinerzeit in München aufgegebene Habe – Möbel, Wäsche, Hausrat, Bücher – ist im August 1939 in Haifa angekommen, die Tochter hat den Zoll dafür bezahlt und den ganzen „Lift", den Speditionsbehälter, einlagern lassen. Viele Sachen werden verkauft, der Erlös der bibliophilen Bücher bringt Dr. Heller ein Taschengeld. Wichtiger als die aus München stammenden Sachen war ihm die Rettung seiner Aufzeichnungen aus Mauritius, darunter vor allem das Manuskript dieses Buches. Die Eingabe an den britischen Zensor, von dem Heller die Erlaubnis zur Mitnahme seiner Papiere geradezu erflehte, erhellt in wenigen Worten, welche intellektuelle Dürre „Dr. Seligmann" durchgemacht haben muß. Er hatte geschrieben:

„Sir,
    this bundle contains my brainwork of five years. Every scrap in it is of value for me. There is nothing in it concerning war and warfare, politics, secrets or things which could do any harm. The pieces are lyrical, philosophical, humorous or satirical.

My heart-blood hangs on them. Loosing them would be spiritual death. I am too old to begin once more anew. So much I have already lost.

Please, think of this and let my papers go back to me.

Yours respectfully Dr. Alfred Heller"

Die Beherrschung der englischen Sprache lernte Dr. Heller erst während der Emigration, zur Grundausstattung des gebildeten deutschen Bürgers seiner Generation gehörte Englisch ja keineswegs. Aber Alfred und Friedl Heller, obgleich dem Zionismus ja zunächst ganz fernstehend, bereiteten sich auch sprachlich frühzeitig für Palästina vor. Noch in Deutschland begannen sie Hebräisch und Arabisch zu lernen. Daß Dr. Heller sich dann in Haifa und Jerusalem sehr gut auf Englisch und ziemlich gut auf Hebräisch verständigen kann, unterscheidet ihn von der Mehrzahl der Einwanderer aus Deutschland.

Zehn Jahre bleiben Alfred Heller in der neuen Heimat. 1952 übersiedelt die Familie – das sind Rose und Fritz Harburger mit den Enkeln Maayan, Shlomit und Yoram – nach Jerusalem, weil der Schwiegersohn dorthin versetzt wird. „Dr. Seligmann" ist ein glücklicher und begabter Großvater, der im Kreis der Familie und neuer Freunde Frieden findet. Aber der Verlust der Frau macht ihn doch einsam. Nicht verbittert, das entspricht nicht seiner Natur.

In Jerusalem findet Alfred Heller keine Anstellung mehr, statt dessen macht er sich selbständig und errichtet eine Werkstätte, in der handgeschöpftes Büttenpapier erzeugt wird. Die Werkstatt arbeitet auf genossenschaftlicher Basis, die Angestellten sind durchweg Senioren, die Firma ist ein Modell, wie ältere Menschen beschäftigt werden können. Das Büttenpapier ist von erster Qualität, den Rohstoff liefern ausschließlich in Israel wachsende Pflanzen: Alphagras aus dem Negev und Papyrus aus den Hule-Sümpfen. In der Zeit größter wirtschaftlicher Schwierigkeiten war das Büttenpapier freilich schwer absetzbar. Die Werkstatt wurde bald nach dem Tod des Initiators und tatkräftigen Leiters geschlossen. Alfred Heller starb 1956, im Alter von 70 Jahren, von vielen betrauert.

Dr. Alfred Heller beim Schöpfen von Büttenpapier

„Dr. Seligmanns Auswanderung" ist die Geschichte eines tapferen und klugen Mannes, der jedem Unglück noch Überlebensmöglichkeiten abtrotzen konnte. Zugleich ist es die Tragödie zweier jüdischer Menschen, die aus Deutschland flohen, um der Vernichtung durch den nationalsozialistischen Rassenwahn zu entgehen. Das scheinbar friedliche Ende der Geschichte läßt die Frage offen, wie ihr Held mit seinem Schmerz und seiner Empörung über das ihm Widerfahrene fertig wurde, welche Gefühle er den ehemaligen deutschen Mitbürgern oder den unbarmherzigen Briten gegenüber hatte. Die Geschichte von Dr. Seligmanns Auswanderung ist schließlich exemplarisch für das Schicksal von Hunderttausenden deutscher Juden, die in der Auswanderung Rettung suchten. Unter welchen Umständen auch immer ihre Emigration erfolgte, sie war immer Vertreibung und Flucht aus der Heimat – begleitet von Ausplünderung, Entrechtung, Demütigung und dem Verlust der bürgerlichen Existenz. Die Rettung im Exil war bitter, und für viele war das Elend der Auswanderung nur eine andere Form der Vernichtung.

Überlieferung und Edition des Textes

Alfred Heller schrieb den Bericht über seine Odyssee zu Beginn der Internierung auf Mauritius. Das mit Tinte geschriebene Original umfaßt 602 Blätter liniertes Papier, die der Autor aus Schulheften gewann. Die Blätter sind zu einem Konvolut gebunden, dessen vorderer Umschlag eine französischsprachige Karte der Insel Mauritius zeigt, der Rückumschlag besteht aus Resten eines Schulheftes („Elephant Exercise Book"), wie es im British Commonwealth benutzt wurde; darauf ist eine Karte des Indischen Ozeans abgebildet. Eingebunden ist das ganze in einen ungemein dekorativen Deckel aus selbstgefertigtem Büttenpapier. Er trägt außen die Aufschrift „Dr. Heller – Dr. Seligmanns Auswanderung I", korrespondierend mit einem zweiten, gleichartig gestalteten Band mit dem Außentitel: „Dr. Heller – Herrn Friedsams vermischte Schriften II" (diese Sammlung enthält Kurzgeschichten und dergleichen, darunter auch eine knappe Zusammenfassung des Emigrationsberichts).

Die hier im Druck erscheinenden Aufzeichnungen sind fortlaufend geschrieben, die Datierung der Entstehungszeit ist durch die Angaben „18.2.1941" auf Seite 41 und „16.7.1941" als letzter Zeile der letzten Seite des Manuskripts einwandfrei möglich. Das handschriftliche Original enthält gelegentlich redaktionelle Bearbeitungen durch die Hand des Verfassers sowie mit Bleistift oder Farbstift eingefügte Zwischenüberschriften. Dr. Heller stützte sich bei der Niederschrift auf Kalender, in die er während der Reise kurze Notizen, kaum mehr als die jeweiligen Standortbestimmungen, eintrug.

Nach der Ankunft in Haifa im Herbst 1945 übertrug Alfred Heller das Manuskript in Maschinenschrift. Das Typoskript umfaßt 195 sehr eng beschriebene Seiten dünnen und inzwischen sehr brüchigen Papiers. Die buchbinderische Verarbeitung ist wiederum professionell, mußte aber mit schlichtestem Material, Pappe, die Bestandteil einer Schachtel gewesen war, auskommen. Das handschriftliche Original und das Typoskript sind, wie zahlreiche Stichproben ergaben, textgleich: Alfred Heller hat keine Bearbeitung mehr vorgenommen. Das Typoskript wurde von Rose Harburger, der Tochter des Verfassers, dem Herausgeber für das Archiv des Instituts für Zeitgeschichte übergeben. Das handschriftliche Original, das dem Herausgeber ebenfalls zur Verfügung stand, wird zu einem späteren Zeitpunkt mit weiteren Schriftstücken aus dem Nachlaß Alfred Hellers dort deponiert werden.

Eine Verwandte des Verfassers, Miette Besson (Lausanne), unterzog sich vor einiger Zeit der Mühe einer neuen Reinschrift, davon wurden ab Mai 1987 etliche Kopien hergestellt, die als Privatdruck im Freundeskreis der Familie kursierten. Ein Auszug wurde im Bulletin des Leo Baeck Instituts (Heft 81/1988) publiziert. Mit der Reinschrift hat Frau Besson die Grundlage für diese Edition geschaffen. Dafür gebührt ihr großer Dank.

Die Buchveröffentlichung folgt ohne jede Kürzung oder sonstige Veränderung dem Originaltext in der Fassung der Reinschrift von 1987, lediglich Schreibfehler und falsche oder altertümliche Orthographie wurden stillschweigend korrigiert, wie zum Beispiel Tschechoslowakei statt Czechoslowakei, Zentimeter statt Centimeter und so weiter. Ebenso wurden gelegentliche Anglizismen beseitigt (Heller schrieb stets Gallerie statt Galerie), wie auch der im Deutschen falsche (wenngleich immer mehr in Mode kommende) sächsische Genitiv, der auch auf den Titelblättern des Originals, im Manuskript wie im Typoskript, verwendet wird („Dr. Seligmann's Auswanderung"). Korrigiert oder modernisiert wurden auch grammatikalische und syntaktische Fehler sowie Abweichungen vom allgemeinen Sprachgebrauch, wenn sie zu Mißverständnissen Anlaß geben konnten. Unverändert blieben hingegen sprachliche und stilistische Eigenarten und Wortbildungen des Verfassers.

Frau Rose Harburger, Jerusalem, der Tochter Alfred Hellers, ist nicht nur für die Erlaubnis zur Veröffentlichung des Textes zu danken, sondern auch für ihre Hilfe bei der Beseitigung von Unklarheiten und für mancherlei Auskunft. Dr. Ingrid Lent hat als Lektorin im Verlag viel Mühe und Sachverstand in dieses Buch investiert und den Herausgeber in vielfältiger Weise unterstützt. Dafür gebührt auch ihr herzlicher Dank.

Der Text bedurfte nur geringfügiger Kommentierung, der Herausgeber beschränkte sich darauf, nicht allgemein verständliche Begriffe und Ausdrücke zu erläutern oder historische und geographische Sachverhalte zu annotieren.

W. B.

Anmerkungen

1 Von hebr. Zaraat, "Aussatz".
2 "Lift" war der bei allen Emigranten gängige Ausdruck für das Umzugsgut im Speditionsbehälter.
3 Tefillin (von hebr. Tefilla, "Gebet"), Gebetsriemen, die von Männern am linken Arm gegenüber dem Herzen beim wochentäglichen Morgengebet angelegt werden. Auf jedem Riemen ist ein schwarzes Kästchen angebracht, in dem vier auf Pergament geschriebene Thoraabschnitte liegen.
4 Thora (hebr. "Lehre"), Bezeichnung für die fünf Bücher Moses (Pentateuch).
5 Talmud (hebr. "Lernen", "Lehre"), aus mündlicher Überlieferung entstandenes nachbiblisches Hauptwerk des Judentums, um 500 n. Chr. abgeschlossen, bestehend aus der kanonischen Sammlung jüdischer Gesetze (Mischnah, hebr. "Lehre") und umfangreichen Erläuterungen (Gemarah, hebr. "das Erlernte").
6 Rabbi Salomo ben Isaak (1040–1105), genannt Raschi, verfaßte die grundlegenden Bibel- und Talmudkommentare.
7 Schulchan Aruch (hebr. "gedeckter Tisch"), Kompendium der jüdischen Ritualgesetze, verfaßt von Josef Caro (1488–1575), Rabbiner in Safed.
8 Nigun (hebr. "Saitenspiel", "Gesang"), synagogale Melodie beziehungsweise Vortragsweise.
9 Erez Israel (Land Israel), ursprünglich biblische Bezeichnung des Landes der zwölf jüdischen Stämme, später des britischen Mandatsgebiets diesseits des Jordan.
10 Goi (Mehrzahl gojim; hebr. "Volk"), ursprünglich allgemein, dann nur noch für Nichtjuden gebraucht.
11 Ahasver, "der ewige Jude", ist die Hauptfigur der ins Mittelalter zurückreichenden christlichen Sage vom jüdischen Schuster, der zu ewiger Wanderung verdammt ist, weil er Jesus auf dem Weg nach Golgatha die Rast vor seinem Haus verweigerte.
12 Jeschajahu ben Amoz (Jesaja, Isaias, Jesias), Prophet in Juda im 8. Jahrhundert v. Chr.
13 Hebräisch.
14 Aschkenasim war ursprünglich der Name eines biblischen Volkes, dann Bezeichnung für aus Deutschland beziehungsweise Osteuropa stammende Juden, im Gegensatz zu den Sephardim, den aus Spanien und Portugal im 14. und 15. Jahrhundert vertriebenen Juden.

15 Schreiberei, Sekretariat (von Maskir, hebr. Sekretär).
16 Jom Kippur (Versöhnungstag), höchstes jüdisches Fest, heiligster Tag des Jahres, wird als strenger Fast- und Bußtag mit ununterbrochenem Gebet begangen. Antisemiten fühlten sich immer wieder herausgefordert, gerade diesen Feiertag zu antijüdischen Aktionen zu benutzen.
17 Jischuv (hebr. „besetztes, bewohntes Land"), ursprünglich Bezeichnung für jüdische Siedlung in Palästina, dann Bezirk der jüdischen Gesamtsiedlung.
18 Attentat des siebzehnjährigen Herschel Grünspan (Grynszpan) am 7. November 1938 auf den deutschen Legationssekretär Ernst vom Rath in Paris, das dem NS-Regime als willkommener Anlaß und Vorwand für die Inszenierung der Pogrome am 9./10. November („Reichskristallnacht") diente. Herschel Grünspan hatte das Attentat aus Rache verübt, weil seine Eltern zu den 17 000 polnischen Juden gehörten, die im Oktober 1938 aus dem Deutschen Reich nach Polen abgeschoben, von der polnischen Regierung aber nicht angenommen wurden.
19 Am 12. November 1938 war den durch den Novemberpogrom geschädigten und gedemütigten deutschen Juden eine Sondersteuer auferlegt worden. Görings „Verordnung über eine Sühneleistung der Juden deutscher Staatsangehörigkeit" sollte eine Kontribution von einer Milliarde RM erbringen. 20 Prozent des Vermögens waren in vier Teilbeträgen bis zum 15. August 1939 zu entrichten. Die „Sühneleistung" erbrachte tatsächlich 1,12 Milliarden RM, außerdem hatte der Staat die Versicherungsleistungen für die Pogromschäden beschlagnahmt. Die Deklarierung jüdischen Vermögens war im April 1938 angeordnet worden, sie ermöglichte die Berechnung der Sühneabgabe. Der freien Verfügung der Eigentümer war das jüdische Vermögen bereits seit Frühjahr 1938 entzogen, die „Arisierungen" nach dem Novemberpogrom schlossen den Prozeß der Ausplünderung ab.
20 Alleiniger Täter des Anschlags auf Hitler am 8. November 1939 im Münchner Bürgerbräukeller war der schwäbische Schreiner Georg Elser (1903–1945, ermordet im KZ Dachau), der in monatelanger Arbeit das Attentat vorbereitete, bei dem acht Menschen ums Leben kamen und 63 verletzt wurden. Elser war beim Versuch, die Schweizer Grenze zu überschreiten, festgenommen worden, er legte am 13./14. November 1939 ein Geständnis ab.
21 Das Palästina-Amt war eine Dienststelle der Jewish Agency for Palestine, das Einwanderungswillige beriet und mit britischer Genehmigung auch die ebenso begehrten wie in geringer Menge zur Verfügung stehenden Einwanderungsgenehmigungen für Palästina – Erez Israel im zionistischen Sprachgebrauch – erteilen durfte.
22 Der Autor verwechselte Triest und Rijeka, das unter dem Namen Fiume von 1924 bis 1947 zu Italien gehörte. Sušak, heute ein Vorort von

Rijeka, war damals ein wichtiger jugoslawischer Adriahafen direkt an der Grenze zu Italien.

23 Der Philosoph Hans Vaihinger (1852–1923) vertrat eine Philosophie des „als ob", die den Begriff einer objektiven Wahrheit im Sinne von Übereinstimmung mit der Realität ablehnt: Jede Erkenntnis bestehe in hypothetischer Fiktion!

24 Cheder, orthodoxe Elementarschule für Knaben, in der Bibel- und Thorawissen vermittelt wird. Die Jeschiwah ist die höhere Lehranstalt beziehungsweise Hochschule für talmudische Studien.

25 Englisch, „Liste".

26 Die Hlinka-Garde, benannt nach dem slowakischen Politiker Anton Hlinka, war zunächst die paramilitärische Organisation der slowakischen Volkspartei, die seit 1905 für die Autonomie der Slowakei kämpfte. 1939, als die Slowakei formal unabhängig, de facto jedoch ein Satellitenstaat des Deutschen Reiches wurde, erhielt die Hlinka-Garde eine ähnliche Funktion, wie sie die SS als uniformierte Kader-Elite der NSDAP in Deutschland hatte.

27 Chawer (Mehrzahl Chawerim, hebr. „Gefährte"), ursprünglich rabbinischer Ehrentitel für Gelehrte, dann auch Anrede in der zionistischen Arbeiterpartei („Genosse").

28 Chaluz (Mehrzahl Chaluzim), „Ausgerüsteter", „Pionier", Angehöriger des Hechaluz, der 1917 gegründeten weltweiten nationaljüdischen Organisation zur Vorbereitung und Ausbildung junger jüdischer Menschen zur Siedlung in Israel.

29 Kwuzoth, Plugoth, Gdudim (Mehrzahl von hebr. Kwuzah, Plugah, Gdud): Gruppen.

30 Hechaluz („Der Pionier"), nationaljüdische Weltorganisation, 1917 von Josef Trumpeldor in Osteuropa und USA gegründet, zur Ausbildung junger jüdischer Menschen für das Arbeits- und Siedlungsleben in Palästina.

31 Tallith (hebr. „Mantel"), viereckiges Tuch, wird von Männern beim Morgengebet als Gebetsmantel getragen.

32 Minjan (hebr. „Zahl"), die Mindestzahl von zehn männlichen Betern, die zum Gemeindegottesdienst vorgeschrieben ist.

33 Sicha (Mehrzahl Sichoth), Gespräch, Unterhaltung. Im Kibbuz ist die Sichath Ha'chawerim die Versammlung (das Parlament), in der alle Probleme nach vorheriger Beratung beschlossen werden.

34 Hachscharah („Ertüchtigung"), landwirtschaftliche oder handwerkliche Ausbildung für künftige Pioniere (Chaluzim) zur Siedlung in Palästina.

35 Neschef (Mehrzahl Neschafim), festliche Veranstaltung, „Party".

36 Peijot, umgangssprachlich auch „Peies", Schläfenlocken, von frommen Juden nach rituellem Gebot getragen. Da es nach der Bibel verboten ist, den Kopf kreisförmig zu scheren, entstand die Sitte, an der Schläfe eine (rituell nicht festgelegte) Menge Haare stehenzulassen.

37 Vgl. Anmerkung 22.
38 American Jewish Joint Distribution Committee, 1914 in New York gegründete Hilfsorganisation zur Unterstützung von Juden außerhalb der USA. Die Organisation unterhält ein europäisches Büro in Genf.
39 Barches (auch Berches), Weizengebäck in geflochtener, meist länglicher Form, über das am Sabbat der Segen gesprochen wird.
40 Schabbes, vulgärsprachlich für Sabbat.
41 Alijah („Einzug"), hebräische Bezeichnung für Einwanderung; gezählt werden mehrere Einwanderungsbewegungen nach Palästina: die erste (1882–1904) und zweite (1904–1914) aus Rußland; die dritte Alijah (1919–1923) aus Polen, Rußland und Rumänien bestand aus etwa 35 000 Chaluzim, die landwirtschaftliche Pionierarbeit leisteten. Die vierte Alijah (1924–1928) kam vor allem aus dem polnischen Mittelstand und war städtisch, die fünfte (1929–1935) kam aus Ost- und Mitteleuropa, die sechste (1936–1940) bestand zum Großteil aus illegalen Flüchtlingen aus NS-Deutschland, die späteren Einwanderungsbewegungen wurden nicht mehr gezählt.
42 Sohar („Leuchte"), Hauptwerk der Kabbala, Ende des 13. Jahrhunderts in Spanien entstanden.
43 Schechinah, Gegenwart Gottes, Glanz Gottes.
44 Der Zaddik ist ein Frommer in Vollendung, ein heiliger Mann, der in chassidischen Kreisen als Wunderrabbi verehrt wird. Im Ostjudentum gab es an zahlreichen Orten, wie in Nemirow, Zaddikim, deren Ruf weithin verbreitet war.
45 Gemeint war die durch Vladimir Jabotinsky (1880–1940) repräsentierte revisionistische Richtung des Zionismus, deren Jugendorganisation Betar die Masseneinwanderung nach Palästina propagierte.
46 Haganah (hebr. „Verteidigung") war die geheime militärische Organisation der Juden im Palästina der britischen Mandatszeit (1920–1948); sie ging nach der Gründung des Staates Israel in der israelischen Armee auf.
47 Kehillah (hebr.), Gemeinde, Gemeindeversammlung.
48 Rosch, „Anführer". Der Autor benutzt hier ein Wortspiel, das auf der phonetischen Ähnlichkeit mit Rosch ha-Schana („Anfang des Jahres" = jüdisches Neujahrsfest) beruht.
49 Galuth („Verbannung"), Bezeichnung für das Exil, den Aufenthalt der Juden in der Diaspora seit der Zerstörung des zweiten Tempels in Jerusalem.
50 Der von Großbritannien und Frankreich im Februar 1915 begonnene und im Dezember nach schweren Verlusten aufgegebene Versuch, den Seeweg durch die Dardanellen zu öffnen, basierte auf Plänen Winston Churchills, dessen Prestige nach dem Scheitern schwer angeschlagen war. Der britisch-französische Mißerfolg bei Gallipoli verhinderte für die Dauer des Ersten Weltkriegs die Seeverbindung zwischen Rußland und seinen westlichen Verbündeten. Die Hauptlast der Verluste trugen

australische und neuseeländische Verbände sowie französische Kolonialtruppen.
51 Das Schiff muß erst Mytilene (Lesbos) und dann Chios erreicht haben, denn Chios liegt (auf der Höhe von Izmir/Smyrna) südlicher als Mytilene.
52 Vasano war in den dreißiger Jahren ein gängiges Mittel gegen Seekrankheit.
53 Am 28. Oktober 1940 griff Italien vom besetzten Albanien aus Griechenland an, nachdem Territorialforderungen Mussolinis von Athen zurückgewiesen worden waren. Der italienische Angriff auf Griechenland, dessen Unabhängigkeit durch Großbritannien und Frankreich garantiert war, erwies sich als Mißerfolg, der Hitler zwang, dem italienischen Bundesgenossen zu Hilfe zu kommen.
54 Lischka, Büro, Amtsstube.
55 Agios Nikolaos, von den Venezianern im 16. Jahrhundert benannte Hafenstadt am Golf von Mirabello, heute einer der wichtigsten Touristenorte Kretas.
56 „Friede über Euch".
57 Kassos und Karpathos.

Leben im Zeichen der Bedrohung

Wolfgang Benz (Hrsg.)
Die Juden in Deutschland

Leben unter nationalsozialistischer Herrschaft
2., unveränderte Auflage. 1989. 779 Seiten mit
27 Abbildungen. Gebunden

Martin Broszat/Horst Möller (Hrsg.)
Das Dritte Reich

Herrschaftsstruktur und Geschichte
2., verbesserte Auflage. 1985. 287 Seiten. Paperback
Beck'sche Reihe Band 280

Else R. Behrend-Rosenfeld
Ich stand nicht allein

Eine Jüdin in Deutschland 1933–1944
Mit einem Nachwort von Marita Krauss
1988. 280 Seiten. Paperback
Beck'sche Reihe Band 351

Christabel Bielenberg
Als ich Deutsche war. 1934–1945

Eine Engländerin erzählt
Nachdruck 1988 der 5. Auflage der
Originalausgabe. 320 Seiten. Paperback
Beck'sche Reihe Band 326

Horst Möller
Exodus der Kultur

Schriftsteller, Wissenschaftler und Künstler
in der Emigration nach 1933
1984. 136 Seiten. Paperback
Beck'sche Reihe Band 293

Verlag C. H. Beck München

Kultur und Geschichte des Judentums

Geschichte des jüdischen Volkes
Herausgegeben von Haim Hillel Ben-Sasson

Band I: Von den Anfängen bis zum 7. Jahrhundert
Von Abraham Malamat, Hayim Tadmor, Menachem Stern, Shmuel Safarai. Aus dem Englischen von Siegfried Schmitz. 2. Auflage. 1981. IX, 515 Seiten mit 13 Karten und 44 Abbildungen. Leinen

Band II: Vom 7. bis zum 17. Jahrhundert. Das Mittelalter
Von Haim Hillel Ben-Sasson
Aus dem Englischen von Modeste zur Nedden-Pferdekamp.
1979. IX, 434 Seiten mit 37 Abbildungen und 5 Karten. Leinen

*Band III: Vom 17. Jahrhundert bis zur Gegenwart.
Die Neuzeit*
Von Shmuel Ettinger. Aus dem Englischen von Christian Spiel.
1980. IX, 493 Seiten mit 37 Abbildungen und 10 Karten. Leinen

Die Juden in Deutschland
Leben unter nationalsozialistischer Herrschaft
Herausgegeben von Wolfgang Benz
2., unv. Auflage. 1989. 779 Seiten mit 27 Abbildungen. Gebunden

Betty Scholem – Gershom Scholem
Mutter und Sohn im Briefwechsel 1917–1946
Im Auftrag des Leo Baeck Instituts
herausgegeben von Itta Shedletzky
1989. 579 Seiten mit 13 Textabbildungen
und 6 Faksimiles. Leinen

Bürger auf Widerruf
Lebenszeugnisse deutscher Juden 1780–1945
Herausgegeben von Monika Richarz
1989. 609 Seiten mit 4 Abbildungen. Gebunden

Verlag C. H. Beck München